맹자와 진심

孟子与尽心篇

2017년 3월 13일 초판 1쇄 인쇄
2017년 3월 20일 초판 1쇄 발행

지은이 남회근
옮긴이 설순남

펴낸곳 부키(주)
펴낸이 박윤우
등록일 2012년 9월 27일
등록번호 제312-2012-000045호
주소 03785 서울 서대문구 신촌로 3길 15 산성빌딩 6층
전화 02. 325. 0846 팩스 02. 3141. 4066
홈페이지 www.bookie.co.kr
이메일 webmaster@bookie.co.kr
ISBN 978-89-6051-589-5 04150 978-89-6051-039-5 (세트)

잘못된 책은 구입하신 서점에서 바꿔 드립니다.
책값은 뒤표지에 있습니다.

남회근 저작선 16

맹자와 진심

남회근 지음 설순남 옮김

부·키

일러두기

1. 이 책은 중국 동방출판사에서 2014년에 펴낸 『맹자와 진심편(孟子與盡心篇)』을 우리말로 옮긴 것이다. 저자의 『맹자』 강연은 1976년 대만 『청년전사보』에서 청년들을 대상으로 행하였는데, 본문에는 당시 시대 상황에 근거한 예들이 다수 등장한다. 원문의 취지를 살린다는 뜻에서 현재 상황과 다소 맞지 않더라도 삭제하거나 바꾸지 않고 그대로 두었다.

2. 『맹자』 원문 해석은 우리나라의 전통적인 해석에 따랐다. 하지만 저자가 본문에서 전통적 해석과 달리 설명한 경우에는 본문의 논지에 따라 저자의 해석을 기준으로 하였다. 해당 부분에 옮긴이 주를 달아서 기존의 해석과 저자의 해석이 어떻게 다른지를 설명하였다.

3. 중국 고유명사 표기와 관련하여 현행 맞춤법은 신해혁명 이전은 한자 발음대로, 그 이후는 중국어 원음대로 표기하도록 규정하고 있다. 하지만 이 책에서는 시대에 관계없이 인명, 지명 모두 한자음대로 표기하였다.

4. 『맹자』 원문은 모두 중국 동방출판사에서 나온 원서 『맹자와 진심편』의 내용과 문장 부호를 그대로 따랐다. 다만 중국어 고유의 문장 부호와 세로쓰기 문장 부호는 우리말 문장 부호와 가로쓰기 문장 부호로 바꾸었다.

옮긴이 말

『맹자와 진심』은 남회근 선생이 1976년에 강연했던 『맹자』 일곱 편 가운데 마지막 편에 해당합니다. 그해 남 선생은 대만 『청년전사보』의 요청을 받아 청년들을 대상으로 『맹자』 일곱 편을 강연했습니다. 1984년 첫 편인 「양혜왕」 편이 『맹자방통』이라는 제목으로 출판된 이후 이러저러한 사정으로 중단되어 있었습니다. 마침내 삼십여 년 만인 2011년에 「공손추」 편이 『맹자와 공손추』로 출판된 것을 시작으로 하여 「이루」「만장」편이 출판되었고, 나머지 세 편도 정리가 끝나서 남 선생의 검토를 기다리고 있었습니다. 그런데 검토 작업을 진행하던 중 2012년에 뜻밖에 선생께서 세상을 떠나시는 바람에 정리가 먼저 끝난 마지막 편인 「진심」이 2014년에 『맹자와 진심편』이라는 이름으로 출판되었습니다.

우리는 2014년에 『맹자와 공손추』를 먼저 번역해 책으로 나왔고 다음 해에 『맹자방통』이 『맹자와 양혜왕』이라는 제목으로 나왔습니다.

『맹자』의 마지막 편인 「진심」은 『맹자』의 결론에 해당하며 맹자 학술 사상의 중심을 이루고 있습니다. 특히 심(心), 성(性), 명(命)의 문제를 함께 다루면서 맹자의 독특한 심성론과 수행론을 담고 있습니다. 이미 『맹자와 양혜왕』, 『맹자와 공손추』 두 권이 번역 출판되어 남회근 선생의 맹자 강연록이 지닌 특징은 소개된 바가 있습니다. 『맹자와 진심』 역시 그 특징들에서 벗어나지 않지만 이 책이 지닌 독특한 성격이라면 다음과 같은 것을 꼽을 수 있습니다.

첫 번째로 이 책에는 유학의 불법화, 불법의 유학화라는 확고한 입장이 잘 나타나 있습니다. 여기에 대해 남 선생은 "서로 같은 원리를 다르게 표현할 뿐이니"라고 언급했습니다. 남 선생이 평소에 강조하는 부분이 중국 문화는 유불도(儒佛道) 삼가의 합작품이라는 견해인데, 유가의 대표 경서 (經書)인 『맹자』 역시 유불도를 아우르는 폭넓은 시각에서 풀이했습니다. 이 책에서 남 선생은 유가와 불가를 관통하는 견지에서 진심지성(盡心知性)이 바로 명심견성(明心見性)이라는 견해를 제기하는가 하면, 불교 선종의 교리에 대한 이해를 토대로 하여 맹자의 '양지양능(良知良能)'을 이해하기 쉽게 설명했습니다.

이 '양지양능'은 맹자 사후 수천 년간 중국 사상계에 영향을 미쳤는데, 특히 명대의 왕양명은 이를 바탕으로 송명 이학을 완성했습니다. 남 선생은 '양지양능'을 설명하는 데에서 끝내지 않고 한걸음 더 나아가, 맹자의 논지를 오해한 데에서 비롯된 송명 이학의 오류를 지적하기도 했습니다. 송명 이학이 당시의 불교 사상을 흡수한 신유학(新儒學)이었다는 사실을 생각해 보면, 유불도를 융회하면서 그들의 오류를 지적하는 남 선생의 해설은 남다른 탁월함을 보여 줍니다.

두 번째로 「진심」 편에는 맹자의 수행에 관한 내용이 특히 많습니다. 맹자는 마지막 편에서 자신의 실제 수행을 바탕으로 성(性)과 명(命)을 함께 수양하는 이치를 구체적으로 설명했습니다. 원래 유가 사상은 현실에서 어떻게 성인의 도를 실천할 것인가, 즉 외왕(外王)에 역점을 둡니다. 그렇기 때문에 유가의 대표 경전인 『맹자』를 해설하는 사람들 역시 '왕도 정치'를 내세우며 맹자의 정치사상을 부각시키는 경향이 많습니다.

　하지만 남 선생의 시각은 달랐습니다. "마지막 장은 맹자가 외용의 도를 다 이야기한 후에 마음을 전하는 심법(心法)을 이야기합니다. 맹자가 성인이 될 수 있었던 까닭은 그에게는 마음을 전하는 심법이 있었기 때문입니다." 남 선생은 『맹자』의 마직막 장인 「진심」 편에 맹자의 심법이 있다고 강조했습니다. 말하자면 「진심」 편은 맹자가 수행을 통해 얻게 된 심법을 전하는 책이라는 것입니다. 유가 경전을 이야기하면서도 언제나 내성(內聖)과 외왕(外王)의 균형을 잃지 않고 '내성외왕의 도'를 조명해 내는 남 선생의 진면목이 『맹자와 진심』을 통해 다시 한 번 드러났다고 하겠습니다.

책을 내면서

남회근 선생은 국내외에 명성이 자자한데 특히 중국인 독자들에게는 문화의 큰 스승이요 국학의 대가이기도 하다. 선생은 대대로 이어진 선비 집안 출신으로 어려서부터 시서(詩書)를 공부하고 경사자집(經史子集)을 두루 읽어 평생의 학업에 착실한 기초를 쌓았다. 거기에다 중일 전쟁에 종군(從軍)하고 학생들을 가르쳤으며, 장사를 하고 유람을 하고 강연을 했던 인생의 경력 또한 누구도 따라할 수 없는 특수한 경험이었다. 이러한 경험은 선생으로 하여금 국학을 깊이 연구하게 하여 중국 전통 문화의 유불도에 모두 조예가 깊고 제자백가, 시사 곡부, 천문 역법, 의학 양생 등에도 두루 통하며 서양 문화도 깊이 체험하여 중국과 서양의 문화계에서 "일대 종사(一代宗師)"로 불리며 존경을 받았다. 반평생을 대만에서 활동하다가 마침내 근원을 찾아 고향땅으로 돌아와 학당을 건립하고 몸소 강연과 수업을 하며 민족 문화의 정화와 인문 정신을 널리 알리고 전승하고 부흥시키는 데 힘을 쏟으니 그 정이 감동스럽고 그 마음이 탄복할 만하다.

남회근 선생은 일찍이 1976년 대만 『청년전사보』의 요청을 받아 『맹자』를 공개 강연하였다. 그 가운데 「양혜왕」에 관한 강연은 정리하여 『맹자방통』으로 1984년에 나왔는데, 우여곡절 끝에 삼십여 년 후인 오늘에야 『맹자』의 나머지 강연이 정리되어 계속 독자와 만나게 되었다. 각 편의 강연이 모두 단독으로 책이 될 수 있음을 감안하여 「양혜왕」 이외의 강연을 정리할 때에는 더는 『맹자방통』이라는 이름을 그대로 사용하지 않고 각 편마다 서명을 정했다. 이 책은 남 선생이 『맹자』 강연의 마지막 편인 「진심」을 정리하면서 책 이름을 『맹자와 진심편』으로 정했다.

　맹자는 "영토를 차지하기 위해 전쟁하고 사람을 죽여 들판을 시체로 가득 채우던" 전국 시대에 태어났음에도, 유가의 인정(仁政) 사상으로 군주를 지도할 것을 고집하였으니 자연히 받아들여지지 못하였다. 그러나 선진(先秦) 시기 가장 위대한 사상가의 한 사람으로서 맹자는 시대를 초월한 예지와 믿음으로 공자가 세운 생명의 세계와 인문 가치를 이어갔고 아울러 심도 있게 발전시켰다. 특히 맹자는 맨 처음 "진심(盡心)-지성(知性)-지천(知天)"을 제기하고 독특한 심성론을 만들어 내어 유가 사상의 체계를 세우고 '천일합일(天人合一)'이라는 중국 철학의 기본 정신을 형성하는 데 깊은 영향을 끼쳤다. 이 책 『맹자와 진심편』에는 바로 그 이론 체계가 집중적으로 드러나 있다.

　남 선생은 평생 활달한 기상으로 도를 전하고 학업을 전수함에 있어서 헤아리기 어려운 심오한 태도를 취하지 않았고, 어렵고 난해한 말을 사용하지 않으면서 후학들의 의혹을 풀어주었다. 이 책에서도 남 선생은 전고(典故)를 널리 인용하고 경서(經書)와 사서(史書)를 모두 참고하면서도 유머러스하고 평이하게 말하는 풍격을 일관되게 견지했다. 중국의 문화 전통에서 대단히 유명한 "열여섯 글자의 심전"인 『상서(尙書)』「대우모(大禹

謨)」의 "인심은 위태롭고 도심은 미미하니, 정밀하고 전일하여 진실로 그 중을 견지하라[人心惟危, 道心惟微, 惟精惟一, 允執厥中]"라는 구절로 시작하여 「진심」 편의 장구를 나누어 일일이 풀이하고, "양지양능(良知良能)" "백성에게 인하고 만물을 사랑하다[仁民愛物]" "백성이 귀하고 군주는 가볍다[民貴君輕]" "대인에게 유세할 때에는 평범하게 여겨라[說大人則藐之]" 등등 맹자의 정치 교육 사상과 개인의 수양에서 중요한 개념과 그 의미를 서술하였다. 선생은 "수신입명(修身立命)"으로 『맹자』 전편을 총괄하고 "진심(盡心)"으로 요약하였다. 아울러 "오백 년에 반드시 왕자가 일어난다"라는 맹자의 탄식을 빌려 이십일 세기의 청년 학자에게 희망을 걸었다.

중국 동방출판사

2014년 6월

차례

진심장구 상 ————————————————— ● 13

진심장구

상

열여섯 글자의 심전

이제 우리는 『맹자』의 마지막 장인 「진심(盡心)」을 살펴볼 것입니다. 이 장은 맹자 학술 사상의 중심인 동시에 후세의 이른바 공맹(孔孟)의 심전 (心傳)으로 중국 문화의 중심 사상 가운데 하나입니다. 이 일관된 사상은 철저하게 중국적이니, 머나먼 오천 년 전부터 현재까지 쭉 전해져 왔으며 외래의 학설 사상 요소가 조금도 없습니다. 그 때문에 후세 사람들이 중국 성인의 도는 바로 '내성외왕(內聖外王)'의 도의 심전이라고 말합니다. 그 근거가 되는 역사 기록이 『상서(尙書)』 「대우모(大禹謨)」입니다. 여기에 순(舜)이 대우(大禹)에게 전해 준 열여섯 글자가 나오는데, 바로 "인심유 위, 도심유미, 유정유일, 윤집궐중(人心惟危, 道心惟微, 惟精惟一, 允執厥 中)"이라는 것입니다. 즉 "인심은 위태롭고 도심은 미미하니, 정밀하고 전 일하여 진실로 그 중을 견지하라"는 뜻입니다. 그 후 일이천 년이 지난 당 송 시기에 이르러 '전심법요(傳心法要)'[1]가 등장했습니다. 하지만 이 열여섯 글자의 심전은 불학이 중국에 들어오기 천여 년 전 유가와 도가가 아직 분리되지 않았을 때의 사상입니다. 당시에 성인이 성인이 될 수 있었던 까닭은 바로 도(道)를 얻었기 때문인데, 그 도의 중심이 바로 '심법(心法)'이었습니다.

이 열여섯 글자의 심전은 그 함의가 대단히 광범합니다. 중국 문자는 고대에는 간결하면서도 정제되어서 한 글자 한 음이 바로 하나의 문장이었고 하나의 관념을 나타냈습니다. 외국 문자는 여러 개의 음을 붙여서 한 글자 혹은 한 단어를 만들고 하나의 관념을 표현합니다. 이는 단지 언어 문자에서 표현 방식의 차이일 뿐 우열의 차이는 아닙니다.

고대 중국인들은 여덟 살이면 글자를 배우기 시작했는데 그렇게 하는 것을 '소학(小學)'이라고 불렀습니다. 바로 글자를 익히는 것입니다. 가령 '인(人)'이라는 글자를 고문에서는 어떻게 씁니까? 왜 그렇게 써야 합니까? 어떤 관념을 나타내고 어떻게 읽습니까? 때로는 한 글자가 여러 가지 관념을 나타내고 음이 여러 개인 경우도 있습니다.

그런 까닭에 중국 문자는 어떤 학자나 문호이든 이삼천 자(字) 이상만 알면 이미 대단한 정도였습니다! 보통은 일이천 자만 알아도 충분했지요. 반면에 외국 문자는 그렇지 않습니다. 새로운 사물이 생길 때마다 반드시 음(音)과 형(形)이 다른 새 글자를 만들어야 합니다. 그래서 현재 외국어의 단어 수는 수십만 자를 헤아립니다. 과거 '소학'의 기본 과제는 먼저 단어에 내포된 뜻을 익히는 것이었습니다. 그 가운데 '육서(六書)'의 의미가 있습니다. 무엇을 육서라 합니까? 바로 상형, 지사, 형성, 회의, 전주, 가

---

1 당나라 말(末)에 배휴(裴休)가 희운(希運) 선사의 설법을 편집하여 만든 불교 서적이다. 원제는 『황벽산단제선사전심법요(黃檗山斷際禪師傳心法要)』이며 임제종(臨濟宗)의 기초를 세운 어록으로 유명하다. 내용은 재가 신자였던 배휴의 서문과 희운 선사의 설법, 배휴의 질문에 대한 희운 선사의 대답, 희운 선사의 법어로 이루어져 있다.

차인데, 이 여섯 가지가 중국 전통 문자가 포함하고 있는 핵심입니다. 오늘날의 공부는 '소학' 육서를 먼저 배우지 않으며 문자가 나타내는 사상과 관념에서부터 기초를 다지지 않습니다. 더는 소학을 가르치려는 노력을 하지 않습니다.

"인심은 위태롭다〔人心惟危〕"의 '유(惟)' 자는 여기서는 개사(介詞)[2]입니다. '인심'과 '위태롭다'라는 두 단어를 연결하는 역할을 할 뿐 그 자체로 다른 의미는 없습니다. 예를 들어 우리가 평소 말하면서 "푸른 것은 음… 산맥"이라고 할 때 길게 늘이는 '음…'에는 아무런 뜻이 없습니다. 그다음의 '위(危)' 자는 위험하다는 뜻이지만 '바르다〔正〕'는 의미도 있습니다. 예를 들어 우리가 늘 말하는 정금위좌(正襟危坐)의 '위(危)'도 단정하다는 뜻입니다. 위험과 단정함은 얼핏 보기에는 상반되는 것 같아도 사실은 똑같습니다. 높은 곳에 단정하게 앉아 있는 것은 상당히 위험합니다. 이런 것들 때문에도 중국 글자를 배우는 외국인들은 곤혹스러워합니다. 하지만 육서의 방법에 따라 '소학'으로 중국 글자를 연구해 보면 연구할수록 재미있습니다. 예를 들어 장태염(章太炎)[3] 같은 윗세대 대가들은 그런 기초 실력을 갖추고 깊이 파고들었습니다. 반면에 현대인이 쓴 문장은 문맥이 통하지 않는 곳이 많은데, 때때로 다음자(多音字)를 몰라서 잘못 사용하기도 합니다.

『상서』에서 "인심은 위태롭다"고 말한 것은, 사람의 마음은 변화무쌍하여 악한 생각이 선한 생각보다 많은 경우가 종종 있어서 대단히 두렵다는

---

[2] 명사나 대명사 앞에 놓여 시간, 장소, 목적, 원인, 방식, 대상 등을 표시하는 품사를 말한다. 특히 문장 가운데서 개사+목적어 구조를 형성하여 부사어나 보어를 만든다.
[3] 중국의 혁명 운동가. 손문(孫文), 황흥(黃興)과 함께 혁명파의 중심인물이다. 중화민국 성립 이후에는 정치에서 밀려나 국학 연구에 몰두하면서 청조 고증학의 최후를 이은 국학자이자 불교학자로서 업적을 쌓았다.

뜻입니다. 그렇다면 어떻게 해야 악한 생각을 선한 생각으로 변화시키고 그릇된 생각을 바른 생각으로 바꾸고 나쁜 생각을 좋은 생각으로 이끌 수 있을까요? 어떻게 하면 '인심(人心)'을 '도심(道心)'으로 변화시킬 수 있을 까요? 이러한 학문의 수련은 대단히 미묘한데 보통 사람은 자기 자신을 반성하고 관찰하기가 아주 어렵습니다. 만약 분명하게 관찰할 수만 있다면 그것이 바로 성현(聖賢)이 이른 학문의 도이며, 진정한 사람이 될 수 있는 도이기도 합니다. 그래서 도가에서는 그런 사람을 진인(眞人)이라고 부릅 니다. 『장자(莊子)』에서는 진인이라는 명사를 자주 사용하는데, 바꾸어 말 하면 도를 얻지 못한 사람은 텅 빈 껍데기에 지나지 않는다는 뜻입니다.

인심이 변한 것이 바로 '도심(道心)'입니다. 그렇다면 '도심'은 또 어떤 모습일까요? "도심은 미미합니다(道心惟微)." 아주 미묘하여 보이지도 않고 만질 수도 없는데, 형상은 없으나 어디에나 있습니다. 순 임금이 대우 (大禹)에게 전수해 준 도심을 수행하는 방법이 바로 "정밀하고 전일하라 [惟精惟一]"였으니 오직 그뿐이었습니다. 순 임금이 말한 이 심법(心法)은 계속 전해져 내려왔는데, 요즘 사람들이 말하는 정좌 수련이나 불가에서 말하는 계정혜(戒定慧)의 수행 및 도가에서 말하는 연기(煉氣)와 연단(煉 丹)의 수도 등과는 전혀 다릅니다.

그렇다면 무엇을 "정밀하고 전일하다"고 부릅니까? 설명하자면 방대합 니다. 옛사람은 이 몇 글자를 해석하기 위해 십 수만 자에 달하는 책을 썼 는데, 간단히 말하면 오로지함[專一]입니다. 바로 불가에서 말하는 "제심 일처, 무사불판(制心一處, 無事不辦)"이라거나 "일심불란(一心不亂)" 혹은 방금 말했던 "계정혜"입니다. 이러한 것들은 모두 오로지함에서 오는 것 으로, 수행에서 기본적인 수련입니다. 훗날 도가에서 '정(精)'과 '일(一)' 두 글자를 자주 사용했는데 종교적 색채는 없었습니다. '정'과 '일'은 수도 (修道)의 경계이니 자신의 사상이나 감정 같은 '인심'을 '도심'으로 바꾸는 것을 말하며, 전일함(精一)의 극에 이르면 '도심'이 무엇인지를 체득할 수 있습니다. 그것이 바로 천인합일(天人合一)의 도이기도 합니다. 여기서의 '천(天)'은 형이상적 본체와 형이하적 만유의 본능(本能)을 가리킵니다.

도를 얻은 후에는 '용(用)'이 없어서는 안 됩니다. 아무리 도를 얻었다 할지라도 그냥 두 다리를 틀고 앉아서 정좌 수련만 하며 미동도 하지 않는다면 그것은 단지 "다리 틀고 앉아 있기(惟坐惟腿)"일 뿐입니다. 도를 얻은 후에는 사용해야 사람 노릇도 하고 일 처리도 할 수 있습니다. 그런데 사람 노릇 하고 일 처리 함에 있어서는 "진실로 그 중을 견지해야(允執厥中)" 즉 중도(中道)를 취해야 합니다. 어떻게 해야 '중도'라고 할 수 있습니까? 바로 공(空)에도 집착하지 않고 유(有)에도 집착하지 않는 것입니다. 이것은 큰 문제이지만 여기에서는 상세히 설명할 수 없고 초보적인 간략한 소개만 할 수 있을 따름입니다.

중국에 전해진 도통(道統)의 문화는 바로 이 열여섯 글자의 심전이니, 요 임금이 순 임금에게 전하고 순 임금이 대우에게 전해 주었습니다. 후세에 말하는 바로는 요, 순, 우, 탕, 문, 무, 주공, 공자에게서 공자의 학생인 증자, 공자의 손자인 자사에 이르고 다시 맹자에 이르는 것이 이 도통의 노선이라고 합니다. 훗날 사상과 학설을 이야기하는 것도 모두 이 방면에서입니다. 하지만 이 도통의 노선은 세계 여타의 민족 문화와는 다르다는 사실을 잊어서는 안 됩니다. 중국의 도통은 인도(人道)와 형이상적 천도(天道)의 합일로서 천인합일이라고 불러야 합니다. 입세(入世)와 출세(出世)의 합일이며 정치와 종교의 합일이니 서로 분리할 수 없습니다. 출세는 내성지도(內聖之道)이고 입세는 외용(外用)입니다. 정심(正心), 성의(誠意), 수신(修身), 제가(齊家), 치국(治國), 평천하(平天下) 해서 구체적인 성취를 가지고 사회와 인류에 공헌하는 것입니다. 이것이 바로 성인의 용(用)입니다. 상고 시대의 성인인 복희, 신농, 황제는 모두 중화 민족의 공통 조상이며 그들로부터 시작해서 하나같이 '내성외왕(內聖外王)'의 도를 걸었습니다.

주 문왕과 무왕 이후로 '내성외왕'은 분리되었는데, 내성지도는 도를 전하는 사람 즉 사도(師道)가 되었고 외용지도는 군도(君道)를 걸었습니다. 사실 중국의 정치 철학 사상에서 군도(君道)는 모름지기 "그 군주를 삼아 주고 그 스승을 삼아 주고 그 어버이를 삼아 주는〔作之君, 作之師, 作之親〕" 것이어야 합니다. 군왕은 백성의 지도자요 교화의 주체이며 가장이라는 뜻입니다. 그렇기 때문에 정교합일(政敎合一)이라고 말하는 것입니다.

맹자께서 말씀하셨다. "그 마음을 다하는 자는 그 본성을 안다. 그 본성을 알면 하늘을 알게 된다. 그 마음을 보존하고 그 본성을 기름은 하늘을 섬기는 것이다. 요절하거나 장수함이 둘이 아니니, 몸을 닦아 천명을 기다림은 명을 세우는 것이다."

孟子曰: "盡其心者, 知其性也. 知其性, 則知天矣. 存其心, 養其性, 所以事天也. 殀壽不貳, 修身以俟之, 所以立命也."

진심, 동심, 지성, 인성

『맹자』 전권도 이제 끝이 나려고 합니다. 앞의 각 장의 기록을 통해서 우리는 맹자가 끝내 관직에 나아가지 않았고 직책을 맡지 않았음을 알 수 있었습니다. 그는 사도(師道)를 자처하며 당시 제후들을 이끌어 왕도(王道)의 정교합일의 길을 걸음으로써 인문 문화의 최고점에 도달하기를 원했습니다. 그러나 역사의 변화와 인심의 타락으로 말미암아 어찌 해 보지 못하고 그의 바람은 물거품이 되었습니다. 하지만 맹자 개인은 결코 허사로 끝나지 않았습니다. 그는 천추만대에 길이 빛나는 존재가 되어 다른 교주들과 마찬가지로 영원히 사라지지 않았습니다.

이제 마지막 장은 맹자가 외용의 도를 다 말한 후에 마음을 전하는 심법을 이야기합니다. 맹자가 성인이 될 수 있었던 까닭이 그에게는 마음을 전하는 심법이 있었기 때문입니다. 따라서 이「진심」장은 대단히 중요합니다. 이 장의 편명을「진심」이라고 한 것은 장의 첫 구절을 제목으로 삼은 것이며 가장 중요한 핵심이 있는 곳입니다.

맹자는 시작하자마자 이렇게 말합니다. "그 마음을 다하는 자는 그 본성을 안다. 그 본성을 알면 하늘을 알게 된다〔盡其心者, 知其性也. 知其性, 則知天矣〕." 이 말은 대단히 중요합니다. 진지하게 연구하기 시작한 지 십 몇 년이 지났지만 여전히 끝내지 못했으며 어쩌면 평생을 파고들어야 할지도 모릅니다.

먼저 글자로만 살펴보겠습니다. 무엇을 가리켜 "마음을 다하다〔盡心〕"라고 합니까? 사람들이 평소에 잘 쓰는 말인데, 어떤 일에 대해 이미 "마음을 다했다"라고 말합니다. 그 의미인즉 어떤 일을 다 끝마친 후에 성패는 별개의 문제이고, 일을 한 사람은 자신의 마음을 다 바쳤다는 뜻입니다. 말하자면 정신과 생각을 모두 다 사용해서 했다는 뜻이니 '다하다〔盡〕'는 끝까지 하다, 정점에 이르다는 말입니다. 이런 관념에 따라 맹자의 말을 해석하면 우리는 스스로의 마음을 작용시켜서 끝까지 반성하고 관찰한 후에 비로소 인성이 무엇인지 발견할 수 있습니다.

훗날 불학이 중국에 들어오고 선종이 제창했던 '명심견성(明心見性)' 역시 여기에 나온 '진심지성(盡心知性)'과 연관이 있습니다. 불학의『능엄경(楞嚴經)』에서 말한 '칠처징심(七處徵心)'[4] '팔환변견(八還辨見)'[5]은 명심(明心)과 견성(見性)을 두 가지 영역으로 나누어 해설했습니다. 현장 법사가 널리 알린 유식 법상(唯識法相)의 최고 성취인 '견상증성(遣相證性)'[6] 역시 심(心)과 성(性)을 두 영역으로 나누어 놓았습니다. 맹자가 살던 시대에는 불법(佛法)이 아직 중국에 들어오지 않았는데, 불법이 정식으로 중국에 수입된 것은 맹자가 죽고 난 후 팔구백 년에서 천 년 사이였습니다. 그러므로 맹자는 불법이 들어오기 이전에 이미 "그 마음을 다해야[盡其心]" 즉 자기 마음의 근원을 찾아내야 비로소 "그 본성을 알 수 있다[知其性]"고 제시했습니다. 이것은 '명심견성'이라는 어휘의 근원이니, "그 마음을 다해서" "그 본성을 알아야" "하늘을 알 수[知天]" 있습니다. 여기에서 '하늘[天]'은 할머니들이 늘 "하늘이 보우하사"라고 말하는 하늘이 아니며, 우주 과학이 연구하는 그 천체 현상의 하늘도 아닙니다. '하늘[天]'은 형이상적 본체와 형이하적 만유 작용을 포함하는 것입니다. 불법에서 말하는 법계(法界)를 대신하는 부호 같은 것이지요. 학문의 도가 바로 여기에 있습니다.

유가의 '진심지성(盡心知性)' 학설 가운데 맹자의 수양은 '동심인성(動心忍性)'[7]입니다. 이것은 곧 사람 노릇과 일 처리를 하는 수양입니다. '진심지성'은 고요하고 안정된[靜定] 경계라고도 말할 수 있으며, 전반적인 수행의 원칙과 경지입니다. 예를 들어 공격을 당했을 때 수양 중에 있는 사

---

4 『능엄경』 제1권의 주제이다. 석가모니가 제자 아난과의 문답을 통해 마음을 어느 곳에서 얻을 수 있는가를 밝힌다. 마음은 몸 안[在內], 몸 밖[在外], 감각 기관[潛根], 어둠으로 감춰진 곳[藏暗], 생각이 미치는 곳[隨合], 감각 기관과 대상의 중간 지점[中間], 집착하지 않는 곳[無着] 등 그 어느 곳에도 있지 않음을 밝혔다.

5 『능엄경』 제2권의 주제이다. 분별심은 돌아갈 곳이 있어도 참마음은 돌아갈 곳이 없음을 말하였다. 눈으로 보는 여덟 가지 현상은 그것이 주인이 아니라 원인이 있어서 생긴 현상일 뿐이니 왔던 곳으로 돌려보낼 수 있다. 밝음[明]은 해로 돌려보내고, 어둠[暗]은 달이 없는 데로 돌려보내고, 통하는 것[通]은 문으로 돌려보내고, 막힘[擁]은 담장으로 돌려보내고, 대상에 반연하는 것[緣]은 분별로 돌려보내고, 빈 것[頑虛]은 허공으로 돌려보내고, 울발[鬱拂]은 티끌로 돌려보내고, 청명[霽]은 갠 곳으로 돌려보낼 수 있다. 그러나 이 여덟 가지를 보는 견(見)의 정미하고 밝은 성품은 돌려보낼 곳이 없다고 하였다.

람이 타격의 고통과 번뇌의 심리를 없애 버릴 수 있다면, 그것은 약간의 수양이요 약간의 학문에 지나지 않습니다. 그다지 대단하다고 할 수 없지요. 번뇌의 심리를 정화시키고 상관하지 않을 수 있어야 비로소 수행의 경지를 지녔다고 할 수 있습니다. 유가로 말하자면 그래야 비로소 학문 수양의 경계를 지녔다고 할 수 있습니다.

무엇이 '동심(動心)'입니까? 예기치 않은 사고를 만났을 때 마음이 움직이고 생각이 일어나는 사이에 지니게 되는 정력(定力)과 지혜, 도달하게 되는 정도를 말합니다. '인성(忍性)'은 절대적인 대정(大定), 불학의 명사를 빌려 온다면 바로 '여래대정(如來大定)'[8]입니다. 예를 들어 어떤 일이 생겼는데 상대편의 지나친 요구에 죽여 버리고 싶은 생각이 든다고 합시다. 그렇지만 죽여야 할까요, 죽이지 말아야 할까요? 죽여도 될까요, 죽이면 안 될까요? 죽일 수 있을까요, 죽일 수 없을까요? 이러한 생각들 사이에서 자신의 동심인성의 경지를 보게 되는 것입니다. 그의 행위는 죽어 마땅하지만 내 입장에서는 그를 죽여서는 안 됩니다. 비록 나에게 잘못을 했지만 나는 그에게 인자(仁慈)를 베풀고 그를 감화시켜야 합니다. 설사 감화시킬 방법이 없다 할지라도 말입니다. 이러한 것들이 모두 동심인성의 진실한 경지입니다. 결코 헛된 이론이 아닙니다.

그래서 맹자는 앞에서 이렇게 말했습니다. "그런 까닭에 하늘이 장차 이 사람에게 큰 임무를 내리려고 하면, 반드시 먼저 그 마음과 뜻을 괴롭게 하

---

6 마음의 모습과 작용을 제거하고 이성을 깨달아야 한다는 뜻이다. 사람의 마음에는 현상을 뜻하는 사(事)와 진리를 뜻하는 이(理)가 함께 있다. 사(事)는 모습과 작용을 말하는데, 이는 나타났다가 사라지는 생멸의 작용이므로 제거해야 한다. 이(理)는 마음의 체성을 말하는데, 이 체성을 깨달아야 번뇌를 일으키지 않고 성불할 수 있다는 것이다.

7 "마음을 흔들어 참을성을 기르다"라는 뜻으로 「고자(告子)」 장구 하에 나온다.

8 대정(大定), 대지(大智), 대비(大悲)를 부처님의 삼덕(三德)이라고 한다. 부처님의 마음으로 증득(證得)한 것을 대정이라 하고, 증득하였으므로 온 세계를 비추는 것을 대지라 하고, 온 세계를 비추기 때문에 괴로워하는 사람을 알아 이를 구제하려는 마음을 내는 것을 대비라 한다.

고 그 힘줄과 뼈를 수고롭게 하며 그 몸과 피부를 굶주리게 하고 그 몸을 빈궁하게 하여 행함에 그 하는 바를 어지럽게 만드니, 이것은 마음을 흔들어 참을성을 기르게 함으로써 하지 못했던 것을 할 수 있게 해 주려는 것이다〔天將降大任於是人也, 必先苦其心志, 勞其筋骨, 餓其體膚, 空乏其身, 行拂亂其所爲, 所以動心忍性, 曾益其所不能〕." 한 사람이 동심인성의 수양에 도달하고자 한다면, 각종 어려운 연마 과정을 거치지 않는다면 해낼 수가 없습니다. 그렇기 때문에 성현의 학문은 쉽게 얻을 수 있는 것이 아닙니다.

불법을 배우고 도를 닦으려는 청년들은 곧바로 가부좌를 틀고 정좌 수련을 하려고 듭니다. 그렇게 하면 도를 성취하고 성인이 될 수 있다고 생각하기 때문이지요. 하지만 그것은 성인이 아니라 '잉여 인간〔剩人〕'[9]입니다. 남아도는 사람, 인류 가운데에서 골라낸 불필요한 사람 말입니다. 평범한 바른 사람〔正人〕이 되기에도 기준 미달인데 하물며 그 대단한 '성인'이 된다니요! 성인이 되려면 마음을 흔들어 참을성을 기르는〔動心忍性〕 사이에, 자신의 처지를 미루어 다른 사람의 형편을 헤아리고〔推己及人〕 백성을 어질게 대하고 사물을 사랑해야〔仁民愛物〕 합니다. 불가에서 말하는 자(慈), 비(悲), 희(喜), 사(舍) 등과도 비슷합니다. "백성을 어질게 대하다〔仁民〕", 즉 사람을 사랑하고 사람에게 자비를 베풀어야 할 뿐 아니라 만물을 사랑해야 합니다. 즉 불가에서 중생에게 자애로운 것과 같습니다. 그러니 정말로 해내기 어렵습니다.

'동심인성(動心忍性)'은 도의 용(用)이며, 도의 체(體)가 '진심지성(盡心知性)'입니다. 훗날 불법이 중국에 들어와서는 이것을 '명심견성(明心見性)'이라고 불렀고, 한 왕조 이후로 유가와 도가가 나뉘면서 도가에서는 '수심연성(修心煉性)'이라고 했습니다. 본성을 단련하는 것은 불가의 선종

---

9 성인(聖人)과 잉인(剩人)은 중국어 발음이 같다.

에서 말하는 '바로 그것'과 같습니다. 득도하는 것이 '그것'이고 넘어지는 것도 '그것'이며 기어 올라가는 것도 '그것'입니다. '그것'이 무엇일까요? 말하자면 깨달음이니 마치 돌덩어리 속에 금이 함유되어 있는 것과 같습니다. 즉 금광에서 파낸 돌 속에는 금이 있을 수도 있습니다. 하지만 수천억만 년, 무수한 겁 이래로 금이 진흙에 싸여 있었기에 황금과 진흙이 한데 섞였습니다. 반드시 뜨거운 불의 단련을 거쳐야만 빛나는 황금을 그 속에서 꺼낼 수 있습니다. 그렇게 하면 진흙 즉 습성들은 재가 됩니다. 그렇기 때문에 도가에서는 '수심연성(修心煉性)'을 하라고, 먼저 수련(修煉)을 하라고 말했습니다. 동심인성을 위해 명심견성을 위해 수련을 거치지 않으면 안 된다고 했습니다.

유가의 수련은 '존심양성(存心養性)'인데, 맹자는 여기에서 이렇게 말했습니다. "그 마음을 보존하여 그 본성을 기름은 하늘을 섬기는 것이다[存其心, 養其性, 所以事天也]." 그렇다면 보존하는 것은 어떤 마음일까요? 인한 마음, 선량한 마음이니 만 리에 구름 한 점 없이 푸른 하늘처럼 흠 없이 순정한 마음을 보존합니다. "본성을 기름[養其性]"이란 인성의 원래 선량한 일면을 키우고 확대하고 성장시키는 것입니다. 그래서 후세의 유가들은 마음을 일으켜 운용함에 있어서 "친한 사람에게 친하게 하고, 백성에게 인하고, 만물을 사랑해야[親親, 仁民, 愛物]" 한다고 말했습니다. 유가와 불가에서는 이러한 요점을 서로 다르게 표현했을 뿐입니다.

불법의 유학화, 유학의 불법화

유가와 불가는 일찍이 이 방면에서 재미있는 변론(辯論)을 일으킨 적이 있습니다. 불가가 지적하기를, 유가에서 이렇게 인도(仁道)를 행하는 것이 훌륭하기는 하지만 만약 성불(成佛)하고 성도(成道)하고자 한다면 한 부분이 크게 부족하다고 했습니다.

하지만 유가는 그러한 설법을 받아들이지 않고 성인에 이를 수만 있다면 그것이 곧 부처라고 주장했습니다. 부처 역시 성인에 불과하다는 것이지요. 쌍방은 마침내 변론을 일으켰지만 실제로는 단지 착수한 수련이 서로 달랐을 뿐입니다. 유가에서는 말합니다. 당신네 불가는 걸핏하면 공(空)을 이야기하지만 공은 붙잡을 곳이 없어서 손을 대지도 못하고 힘을 쓰지도 못하는데도 그저 공밖에 모릅니다. 또 이 세상의 인류로 하여금 공에 이르게 할 방법이 없어서 결국에는 이 세계를 내버리고 출가했습니다. 이런 것은 오직 자기 하나만을 위한 수도일 뿐 육친(六親)을 몰라보는 행태는 옳지 않습니다.

유가에서는 또 말합니다. 당신들은 비록 자비를 강조하지만 그것을 실행하는 방법도 잘못되었습니다. 우리 유가는 그렇지 않습니다. 우리는 인을 강조하며 우리의 자비는 삼부곡(三部曲)입니다. 먼저 "친한 사람에게 친하게 합니다〔親親〕." 우선 자기 부모에게 효도를 다하고 자기 자녀들에게 자비합니다. 이러한 것을 해낸 후에는 친구의 부모와 그 자녀에게 자비하니 "내 부모를 공경하여 남의 부모에까지 미치고 내 아이를 잘 양육하여 남의 아이에까지 미칩니다〔老吾老, 以及人之老, 幼吾幼, 以及人之幼〕." 자비의 대상과 범위를 점차 넓혀서 천하 사람들을 사랑하기에 이르면 "백성에게 인함〔仁民〕"이 됩니다. 이는 천하 사람들을 자신의 형제로 여김이니 그들 모두가 동포입니다. 이렇게 자신의 처지를 미루어 남의 형편을 헤아리는 수련을 해 나가면 마침내 "인류가 나의 동포이고 만물이 나와 함께 하게〔民胞物與〕"[10] 됩니다. 마지막은 "만물을 사랑해야 한다〔愛物〕"인데, 세상 만물을 사랑하되 한걸음 한걸음씩 합니다. 그럼 한번 물어봅시다. 당신들이 말하는 자비는, 만약 석가모니 부처님이 강가에 서 있는데 공자의 어머니와 자신의 어머니가 동시에 강에 빠졌다면 석가모니는 누구를 먼저 구해 내겠소? 만약 공자의 어머니를 먼저 구해 낸다면 그것은 불효입니다. 자기 어머니를 먼저 구해 낸다면 당신들의 설법에 따르면 대단히 자비롭지 못한 일입니다. 공자의 어머니 역시 어머니이니까요!

우리 유가의 방법은 아주 간단합니다. 만약 강가에 서 있는 사람이 공자라면 틀림없이 강으로 뛰어들어서 먼저 자기 어머니를 구해 낼 것이고, 그런 다음에 다시 뛰어들어서 석가모니의 어머니를 구해 낼 것입니다. 이것은 대단히 간단명료한 일이니 내 어버이를 섬기듯이 남의 어버이를 섬기면 됩니다.

이 이론에 대해 불가에서 변론하기는 아주 어렵습니다. 설마하니 부처님은 신통력이 있어서 직접 물로 뛰어들 필요 없이 허공을 향해 두 손을 움켜쥐면 어머니 두 분을 동시에 구해 낼 수 있다고 말하지는 않겠지요. 하지만 유가에서는 먼저 자기 부모를 사랑하고 그런 다음에 다른 이의 부모를 사랑하라고 합니다. 다른 사람 역시 마찬가지로 합니다. 그런 다음에 제삼자의 부모를 사랑하고 이런 식으로 확장해서 마침내 모든 백성에게 어질게 하는 데까지 이르게 됩니다. 인류가 서로 가까이하고 서로 사랑해서 결국에는 만물을 사랑하게 됩니다. 모든 동물을 사랑하는 것만이 아니라 심지어 초목과 흙과 돌멩이까지 사랑하게 됩니다. 불가에서 말하는 것은 비할 데 없이 커서 위로 올라가면 곧바로 공(空)이기 때문에 도리어 헛것이 되고 맙니다.

누구의 도리가 맞는지 모르겠습니다. 그래서 저는 이치나 이론을 따지는 것을 그다지 좋아하지 않습니다. 제가 법관이 되었다면 원고의 말을 들으면 원고가 옳고 피고의 말을 들으면 피고 역시 틀리지 않아서 영원히 판

---

10 송대 성리학자인 장재(張載)가 그의 『서명(西銘)』에서 주장한 것이다.

결을 내리지 못했을 것입니다. 제각기 일리가 있기 때문이지요. 하지만 우리가 유의할 부분이 있습니다. 중국 역사를 보면 역대의 고승들은 모두 먼저 유가의 길을 걸었고 나중에 불법 방면에서 성취한 바가 있었습니다. 근대의 고승 인광(印光) 법사를 보더라도, 그의 저서를 펼쳐 놓으면 문구의 대부분이 유가 정신에서 나왔습니다. 하지만 그의 교화는 불가적이라 가히 "불법의 유학화, 유학의 불법화"라고 일컬을 만합니다. 허운(虛雲) 노화상 역시 그러합니다. 유도(儒道)의 기초가 있어서 유가의 학문을 훤히 꿰뚫고 있습니다. 명(明) 말의 감산(憨山), 자백(紫柏), 연지(蓮池), 우익(藕益)과 같은 대사들 역시 유가 학설을 깊이 파고들었습니다.

이제 다시 맹자의 원의(原意)로 돌아와서 토론하도록 하겠습니다.

맹자가 말한 "그 마음을 다하는 자는 그 본성을 안다[盡其心者, 知其性也]"에서 '다하다[盡]'는 끝나다[窮]의 의미이니 끝에 다다르다, 궁극에 도달하다는 뜻입니다. 불법 가운데 이런 시구가 있습니다. "색이 끝나고 끝남이 다하고 다함이 끝났네. 끝남이 근원에 이르니 끝남도 공하여라[色窮窮盡盡窮窮, 窮到源頭窮也空]." 이것은 제 스승이신 원환선(袁煥仙) 선생이 지은 시인데, 색상(色相)은 공(空)하므로 그것을 연구하고 또 연구하고 참구하고 또 참구해도 공하니, 색상은 끝내 공하다는 뜻입니다. 그런데 공하다고 해도 옳지 않습니다. "끝남이 근원에 이르니 끝남도 공하여라"라고 하여 결국에는 공마저도 잃어버립니다. 그것은 공이라고 말해도 좋고 공이 아니라고 말해도 좋으니 바로 진공묘유(眞空妙有)[11], 묘유진공(妙有眞空)입니다. 이것이 설명하는 바는 다음과 같습니다. "그 마음을 다하다"란 바로 그 마음을 끝까지 궁구함입니다. 스스로 사유하고 또 사유해서 사유

---

11 불변하는 실체가 없기 때문에 성립하는 현상으로, 불변하는 실체 없이 여러 인연의 일시적인 화합으로 존재하는 현상이자 공(空)을 근원으로 하여 존재하는 현상을 말한다.

가 궁극에 이르고 심상(心相)의 본체가 마지막에 다다르면, 곧바로 공(空)에 들어가고 그런 후에 자성(自性)이 보입니다. 인성(人性)의 자성(自性)을 보게 되면 그제야 비로소 천성(天性)이 보이고, 그러면 형이상적인 성(性)의 체(體), 형이하적인 용(用)의 본성을 알게 됩니다.

이것이 맹자 학문의 중심입니다. 공맹의 도는 그렇게 만만한 것이 아닙니다. 중국 문화는 고대 문자로 표현함에 있어서 간단하고 정련된 것을 좋아했습니다. 반면에 외국 문자는 분석적이고 상세한 것을 좋아해서 한 글자가 하나의 의미이며, 사리를 표현하고 처리하는 데 있어서도 연역적입니다. 중화 민족은 특이한 민족성을 지니고 있는데 지나치게 번잡하고 상세한 문자는 그다지 좋아하지 않습니다. 간단할수록 더 좋아하지요. 그래서 중국 문자는 간단하고 정련된 가운데 깊은 뜻을 지니고 있습니다. 앞에서 맹자가 말한 "진기심자, 지기성야. 지기성, 즉지천의(盡其心者, 知其性也. 知其性, 則知天矣)"는 짧은 열 몇 글자에 불과하지만, 그 속에 수많은 중요한 인생 수양의 최고 원칙을 포함하고 있습니다.

그는 또 말합니다. "존기심, 양기성. 소이사천야(存其心, 養其性. 所以事天也)." 이 구절은 수양 공부의 작용을 말하고 있습니다.

"그 마음을 다하고〔盡其心者〕" "그 본성을 알면〔知其性〕" 그런 후에 "하늘을 알게 됩니다〔知天〕." 그런데 "그 마음을 보존하고 그 본성을 기름〔存其心, 養其性〕"은 일종의 방법입니다. 어떤 마음을 보존해야 할까요? 유가의 방법은 수시로 선한 생각〔善念〕을 보존하라는 것입니다. 그래서 후세의 유가는 "인간의 욕심을 없애고 하늘의 이치를 보존하라〔去人欲, 存天理〕"라고 말했습니다. 이것이 바로 지극히 선한 생각입니다.

그렇다면 고대의 지식인들은 구체적으로 어떻게 실행했을까요? 과거에는 '공과격(功過格)'이라는 것이 있었는데, 종이 위에 네모 칸을 쭉 그려 놓은 것입니다. 어떤 것은 한 장에 삼백육십 칸으로 하루에 한 칸씩 일 년

용입니다. 또 어떤 것은 한 장에 삼십 칸으로 하루에 한 칸씩 한 달용입니다. 또 어떤 것은 하루에 한 장씩인데 열두 칸이 있어서 매 시진(時辰)마다 한 칸씩입니다. 매일 책을 읽은 다음에는 조용히 앉아서 생각해야 합니다. 잘못된 일을 했으면 붓으로 칸에 검은 점을 찍고, 좋은 일이나 착한 일을 했으면 붉은색 붓으로 칸에 점을 찍었습니다. 그런 식으로 날마다 반성했습니다. 어떤 사람은 호주머니 속에 붉은 콩과 검은 콩을 넣어 두고 책상 옆에는 주머니를 하나 걸어 두었습니다. 나쁜 일을 했거나 나쁜 생각을 했다면 검은 콩 한 알을 주머니에 집어넣습니다. 좋은 일을 했다면 붉은 콩 한 알을 집어넣지요. 그런 식으로 음력 12월 23일까지 매일 반성합니다. 음력 23일은 조왕신이 하늘에 올라가 옥황상제께 그 사람의 선악을 보고하는 전야인데, 자기가 직접 붉은 점이나 검은 점 혹은 콩을 세었습니다. 만약 일 년 동안에 검은색이 붉은색보다 많으면 조왕신 면전에 무릎을 꿇고 그 숫자대로 스스로를 책망해야 했을 뿐 아니라 그다음 해는 양심상 불안한 한 해가 됩니다. 이러한 반성의 공부는 대단히 엄격했으니, 절대로 다른 사람을 속이거나 자신을 속이지 못했으며 하늘의 신명은 더더욱 감히 속이지 못했습니다.

그러므로 "그 마음을 보존함〔存其心〕"이란 매번 생각이 일어나고 마음이 격동되는 동안에도 선한 생각을 함으로써 그 마음을 보존하는 것이 서서히 많아져야 함을 말합니다. 이른바 "선하면 마음을 기르게 된다〔善則養心〕"라는 말이 있습니다. 사람이 좋은 일을 한 후에는 그 마음이 즐거운데, 나쁜 일을 하거나 다른 사람을 해쳤을 때와는 비교할 수 없이 마음이 흐뭇합니다. 이것이 바로 "선하면 마음을 기르게 된다"는 이치입니다. "그 본성을 기름〔養其性〕"에서 '본성〔性〕'은 습성의 '본성'입니다. 본성을 기른다는 말은 나쁜 습성을 서서히 변화시켜 간다는 의미로, 좋게 변하고 정결하게 변하는 것입니다. 이러한 수양은 '사천(事天)'이니 바로 하늘을 받들어 섬기는 일입니다. 여기에서 '하늘'은 내재적 천성입니다. 이를테면 불교를 믿는 사람은 불천(佛天)을 섬긴다고 할 수 있고, 도교를 믿는 사람은 도천(道天)을 섬긴다고 할 수 있습니다. 혹은 상천(上天)이라고 해도 좋은데 어쨌든 보이지 않는 무형의 힘을 대표하는 그런 대명사가 있습니다.

지금 설명하고 있는 '심성(心性)'은 서로 다른 영역에 속하며, 그 밖에 또 한 가지가 바로 '명(命)'입니다. 이 명은 대단한 것으로 여기에 대해 맹자는 이렇게 말했습니다. "요절하거나 장수함이 둘이 아니니, 몸을 닦아 천명을 기다림은 명을 세우는 것이다[夭壽不貳, 修身以俟之, 所以立命也]."

'요(夭)'는 단명하여 죽는 것이고 '수(壽)'는 오래도록 사는 것입니다. 후세에는 경계가 있어서 육십 세를 못 채우고 죽는 것을 '요(夭)'라 하고 부고에 그 사람의 연령을 말할 때 향'년(年)' 얼마라고만 했습니다. 육십 세를 채운 후에 사망해야 비로소 수(壽)라 부를 수 있고 향'수(壽)' 몇 년 이라고 했습니다.

맹자는 여기에서 말합니다. "한 사람이 태어나서 진정으로 완전한 사람이 되고자 한다면, 인생의 학문 수양에 있어 수시로 마음을 보존하고 본성을 길러야 하며, 수명의 길고 짧음을 좋아하거나 싫어하는 바가 없어야 한다." 설사 오늘 이 도를 닦고 이런 수양을 하다가 내일 죽게 된다 할지라도 여전히 수양을 계속합니다. 생사의 문제는 조금도 생각하지 않습니다. 마치 공자가 "조문도 석사가의(朝聞道, 夕死可矣)", 즉 오늘 아침에 이 도를 깨달았다면 저녁에 죽더라도 괜찮다고 말한 것과 꼭 같습니다. 도를 닦으면 장수한다고, 수양이 높을수록 수명이 길어진다고 말한 대도 괜찮습니다. '요절'을 하든 '장수'를 하든 생사를 염려하지 않을 수 있다면 생사의 문제는 해결된 것입니다. 이것은 유일한 불이법문(不二法門)[12]으로, 인

---

12 상대적이고 차별적인 것을 초월하여 절대적이고 평등한 진리를 나타내는 가르침을 말한다.

생에는 오직 하나의 길만 있습니다. 생사에서 '요절'과 '장수'의 관념에 묶이지 않는다면 대단히 자유로워집니다. 진정한 수명은 이 혈육의 몸이 얼마나 오래 사느냐의 문제가 아닙니다. 명심견성을 했느냐의 문제입니다. 명심견성 했다면 내일 죽는다 해도 썩지 않을 것이고, 명심견성 하지 못한다면 천 년을 살아도 헛것입니다. 다른 종교를 믿거나 혹은 수십 년 부처님을 믿었던 사람이 병상에 누워 임종하려고 할 때 그에게 말했습니다. 생사의 문제는 안심하고 던져 버리고 기도하거나 염불하라고요. 그러나 이제는 하느님께 기도해도 영험이 없고 염불도 되지 않는다고 말합니다. 이는 명심견성하지 못했기 때문입니다. 하느님을 잘못 믿고 불보살을 잘못 믿은 것입니다. 하느님을 믿고 부처님을 믿는 진정한 의미는 이 혈육의 몸이 죽지 않기를 구하는 것이 아니라 "몸을 닦아 천명을 기다리는〔修身以俟之〕" 것입니다. 명심견성 하고 난 후 임종 시에는 이 혈육의 몸을 버리고 편안히 떠나는 그것이 바로 "명을 세우는〔立命〕" 것입니다.

맹자는 수신을 가르쳤다

　이상 세 단락에서 '진심(盡心)' '지성(知性)' '지천(知天)'은 견지(見地)이고, '존심(存心)' '양성(養性)' '사천(事天)'은 수련이며, 마지막 "요절하거나 장수함이 둘이 아니니, 몸을 닦아 천명을 기다림은 명을 세우는 것이다〔夭壽不貳, 修身以俟之, 所以立命也〕"는 행원(行願)[13]입니다. 수련이 경지에 이르면 생사가 다했을 때 요절하든 장수하든 전혀 문제가 되지 않습니다.
　하지만 마음을 보존하고 본성을 기르고자 한다면 반드시 "몸을 닦아야

---

13 어떤 것을 행하려는 바람, 어떤 일을 이루려는 기원을 말한다.

〔修身〕"함에 유의해야 합니다. 우리는 이 '신(身)' 자에 유의해야 합니다. 이른바 '신'은 바로 이 신체, 오관, 사지, 의식이 표현해 내는 사상 관념과 언어 행위입니다. 어떻게 "몸을 닦아야" 하는가에 대해 맹자는 여기에서 "몸을 닦아 천명을 기다린다"라고 말했습니다. 무엇을 기다립니까? 그 운명을 기다립니다. 장수를 해도 좋고 단명을 해도 좋고 살아도 괜찮고 죽어도 괜찮습니다. 생사는 상관하지 않고 그저 자신의 언어와 행동과 사상을 언제 어디에서나 도(道) 가운데에 있게 합니다. 그렇게 정명(正命)을 세우고 자신의 운명이 다하는 날이 언제든 오기를 기다립니다.

만약 도가와 불가의 견지, 수련, 행원 등의 수행 방법을 맹자의 이 말과 연결 짓는다면 전문 서적을 한 권 쓸 수도 있습니다.

'명(命)'에 관해 불가에서는 그 문제에 그다지 상관하지 않고 단지 '정명(正命)'대로 살고 자살해서는 안 된다고 합니다. 자살은 정명대로 죽는 것이 아니라서 계율에 어긋납니다. 이는 유가와 똑같아서 자연스럽게 명이 다해서 죽어야 합니다. 자살은 계를 범하는 것이며 죄이기도 합니다. 그렇다면 어떻게 정명을 수양할까요? 후세 도가에서는 성명쌍수(性命雙修)를 제기했는데, 송대 이후로 도가와 불가에서 이로 인해 수지(修持) 방법에서 논쟁을 일으켰습니다. 도가에서 '성명쌍수'를 강조하는 일파는 중국에서 당 왕조 이후로 타종교를 믿는 사람들이 오로지 성(性)만 수양하고 명(命)은 수양하지 않는다고 여겼습니다. 그래서 "오로지 명(命)만 수양하고 성(性)을 수양하지 않는 이것이 수행의 첫 번째 병이지만, 성(性)만 수양하고 단(丹)을 수양하지 않으면 만겁의 세월을 수양해도 성(聖)의 경지로 들어가기 어렵다"라고 말했습니다. 이 말은 이런 뜻입니다. "오로지 명만 수양하고 성을 수양하지 않으면 성공할 수 없다. 그러나 오로지 성만 수양하고 명을 수양하지 않으면 설사 억만 년을 수양하더라도 정과(正果)를 얻을 수 없기 때문에 성과 명을 함께 수양해야 한다."

불가에서는 이러한 설법을 받아들이지 않았습니다. 왜냐하면 도를 완성한 후 깨달음을 증득하면 불생불멸(不生不滅)이기 때문에 그 명은 길게 보존됩니다. 이러한 명은 육체의 명이 아니라 육체의 명보다 훨씬 위대합니다. 바로 유가와 도가에서 말하는 '천명'입니다. 유가와 도가에서 공통적으로 인정하는 바이며 불생불멸하는 본체의 성이기 때문에 명(命)이라고 부릅니다. 하지만 도가의 성명쌍수에서 말하는 명(命)은 바로 '단(丹)'이라고도 부르는 명이며 육체의 명입니다. 맹자가 말한 "몸을 닦아 천명을 기다리다"의 '몸[身]' 역시 '신명(身命)'입니다. 후세에는 '생명(生命)'이라고도 하지요. 여러분의 이 몸은 육신이며 "요절하거나 장수함이 둘이 아닐" 수 있지만, 불생불사의 몸은 변화된 몸이기 때문에 법신(法身), 화신(化身), 보신(報身)의 삼신(三身)이 있는 것입니다.

엄격히 말하면 형이상의 최고 철학인 성명(性命)의 이치에 관해 유가와 도가는 불가와 논쟁할 수 없습니다. 불가의 분석은 정밀하고 상세한 데다 귀납되는 결론 역시 절대적으로 옳습니다. 하지만 형이하적인 "몸을 닦아 천명을 기다리다"에서부터 실제적인 용(用), 입세와 출세의 대승 정신에서는 유가와 도가와는 비교할 수 없습니다. 왜냐하면 불가는 광활하기 짝이 없어서 보기만 해도 사람을 놀라게 하고 정신이 어찔하도록 압도적이며 실행하려고 해도 경계가 없기 때문입니다. 참으로 법해(法海)는 끝이 없고 고개 돌리면 언덕입니다. 언덕이 어디에 있습니까? 유가의 설법에 따르면 법해는 끝이 없는데 고개 돌리면 바로 가장 가까운 곳에 있어서 나무판을 붙잡고 천천히 표류하면 반드시 언덕에 닿게 됩니다. 그러므로 먼저 이 명(命)을 붙잡고 다시 대명(大命)을 찾는다면 그것은 더 이상 이 육체가 아닙니다. 후세의 도가와 불가의 밀종 수련법은 모두 이 육체를 가지고 수련합니다. 이러한 문제로 토론하려고 들면 또다시 책 한 권이 될 것입니다.

맹자께서 말씀하셨다. "명이 아님이 없으나 그 정명을 순순히 받아야 한다. 그러므로 정명을 아는 자는 위험한 담장 아래에 서지 않는다. 그 도를 다하여 죽는 것이 정명이요, 질곡으로 죽는 것은 정명이 아니다."

孟子曰: "莫非命也, 順受其正. 是故知命者, 不立乎巖墻之下. 盡其道而死者, 正命也; 桎梏死者, 非正命也."

여기에서 맹자가 말한 '정명(正命)'은 후세 도가에서 말하는 '성명쌍수(性命雙修)'의 '명(命)'과는 차이가 있습니다. 오히려 불가 대승 보살도의 계율에 가깝지요. 맹자가 말했습니다. "명이 아님이 없으나 그 정명을 순순히 받아야 한다[莫非命也, 順受其正]." 모든 사람의 생명 존재는 태어나면서부터 정해진 인연이 있다고 설명하는데, 이는 사람들이 곤혹스러워하면서 추궁하는 문제이기도 합니다. 현재 지니고 있는 생명이 일찌감치 명(命) 속에서 정해져 있다면 굳이 노력해서 수양할 필요가 있을까요? 이것은 숙명론이 아닙니까? 사실 일반인들이 말하는 숙명론은 자신의 운명이 별도의 주재자에 의해 이미 정해져 있어서 바꿀 수 없다고 생각하는 것입니다. 그러나 맹자가 여기에서 말하는 명은 다른 힘에 의해 정해져 있는 숙명론이 아닙니다. 『시경』「대아」'문왕'에는 이미 "영원히 천명에 짝하기를 생각함으로써 스스로 많은 복을 구한다[永言配命, 自求多福]"라는 오래된 교훈이 나오는데, 이를 통해서도 중국의 전통문화는 본래부터 숙명론을 믿지 않고 스스로 복을 구하도록 했음을 알 수 있습니다.

맹자의 명(命)은 불가에서 말하는 명(命)과 꼭 같습니다. 별도의 주재자가 있어서 일찌감치 당신을 위해 일평생 운명의 유형을 만들어 두었다는 논리가 결코 아닙니다. 불가에서는 현재 지니고 있는 명이 과거와 미래의 인과관계라고 말합니다. 이는 모두가 유심(唯心)에서 비롯된 것으로, 인연도 아니고 저절로 그런 것도 아닙니다. 그 속의 오묘함은 일반인들이 실로 이해하기 어렵습니다. 그래서 불가에는 이런 명언이 있습니다.

전생의 일을 알고 싶다면	欲知前生事
금생에 받는 것이 그것이요	今生受者是
내생의 일을 알고 싶다면	欲知來生事
금생에 짓는 것이 그것이네	今生作者是

　이번 생에 우리가 받는 모든 것은 전생의 업력과 습성이 가져오는 것으로서 고치기가 어렵습니다. 만약 내생이 어떠하냐고 묻는다면 이번 생에 무엇을 하느냐를 보면 됩니다. 불가 유식학(唯識學)에서는 생명이 지닌 과거의 업력을 종자(種子)라고 부릅니다. "종자가 현행을 일으키고〔種子起現行〕", 즉 과거의 업력이 현재의 행위를 일으킵니다. "현행이 종자를 훈습하니〔現行熏種子〕", 즉 현재의 일생 동안 짓는 행위의 결과로 또다시 미래의 종자가 만들어집니다. 이른바 "콩 심은 데 콩 나고 팥 심은 데 팥 난다"라는 것이 바로 삼세인연생법(三世因緣生法)의 도리입니다. 불법에서 확실한 부분으로서 정말 흠잡을 데 없이 완전무결합니다. 저의 이해가 어쩌면 아직은 일가를 이루지 못했겠지만, 제가 각 종교의 철학을 연구해 보니 그 어떤 것도 인연생법의 원칙을 뛰어넘지 못합니다.

　하지만 맹자가 말한 것은 단지 현행(現行)의 명(命)입니다. 이 현행의 명을 바꾸고자 한다면 그것은 가능합니다. 그러나 반드시 대선(大善), 지선(至善)을 실행해야 합니다. 악을 없애고 선을 행하여 지선에 머물러야 합니다. 하지만 그것이 어디 말처럼 그리 쉽습니까? 한 사람이 어떤 일을 위해서 돈을 내거나 힘을 썼다고 할지라도, 만약 그것을 다른 사람이 봐

버렸다면 진정한 행선(行善)이 아닙니다. 진정한 행선은 다른 사람이 알지 못하게 하는 것입니다. 때로는 다른 사람의 이해를 얻지 못해서 타인의 훼방과 모욕을 당할 수도 있습니다. 이런 상황에 대해 불법을 배우는 사람들은 『금강경(金剛經)』에 나오는 말이 생각날 것입니다. "사람이 전생의 죄업으로 마땅히 악도에 떨어져야 하거늘, 금세에 사람들이 무시하고 천대한 까닭에 전생의 죄업이 곧 소멸되었느니라〔是人先世罪業, 應墮惡道, 以今世人輕賤故, 先世罪業, 卽爲消滅〕." 스스로 과거 생에 지은 죄업을 반성하고 관찰해 보니, 이생에 여업(餘業)이 아직 끝나지 않아서 비록 좋은 일을 하더라도 여전히 다른 사람의 인정과 칭찬을 받지 못합니다. 그러므로 여러분은 자신을 욕하고 훼방하는 사람들에게 오히려 감사해야 합니다. 왜냐하면 그들의 질책과 훼방이 여러분의 여업과 과보를 조금이라도 일찍 없애고 끝나게 하기 때문입니다.

또 어떤 사람들은 이런 의문을 품습니다. 아무런 착한 일을 하지 않은 사람인 데다가 나쁜 일까지 저질렀는데도 오히려 저렇게 풍요롭고 안락하게 살다니 이것은 또 무슨 도리인가? 사마천(司馬遷)도 『백이열전(伯夷列傳)』에서 그런 의문을 제기했습니다. "하늘이 선인(善人)에게 보답함은 어떠한가?" 또 이렇게도 말했습니다. "내가 심히 의혹을 품었으니 소위 천도(天道)라는 것은 옳은가, 그른가?" 하지만 사마천은 이 글을 쓰면서 이러한 곤혹스러움에 대해 아무런 답도 주지 않은 채 그저 문제 제기만 했고, 그 글을 읽는 사람들로 하여금 스스로 생각하게 만들었습니다.

불가의 답은 아주 간단합니다. 어떤 사람이 현세에 나쁜 사람인데도 그처럼 좋은 처지에 있는 까닭은 전생의 선업(善業)으로 얻은 선보(善報)가 아직 끝나지 않았기 때문입니다. 그가 현생에 저지른 나쁜 일은 악이 가득차게 될 때에 스스로 결산하게 될 것입니다. 제 개인의 인생 경험을 보더라도 불법에서 말한 것이 맞습니다. 또 수많은 사람의 인생 내력을 보면 보응이 대단히 빠릅니다. 계산기로 계산하는 것보다 훨씬 빠를 것입니다. 사실 허다한 사람들이 현세에 이미 보응을 받습니다. 다만 보응을 받는 사람 자신이 모를 뿐입니다. 그래서 중국 사회에 유행하는 말이 있습니다. "선에는 선보(善報)가 있고 악에는 악보(惡報)가 있으니, 보응하지 않는 것이 아니라 시기가 이르지 않았을 뿐이다." 모든 사람이 즐겨 하는 말입니다.

무엇이 정명인가

맹자가 여기에서 말한 것은 현세의 명이며 모든 것이 운명적으로 정해져 있습니다. 하지만 우리는 하늘을 원망하거나 다른 사람을 탓해서는 안 되며 "그 정명을 순순히 받아야[順受其正]" 합니다. 즉 정명으로 받아들이고 살아가야 합니다. 세상의 모든 사람은 살면서 현실에 만족하지 못합니다. 처지가 좋지 못할 때면 하늘을 원망하거나 혹은 다른 사람을 탓하기도 합니다. 공자도 일찍이 사람은 마땅히 하늘을 원망하거나 다른 사람을 탓해서는 안 된다고 말했는데, 이것이 가장 하기 어려운 학문 수양입니다. 때때로 분명히 자신이 잘못했는데도 알지 못하거나 혹은 반성하지 못하여 하늘을 원망하거나 다른 사람을 탓합니다. 종교를 믿는 사람들도 더는 하느님을 믿지 않겠다거나 혹은 보살을 믿지 않겠다고 말하기도 합니다. 사실 이러한 말을 함으로써 이미 하늘을 원망하고 다른 사람을 탓한 것입니다. 왜냐하면 그 사람의 심리에 자기는 잘못이 없으며 잘못은 하느님과 보살 혹은 다른 사람에게 있다고 여기기 때문입니다. 그렇지 않으면 요즘 신문에서 말하는 것처럼 "저는 잘못이 없어요. 이건 사회 문제이고 세상 탓입니다"라는 식입니다. 물어봅시다. 사회가 무엇입니까? 사회는 단지 하나의 명사에 지나지 않습니다. 사람들이 함께 모여 있는 것을 사회라고 부릅니다. 바꾸어 말하면 사회는 사람의 무리이고 자신도 사회의 한 구성 원입니다! 명명백백 자기 개인의 잘못인데 왜 사회라는 사람의 무리에게 떠넘기려고 합니까?

게다가 하늘을 원망하고 다른 사람을 탓하는 것은 바로 노여움을 옮기는 것입니다. 공자는 안회의 수양이 최고라고 말하면서 "불천노, 불이과(不遷怒, 不二過)"라고 했습니다. "노여움을 다른 사람에게 옮기지 않고 잘못을 두 번 되풀이하지 않는다"라는 말이지요. 그는 잘못을 했을 때 다른 사람을 탓하지 않았습니다. 어떤 사람은 사소한 노여움을 다른 사람에게 옮깁니다. 예를 들어 화가 나 있을 때 어떤 사람이 일이 있어서 찾아오면 그 사람에게 한바탕 화풀이를 합니다. 이 역시 명백하게 노여움을 다른 사람에게 옮기는 한 행태입니다. 그런데 보통 사람들은 반성을 못하고 노여움을 다른 사람에게 옮긴 결과로 큰일을 망치거나 자기를 해치고 남을 해치는 경우가 종종 있습니다. 어떤 부부는 특별히 큰 갈등이 없는데도 노여움을 옮김으로써 서로 반목하고 적대시하다가 끝내 이별하기도 합니다.

사실 인성은 모두 선량해서 잘못을 저지르면 곧 얼굴이 붉어집니다. 하지만 순식간에 자기 잘못이 아니라고 생각하고 모든 잘못을 다른 사람에게 떠넘깁니다. 만약 다른 사람이 그렇게 하지 않았으면 자기는 그런 잘못을 저지르지 않았을 것이라고 생각합니다. 결국은 언제나 남 탓이라고 생각하는 것입니다. 사람은 바로 이런 식으로 반성하지 않고 늘 다른 사람에게 노여움을 옮깁니다. 진정한 수양은 동심인성(動心忍性) 하는 사이에 자기 잘못을 분명히 찾아낼 수 있어야 합니다. 그런 다음에 "그 정명을 순순히 받아들여" 즉 자신이 당하게 된 모든 경우에 대해 하늘을 원망하지 않고 다른 사람을 탓하지 않으며, 노여움을 옮기지 않고 잘못을 두 번 되풀이하지 않아야 합니다. 이것이 바로 정명으로 받아들여 사는 것입니다. 이는 불법에서 말하는 팔정도(八正道)[14] 가운데 정명(正命)이기도 합니다.

그러고 보니 갑자기 송대의 명유(名儒) 주돈유(朱敦儒)가 지은 『서강월(西江月)』두 수가 생각납니다. 대단히 활달하고 자유로운 것이 맹자의 "명이 아님이 없으나 그 정명을 순순히 받아야 한다"라는 구절과 연관이 있습니다. 이것은 문학 속의 철학으로서 잘 외우고 있다가 번뇌에 맞닥뜨렸을 때 낭송하면, 신에게 구하고 부처님께 절하는 기도 혹은 도가나 밀종의 주문보다 훨씬 오묘한 데가 있습니다.

세상사 짧기가 봄날 꿈같고	世事短如春夢
인정은 각박하기가 가을 구름 같지	人情薄似秋雲
이리저리 따져 마음을 괴롭히지 말지니	不須計較苦勞心
만사가 원래 정해진 명이 있는 법	萬事原來有命
다행히 석 잔 술 만나서 좋고	幸遇三杯酒好
거기다 한 떨기 꽃 만나 새롭구나	況逢一朵花新
짧은 시간일망정 기쁘게 웃으며 서로 친하세	片時歡笑且相親
내일 흐릴지 개일지도 정해지지 않았으니	明日陰晴未定
날마다 깊은 잔에 술 채우고	日日深杯酒滿
아침마다 작은 화단에 꽃이 핀다	朝朝小圃花開
혼자 노래하고 춤추고 회포를 펼치며	自歌自舞自開懷
또 기뻐하니 조금도 구애됨이 없다	且喜無拘無碍
역사에는 몇 번이나 봄꿈이 펼쳐졌고	靑史幾番春夢

---

14 정견(正見), 정사유(正思惟), 정어(正語), 정업(正業), 정명(正命), 정정진(正精進), 정념(正念), 정정(正定)을 팔정도라 한다.

세상에는 몇 명이나 기재가 나타났던고   紅塵多少奇才

이것저것 따지거나 계획하려 하지 말고   不須計較苦安排

지금 그대로를 받아들이세   領取而今現在

  맹자는 "그러므로 정명을 아는 자는 위험한 담장 아래에 서지 않는다〔是故知命者, 不立乎巖墻之下〕"라고 말했습니다. 참으로 정명을 알고 살아가는 사람은 위험한 담장 아래에 서지 않습니다. 이 말의 의미를 확대해서 설명하면 이렇습니다. 지나치게 위험한 곳이면 가능한 한 가지 않고 지나치게 위험한 일이면 가능한 한 하지 않습니다. 일부러 잘난 체하면서 싸움을 걸지 않으며, 예기치 않게 생명을 잃을 수 있는 위험은 무릅쓰지 않습니다.

  하지만 국가와 민족이 어려움에 처했을 때 만약 한 몸 바쳐 국가와 민족을 위기에서 구해 내고 수많은 생명을 살릴 수 있다면 조금도 주저하지 않고 의연히 희생합니다. 그 또한 정명이니 성현과 보살의 마음 씀이 그러합니다. 문천상(文天祥)이나 악비(惡飛) 같은 사람이 바로 그런 경우입니다. 하지만 불필요한 위험은 무릅쓸 필요가 없습니다. 젊은 사람들은 쓸데없는 모험을 좋아하는데 그런 것이 바로 "정명이 아닌데도 즐기는〔非正命而玩〕"것입니다. 어떤 사람이 화련(花蓮) 기래산(奇萊山)을 등반하다가 굴러 떨어진 바위에 깔려 죽었습니다. 그러자 또 다른 사람이 승복하지 않고 말하기를, 그 사람은 능력이 부족해서 가능성이 없었다고 하면서 자기도 등반하겠다고 우기더니 결국은 자취도 찾을 수 없게 되었습니다. 이러한 것이 정명이 아닌데도 즐기는 것이니, 마침내 정명이 아닌데도 죽고 말았습니다.

  그러므로 "그 도를 다하여 죽는 것이 정명입니다〔盡其道而死者, 正命也〕." 인생의 책임을 다 끝내고 모든 일에 마음을 다한 후 수명이 다 되면 자연스럽게 떠나는 그것이 '정명'입니다. 싸우기를 좋아하고, 사납게 굴고, 울컥하다가 죽는 것은 '정명'이 아닌데도 죽는 것입니다. 그렇기 때문에 국가와 민족을 위해 전쟁터에서 죽는 것은 '정명'입니다. 중국 역사에서 그것은 정의를 위해 죽는 것으로 여겨졌습니다. 총명하고 정직한 사람은 죽어서 신이 되는데, 그런 신은 무슨 황제가 봉하는 것이 절대 아닙니다. 당대는 물론이고 후세 천추만대에 존경과 우러름을 받습니다.

중화 민족은 '정명'으로 죽는 사람을 그처럼 존중했습니다. 그러므로 종교를 믿는 사람은 유의해야 합니다. '정명'은 또한 유가의 『효경(孝經)』에서 인용한 공자의 말이기도 합니다. 공자는 "사람의 신체와 터럭과 피부는 부모에게 받은 것이니 손상해서는 안 된다〔身體髮膚, 受之父母, 不可損傷〕"라고 했습니다.

사실 유가와 불가의 정신은 똑같습니다. 불가에서는 사람이 아무런 까닭 없이 자기 신체를 훼손하거나 자기 몸에 칼을 대면, 그것은 부처님 몸에서 피를 내는 것과 마찬가지이므로 보살계를 범한 것이 된다고 말합니다. 모든 사람은 부처님의 신체입니다. 어느 날 도를 깨달으면 곧바로 육신불이 되기 때문입니다. 따라서 함부로 자기 몸을 망가뜨려서는 안 됩니다. 송유(宋儒) 육상산(陸象山)은 일찍이 "동방에 성인이 있고 서방에도 성인이 있으나 그 마음은 똑같고 그 이치도 똑같다"라는 뜻의 말을 했습니다. 진리는 오직 하나입니다. 중국에서는 이렇게 말하고 인도에서는 저렇게 말했더라도 우리는 모두 부모가 낳은 혈육의 몸입니다. 다만 언어 문자로 표현한 것이 다를 뿐입니다.

맹자의 성명지설(性命之說)은 이쯤에서 끝내겠지만 불가의 성명지설 사상과 거의 똑같다고 할 정도로 대단히 유사합니다. 도가에서 말하는 것과는 다르다고 생각할 수 있지만 그게 꼭 그렇지만은 않습니다. 아래를 보도록 하겠습니다.

즐거움을 얻고 싶은가

맹자께서 말씀하셨다. "구하면 얻고 버리면 잃으니, 이 구함은 얻음에 유익함이 있으니, 나에게 있는 것을 구하기 때문이다. 구함에 도가 있고 얻음에 명이 있으니, 이 구함은 얻음에 유익함이 없으니, 밖에 있는 것을 구하기 때문이다."

맹자께서 말씀하셨다. "만물이 모두 나에게 갖추어져 있다. 몸을 돌이켜 보아 성실하면 즐거움이 이보다 더 클 수 없다. 엄함과 관대함을 실행하면 인을 구함이 이보다 가까울 수 없다."

孟子曰: "求則得之, 舍則失之, 是求有益於得也, 求在我者也. 求之有道, 得之有命, 是求無益於得也, 求在外者也."

孟子曰: "萬物皆備於我矣. 反身而誠, 樂莫大焉. 強恕而行, 求仁莫近焉."

이 단락은 맹자가 "이치를 궁구하고 본성을 다함으로써 천명에 이른다〔窮理盡性以至於命〕"라는 성명(性命)의 이치를 풀이해 놓은 것입니다. 이것은 참된 학문이자 참된 수양으로서, 어떻게 수련해야 하는지를 설명해 놓았습니다.

"구하면 얻고〔求則得之〕", 처음에는 당연히 스스로 뜻을 세워 도를 구해야 합니다. 도는 바로 자기 자신에게 있기 때문에 성심으로 구하면 도를 완성할 수 있습니다. "버리면 잃으니〔舍則失之〕", 뜻을 세워서 구하지 않으면 도를 얻지 못합니다. "나에게 있는 것을 구하기 때문이다〔求在我者也〕", 도는 자기 내부에서 구하는 것이기 때문입니다. 오로지 살아 있기만 하면 명(命)을 지니고, 명을 지니고 있으면 당연히 영성(靈性)을 지닌 존재이므로 생각할 수 있고 감각을 지니며 마음을 지니고 있습니다. 마음을 지니고 본성을 지니며 또 명(命)을 지니고 있다면 모든 성명지리(性命之理)의 대도(大道)가 자신에게 있으므로 밖에서 구할 필요가 없습니다.

불가에서는 무아(無我)를 주장하는데, 망심(妄心)의 나를 일으키지 말고 진아(眞我)를 구하라는 것입니다. 그렇기 때문에 소승의 기본 이론에서 강조하는 것이 고(苦), 공(空), 무상(無常), 무아(無我)입니다. 석가모니 부처님은 열반할 때 그것을 다시 뒤집어 '상락아정(常樂我淨)'[15]의 네 글자를 말했습니다. 부처님은 태어나자마자 한 손으로 하늘을 가리키고 또 한 손으로는 땅을 가리키며 "하늘 위와 하늘 아래에서 오직 내가 홀로 존귀하다〔天上天下, 唯我獨尊〕"라고 말했습니다. 사람의 자성은 본래 천진한 나를 지니고 있음을 나타내는데, 그러한 나는 망념(妄念)을 일으키는 내가 아닙니다. 부처님은 인간 세상에 수십 년 계시다가 장차 열반하려고 할 때 무엇을 증득하였는가 묻자 이렇게 말했습니다. "나는 이미 열반의 경지가 '상락아정'임을 증득하였다." 그 천진한 자아를 찾아내었다는 말입니다. 그러므로 맹자가 "나에게 있는 것을 구한다"라고 말한 것도 같은 이치입니다.

맹자는 또 "구함에 도가 있고 얻음에 명이 있다〔求之有道, 得之有命〕"라고 말했습니다. 도를 구함에는 방법이 있습니다. 그런데 그 도를 얻고자 한다면 "명이 있으니〔有命〕" 즉 정명(正命)이 있어야 합니다. 정명이 아니면 안 됩니다. 어떤 사람은 수도하면서 필사적으로 임독이맥(任督二脈)과 기경팔맥(奇經八脈)의 소통에 매달립니다. 그러다가 결국에는 고혈압으로 죽지 않으면 경미하거나 심각한 정신분열증을 얻는 경우가 왕왕 있습니다. 왜냐하면 "이 구함은 얻음에 유익함이 없으니, 밖에 있는 것을 구하기

---

15 대승 불교에서 말하는 열반의 네 가지 덕이다. 열반의 세계는 절대 영원하고〔常〕 즐겁고〔樂〕 자유자재한 참된 자아〔我〕가 확립되어 있으며 청정함〔淨〕을 말한다.

때문입니다〔是求無益於得也, 求在外者也〕." 그렇게 밖을 향해 제멋대로 구하는 것은 유익함이 없습니다. 이치를 궁구하고 본성을 다하는 '내명(內明)'이 아니라 단지 생리적 반응의 경계나 수련을 도(道)로 여기고 참된 나를 찾지 않기 때문에 도를 완성하지 못합니다. 사실 그러한 경험이 나쁜 일은 아니지만 그것은 신체의 기맥 변화에 불과하므로 그 경계는 변할 수 있고 무상(無常)합니다.

그래서 맹자는 우리에게 "만물이 모두 나에게 갖추어져 있다〔萬物皆備於我矣〕"라고 말했습니다. 현재 살아 있는 자신은 우주의 기능과 마찬가지로 조금의 부족함도 없습니다. 성명(性命)이 살아 있는 이 몸은 지옥에 갈 종성(種性)도 갖추었고 천당에 갈 종성도 갖추었습니다. 부처가 되고 성인이 될 본성도 갖추었고 축생이 될 종성도 물론 갖추고 있습니다. "만물이 모두 나에게 갖추어져 있다"라는 맹자의 이 말은 상당히 심각합니다. 불법에서도 그렇게 말하는데 단지 '아(我)' 자를 '여래장(如來藏)'으로 바꿀 뿐입니다. 일체 종성의 기능을 품고 있다는 뜻인데 '진여자성(眞如自性)'이라고도 말합니다.

지금 맹자는 우리에게 도를 어떻게 구해야 하는지를 말하고 있습니다. "만물이 모두 나에게 갖추어져 있으니", 모든 것이 나에게 있기 때문에 안으로 자기 자신에게 구해야 합니다. 장자에게도 "천지와 한 뿌리요 만물과 한 몸〔與天地同根, 萬物一體〕"이라는 개념이 있습니다. 그렇다면 어떻게 법을 구해야 할까요? 오로지 "몸을 돌이켜 보아 성실하면〔反身而誠〕" 됩니다. 하지만 주의해야 합니다. 맹자는 마음을 돌이켜 본다고 말하지 않았습니다. 불법에서 말하는 관심(觀心)도 아니고 염두(念頭)를 돌아보는 것도 아닙니다. 바로 "몸을 돌이켜 보는〔反身〕" 것입니다. 어떤 몸을 돌이켜 보라는 것일까요? 어떻게 돌이켜 봅니까? 요가에는 거꾸로 선 연꽃〔倒立蓮〕이라는 자세가 있습니다. 머리를 바닥에 대고 발을 위로 뻗는 동작으로 물구나무서기입니다. 하지만 그것도 맹자가 말한 "몸을 돌이켜 봄"은 아닙니다. 여전히 밖을 향해 구하는 것이기 때문입니다. 이른바 "몸을 돌이켜 봄"은 자신의 진신(眞身) 본체를 찾아내라는 말입니다. "만물이 모두 나에게 갖추어져 있다"라는 맹자의 말은 불가의 『심경(心經)』에도 나옵니다. 바로 "불생불멸, 불구부정, 부증불감(不生不滅, 不垢不淨, 不增不減)"입니다. 즉 "생겨나지도 않고 사라지지도 않으며, 더럽지도 않고 깨끗하지도 않으며, 늘어나지도 않고 줄어들지도 않는다"라는 이치입니다. 평소 우리는 현존하는 이 육체의 몸을 아주 중요하게 여깁니다. 그것이 생명의 존재를 표현하는 중요한 도구이기 때문이지요. 만약 몸이라는 도구가 없다면 존재하는 생명을 세상에서 응용이라는 측면에서 표현할 방법이 없습니다.

그렇다 하더라도 우리는 그 진신 본체, 즉 영원히 존재하는 생명을 찾아내야 합니다. 그 중요한 것을 찾아내어 변함없이 항상 지니는 것, 그것이 바로 공맹의 도에서 말하는 '성(誠)'이며 그렇게 되면 "즐거움이 이보다 더 클 수 없게〔樂莫大焉〕" 됩니다. 심신의 안팎에 쾌락이 충만하게 됩니다. 우리가 만나는 수많은 수도자들은 얼굴이 누렇게 떴거나 혹은 수심이 가득하거나 혹은 원한에 차 있거나 혹은 신비로 가득하지만 그런 것은 모두 도가 아닙니다. 만약 "몸을 돌이켜 보아 성실하면" 절대로 그런 모습일 수 없습니다. 오히려 자(慈), 비(悲), 희(喜), 사(捨)[16]의 형상을 지니고 있어서, 마치 '미륵불'처럼 언제나 활짝 웃으며 기쁨으로 충만하여 보는 사람을 즐겁게 만듭니다. 그는 무엇을 보고 웃을까요? 마침 한 폭의 대련이 정말 잘 표현해 놓았습니다. "큰 배가 능히 포용하니 천하에 포용하기 어려운 일을 다 포용하고, 입을 벌려 늘 웃으니 이 세상의 우스운 사람들을 웃고 있네〔大肚能容, 容天下難容之事; 開口常笑, 笑世間可笑之人〕." 이것이 바로 "즐거움이 이보다 더 클 수 없는" 모습입니다.

예전에 큰 절을 건축하는 일은 그 자체가 하나의 화두였는데 거기에는 심오한 의미가 있었습니다. 산문에 들어서면 형합이장(哼哈二將)[17]을 보게 됩니다. 하나는 왼쪽에 하나는 오른쪽에 서서 하나는 흥〔哼〕 하고 콧김을 내뿜고 있고 하나는 하〔哈〕 하고 입김을 내뿜고 있습니다. 이 둘은 그 문에 들어오는 것이 바로 호흡하는 일이라는 사실을 나타냅니다. 주의하십시오. 호흡은 대단히 중요합니다. 안으로 더 들어가면 사천왕전(四天王殿)인데 양편에 사대천왕(四大天王)이 있습니다. 또는 사대금강(四大金剛)이라고도 부르는데 그 가운데 하나는 손에 비파를 들고 소리를 듣고 있습니다. 또 하나는 손에 우산을 들고 자비심을 일으켜 세상 사람들을 가려 주고 있습니다. 또 하나는 손에 보검을 들고 일체의 감정과 번뇌를 끊어 버립니다. 마지막 하나는 손에 뱀(밧줄)을 들고 군마(群魔)를 항복시킵니다. 이 사대금강의 형상은 사람들에게 심신 수양의 방법을 말해 주고 있습니다. 그와 동시에 견(見), 문(聞), 각(覺), 지(知)의 작용을 나타내기도 합니다. 수련을 시작한 사람들은 견, 문, 각, 지라는 네 가지 요점에서 벗어나지 않기 때문입니다.

　　천왕전 중앙에 모셔 둔 것은 중국식 미륵불이고, 돌아서서 뒷모습을 보이며 서 있는 것은 위타보살(韋馱菩薩)입니다. 이 호법(護法) 천신은 단정하고 장중하며 바르고 곧은 모습으로 손에 항마저(降魔杵)를 들고 서 있습니다. 영웅 대장부의 기백이 넘치지요. 만약 두 손을 '합장'한 채 인사하는 형상을 하면서 항마저를 두 팔뚝에 걸쳐 두었다면, 그 절은 '시방대총림(十方大叢林)'으로 행각승들이 그곳에 머물 수 있습니다. 만약 두 손바닥

---

16 자(慈)는 남에게 즐거움을 주려는 마음, 비(悲)는 남의 괴로움을 덜어 주려는 마음, 희(喜)는 남이 즐거움을 얻으면 기뻐하는 마음, 사(捨)는 남을 평등하게 대하려는 마음이다.

17 절 입구에 서 있는 인왕(仁王)을 가리키는 말이다.

으로 항마저를 누르며 꼿꼿이 서 있다면 그 절은 '자손총림(子孫叢林)'이 니 외래의 행각승들을 그다지 대접하지 않습니다. 전해지는 말로는 위타 보살은 본래 산문 바깥에 서 있었다고 합니다. 그의 직책이 호법이기 때문 에 출가 승려나 재가 불자 가운데 계를 범한 자가 있으면 봐주지 않고 몽 둥이를 들어 때려 죽였는데, 자비하신 부처님이 차마 이를 보지 못하고 그 에게 반대로 서 있게 했다고 합니다. 이를 일러 "승려의 얼굴을 보지 않고 부처님의 얼굴을 본다"라고 하니, 그런 까닭에 훗날의 위타보살은 부처님 을 바라보고 있습니다.

다시 대웅보전(大雄寶殿)에 들어가면 불조 석가모니의 삼신(三身) 즉 법 신, 보신, 화신이 있습니다. 왼쪽은 가섭이고 오른쪽은 아난이며 양편에 십팔 나한이 있습니다. 어떤 대총림에는 나한당을 모셔 두었는데, 오백 나 한의 모습이 제각기 다릅니다. 대웅전 뒤편은 대자대비한 관음보살이니, 세상에 들어가 선을 행하고 사람들을 고난에서 구해 내면서도 사람들이 자신을 알아주기를 구하지 않습니다. 이러한 절의 모습은 마치 불법을 설 명해 주는 것 같습니다.

이러한 이치들이 모두 "몸을 돌이켜 보아 성실하면"이라는 한 구절의 의미 안에 있으니, "몸을 돌이켜 보아 성실하면" 즐겁게 됩니다. 예를 들 어 지(止)를 수행하든 관(觀)을 수행하든 정(定)을 수행하든 혜(慧)를 수 행하든 결국은 "몸을 돌이켜 보아 성실해야" 합니다. 또 부정관(不淨觀)[18] 이나 백골관(白骨觀)[19] 수행 및 아나파나〔安那般那〕[20] 역시 "몸을 돌이켜 보아 성실해야" 하는 수행법입니다. 수련이 "즐거움이 이보다 더 클 수 없 음"에 이르면 즐거움으로 인해 몸이 따뜻해질 수 있습니다. 맹자의 이 구 절을 읽으면 유가의 아성(亞聖)인 맹자는 확실히 평범하지 않으며, 실제 로 수련을 했던 인물임을 알 수 있습니다.

행위를 이야기하자면 수련을 하고 자비를 행함에 있어 "엄함과 관대함을 실행하면 인을 구함이 이보다 가까울 수 없습니다〔强恕而行, 求仁莫近焉〕." 즉 자기 자신을 억지로 밀어붙여서 실행하게 해야 합니다. 사람은 스스로를 곧잘 용서하고 이해합니다. 가령 정좌 수련을 말할 것 같으면, 하루에 아무리 많아 봤자 몇 번뿐인데도 자신은 너무 바빠서 시간이 없다고 말합니다. 이른바 바쁘다는 것도 그저 그렇게 말한 것이지 정말로 바쁜 것이 아닙니다. 사실은 오래 앉아 있으면 온몸이 쑤실까 봐 겁나는 것뿐입니다. 이는 '억지로 밀어붙여서〔强〕' 스스로 고쳐 나가게 해야 하니, 자신의 좋지 못한 습성을 그대로 내버려 둬서는 안 됩니다. 약간의 강제성을 띠고 스스로를 변화시켜야 합니다. '관대함〔恕〕'은 사람 노릇 하고 일 처리를 할 때 다른 사람에게 인자하고 관대해야 함을 말합니다. 다른 사람을 용서하는 이것은 행원(行願)의 기본입니다. 바꾸어 말하면 "엄함과 관대함〔强恕〕"이라는 이 두 요점은 바로 "엄격함으로 자기 자신을 다스리고 너그러움으로 남을 대함〔嚴以律己, 寬以待人〕"입니다.

만약 그렇게 한다면 "인을 구함이 이보다 가까울 수 없으니〔求仁莫近焉〕", 즉 인(仁)의 경계가 다가옵니다. 인은 유가에서 사용하는 하나의 대명사이며, 불가에서 말하는 "이 마음은 활발하고 변화무쌍하며 본래 하나의 물건도 없다〔此心活潑潑的, 空靈的, 本來無一物〕"라는 그런 경계이기도 합니다.

---

18 탐욕을 버리기 위해 육신의 더러움을 주시하는 수행법이다.

19 백골을 응시하여 인생의 무상을 체득하는 수행법이다.

20 아나파나는 산스크리트어, 팔리어 āna-apāna의 음사이다. āna는 들숨 apāna는 날숨이니, 들숨과 날숨을 세거나 거기에 집중하는 수행법을 말한다. 한자로 음역하여 안나반나라고 부르기도 한다.

누가 부끄러워하는 마음을 지니는가

맹자께서 말씀하셨다. "행하면서도 밝히 알지 못하며, 익히면서도 살피지 못하므로, 종신토록 행하면서도 그 도를 모르는 자가 많은 것이다."

맹자께서 말씀하셨다. "사람은 부끄러움이 없어서는 안 되니, 부끄러움을 모르는 것이 부끄러운 일이며 부끄러움이 없는 것이다.[21]

맹자께서 말씀하셨다. "부끄러움이 사람에 있어서 매우 크다. 그때그때에 따라 교묘한 수단을 쓰는 자는 부끄러움을 쓸 바가 없다. 부끄러워하지 않음이 남과 같지 못하다면, 어느 것이 남과 같은 것이 있겠는가?"

孟子曰: "行之而不著焉, 習矣而不察焉, 終身由之而不知其道者, 衆也."

孟子曰: "人不可以無恥; 無恥之恥, 無恥矣."

孟子曰: "恥之於人大矣. 爲機變之巧者, 無所用恥焉. 不恥不若人, 何若人有?"

맹자는 또 말합니다. "행하면서도 밝히 알지 못한다〔行之而不著焉〕", 사람의 생명은 본래 도(道) 가운데에 있으나 "익히면서도 살피지 못합니다〔習矣而不察焉〕." 왜냐하면 습관적인 행위에 가려져 있어서 스스로 알지 못하는 것입니다. 『주역(周易)』에서 말한 "백성이 날마다 사용하면서도 알지 못한다〔百姓日用而不知〕"라는 것이기도 합니다. 우리는 날마다 도 가운데에서 행하면서도 '도'가 어디에 있는지 알지 못합니다. 생각해 봅시다. 우리가 새벽에 깨자마자 드는 생각은 무엇일까요? 알 수가 없습니다.

---

21 저자는 "무치지치, 무치의(無恥之恥, 無恥矣)"를 "부끄러움을 모르는 것이 부끄러운 일이며, 부끄러움이 없는 것이다"라고 해석하였다. 이 구절은 일반적으로 "부끄러움이 없음을 부끄러워한다면 부끄러움이 없을 것이다"라고 해석한다.

그렇다면 생각은 어디에서 옵니까? 또 어디로 갑니까? 그 모두 알지 못합니다. 매일의 말과 행동, 생각이 희로애락의 감정 속에서 방해하기 때문에 자기 '심성'의 본디 청정한 참모습을 알지 못합니다. 사람들은 언제 시작되었는지도 모르는 습성에 좌우되기에 번뇌가 오면 참으로 가련합니다. 그로 인해 "종신토록 행하면서도 그 도를 모르는 자가 많습니다〔終身由之而不知其道者, 衆也〕." 사람의 생명은 그 자체로 도를 지니고 있지만 반성하고 스스로 수양하지 않기 때문에 도리어 마음이 미혹되어 사물을 좇고 바깥을 향해 미친 듯이 구합니다. 우리는 그렇게 하는 사람들을 평범한 사람이라고 하며 범부, 중생이라고도 부릅니다.

이를 통해 우리는 다음의 사실을 알 수 있습니다. 만약 이렇게 깊이 파고 들어가서 연구하지 않고서 공맹은 단지 교조(敎條)일 뿐이라고 함부로 비판한다면, 그것은 자신이 그 속의 함의를 철저히 이해하지 못했기 때문입니다.

위의 몇 구절을 각각 전문가의 학설을 끌어다가 상세히 설명하려고 한다면 성명(性命)의 학문에 관련된 수백만 자의 전문 서적을 써낼 수 있습니다. 하지만 "받아 적고 묻기만 하는 학문으로는 남의 스승이 될 수 없습니다〔記問之學, 不足爲人師〕." 받아 적고 묻기만 하는 것은 학문이 아니라 지식의 전파일 뿐이기 때문입니다. 예를 들어 한유(韓愈)가 말한 사도(師道)는 "도를 전해 주고 학문을 전수해 주고 의혹을 풀어 주는〔傳道, 授業, 解惑〕"것으로, 스승의 모범에 비교적 근접합니다. 이른바 "학문을 전수해 준다〔授業〕"는 기예(技藝)의 학문을 전수해 준다는 말이 아니라 입덕(立德), 입명(立命)의 기반이 되는 학업을 말합니다. 『맹자』의 이 구절은 그 내용이 대단히 광범하며 참된 학문이 어디에 있는가에 관한 것입니다. 저는 요점만 일부 제시할 뿐이니 반드시 여러분 스스로가 깊이 들어가서 연구해야 합니다.

맹자가 이어서 말한 것도 여전히 수양의 이치에 관해서입니다.

맹자는 말합니다. "사람은 부끄러움이 없어서는 안 된다[人不可以無恥]." '무치(無恥)'라는 두 글자는 현대인의 관념에서 마치 남을 욕하는 말처럼 변해 버려서 그다지 듣기 좋지 않으며 사람들이 쉽사리 받아들이지 않습니다. 이른바 '치(恥)'를 다른 말로 바꾸면 바로 '부끄러워하는 마음'입니다. 우리는 종종 상대방에게 이렇게 말하지요. "부끄럽습니다! 부끄러워요!" 이런 말이 바로 '치'이며 부끄러움을 아는 것입니다. 실상 여러분을 부끄럽게 만드는 그 일은 대체로 부끄러울 게 없는 일입니다. 사람노릇 하고 일 처리를 함에 있어서 언제 어디서든 자기 잘못을 반성하고 점검할 줄 모른다면 덕행(德行)은 진보하는 바가 없습니다. 반면에 늘 스스로를 반성하고 자기 잘못을 알아챌 수 있다면, 오늘 이 하루 살아 있는 생명이 부끄러움을 지녔다고, 즉 부끄러워하는 마음을 지녔다고 하겠습니다. 만약 잘못을 했는데도 스스로 반성하지 않을 뿐 아니라 오히려 자신을 변호하여 잘못이 없다고 여기고 심지어 다른 사람에게 잘못을 떠넘긴다면, 그것은 "부끄러움을 모르는 것이 부끄러운 일[無恥之恥]"이며 그것이야말로 진정 "부끄러움이 없음[無恥]"이라 하겠습니다. 도무지 부끄러움이 뭔지 모르는 것입니다.

맹자는 또다시 "부끄러움이 사람에 있어서 매우 크다[恥之於人大矣]"라고 말했습니다. 부끄러워하는 마음을 지니는 것은 덕으로 나아가고 학업을 닦는 데 중요한 관건입니다. 불가의 학설 또한 그러해서 부끄러움[慚愧]이 인생 수양에서 대단히 중요한 선행이라고 여깁니다. "그때그때에 따라 교묘한 수단을 쓰는 자는 부끄러움을 쓸 바가 없다[爲機變之巧者, 無所用恥焉]." 어떤 사람들은 대단히 총명하고 영리해서 일이 잘못되면 스스로 기심(機心)을 활용하여 아주 교묘하게 자신을 변호하고 자기는 아무 잘못이 없다고 합니다. "그때그때에 따라 교묘한 수단을 쓰는[爲機變之巧

者〕"이러한 부류는 그 마음 씀이 극히 불성실하고 대단히 교활한 사람입니다. '부끄러움〔慚愧〕'이라는 말은 이 부류의 사람에게는 도무지 쓸 데가 없습니다.

맹자는 또 말했습니다. "부끄러워하지 않음이 남과 같지 못하다면, 어느 것이 남과 같은 것이 있겠는가〔不恥不若人, 何若人有〕." 이 구절을 간단히 해석하면 이러합니다. "자신이 남만 못하다고 여겨질 때 만약 스스로 부끄러워하는 마음이 없다면 여러분은 어떻게 다른 사람과 똑같이 해낼 수 있겠습니까?" 사람은 모두 남을 이기고 잘해 보려는 심리가 있습니다. 다른 사람이 자기보다 나은 것을 보면 오히려 자신의 나쁜 습성에 사로잡혀 스스로를 비하하고 앞으로 나아가려고 하지 않습니다. 사실 자신이 남만 못할까 걱정할 필요도 없습니다. 오직 부끄러워하는 마음을 일으켜 스스로 노력함으로써 다른 사람이 열흘에 해낼 일을 자신은 백 일 혹은 천 일에 끝내어 다른 사람과 같은 정도에 이르면 됩니다. 그러다 보면 심지어 넘어설 수도 있지요.

하지만 보통 사람들은 스스로 부끄러워하기보다는 오히려 스스로를 비하하는 잘못을 저지르기 쉽습니다. 가령 동학(同學)이 아주 높은 성취를 거두면 그 동학을 만나려고 하지 않습니다. 사실 한 걸음 더 나아가 말한다면 스스로를 비하하는 마음을 지니는 것만으로 이미 부끄러움을 아는 동기가 됩니다. 하지만 반드시 용기를 내야 합니다. 자신을 비하하는 마음에 사로잡히지 말고 더더욱 분발하여 덕으로 나아가고 학업을 닦아야 합니다. "부끄러움을 아는 것은 용기에 가깝다〔知恥近乎勇〕", "허물을 고칠 수 있다면 선이 이보다 더 클 수 없다〔過而能改, 善莫大焉〕"라고 했습니다. 사람 노릇 하고 일 처리 하는 데 있어서도 그러해야 하고, 심성을 수양하는 것은 더더욱 그러해야 합니다.

맹자께서 말씀하셨다. "옛날 어진 군왕은 선을 좋아하여 세력을 잊었으니, 옛날 어진 선비가 어찌 홀로 그렇지 않았겠는가! 그 도를 즐거워하여 남의 세력을 잊었다. 그러므로 왕공이 존경을 바치고 예를 다하지 않으면 자주 만나볼 수 없었다. 만나보는 것도 자주 할 수 없었는데 하물며 그를 신하로 삼을 수 있었겠는가!"

孟子曰: "古之賢王, 好善而忘勢; 古之賢士, 何獨不然! 樂其道而忘人之勢. 故王公不致敬盡禮, 則不得亟見之; 見且猶不得亟, 而況得而臣之乎!"

심경이 평담하여 지위와 권세를 잊다

맹자는 말합니다. 고대의 어진 군왕과 현명한 군주는 모두 선을 좋아해서 국가의 정책을 결정할 때 어떻게 하면 국가, 천하, 사회, 백성에게 이로움이 있을까 하는 것에만 치중했습니다. 자신이 비록 한 나라의 영수이고 또 절대 권력을 지니고 있지만 자기 권력은 잊어버렸습니다. 바꾸어 말하면 그는 오로지 사회 대중의 이익에만 눈을 돌리고 어떻게 자신의 권력을 강화할까 따위는 고려하지 않았습니다. 정책을 만들 때에는 오로지 국가 사회와 백성에게 이익이 있어야 결심하고 실행했으며, 이 정책이 자신의 권세에 손해가 되지 않을까 하는 것은 조금도 고려하지 않았습니다. 어떤 정책을 권력을 키우는 출발점으로 삼을 생각은 더욱 하지 않았습니다. 마찬가지로 지도자라면 심지어 보통 사람이라 할지라도 마땅히 이러한 정신을 지녀야 합니다. 하지만 사람은 이러한 것을 실행하기가 아주 어렵습니다.

예를 들어 학문이 뛰어난 사람이 있다고 합시다. 그는 왕왕 스스로를 많이 배운 선비라 여겨 다른 사람을 무시합니다. 사실은 자신이 학문을 지녔다는 이 일을 잊어버리고, 길거리에서 만나는 수레 미는 사람이나 채소 광주리를 짊어진 사람에게도 겸손해야 합니다. 그들에게 여전히 배울 점이 있다고 생각해야 합니다. 하지만 보통 사람들은 새 옷이라도 입었다 하면 다 잊어버립니다. 길을 걸어가면서 얼마나 여러 번 옷을 펄럭이는지 마치 다른 사람들이 알아보지 못할까 봐 전전긍긍하는 것 같습니다. 어떤 사람이 자신의 옷을 칭찬해 주기라도 하면 더 우쭐거리며 뽐냅니다. 그러므로 자기가 갖고 있는 것을 잊어버린다는 것은 참으로 쉽지 않은 일입니다. 권력을 지니고 있으면서도 잊어버릴 수 있다면 그것은 천진하고 선량하고 인자한 동심(童心)을 지니고 있어서입니다. 이것은 고대에 내성외왕(內聖外王)의 기초이면서 중국 문화에서 개인의 기본적인 수양 원칙입니다.

따라서 여러분은 특별히 유의해야 합니다. 이 구절은 그냥 듣기에는 아주 쉬운 일처럼 보여도 실행하려면 대단히 어렵습니다. 출가해서 스님이 되는 경우 본래는 아주 평범했는데 사람들에게 '사부(師父)'라 불리고 또 '대법사(大法師)' 혹은 '상사(上師)'라고 자꾸만 불리면 마침내 스스로를 활불(活佛)로 여길 정도가 됩니다. 보통 사람들은 연말연시를 맞을 때 주머니에 돈이 많으면 헤프게 써댑니다. "돈을 잊어버리지" 못하기 때문입니다. 고대의 성왕(聖王)들이 "선을 좋아하여 세력을 잊어버리는[好善而忘勢]" 정신을 지녔던 것은 후인들이 본받을 만합니다.

맹자가 말하기를 상고 시대에 덕행을 지닌 지식인들 역시 그렇게 할 수 있었다고 했습니다. 자신에게 권세가 있으면 그 권세를 잊어버리고, 자신에게 권세가 없으면 다른 사람의 권세를 잊어버렸습니다. 그 또한 쉬운 일은 아니지요. 그런데 다른 사람의 권세를 잊어버리는 것은 결코 오만한 태도가 아닙니다. 마음속에 오만함이 있으면 상대가 돈이 있고 세력이 있다고 생각할수록 그를 거들떠보지 않습니다. 이러한 태도는 잊어버리는 것이 아니라 오히려 상대방의 권세를 중시함을 나타냅니다. 이것이 바로 오만입니다. 자신은 돈 있고 권세 있는 사람들보다 더 위대하다고 생각하기 때문입니다. 만약 내 마음이 평등하고 안빈낙도(安貧樂道)하다면 모든 사람을 평범하게 대할 것입니다. 돈이 있고 세력이 있든 혹은 돈도 없고 세력도 없든 상관하지 않고 다 똑같은 사람으로 대합니다. 오만하지도 않고 그렇다고 일부러 경시하거나 존중하지도 않습니다. 사람과 사람 사이에 마땅히 지녀야 할 예의를 갖추고 그렇게만 대합니다. 만약 상대가 권세와 지위와 재물을 지니고 있다 해서 일부러 "빈천함으로써 남에게 교만하게 굴고〔以貧賤驕人〕", 즉 그 사람을 상대하지 않음으로써 자신의 고결함과 뛰어남을 드러내고자 한다면 그것은 이미 잘못되었습니다. "별거 아니야" 하는 식이지요! 그것은 자신을 비하하는 마음이 역으로 작용한 것에 지나지 않습니다.

맹자가 말했습니다. "옛날 어진 선비가 어찌 홀로 그렇지 않았겠는가〔古之賢士, 何獨不然〕." 고대에 수양을 지닌 지식인 역시 마찬가지였습니다. 오로지 그 사람이 도덕을 지녔는지만 묻습니다. 지위와 권세를 지녔는지는 따지지 않았지요. 상대방의 권세를 잊은 것입니다. 고대에 고사(高士)들을 칭찬하면서 "천자도 신하를 삼지 못하고 제후도 벗을 삼지 못하는" 미덕을 지녔다고 말한 것은, 그들의 심경이 평담하여 이러한 권세와 지위를 잊어버렸기 때문입니다. 예를 들어 송 왕조의 양박(楊樸)은 끝내 세상에 나와 관직에 오르지 않았습니다. 송 진종(眞宗)이 그의 명성을 흠모하여 몇 번이나 불렀으나 응하지 않았지요. 마지막으로 진종이 그의 집에 사람을 보내어 기다리게 하자 양박도 별 수 없이 서울로 가서 황제를 만났습니다. 진종이 말했습니다. "이제야 당신을 오게 했구려. 당신은 시를 짓기 좋아하고 게다가 아주 잘 짓는다 하니 오는 도중에 틀림없이 훌륭한 시를 적잖이 지었을 터이지요." 양박이 말했습니다. "저는 도중에 시를 짓지 않았습니다." 그러자 진종이 말했습니다. 그러면 "당신 친구들이 틀림없이 좋은 시를 여러 수 지어서 당신을 배웅했을 것이오!" 양박이 말했습니다. "친구들도 시를 짓지 않았으며 오직 제 처만 시 한 수를 지어서 제게 주었습니다." 진종이 말했습니다. "그러면 당신 부인의 시는 무어라 말했소?" 양박이 아내의 시를 읊었습니다.

상심하여 술에 빠지지도 말고	更休落魄耽杯酒
흥에 겨워 시를 읊지도 마시오	且莫猖狂愛咏詩
오늘은 붙잡혀 관직에 가지만	今日捉將官里去
그러다 늙은이 머리나 잘리지	這回斷送老頭皮

진종은 이 시를 듣자 "하하하" 하며 큰 소리로 웃었습니다. 그러고는 그에게 많은 선물을 주고 집으로 돌아가게 했습니다. 더 이상 관직에 나오라고 하지 않겠다는 뜻이었지요. 사실은 그가 아내의 이름을 빌려 자신의 태도를 표명한 것임을 누가 알았겠습니까? 송대 역사에는 그런 부류의 고사(高士)가 적지 않았습니다.

게다가 맹자가 말하는 그러한 군자들은 절대 오만하지 않으며 정부를 깔보지도 않습니다. 단지 권세와 부귀에 빌붙으려 하지 않을 뿐입니다. 예를 들어 송대의 소강절(邵康節)은 위로는 천문에 통하고 아래로는 지리를 잘 알았는데, 그는 마찬가지로 큰 학문을 지녔던 구양수(歐陽修)와 사마광(司馬光) 같은 친구들이 여러 차례 관직에 나오기를 청했지만 이렇게 말했습니다. "정치는 자네들이 나와서 이미 잘하고 있네. 게다가 나는 몸도 약하니 나에게 번거로운 일을 맡기지 말게나. 나는 집에서 여생을 편안히 누리며 몇 살이라도 더 살 수 있으면 그렇게 하겠네." 이처럼 친구들이 아무리 청해도 소강절은 나오려고 하지 않았습니다.

그래서 맹자는 이렇게 말했습니다. "그러므로 왕공이 존경을 바치고 예를 다하지 않으면 자주 만나볼 수 없었다〔故王公不致敬盡禮, 則不得亟見之〕." 그런 까닭에 만약 제후와 대신(大臣), 지위가 높은 사람이 수양을 지닌 지식인을 공경하는 마음도 없고 예의를 제대로 갖추지 않으면, 아무리 빨리 보고 싶어 해도 만나볼 수가 없습니다. "만나보는 것도 자주 할 수 없었는데 하물며 그를 신하로 삼을 수 있었겠는가!〔見且猶不得亟, 而況得而臣之乎〕" 한 번 만나는 것도 할 수 없었는데 하물며 그를 불러 신하를 삼고자 하다니! 더더욱 할 수 없었습니다.

이 부분을 "부끄러움을 알다〔知恥〕"라는 단락 다음에 둔 데에는 그 나름의 이치가 있습니다. 이 단락에서 말하는 바가 바로 인격 수양에서 "부끄러움을 알다"라는 것이기 때문입니다. 사람은 시대 환경 가운데에서 자신의 역량을 잘 알아야 합니다. 때로는 학문이 아무리 훌륭하고 재능이 아무리 많더라도 자신의 학문적 능력이 사실은 보잘것없음을 알아야 합니다. 속담에 "귀주의 당나귀가 세 번 발차기하다"라는 말이 있습니다. 귀주의 당나귀는 화를 잘 내지만 발차기를 세 번 한 후에는 다른 능력이 없었습니다. 그래서 "검려기궁(黔驢技窮)"이라는 고사성어가 있습니다. "귀주 당나귀의 재주가 다하다"라는 뜻이지요.

요즘 젊은이들은 다른 사람의 글을 보고서 뭐 그리 대단할 게 없다고 여깁니다. 사실 뭐 그다지 신통치 않기는 합니다. 하지만 자기가 직접 쓰면 사흘을 낑낑대며 써도 잘 쓰지 못합니다. 어떤 사람들은 학문이 대단해 보여서 책을 낸다면 일 년은 써야 자신이 지닌 학문을 어느 정도 보여 줄 수 있을 것 같습니다. 하지만 우리가 알아야 할 게 있습니다. 학문은 보완이 어렵고 원가가 비싸서 일 년을 공부하더라도 글 두어 편이면 바닥 날 수도 있습니다. 자신의 능력이 크다고 생각해서는 안 됩니다. 그래서 사람은 부끄러움을 알아야 합니다. "부끄러움을 안다"는 것이 반드시 수치를 알아야 한다는 의미만은 아닙니다. 자신의 역량을 알아서 자기 역량을 넘어서는 일을 해서는 안 됩니다. 만약 역량을 넘어서는 일을 하게 되면 반드시 치욕을 당합니다. 예를 들어 역도 선수가 구십 킬로를 들 수 있는데 고집을 부려서 백 킬로를 드는 시합에 나갔다고 합시다. 결과는 메달을 따지 못하는 데 그치지 않고 실패의 치욕을 당할 것입니다. 이처럼 자기 능력을 벗어난 행위가 바로 부끄러움을 모르는 결과입니다. 때로는 흥분해서 자신이 어디에 있는지를 잊어버립니다. 마치 불법을 배우는 청년이 "얻지 못하고서 얻었다고 말하고, 깨닫지 못하고서 깨달았다고 말하는" 것처럼 자신이 깨달았고〔開悟〕 대단해졌다고 생각합니다. 하지만 그것은 '그르쳤다〔開誤〕'[22]일 뿐입니다. 진정으로 깨달은 사람은 얼마나 평범한지요! 얼마나 겸손한지요! 깨달음은 그렇게 대단한 것이 아닙니다. 그런데도 어떤 사람은 '깨달음〔悟〕'이라는 글자를 이마에 써 붙이지 못하는 것이 못내 아쉬운 것처럼 구는데, 그것은 미혹 가운데 미혹입니다.

맹자는 여기에서 말했습니다. 고대의 어진 군주와 어진 선비는 언제나 자신이 평범하다고 생각했습니다. 그래서 권세와 이익을 마주해도 이를 의식하지 않았고, 빈천을 마주해도 이를 의식하지 않았습니다. 그랬기 때문에 홀로 서서 기대지 않을 수 있었습니다.

맹자께서 송구천에게 일러 말씀하셨다. "그대는 노닐기를 좋아하는가? 내 그대에게 노니는 것에 대해 말해 주겠다. 남이 알아주더라도 개의치 않으며, 남이 알아주지 못하더라도 또한 개의치 않아야 한다."
송구천이 말하였다. "어떠하여야 개의치 않는다고 할 수 있습니까?"

---

22 '깨닫다'는 뜻의 개오(開悟)와 '그르치다'는 뜻의 개오(開誤)는 중국어 발음이 같다.

맹자께서 말씀하셨다. "덕을 높이고 의를 즐거워하면 개의치 않을 수 있다. 그러므로 선비는 궁하여도 의를 잃지 않으며 영달하여도 도를 떠나지 않는 것이다. 궁하여도 의를 잃지 않기 때문에 선비가 자신의 지조를 지키며, 영달하여도 도를 떠나지 않기 때문에 백성들이 실망하지 않는 것이다. 옛사람들은 뜻을 얻으면 은택이 백성에게 더해지고 뜻을 얻지 못하면 몸을 닦아 세상에 드러났다. 궁하면 그 몸을 홀로 선하게 하고, 영달하면 천하를 겸하여 선하게 하였다."

孟子謂宋句踐曰: "子好游乎? 吾語子游. 人知之亦囂囂, 人不知亦囂囂."

曰: "何如斯可以囂囂矣?"

曰: "尊德樂義, 則可以囂囂矣. 故士窮不失義, 達不離道. 窮不失義, 故士得己焉; 達不離道, 故民不失望焉. 古之人, 得志, 澤加於民; 不得志, 修身見於世. 窮則獨善其身, 達則兼善天下."

궁하여도 의를 잃지 않고
영달하여도 도를 떠나지 않는 사람

'송구천(宋句踐)'이라는 사람은 성이 송이고 이름이 구천이었는데, 월왕(越王) 구천과 이름이 같습니다.

맹자가 그에게 "그대는 노닐기를 좋아하는가〔子好游乎〕"라고 말한 것은, 장자가 말한 '소요유(逍遙游)'와 같습니다. 말하자면 "인간 세상에서 노닐다"라는 의미입니다. 인생은 본래 한바탕 연극이고 세상은 큰 무대이니 누가 노래를 잘 부르는지를 보는 것입니다. 하지만 절대 잊어서는 안 되는 게 있습니다. 자신은 결국 일개 배우에 불과하며 노래가 끝나고 무대

뒤로 오면 나는 여전히 나일 뿐입니다. 이 원칙을 잘 지켜야 합니다. 연극을 할 때에는 극중의 사람과 혼연일체가 되어 울어야 할 때에는 정말로 울어야 합니다. 장 아무개를 연기할 때에는 자기가 바로 그 장 아무개이고, 이 아무개를 연기할 때에는 자기가 바로 그 이 아무개입니다. 인생은 본래 연극입니다. 맹자가 제기한 "노닐기를 좋아하다〔好游〕"는 바로 그런 것일 뿐입니다.

'효(囂)' 자는 흔히 '장(張)' 자 앞에 붙여서 '효장(囂張)'이라는 단어로 사용하는데 떠들썩하다는 뜻입니다. 하지만 '효효(囂囂)'라고 글자를 중첩시키면 시원스럽고 멋스럽다는 의미로 변합니다. 다만 시원스러운 태도에 비해서는 조금 거칠어서 '흥분된'이라는 의미가 조금은 들어 있는데, 끝없이 넓고 아무것도 개의치 않는 모습입니다. 다만 아무것도 개의치 않는다고 해서 마음대로 하는 것은 아니며 둔한 것도 아닙니다.

맹자가 송구천에게 말하기를 "그대는 놀기를 좋아하니 내가 그대에게 놀기의 이치를 말해 주겠네. 사람들이 그대를 이해해 주어도 그대는 개의치 않아야 하고, 그대를 이해해 주는 사람이 없어도 또한 개의치 않아야 하네. 그대는 여전히 그대이고 그것이 바로 그대의 본모습인 것이네."

송구천이 듣고 질문했습니다. "선생님이 말한 이치가 옳습니다. 그런데 어떻게 해야 개의치 않을 수 있습니까?"

맹자가 말했습니다. "사람이 이 세상을 살면서 만약 자신의 심신이 건강하지 못해서 '백년 삼만 육천 일을 근심 중에 있지 않으면 병중에 있다면' 그런 사람에게는 '개의치 말라'고 해도 그럴 수가 없네. 참으로 덕성과 수양을 지닌 사람은 고상한 품성의 자존심을 지니고 있어서 '덕을 존중'할 수 있고, 하는 행동이 모두 선을 좋아하고 스스로를 반성할 수 있으며, '마음으로 남을 저버리지 않고 얼굴에는 부끄러운 기색이 없어' 명랑한 마음으로 천지신명을 대할 수 있다네. 이것이 바로 '덕을 존중하고 의를 즐거

위함〔尊德樂義〕'이니, 그래야 비로소 '개의치 않을〔囂囂矣〕' 수 있고 비로소 참으로 소요(逍遙)할 수 있네."

그리하여 맹자는 두 가지 요점을 말합니다. "궁하여도 의를 잃지 않으며 영달하여도 도를 떠나지 않는 것이다〔窮不失義, 達不離道〕." 진정으로 학문 수양을 지닌 사람은 한평생 뜻을 펼치지 못하더라도 자기 인생의 본래 위치를 벗어나지 않으며 의리(義理)상 마땅히 해야 할 바를 행합니다. 바로 "궁하여도 의를 잃지 않는〔窮不失義〕" 것입니다.

송대의 훌륭한 유학자 범중엄(范仲淹)은 『악양루기(岳陽樓記)』에서 이렇게 말했습니다. "천하 사람들이 근심하기에 앞서 근심하고 천하 사람들이 즐긴 후에 즐긴다〔先天下之憂而憂, 後天下之樂而樂〕." 범중엄의 이 말은 인구에 회자되는 명구로 만고에 전해집니다. 후세의 젊은이들 가운데 어떤 사람은 이 두 구를 공부의 목적으로 삼았고, 또 세상 사람들을 구제하는 것을 자신의 임무로 삼았습니다. 범중엄의 이 두 구로 말하자면 이미 '입언(立言)'[23]에 속하는 큰 일이 되었다고 하겠습니다.

모두가 알다시피 범중엄은 장수 출신의 재상이었습니다. 하지만 송대 유가의 이학(理學)은 그의 손을 거쳐 진흥하게 되었고 수많은 유학자들도 그가 양성했다고 말할 수 있습니다. 범중엄이 북서 지역에서 변경을 수비하고 있을 때 젊은 나이의 장재(張載)가 그곳으로 가서 군대에 들어갔습니다. 범중엄은 용모가 훌륭한 장재가 인재임을 알아보고 말했습니다. "자네가 앞장서서 군대에 들어와 국가에 보답하려는 것은 옳네. 자네 같은 청년이 와서 자원하는 것을 물론 환영하네만 보국의 길은 아주 많다네. 자네에게는 더 좋은 길이 있으니 돌아가서 노력하게. 굳이 자원하여 군인이 될 필요가 있겠는가?" 장재는 그래도 뜨거운 피에 격앙되어 한바탕 도

---

23 후세에 전할 만한 모범되는 말과 글을 말한다.

리를 늘어놓았습니다. 그러자 범중엄이 말했지요. "젊은이는 먼저 북받치는 감정을 억누르게. 내가 자네에게 노잣돈과 『중용(中庸)』한 권을 줄 터이니 돌아가서 이 책을 공부한 후에 다시 찾아오게." 장재는 그의 말을 듣고 돌아가서 공부를 했고 훗날 과연 한 시대의 대유학자가 되었습니다.

장재는 공부하여 성취를 거둔 후에 이런 명언을 남겼습니다. "천지를 위하여 마음을 세우고, 백성을 위하여 명을 세우고, 옛 성인을 위해 끊어진 학문을 계승하고, 만세를 위해 태평세를 열다[爲天地立心, 爲生民立命, 爲往聖繼絶學, 爲萬世開太平]." 이것은 송대 이후로 책을 읽고 학문을 했던 역대 지식인들이 존경하고 받들었던 명언입니다. 사실 장재의 이 명언은 범중엄의 "천하 사람들이 근심하기에 앞서 근심하고 천하 사람들이 즐긴 후에 즐긴다"라는 말과 서로 호응하며 서로를 빛나게 해 줍니다. 그가 학문적 성취를 이루어 한 시기를 뒤흔드는 관서의 대유학자가 될 수 있었던 데에는 범중엄의 영향이 가장 컸다고 할 수 있습니다.

장재 외에도 당시 범중엄이 키운 인재는 적지 않았습니다. 송대의 명재상인 구준(寇准)이나 문언박(文彦博) 등의 성취도 모두 그와 밀접한 연관이 있습니다. 또 송나라 초 산동의 저명한 유학자 손복(孫復) 역시 범중엄이 의도치 않게 발굴해 낸 인물이었습니다.

범중엄은 초기에 지부(知府)의 관직을 맡았는데, 부(府)는 오늘날의 제도와 비교한다면 성(省)보다는 아래이고 현(縣)보다는 위에 위치합니다. 중일 전쟁 전후의 행정 감찰원에 해당하지요. 당시 손복은 대단히 가난했는데 소개장 한 통을 지니고 그를 찾아갔습니다. 범중엄은 그가 품성과 덕을 지닌 학자임을 알아보고 무슨 도움이 필요하냐고 물었습니다. 손복이 생활의 어려움을 말하자 범중엄은 바로 일 년치 생활비와 귀향 여비를 주었습니다.

범중엄은 평소 이 같은 일을 많이 했는데, 하고 나서는 마음에 담아두지 않았습니다. 다음 해에 손복이 또다시 그를 찾아가자 범중엄은 그가 전에 온 적이 있음을 생각해 냈습니다. '이 사람은 왜 이 먼 곳까지 돈을 받으러 오는가' 하는 생각에 그에게 말했습니다. "자네는 왜 집에서 착실히 공부하지 않는가?" 그러자 손복이 말하기를 생활할 방법이 없고 거기에다 빚까지 졌다고 했습니다. 범중엄이 말했습니다. "자네가 이 먼 곳까지 다니는 것도 방법은 아니니 이렇게 하는 게 좋겠군. 내가 자네 고향의 현장(縣長)에게 편지를 써 줄 테니 그에게 도움을 청하게. 나도 일부분은 부담하겠네." 그렇게 해서 그의 생계 문제를 확실히 해결해 주었습니다.

십 년이 못 되어 전국에 소문이 돌았습니다. 태산 아래 손씨 성의 학자가 있는데 학문과 도덕이 대단히 훌륭하다는 것이었습니다. 범중엄이 그 소문을 듣고 그를 불러 만났는데, 예전에 자신이 도와주었던 그 학자임을 알았습니다. 나중에 범중엄은 자신의 글에 이렇게 소감을 적었습니다. "사람이 가장 두려워하는 것은 가난인데, 극도의 가난 속에 처했을 때 아무도 손을 뻗어 붙잡아 주지 않는다면 살아갈 수가 없다. 만약 어떤 사람이 다른 뜻 없이 도움의 손길을 내밀어 그를 붙잡아 주고 난관을 넘을 수 있게 해 준다면, 그 사람은 영웅호걸 내지는 성현이 될 수도 있다." 그러고는 말했습니다. "솔직히 말해서 손복을 도와준 것은 별다른 뜻이 없는 일이었다. 장재에 대해서 이 사람을 잘 길러 봐야겠다고 마음먹었던 것과는 달랐다. 그런데도 이렇게 큰 유학자를 길러 내게 되었으니 참으로 마음이 기쁘다."

실제로 범중엄은 고아로 자랐습니다. 어린 나이에 아버지가 세상을 뜨자 어머니는 가난을 이기지 못해 그를 데리고 주(朱)씨 성을 가진 사람에게 개가했습니다. 그도 성을 주씨로 바꾸고 이름은 설(說)이라 했습니다. 당연히 그 생활은 고달팠습니다. 범중엄은 조금 자란 후에 그 집을 떠나 절에서 살면서 공부했습니다. 매일 죽을 쑤어서 세 덩이로 나누고 그것으로 하루 세 끼니를 때우며 허기를 달랬습니다. 과거에 급제한 후에 비로소 본래의 성을 되찾았고 마침내 장수 출신으로 재상이 되었습니다. 그는 백성들의 괴로움과 생활의 어려움을 잘 알았기에 그 시기에 이미 현대의 장학 제도 같은 것을 설립했습니다. 범중엄은 고위 관리가 된 후 벌어들인 돈으로 많은 땅을 샀습니다. 거기에서 나는 수입은 자신이 쓰지 않고 의학(義學)[24]을 설립하여 가난한 학생들이 공부할 수 있도록 도와주었습니다. 아울러 각 현(縣)마다 의창(義倉)을 세워 남은 곡식을 비축해 두었다가 흉년이 들면 창고를 열어 구휼했습니다. 이러한 사회복지 제도가 모두 범중엄이 만들어 낸 것이었습니다.

그는 한평생 관직에 있었지만 한 번도 관리티를 내지 않았으며 후에는 어머니를 다시 모셔와서 봉양했습니다. 그의 네 아들 순우(純佑), 순인(純仁), 순례(純禮), 순수(純粹)와 조카 순성(純誠)은 모두 나중에 높은 관직에 올랐고 명신으로 국가에 큰 공헌을 했습니다. 그가 변경에서 군사를 거느리고 있을 때의 일입니다. 한번은 둘째 아들에게 집으로 돌아가서 세금을 거두게 했습니다. 아들이 네 척의 배에 조곡(租穀)을 싣고 가다가 도중에 범중엄의 친구인 석만경(石曼卿)을 만났습니다. 앞으로 가서 인사를 올리자 석만경이 눈물을 흘리며 말했습니다. 어머니가 돌아가셨는데 관을 살 돈조차 없다는 것이었습니다. 범순인은 거두어들인 조곡을 몽땅 석만경에게 보냈습니다. 범중엄은 서재에서 책을 보고 있다가 아들이 빈손으로 돌아온 것을 보고 도중에 무슨 일이 있었는지 물었습니다. 아들이 자초지종을 설명하자 그 말을 들은 범중엄은 대단히 기뻐하면서 아들을 크게 칭찬했습니다.

---

24 중국 청대에 정규 지방 학교에 접근하기 어려운 일반 민중을 위해 설치된 지방 초급 학교. 지방관의 주도하에 주로 지방 유지들이 출연하였다.

범중엄의 일생이야말로 "궁하여도 의를 잃지 않으며 영달하여도 도를 떠나지 않는다"라는 두 구를 가장 잘 설명해 줍니다. 동시에 맹자가 여기에서 말한 "궁하면 그 몸을 홀로 선하게 하고 영달하면 천하를 겸하여 선하게 하였다〔窮則獨善其身, 達則兼善天下〕"라는 것이기도 합니다. 그런데 문장만 가지고 말하자면 "천고의 문장은 큰 도둑〔千古文章一大倫〕"이니, 범중엄의 그 구절 역시 노자의 "그 몸을 뒤로 하기에 몸이 앞선다〔後其身而身先〕"[25]라는 말에서 나온 것입니다. 세 사람의 말은 그 의미가 같습니다. 다만 맹자의 설법이 노자의 말에 비해 훨씬 유창합니다. 『노자(老子)』는 춘추 시대의 문어체로 극히 간략하게 정련되었고 맹자와 범중엄의 글은 백화문이기 때문입니다.

유아와 무아

맹자는 이어서 말했습니다. "궁하여도 의를 잃지 않기 때문에 선비가 자신의 지조를 지키며, 영달하여도 도를 떠나지 않기 때문에 백성들이 실망하지 않는 것이다〔窮不失義, 故士得己焉; 達不離道, 故民不失望焉〕." 한 사람의 학문과 수양이 경지에 이르면 비록 한평생 운수가 사나워 뜻을 펴지 못하더라도 그 인격은 끝까지 퇴색하지 않습니다. 돈이 없다고 해서 자기 인격을 헐값으로 만들어서는 안 됩니다. 그러면 모든 것이 실패하고 맙니다. "선비가 자신의 지조를 지킨다〔士得己〕"라는 말은 바로 유아(有我)를 가리킵니다. '자신의 지조〔己〕'가 바로 나〔我〕이고, "자신의 지조를 지킴〔得己〕"은 바로 나 자신을 지켜 낼 수 있다는 말입니다.

---

25 자기 자신을 뒤로 하기에 오히려 앞에 서게 된다는 의미이다.

제가 방금 말한 인격을 지켜 낸다는 것에 여러분들은 특별히 유의해야 합니다. 몇 년 전에 두세 개 대학의 불교학생회 모임에서 강연을 요청해 왔습니다. 듣자하니 불교학생회는 수준이 높아서 강연을 제대로 못했다 가는 엉망이 된다고 했습니다. 당시에 강연했던 제목은 "유아(有我)와 무아(無我)의 사이"였습니다. 불법을 배우는 것은 무아(無我) 해야 합니다. 스스로 수양이라고 말하는 형이상의 도가 '무아'의 경지에 이르러야 비로소 입문할 수 있습니다. 하지만 그것이 가장 높은 단계는 아닙니다. 반면에 사람 노릇 하고 일 처리 함에 있어서는 반드시 '유아(有我)' 해야 합니다. 그래야 큰 공을 세우고 큰 업적을 성취할 수 있습니다. 일반적으로 불법을 배우는 사람들은 이 '무아'라는 용어를 금과옥조처럼 여겨서 아무 데나 '무아'를 갖다 붙입니다. 그 결과 불법도 제대로 배우지 못하고 사람 노릇도 제대로 하지 못합니다. 이것이 바로 불법을 배우는 사람들이 흔히 저지르는 잘못입니다.

사람 노릇 함에 있어서는 반드시 '유아(有我)' 해야 합니다. 예를 들어 글을 한 편 쓰는데 만약 그 속에 '내가 없다면[無我]' 그 글은 읽어 볼 가치도 없습니다. 알맹이가 없으니 그 글을 읽어 본 선생은 곧바로 "뭘 말하는지 모르겠네"라고 비평할 것입니다. 화가가 그림을 한 폭 그리는 경우에도 '내가 없다면' 아무것도 없습니다. 사람 노릇에서도 '내가 없다면' 어떻게 사람 노릇을 합니까? 누가 사람 노릇을 합니까? 나는 바로 나이며 내가 당신으로 변할 수는 없습니다. 오늘은 미스터 장으로 변해서 양복을 입고 내일은 미스 리로 변해서 화장을 하는 일은 더더욱 있을 수 없습니다. 그게 말이 됩니까? 그렇기 때문에 사람 노릇을 하려면 내가 있어야[有我] 합니다. 모든 사람이 자신의 인격, 자신의 덕성, 자신의 성품을 지녀야 합니다. 사람 됨됨이가 괜찮은지 문제가 있는지는 앞에서 말했던 "덕을 높이고 의를 즐거워함"이라는 범위에 달렸습니다. 각자 그 범위 내에서 자신의 품성을 만들어 나가는 것입니다. 착실한 사람은 착실한 성품, 강인한 사람은 강인한 성품, 그것이 바로 '나[我]'입니다.

그러므로 "궁하여도 의를 잃지 않기 때문에 선비가 자신의 지조를 지킵니다[窮不失義, 故士得己焉]." 궁해져도 여전히 내가 있습니다[有我]. 만약 궁해졌다고 내가 없다면[無我] 그것이 바로 공자가 말한 "소인은 곤궁하면 도의에 어긋나는 짓을 한다[小人窮斯濫矣]"라는 것입니다. 뜻을 얻었더라도 즉 "영달하여도 도를 떠나지 않기 때문에 백성들이 실망하지 않습니다[達不離道, 故民不失望焉]." 뜻을 얻은 이후에도 결코 형체를 잊어버리지[忘形]²⁶ 않으며, "덕을 높이고 의를 즐거워하는" 도를 떠나지 않고 더욱 선을 좋아합니다. 뜻을 얻은 후 윗자리에 올라가면 그것은 하늘이 준 기회이며 나아가서 다른 사람들을 위해 일해야 함을 기억해야 합니다. 저는 운이 좋기를 원하지 않으며 뜻을 얻는 것은 더더욱 원하지 않습니다. 이른바 운이 좋으면 '망(忙)'이라는 한 글자입니다. 밥 먹을 시간도 없이 바쁩니다. 운수 사나움의 결과가 '한(閑)'입니다. 만약 '망'과 '한' 중에 선택할 수 있다면 저는 차라리 운수 사나운 쪽을 택하겠습니다. 너무 바쁘면 감당할 수가 없으니까요. 제가 체험한 바에 따르면 그렇습니다.

게다가 더 싫은 건 얼굴 근육도 바빠야 한다는 사실입니다. 사람을 만나면 웃어야 합니다. 웃고 싶지 않아도 웃어야 하지요. 만약 지위가 없다면 웃기 싫으면 안 웃으면 그만입니다! 다른 사람도 내가 웃든 말든 신경 쓰지 않습니다. 지위가 있으면 다른 사람에게 오로지 웃어야 합니다. 웃지 않으면 오만하다, 간부티 낸다 하면서 사람들 입에 오르내립니다. 때로는 얼굴 근육이 욱신거릴 정도까지 웃어야 하니 참으로 가련하지요. "영달[達]"해도 "도를 떠나지 않아야[不離道]" 합니다. 그렇게 할 수 있어야 보

---

26 자기 자신을 잊어버리는 것을 말한다.

통 사람들이 그에게 실망하지 않습니다. 그것이 바로 많은 사람의 신망이 한 사람에게 쏠린다〔衆望所歸〕라는 말입니다. 요즘은 선거에서 승리한 사람에게 보내 주는 액자에 주로 "중망소귀(衆望所歸)"라는 네 글자가 쓰여 있습니다. 물론 현대의 선거가 당선된 사람에게 정말로 많은 사람의 신망이 쏠리는지 어떤지는 별개의 문제입니다.

맹자는 계속해서 말합니다. "옛사람들은 뜻을 얻으면 은택이 백성에게 더해지고, 뜻을 얻지 못하면 몸을 닦아 세상에 드러났다〔古之人, 得志, 澤加於民; 不得志, 修身見於世〕." 고대 사람들이 책을 읽고 학문을 추구한 것은 자신의 수양을 높이기 위해서였습니다. 뜻을 얻으면 이는 하늘이 준 권위이자 일종의 도구로만 여겼는데, 그 도구를 사용해서 좋은 일을 하고 사회 대중의 복지를 도모하는 데 목적을 두었습니다. 만약 뜻을 얻지 못하더라도 상관없습니다. 하지만 뜻을 얻지 못하더라도 사회에 공헌하려고 했습니다. 성황묘(城隍廟)²⁷ 구석에 쭈그리고 앉아 숨어 있을 수 없었지요. 그런 태도는 스스로를 비하하는 것이며 수양이 없어서이니 마땅히 "몸을 닦아 세상에 드러냈습니다〔修身見於世〕." 즉 몸을 닦고 본성을 길러 자신을 단정히 하고서 세상 사람에게 보여 줌으로써 본보기가 되었습니다.

"궁하면 그 몸을 홀로 선하게 하고 영달하면 천하를 겸하여 선하게 하였다"라는 이 두 구절은 천고에 전해지는 맹자의 명언입니다. 여러분들은 모두 똑똑히 기억해야 합니다. 이것이 바로 인생의 가치관, 인생의 목적입니다. 만약 자기 인생의 가치와 목적을 분명히 하지 않는다면 흐리멍덩하게 일생을 보내게 될 것입니다.

---

27 도교(道教)의 성황신(神)을 모시는 사당이다.

보통 사람과 호걸의 차이

맹자께서 말씀하셨다. "문왕을 기다린 뒤에 일어나는 자는 일반 백성이니,
호걸의 선비로 말하면 비록 문왕이 없더라도 오히려 일어난다."

맹자께서 말씀하셨다. "한이나 위 같은 큰 집안을 덧붙여 주더라도 만일 자
신을 보기를 하찮게 여긴다면 남보다 뛰어남이 멀 것이다."

孟子曰: "待文王而後興者, 凡民也; 若夫豪傑之士, 雖無文王猶興."

孟子曰: "附之以韓 · 魏之家, 如其自視欿然, 則過人遠矣."

맹자가 말했습니다. 주 문왕은 역사상 현군(賢君)이자 명왕(明王)입니
다. 문왕과 무왕 부자는 당시 현신(賢臣) 열 명의 도움을 받아 그들의 지혜
로 함께 노력하여 확실히 제가, 치국, 평천하의 국면을 열었습니다. 그로
인해 주 왕조는 팔백 년이나 지속되었지요. 그 열 명의 대신은 역사상 현
신으로 일컬어졌는데 그 가운데 한 사람은 문왕의 부인이었습니다. 일반
적인 인재는 훌륭한 지도자가 있어야 비로소 일어설 수 있는 기회가 옵니
다. 이러한 부류의 사람은 보통 인재이니 기댈 배경이 있어야 하고 다른
사람이 일깨워 주어야 합니다. 하지만 진정한 영웅호걸은 어떠한 환경에
처해 있더라도 일어설 수 있습니다.

이러한 관념에 관해 역사상 하나의 예증이 있습니다. 모두가 알다시피
한신(韓信)은 젊은 시절 운수가 나쁠 때 남의 "사타구니 아래를 기어가는
굴욕[胯下之辱]"을 겪었습니다. 이유는 그가 몸에 칼을 차고 다녔다는 것
입니다. 길거리에서 불량배 몇 명을 만났는데 그들이 한신을 막아서며 말
했습니다. "너, 이 자식! 네까짓 게 뭐 그리 대단해? 주제에 우쭐대며 칼
을 차고 있는데, 배짱 있으면 어디 한번 붙어 볼까. 그럴 배짱 없으면 기어

나가고." 그들은 한신에게 자기 가랑이 사이로 기어 나가라고 했습니다. 한신은 화가 나서 칼을 뽑았지만 잠시 후 도로 칼집에 집어넣고 그들 말대로 가랑이 사이로 기어서 지나갔습니다. 불량배들은 큰 소리로 웃으며 그를 깔보았지요.

그는 당시 먹을 것도 없었는데 빨래하던 아낙네가 동정심에서 자기 도시락을 그에게 주었습니다. 훗날 한신은 삼제왕(三齊王)이 되었고 뜻을 얻은 후 고향으로 돌아가 당시의 그 불량배들을 찾았습니다. 그들은 놀라서 얼굴이 백지장처럼 하얗게 질렸습니다. 하지만 한신은 오히려 이렇게 말했습니다. "겁먹지 마라. 그때 너희들이 자극하지 않았다면 나는 어쩌면 노력하지 않았을 테고 오늘과 같은 날이 없었을 것이다. 솔직히 말해서 당시 너희들을 죽여 버리는 것은 쉬운 일이었다. 하지만 나에게는 별로 수지맞는 일이 아니었고 게다가 죄를 지어 감옥에 가는 일이라 참았던 것이다. 이제 너희들이 할 만한 일을 주겠다. 하급 군관을 시켜 줄 터이니 더는 제멋대로 굴지 말고 착실히 해서 사업을 일으키도록 하여라."

이런 사람이 바로 한신입니다. 그는 삼제왕이 된 후에 한 고조와 한담을 나누다가 고조가 그에게 얼마나 많은 군사를 거느릴 수 있느냐고 묻자 이렇게 말했습니다. "많으면 많을수록 좋습니다〔多多益善〕." 고조는 다시 나유방 같은 사람은 얼마나 많은 군사를 거느릴 수 있느냐고 물었습니다. 한신이 말했습니다. "아무리 많아도 십만입니다." 그러자 고조가 말했지요. "그런데 왜 자네는 나에게 기용되었는가?" 하자 한신이 말했습니다. "당신은 비록 군사를 거느리지는 못하지만 '장수를 거느릴〔將將〕' 수 있기 때문입니다."

한번은 한신이 군사를 거느린 동료들과 이야기하다가 그들을 비웃었습니다. "비록 자네들이 공명(功名)을 이루었네만 그 역할은 일반 평민의 것에 불과하네. 자네들은 운이 좋고 다른 사람이 기회를 주어서 성취를 거둔 것일 뿐 자네들이 정말로 대단한 재능이 있어서가 아니네. 그러니 거들먹 거릴 게 없네." 그는 고인의 명언인 "그대들은 그저 따라왔을 뿐이니, 남의 힘에 의지하여 일을 이룩하였을 뿐이오[公等碌碌, 因人成事]"[28] 라는 말을 인용했습니다. 정말로 그러합니다. 보통 사람은 대부분 운과 다른 사람이 준 기회에 의지해야 일어설 수 있습니다. 이것이 바로 맹자가 말한 '일반 백성[凡民]'입니다.

이 단락에서 맹자는 우리에게 말합니다. "만약 어떤 사람이 지기(志氣)가 있고 재능이 있다면 어떤 환경이든 상관없이 스스로 일어설 것이다." 이 말은 대장부라면 어느 누구에게도 의지하지 않고 일어설 수 있으며 다만 각자가 처한 상황이 다를 뿐이라는 말입니다.

그래서 맹자는 또 말합니다. "어떤 사람이 훌륭한 배경이 있어서 한가(韓家), 위가(魏家)와 밀접한 관계를 지니고 있다(한가와 위가는 맹자 당시의 세도가이자 대재벌이며 특권층이었습니다)고 가정해 보자. 하지만 그 사람이 이를 영광으로 여기지 않는다면 그런 사람이 바로 대단한 사람이다. 그러므로 어떤 청년이 가정이 좋고 사회적 배경이 괜찮은 데다 고도의 수양을 지니고 있는데도 사람됨이 지극히 평범하고 일 처리가 성실하다면 자연히 앞길이 탄탄할 것이다."

대만은 이삼십 년 이래 이렇게 스스로 일어서는 청년이 많았습니다. 그들은 자기 집안을 아주 평범하다고 여기고 사람됨이 반듯하고 착실하게 공부합니다. 이것이 바로 대단한 점이지요. 이러한 사람은 남보다 뛰어난 점을 지니고 있고 앞길이 유망하니 틀림없이 큰 성취를 거둘 것입니다.

여기 두 단락에서는 정반(正反) 양면의 상황을 설명했습니다. 첫 번째는

---

28 조나라 공자 평원군(平原君)의 식객이던 모수(毛遂)가 자천하여 평원군을 따라 초나라에 가서 회담을 성사시킨 후, 애초에 자신을 비웃었던 열아홉 명의 수행원들에게 했던 말이다.

"호걸의 선비로 말하면 비록 문왕이 없더라도 오히려 일어난다[若夫豪傑
之士, 雖無文王猶興]"라는 것입니다. 대장부는 지위가 없고 배경이 없어도
결국 스스로 일어섭니다. 이른바 일어선다는 말은 큰 부자가 된다거나 큰
벼슬을 한다는 뜻이 아니라, 사회 인류에 공헌하는 바가 있다는 뜻입니다.
두 번째는 사회적 지위가 있고 집안이 훌륭하고 배경이 든든한 사람이지
만, 자신을 대단히 평범하게 여기고 결코 남에게 거들먹거리지 않습니다.
더군다나 집안 배경에 의지하지 않고 스스로 일어설 수 있다면 그런 사람
은 일반 평범한 사람들을 뛰어넘을 것이며 장래 위대한 성취를 거둘 것입
니다.

누가 훌륭한 지도자인가

맹자께서 말씀하셨다. "편안하게 해 주는 방법으로 백성을 부리면 비록 수
고로우나 백성이 원망하지 않으며, 살려 주는 방법으로 백성을 죽이면 비
록 죽더라도 죽이는 자를 원망하지 않는다."

맹자께서 말씀하셨다. "패자의 백성은 매우 즐거워한다. 왕자의 백성은 매
우 느긋해한다. 죽여도 원망하지 않으며 이롭게 하여도 공으로 여기지 않
는다. 백성이 날마다 개과천선 하면서도 누가 그렇게 만든 줄 알지 못한다.
군자는 지나는 곳에 교화가 일어나고, 마음에 두고 있으면 신묘해지며, 상
하가 천지와 함께 흐르니 어찌 조금 보탠다고 하겠는가?"

맹자께서 말씀하셨다. "어진 말은 어진 소리가 사람에게 깊이 들어가는 것
만 못하고, 선한 정치는 선한 교육이 백성을 얻는 것만 못하다. 선한 정치는
백성이 두려워하고 선한 교육은 백성이 사랑한다. 선한 정치는 백성의 재
물을 얻고 선한 교육은 백성의 마음을 얻는다."

孟子曰: "以佚道使民, 雖勞不怨; 以生道殺民, 雖死不怨殺者."

孟子曰: "霸者之民, 驩虞如也. 王者之民, 皡皡如也. 殺之而不怨, 利之而不庸, 民日遷善而不知爲之者. 夫君子, 所過者化, 所存者神, 上下與天地同流, 豈曰小補之哉?"

孟子曰: "仁言, 不如仁聲之入人深也; 善政, 不如善敎之得民也. 善政, 民畏之; 善敎, 民愛之. 善政, 得民財; 善敎, 得民心."

맹자는 또다시 사람됨의 도리를 확장시켜서 정치 문제를 이야기합니다. 인생의 개인 수양이 처지, 배경, 환경에 의지하지 않고 스스로 일어설 수 있으면, 나아가서 사회를 이끌어 가고 정치를 이끌어 갈 수 있습니다. 그런 다음에는 "편안하게 해 주는 방법으로 백성을 부릴〔以佚道使民〕" 수 있게 됩니다. '일(佚)'은 편안함인데 "편안하게 해 주는 방법〔佚道〕"에는 아주 많은 의미가 담겨 있어서 설명하자면 전문 서적을 한 권 쓸 수 있습니다. 간단히 말하면 이른바 "편안하게 해 주는 방법"이란 무엇을 하는지 안 하는지도 모를 정도로 행하는 바가 드러나지 않는 행위입니다. 바로 노자가 말한 무위지도(無爲之道)이니 아무것도 하지 않으면서도 하지 않는 바가 없습니다.

일반적으로 재능 있는 사람은 그가 뭔가를 하면 다른 사람들이 곧바로 알아차립니다. 아주 바쁘게 이 사람에게는 동쪽으로 가라 저 사람에게는 서쪽으로 가고 지휘를 하고, 사람들도 그를 좇아서 대단히 바쁘게 움직이기 때문입니다. 만약 진정으로 "편안하게 해 주는 방법"을 아는 사람이 회사를 이끌어 나간다면 그냥 보기에는 마치 할 일이 없는 것처럼 비치지만 실제로는 일과 사람 모두 잘 굴러갑니다. 현대의 용어로 말하면 바로 가장 훌륭한 과학 관리, 기업 관리, 인사 관리인 셈입니다. 정치는 조용하고 사회적으로 아무런 일이 없어서 언제나 태평합니다. 사회가 본래 혼란 스럽지 않기 때문에 일을 할 필요가 없습니다. 사회가 혼란스러우면 경찰 이 바빠지지요.

그래서 "편안하게 해 주는 방법으로 백성을 부리면 비록 수고로우나 백 성이 원망하지 않습니다[以佚道使民, 雖勞不怨]." 일반 백성들은 "편안하 게 해 주는 방법"으로 다스리면 비록 조금 고생하더라도 윗사람을 원망하 지 않습니다. 저의 수십 년의 견문과 인생 경험에 비추어 보면 작은 일이 든 큰 일이든 윗사람이 아랫사람에게 원망을 듣지 않는 경우는 드뭅니다. 아무리 훌륭한 지도자라 할지라도 면전에서는 공손하나 등 뒤에서는 원 망하지요. 게다가 어떤 경우에는 지도자가 옳지 않아서 그런 것만도 아닙 니다. 그러므로 아무리 "편안하게 해 주는 방법으로 백성을 부려서" "비 록 수고로우나 백성이 원망하지 않음"에 이르고자 해도 이는 결코 쉬운 일이 아닙니다. 예를 들어 사람들에게 교통 법규를 준수하라고 요구하는 것은 행인과 차량의 안전을 위한 것이므로 "편안하게 해 주는 방법으로 백성을 부림"이라고 말할 수 있습니다. 하지만 사람들에게 지하도나 육교 를 건너가라고 하면 그다지 수고스럽지 않은 사소한 일임에도 어떤 사람 은 원망합니다.

다음으로 "살려 주는 방법으로 백성을 죽이기도 합니다[以生道殺民]." 하늘은 살리기를 좋아하는[好生] 덕을 지니고 있어서 도처에서 사람을 사 랑하고 보호합니다. 백성들이 법을 범하지 않기를 바라서 가능한 한 법망 에 걸려들지 않게 하지만 그럼에도 어떤 사람은 죽음을 두려워하지 않고 법을 범합니다. 그럴 경우에는 다른 사람들의 안전을 위해 대중에게 해를 끼치는 사람을 어쩔 수 없이 죽여야 합니다. 그러면 형을 받아 죽게 되는 사람은 자기가 죽더라도 죽이는 사람을 끝내 원망하지 않습니다.

이처럼 자기가 죽더라도 죽이는 사람을 원망하지 않는다는 것과 연관된 사료는 상고 시대에는 아주 많습니다. 그러나 중세 이후의 역사 기록에는 그리 많지 않습니다. 역사상 성공한 대신(大臣)이 그렇게 한 예도 있습니다. 상고 시대 순 임금 때의 곤(鯀)은 치수에 실패하여 처형되었지만 원망하지 않았을 뿐 아니라 곤의 아들인 우(禹)가 부업(父業)을 계승하여 마침내 치수에 성공했습니다. 이는 가장 두드러진 역사적 사례입니다.

맹자는 여기에서 한 걸음 더 나아가 역사에 대해 평론합니다. 그는 전국 시대 군웅이 패술(覇術)을 중시하던 시대에 살았기 때문에 역사 철학, 정치철학을 세우려고 왕도(王道)와 패도(覇道)에 대해 정의를 내렸습니다. 맹자가 말한 패도 가운데에서 만약 진정한 패주(覇主) 시대라면 백성들은 그래도 "즐거워합니다〔驩虞如也〕." 가령 제 환공이나 진 문공 시대에는 사람들의 생활이 비교적 평안하고 즐거웠기 때문입니다. 이것이 진정한 패주 시대입니다. "왕자의 백성〔王者之民〕"이라고 하면 바로 삼대(三代) 이후 주 왕조 초기까지이니 왕도 정치 아래에서 생활하는 백성들은 "느긋해합니다〔皥皥如也〕." 모두가 구속받지 않고 자유롭게 생활합니다. 이러한 왕도 정치의 사회에서는 "죽여도 원망하지 않습니다〔殺之而不怨〕." 백성이 죄를 범하면 비록 그를 죽여도 원망하지 않습니다. "이롭게 하여도 공으로 여기지 않습니다〔利之而不庸〕." 진정한 왕도 사회에서는 비록 큰돈을 벌 기회가 생기더라도 사람들의 생활이 안정되고 여유로워서 과분한 이익을 추구하지 않습니다.

이것은 맹자가 그린 왕도(王道) 정치사상의 청사진이자 대동(大同) 사상이기도 합니다. 현대의 민주 자유 정치사상으로 말하면 진정한 민주 자유 사회가 바로 왕도 사회입니다.

"백성이 날마다 개과천선 하면서도 누가 그렇게 만든 줄 알지 못한다〔民日遷善而不知爲之者〕"라고 하였는데, 이 왕도 사회에서는 백성의 개인 도덕과 치국의 정치 도덕 및 문화가 알지 못하는 사이에 진보하고 발전합니다. 진정한 도덕은 "누가 그렇게 만든 줄 알지 못합니다〔不知爲之者〕." 무엇이 이 사회를 진보하게 만드는지 모르는 채로 사회는 자연스럽고 조용하게 진보하는 것입니다. 이러한 사회 현상은 바로 진정한 왕도 정치 아래에서만 도달할 수 있습니다.

"군자는 지나는 곳에 교화가 일어나고, 마음에 두고 있으면 신묘해지며, 상하가 천지와 함께 흐르니 어찌 조금 보탠다고 하겠는가?〔夫君子, 所過者化, 所存者神, 上下與天地同流, 豈曰小補之哉〕" 이 단락에 특별히 유의해야 합니다. 특히 젊은이들은 선조를 계승하여 후대에 전해 줄 책임을 짊어진 사람입니다.

지식인은 국가와 민족 문화에 대한 책임을 지고 도덕 수양과 인문 수양에서 "지나는 곳에 교화가 일어나게〔所過者化〕" 해야 합니다. 그래야 조상을 계승하는 표준에 합치되고 내성외왕을 실행할 수 있습니다. 진정한 성인이라면 사람들이 자연스럽게 그의 영향을 받고 감화를 받습니다. 말로만 하는 교화는 언교(言敎)이고 더 중요한 건 신교(身敎)입니다. 신교는 자신의 행위가 다른 사람에게 영향을 미치는 것으로서 그 영향력이 언교를 초월합니다. 하지만 그것만으로는 부족해서 "지나는 곳에 교화가 일어나게" 해야 합니다. 그런데 어떻게 교화가 일어날까요? "마음에 두고 있으면 신묘해집니다〔所存者神〕." 신묘한 경계에 도달하면 정신적 감화로 말미암아 다른 사람의 심리와 행위를 변화시킵니다. 그 사람이 거기 있기만 하면 일반인들은 그를 공경하는 마음이 일어나 숙연해지는데, 마치 절의 보살이나 혹은 교회의 십자가를 대하는 것처럼 성심으로 삼가게 됩니다.

한 사람의 학문과 도덕 수양의 목표가 이 정도에 이르지 못하면 그것은 부끄러운 일입니다. 앞에서 맹자가 사람은 부끄러움을 아는 것을 귀하게 여긴다고 했는데, 만약 "지나는 곳에 교화가 일어나고, 마음에 두고 있으면 신묘해짐"을 실행해 낼 수 있다면 그의 성취는 "상하가 천지와 함께 흐르게[上下與天地同流]" 됩니다. '동류(同流)'라고 하면 사람들은 '동류합오(同流合汚)'[29]라는 사자성어를 떠올리기 쉽지만 그것은 협소한 관점이며 일종의 나쁜 상황입니다. 넓은 의미로 보면 천지는 만물을 생장시키면서 좋은 부분도 있고 나쁜 부분도 있는데, 확실히 "세상의 흐름에 동조하고 세상의 더러운 것과 합류"하기도 합니다. 그러나 천지는 만물을 좋다 나쁘다로 구분하지 않습니다. 독약은 사람을 죽게 할 수 있지만 때로는 병을 치료할 수도 있습니다. 만물이 서로 다른 시간, 공간, 대상, 환경에 대해 서로 다른 방법을 사용하므로 시비선악이나 좋고 나쁨의 차별이 있는 것입니다. "함께 흐름[同流]"이란 바로 해양처럼 생기로 충만한 것을 말합니다. 학문과 도덕 수양의 목표는 바로 그런 경계에 도달하려고 하는 것이어야 합니다. 그 목표를 향해 노력해야 합니다. 그래서 맹자는 마지막으로 말합니다. "어찌 조금 보탠다고 하겠는가[豈曰小補之哉]." 사람은 자신을 가벼이 여겨서는 안 됩니다. 특히 지식인은 자신의 책임을 가벼이 여기지 않고 사회에 공헌하고 우주에 공헌하겠다는 뜻을 세워야 합니다. 천지와 똑같은 가슴을 지녀야 합니다.

앞에서도 말했지만 장재가 이런 말을 했습니다. "천지를 위하여 마음을 세우고, 백성을 위하여 명을 세우고, 옛 성인을 위해 끊어진 학문을 계승하고, 만세를 위해 태평세를 열다[爲天地立心, 爲生民立命, 爲往聖繼絶學, 爲萬世開太平]." 무릇 지식인이라면 마땅히 이러한 지향과 포부를 지녀야 합니다. 속세를 떠나 수도를 해도 마찬가지로 "천지를 위해 마음을 세웁니다[爲天地立心]." 문화 정신을 유지시키려는 사람은 비록 적막하고 고달프지만 그들은 "천지를 위해 마음을 세웁니다." 인류 문화의 쇠락을 막아

---

29 "세상의 흐름에 동조하고 세상의 더러운 것과 합류한다[同乎流俗, 合乎汚世]"의 준말로, 『맹자』 「진심」 편에 나온다.

연속시키려는 사람은 "백성을 위해 명을 세웁니다〔爲生民立命〕." 불학에서 '혜명(慧命)'[30]을 연속시킨다고 말하는 바로 그것입니다.

"옛 성인을 위해 끊어진 학문을 계승함〔爲往聖繼絶學〕"이란 바로 오늘날 우리가 말하는 공맹의 도입니다. 말하고 보니 서글프게도 이미 그 명(命)이 마치 한 가닥 실에 매달려 있는 듯합니다. 이 민족 문화의 운명이 마치 천근의 무게가 한 가닥 실에 매달려 있는 것 같아 우리처럼 인재가 아닌 사람도 학인(學人)이라 불리고 있습니다. 하지만 스스로 반성하면서도 문화 사업을 제대로 해내지 못한 채 백발만 무성하고 늙어 버렸습니다. 뒤를 돌아봐도 아직은 "옛 성인을 위해 끊어진 학문을 계승하는" 책임을 짊어지려는 사람을 찾지 못했습니다. 그러므로 청년들은 선조를 계승하여 후대에 전해 주려는 뜻을 세워야 합니다. 또 지나간 것을 계승할 수 있어야 다가올 것을 열 수 있습니다.

위의 네 구와 같은 정신을 지닌 것으로 불가의 『육조단경(六祖壇經)』가운데 "중생무변서원도, 번뇌무진서원단(衆生無邊誓願度, 煩惱無盡誓願斷)"이 있습니다. "가없는 중생을 제도하기를 서원하고, 끝없는 번뇌를 끊어버리기를 서원한다"라는 뜻이지요. 양자는 유학과 불학이라는 차이는 있지만 그 의미가 서로 같으니 당파에 얽매인 편견을 지녀서는 안 됩니다.

맹자는 여기에서 중국 문화의 사상 철학을 위해 천고에 변치 않을 원칙을 세웠습니다. 그가 말했습니다. '어진 말〔仁言〕'은 '어진 소리〔仁聲〕'만큼 사람의 마음에 깊이 들어가 큰 작용을 일으키지 못합니다. 언어 문자로 된 교화는 높은 명망이 주는 영향과 비교할 수 없다는 말이기도 합니다. "선한 정치는 선한 교육만 못하니〔善政, 不如善敎〕", 즉 훌륭한 정치는 훌륭한

---

[30] 불법의 명맥 혹은 불법의 명맥을 이어가는 사람이라는 뜻이 있으며, 지혜를 생명에 비유하여 이르는 말이기도 하다.

교육이 사람에게 미치는 영향만 못합니다. 왜냐하면 교육을 받은 사람은 죽을 때까지 이익을 얻기 때문입니다. "선한 정치는 백성이 두려워합니다〔善政, 民畏之〕." 좋은 정치 방안과 좋은 법령은 현실의 문제에 대응할 수 있지만 그 이익과 효과는 어차피 시간과 공간의 제약을 받습니다. 시간이 흐르고 장소가 바뀌는 것은 그렇다 쳐도 영원한 미래는 개선할 수가 없습니다. 그러나 교화는 그렇지 않습니다. "선한 교육은 백성이 사랑합니다〔善教, 民愛之〕." 가령 공맹의 도는 천추만대에 영원히 인류에게 이익을 줍니다. 태양이 훼멸되지 않는 한 그 가치는 영원히 존재할 것입니다. 그렇기 때문에 "선한 정치는 선한 교육이 백성을 얻는 것만 못합니다〔善政, 不如善教之得民也〕." 이 구절은 "박복한 운명은 일찌감치 죽느니만 못하고, 집안이 가난해 어쩔 수 없이 선생이 되네"라는 말을 낮게 읊조리는 교사들에게는 일종의 격려이니, 써서 책상머리에 붙여 두고 스스로 위안 삼을 만합니다. 교육자가 짊어진 것이 선한 교육의 책임이기 때문입니다.

맹자가 말했듯이 선량한 정치는 과연 백성의 추대를 받으며 "선한 정치는 백성의 재물을 얻으니〔善政, 得民財〕" 하나의 방안이 내려오면 즉시 이익을 얻을 수 있습니다. 다만 정치를 펼치려면 반드시 법령에 의거해야 하는데 법령은 결국 사람에게 제한하는 바가 있기 마련입니다. 백성들이 법령을 준행하는 것은 대부분 법을 어기기 두려워하는 심리에서 나옵니다. "선한 교육은 백성의 마음을 얻습니다〔善教, 得民心〕." 선한 교화에 대해서 백성들은 좋아하는 마음, 사랑하는 마음으로 받아들입니다. 그렇기 때문에 선한 정치는 백성의 재물을 얻고 선한 교육은 백성의 마음을 얻습니다.

중국의 상고 시대 정치 철학은 "그 군주를 삼아주고 그 스승을 삼아주고 그 어버이를 삼아주는〔作之君, 作之師, 作之親〕" 것이니 세 가지가 똑같이 중요하면서 동시에 서로에게 베풀어 줍니다. 정치를 하는 자는 그 군주가 되어 주는 것이니 바로 지도자입니다. 동시에 그 스승이 되어 주어 교화의 책임을 겸해서 져야 합니다. 또 그 어버이가 되어 주어 가장처럼 백성들을 양육해야 합니다. 훗날 군도(君道)와 사도(師道)는 나누어져서 끝내 하나로 합쳐지지 못했는데, 그것은 인문 역사의 변화입니다.

다음으로 큰 문제가 등장하는데, 이것은 맹자 학설의 중심 문제이기도 합니다.

인성의 양지양능

> 맹자께서 말씀하셨다. "사람이 배우지 않고도 능한 것은 양능이요, 생각하지 않고도 아는 것은 양지이다. 어려서 손을 잡고 가는 아이가 그 어버이를 사랑할 줄 모르는 이가 없으며, 그 장성함에 미쳐서는 그 형을 공경할 줄 모르는 이가 없다. 어버이를 친애함은 인이요 어른을 공경함은 의이니, 이는 다름이 아니라 온 천하에 공통되기 때문이다."
>
> 孟子曰: "人之所不學而能者, 其良能也; 所不慮而知者, 其良知也. 孩提之童, 無不知愛其親者; 及其長也, 無不知敬其兄也. 親親, 仁也; 敬長, 義也. 無他, 達之天下也."

맹자가 제기한 '양지(良知)' '양능(良能)'은 대단히 중대한 문제가 되었습니다. 이들 명사는 아시아 각 민족의 철학 사상에 영향을 미쳤는데, 그 기간이 대략 팔백여 년에서 천여 년에 달합니다.

왕양명의 철학은 일본 문화에 영향을 미쳐서 메이지 유신의 진정한 문화 중심이 되었는데, 바로 왕양명이 기술한 양지와 양능의 학설이었습니다. 이 학설은 중국 명조(明朝)에서 청조(淸朝)에 이르는 육칠백 년 사이에 대단히 큰 영향력을 행사했습니다. 특히 불교 선종에서는 왕양명의 학설이 등장해서 선종의 목구멍을 누르자 가래를 뽑아내고 수술을 해야만 했습니다. 하지만 수많은 선사들이 왕양명 학술로부터 영향을 받아 도를 깨달았을 것입니다.

왕양명이 깨달은 것이 무엇이었을까요? 바로 맹자가 말한 '양지(良知)'였습니다. 불가에서 말하는 '반야(般若)' 역시 '양지'입니다. "부처는 자신의 마음이니 능히 만법을 생성한다[佛卽自心, 能生萬法]"라는 말이 바로 '양능(良能)'이며 신통한 묘용(妙用) 역시 '양능'입니다. 왕양명은 일찍이 도가를 배운 적이 있으며 불가도 배웠습니다. 훗날 귀주(貴州) 용장(龍場)으로 귀양 가게 되자 스스로 동굴로 들어가 문을 닫고 정좌 수련에 전념했는데, 그 수행이 이미 신통의 경지에 이르러 선지(先知)할 수 있게 되었습니다. 어떤 친구가 왕양명을 만나러 갔는데 그는 사흘 전에 이미 그 사실을 알았습니다. 왕양명은 도를 깨달은 후 맹자의 '양지'와 '양능'으로 네구의 가르침을 내놓았습니다.

선도 없고 악도 없음이 마음의 본체이고　　　　無善無惡心之體

선도 있고 악도 있음이 뜻의 움직임이지　　　　有善有惡意之動

선을 알고 악을 아는 것은 양지이며　　　　　　知善知惡是良知

선을 행하고 악을 제하는 것은 격물이네　　　　爲善去惡是格物

왕양명의 문장은 그 공훈과 업적이 대단히 훌륭하지만 그의 네 구의 가르침을 민국 44년(1955년)에 출판된 『선해려측(禪海蠡測)』에서 평론하였기에 더 설명하지는 않겠습니다.[31]

맹자의 이 두 구절 역시 토론할 만한 가치가 있습니다. 그가 말했습니다. "사람이 배우지 않고도 능한 것은 양능이다[人之所不學而能者, 其良能

也〕." 배우지 않고도 할 수 있는 것이 바로 '양능'입니다. 그렇다면 어린아이가 사탕을 훔쳐 먹는 것도 '양능'일까요? "생각하지 않고도 아는 것은 양지이다〔所不慮而知者, 其良知也〕." 생각을 거치지 않고도 아는 것이 바로 '양지'입니다. 어떤 사람은 날 때부터 도벽이 있어서 집도 있고 가구도 있고 의식이 풍족한데도 가난한 사람의 집에 두 마리 닭을 보면 아무런 생각도 하지 않고 훔쳐 옵니다. 이처럼 생각하지 않고도 도둑질할 줄 아는 앎〔知〕 또한 '양지'일까요? 이러한 문제들 때문에 맹자의 이 두 구절은 철학적 이치로는 완전히 옳지만 사용한 문자에 문제가 있습니다. 마찬가지로 "배우지 않고도 능한 것은 양능이다"라는 구절 역시 문제가 있습니다. 어린아이가 "배우지 않고도 능한" 일은 아주 많습니다. 아이의 파괴 본성은

---

31 세상 사람들은 왕양명의 심법(心法)이 선에 거의 가깝다고 하면서 선종의 심법과 함께 거론하는 사람도 있지만 저자는 왕양명의 네 구의 시에서 세 가지 오류를 지적하면서 그의 명성이 실제와 부합하지 않는다고 했다. 저자가 『선해려측』에서 지적한 세 가지 오류를 요약하면 다음과 같다.

첫째, 만약 마음의 본체가 선악이 없다면 그러한 본체는 쓸데없는 것이다. 뜻이 움직여서 선악이 생겨난다면 그런 선악은 근본이 없어서 마음의 본체와 상관이 없는데, 왜 선을 행하고 악을 없애야 하는가? 또 선을 행하고 악을 없애는 것이 마음의 본체와 무슨 관계가 있겠는가? 설사 선을 행하고 악을 없애지 않더라도 마음의 본체는 스스로 선도 없고 악도 없다.

둘째, 마음에 본체가 있다 하였으니 선악의 뜻이 움직이기 전에는 선악이 없음이 아니라 본체 가운데 잠복하고 있을 뿐이다. 그러한 마음을 성선(性善)이라 부를 수도 있고 성악(性惡)이라 부를 수도 있는 것은 선악이 모두 잠복해 있기 때문이다. 어찌 선도 없고 악도 없다 할 수 있는가? 무(無)와 유(有)는 상대적인 의미로 절대성을 지니는데, 천하에 무에서 어떻게 유가 생겨날 수 있겠는가? 이미 마음의 본체가 있다고 하고서 선도 없고 악도 없다고 말하는 것은 잘못이다.

셋째, 네 구 가운데 배움에 도움을 얻을 수 있는 것은 오직 '지(知)' 하나가 있다. 그러나 '양지(良知)'가 선악을 나눌 수 있다면, 그것을 이용해 선을 행하고 악을 없애는 수련을 해서 뜻이 움직이는 초기로 되돌아갈 수 있다. 만약 무로 되돌아간다면 결국에는 쓸데없는 것이 되어 버리니 그런 심성을 밝혀서 어디에 쓰겠는가? 가장 풀리지 않는 것은 이 '지'라는 것이 어디에서 생겨나는가 하는 것이다. 양지가 만약 마음의 본체에서 스스로 생겨난다면 마음의 본체는 결코 무물(無物)이 아니다. 양지가 만약 외부에서 왔다면 마음의 본체와는 결코 교섭함이 없다. 게다가 이 '지'라는 것은 뜻에 의해서 움직이는 것인가, 뜻에 의해서 움직이는 것이 아닌가? 만약 뜻에 의해서 움직인다면 '지'는 선악 가운데로 떨어져 버릴 것이다. 만약 뜻에 의해서 움직이지 않는다면 '지'라는 것이 마음의 본체이니, 선도 없고 악도 없음이 마음의 본체라고 말할 수 있겠는가?

아주 커서 물건만 보면, 특히 신기한 물건을 보면 분해하고 망가뜨리기 좋아합니다. 작은 생물들은 가지고 놀다가 죽이기까지 하는데 이런 것도 '양능'이라고 해야 할까요? 이 단락에는 맹자 학설의 중심이 들어 있어서 토론할 만한 가치가 있는 부분이 정말로 많습니다.

맹자는 또 말했습니다. "어려서 손을 잡고 가는 아이가 그 어버이를 사랑할 줄 모르는 이가 없으며, 그 장성함에 미쳐서는 그 형을 공경할 줄 모르는 이가 없다〔孩提之童, 無不知愛其親也; 及其長也, 無不知敬其兄也〕." 저는 맹자의 이 말에 완전히 동의하지는 않습니다. 너무 두루뭉술하기 때문입니다. 그가 말한 "어려서 손을 잡고 가는 아이〔孩提之童〕"는 어린 아기가 아니라 어른의 손을 잡고 걸어가는 너댓 살 전후의 아이입니다. 그가 말하기를 이런 어린아이는 대체로 부모를 사랑한다고 했습니다. 하지만 이는 꼭 그렇지만은 않습니다. 아동 심리학을 배운 적이 있는 사람은 알 것입니다. 대단히 많은 아이들이 태어날 때부터 자기 부모를 좋아하지 않습니다. 엄격히 말하면 아기가 어머니를 좋아하는 건 효심에서 나온 것이 아닙니다. 어머니의 젖을 먹어야 하기 때문이니 이는 이해관계입니다. 흔히 이것이 효이고 이것이 바로 사랑이라고 말하는 것은 지식인들이 갖다 붙인 것입니다. 인류의 본성이 선한지 악한지, 사랑스러운지 아닌지 하는 것은 하나의 큰 문제입니다. 맹자는 "어려서 손을 잡고 가는 아이"는 하나같이 "그 어버이를 사랑할〔愛其親〕" 줄 알고, 그가 자라서는 하나같이 "그 형을 공경할〔敬其兄〕" 줄 안다고 강조했습니다. 그러나 이 역시 문제가 있는 구절입니다. 왜냐하면 형제자매 사이에 원수가 되는 일이 많기 때문이지요. 인성(人性)은 정말로 두려운 것입니다. 기독교에서 말하는 것처럼 선악과를 먹고 망가졌든 혹은 뱀의 유혹을 받아서였든 정말로 큰 문제입니다.

그다음의 결론을 더 보도록 하겠습니다. "어버이를 친애함은 인이요〔親親, 仁也〕", 자신의 부모를 친애함은 인류에 대한 공감입니다. "어른을 공경함은 의이니〔敬長, 義也〕", 자신의 어른을 사랑하는 동시에 다른 사람의 어른을 사랑합니다. "이는 다름이 아니라 온 천하에 공통되기 때문이다〔無他, 達之天下也〕." 여기에는 다른 이유가 없으며 인류의 진리라고 말했습니다. 맹자의 이 말은 크게 문제가 있어서 철저한 토론이 필요합니다.

왕양명의 학설 사상은 '양지' '양능'이라는 맹자의 이 두 명사를 채용했습니다. 양명 선생은 그 중에서도 '양지'에 특히 치중했는데, '양지'를 사람의 천성지지(天性之知)로 여겼습니다. 불법에서 말하는 각성(覺性)과도 같지요. 그런데 양명 학설의 중심은 '기용(起用)' 즉 아는 것을 곧바로 행함〔卽知卽行〕에 있습니다.

맹자는 '양지' '양능'의 관념을 원문에서 다음과 같은 정의를 내렸습니다. "사람이 배우지 않고도 능한 것은 양능이요, 생각하지 않고도 아는 것은 양지이다." 이것은 두 가지 대원칙으로서 심성의 '지(知)'와 '능(能)'을 말합니다. 맹자는 '능'과 '지'가 배우지 않고도 할 수 있는 것이라고 했습니다. 가령 어린아이가 배우지 않고도 할 줄 아는 것이 바로 '양능'이며, 생각하거나 고려하지 않고도 아는 것이 바로 '양지'입니다.

어떤 사람이 철학적인 비교를 해서 맹자의 '양지'는 바로 서양 철학 가운데에 프랑스의 베르그송[32]이 말한 '직각(直覺)'[33]이라고 했습니다. 요즘 어떤 사람은 선종의 오도(悟道)가 일종의 '직각'의 작용이라고도 합니다. 베르그송이 말한 '직각'이 맹자가 제기한 '양지양능'과 서로 같은지 다른지는 연구해 볼 만한 문제입니다. 하지만 번역된 명사만 임의로 갖다 붙여서 연구하고 비교하는 것은 아주 위험한 일입니다. 학설을 연구하려면 마땅히 "아는 것은 안다고 하고 모르는 것은 모른다고 하는" 태도를 지녀야

---

32 프랑스의 관념론 철학자로 생철학, 직관주의의 대표자이다.
33 일반적으로 직관(直觀)이라고 한다.

합니다. 명사 하나만 보고 마음대로 가져다가 인용하고 비유해서는 안 됩니다. 반드시 그 내원을 탐구하고 그 함의를 이해한 후라야 비로소 인용할 수 있습니다.

맹자가 '양지양능'을 설명해 놓은 것을 보면, 그는 어린아이가 자신의 부모를 자연스럽게 사랑하는 것이 바로 '양지'라고 했습니다. 그런데 상반된 일파 즉 인성은 본디 악하다고 주장하는 법가(法家)의 관점은 다릅니다. 어린아이가 부모를 사랑하는 것은 인성의 선량함에 근원한 것이 아니라 이해관계 때문이라는 것입니다. 젖만 있으면 엄마라는 식이지요. 아기가 태어난 후에 부모의 품을 떠나 다른 어머니가 양육하게 되어 젖도 먹이고 사랑한다면 그 아이는 틀림없이 그 어머니를 사랑할 것입니다. 현대 심리학으로 분석해도 마찬가지입니다. 그런데 맹자는 어린아이가 부모를 사랑하는 것이 천성이라고 했습니다. 장성해서는 형제자매를 사랑한다고 했는데 이것도 꼭 그렇지만은 않습니다. 상반된 의견도 대단히 많습니다.

범위를 좁혀서 연구해 보면 맹자가 말한 '양지양능'은 결국 무엇일까요? 이 '지(知)', 이 '능(能)'이 도대체 무엇일까요?

맹자가 여기에서 말한 것은 고자(告子)가 말한 바와 같습니다. 그들이 변론했던 인성은 모두 후천적인 성(性)을 가리키는데, 부모가 낳아 준 이후의 것으로 형이상적 본성을 대표하지는 못합니다. 이른바 부모가 낳아 주기 이전의 본성이 도대체 선량한지 선량하지 않은지도 하나의 큰 문제입니다.

그러고 보니 노자가 말한 "천지는 인하지 못하여 만물을 짚으로 만든 개로 여긴다〔天地不仁, 以萬物爲芻狗〕"라는 구절이 생각납니다. 일반인들은 줄곧 노자의 뜻을 왜곡해서 노자가 천지는 이른바 인애(仁愛)가 없어서 단지 만물을 가지고 논다고 여겼다고 말합니다. 이른바 천심이 인자하다는 것은 인류의 관념일 뿐이라고 합니다. 천지가 정말로 인자(仁慈)로 말미암아 만물과 사람을 낳았다면 왜 그들에게 병이 생기고 번뇌가 일고 사망에 이르도록 내버려 둡니까? 그야말로 천지가 스스로 번거로움을 자초한 것이 아닙니까? 만약 천지가 사람을 낳아서 모두 늙지도 않고 죽지도 않는다면 얼마나 좋겠습니까! 태양이 영원히 중천에 떠 있으면 전등도 필요치 않을 테고, 대지가 저절로 물을 내뿜는다면 비도 필요가 없을 것입니다. 하지만 천지는 한사코 수많은 모순을 만들어 냅니다. 이것이 바로 "천지는 인하지 못하여 만물을 짚으로 만든 개로 여김"입니다.

일반인들이 그렇게 해석하는 것은 왜곡이고 노자를 모함하는 것이라 할 수 있습니다. 제가 보기에 이 두 구가 말하는 바는 이렇습니다. 천지는 인하다 혹은 인하지 못하다 말할 것이 없으며, 선하다 말할 것도 없고 악하다 말할 것도 없습니다. 천지가 만물을 낳고 길러 냄에는 모두 짚으로 만든 개처럼 여기고 완전히 평등합니다. 고대의 제물 가운데에 개가 있었습니다. 나중에 살생을 원하지 않아 짚으로 개를 만들어 대체하고 추구(芻狗)라 불렀지요. 하지만 추구는 제사가 끝난 후 곧바로 버려졌습니다. 천지가 만물을 낳고 길러 냄은 만물이 자연스럽게 생겨나고 자연스럽게 소멸하도록 내버려 두는 것이어서, 인하다 인하지 못하다 말할 것이 없으며 가지고 노는 것은 더더욱 아닙니다. 그러므로 노자의 이 두 구절은 단지 자연의 이치를 설명한 것뿐이니 나쁜 쪽으로 해석해서는 안 됩니다.

노자의 이 두 구절의 설명을 통해 우리는 다음의 사실을 논리적으로 인증해 볼 수 있습니다. 형이상적 본체에 대해 말한다면 우리는 그것을 양지(良知) 혹은 부지(不知), 양능(良能) 혹은 무능(無能), 능이불능(能而不能) 혹은 지이부지(知而不知)라고 일컬을 수 있습니다. 모두 가하며 반드시 '양지양능'이라고 강조할 필요는 없습니다.

좋은 쪽으로 보면 양지와 양능이라는 명사는 맹자가 말한 것이 맞습니다. '양지'는 인성의 좋은 앎[好知]이지만 때로는 그릇된 앎[邪知], 삐뚤어진 앎[歪知]이 될 수도 있습니다. 그럴 때의 앎은 그다지 좋지 않습니다. 맹자가 '양지'라고 말한 것은 그의 사상이 인성은 본래 선하다는 관점에 서서 말한 것이기 때문입니다. 모든 것이 선하므로 자연히 '양지양능'인 것입니다. 하지만 이 학설에는 결함이 하나 있으니 바로 그릇된 앎, 삐뚤어진 앎, 그리고 나쁜 행동입니다. 그런 것들도 '양지양능'일까요? 나쁜 행동이 후천적 습성에서 온 것이라고 말한다면 이론상 문제가 생깁니다.

양지양능은 맹자가 제기한 후로 일이천 년이라는 오랜 세월 동안 중국 문화 사상에 큰 영향을 미쳤습니다. 이 문제에서 서양의 어떤 철학자는 유심(唯心) 도덕 이론에서 맹자의 이 이론과 서로 합치됩니다. 또 다른 일파인 비도덕 학파는 맹자의 이 학설이 철학적이지 못하다고 여깁니다. 심지어 중국인에게는 철학이 없다고까지 말합니다. 사실 인류 도덕은 본디 행위를 기초로 삼는 것이라서 억지로 철학이라는 모자를 씌우고 형이상적 본체를 이야기하면 통하지 않습니다. 예를 들어 맹자가 제기한 어린아이는 태어날 때부터 선량한 본성을 지니고 있다는 학설이 그렇습니다. 다만 그가 인용한 예증은 채택할 만한 것이 못 됩니다.

다시 맹자의 스승인 자사(子思)에게로 거슬러 올라가서 그가 『중용』에서 말한 것을 보겠습니다. 어떤 사람이 말하기를 맹자는 자사에게 배운 적이 없다고 합니다. 자사가 죽을 때 맹자는 겨우 열 몇 살에 불과했다는 것입니다. 하지만 자사는 맹자를 대단히 높이 샀고 일찍이 이 아이는 장래 성인(聖人)이 될 것이라고 했습니다. 이러한 고증의 문제는 여기에서 토론하지 않겠습니다. 자사가 쓴 『중용』에서는 '양지양능'을 언급하지 않고 단지 "하늘이 명한 것을 성이라 한다[天命之謂性]"라고만 했습니다. 심성(心性)에 대해서는 불가에서 "모든 중생이 다 부처다"라는 말과 똑같습니다. 다만 스스로 깨닫지 못하므로 자신이 부처라는 것을 모를 뿐이지요. 『주역』「계사전」에 나오는 "백성이 날마다 사용하면서도 알지 못한다[百

姓日用而不知)"라는 말 역시 그런 뜻이니, 자신이 바로 성인임을 스스로 알지 못합니다.

그런데 『중용』에는 이런 말도 있습니다. "군자의 도는 광대하면서도 은미하니, 필부필부의 우매함으로도 함께 알 수 있는 것이지만, 그 지극함에 이르러서는 비록 성인이라도 역시 알지 못하는 바가 있다〔君子之道, 費而隱, 夫婦之愚, 可以與知焉, 及其至也, 雖聖人亦有所不知焉〕." 어떤 사람이 "하늘이 명한 것을 성이라 한다"라는 뜻을 진정으로 깨달았다면 그는 성인의 경계에 도달한 것입니다. 하지만 성인은 자신이 성인임을 알지 못합니다. 만약 알았다면 더 이상 성인이 아닙니다. 이른바 "필부필부의 우매함으로도 함께 알 수 있다"라는 말은 남녀가 먹고 마시는 중에도 도를 깨달을 수 있다는 뜻입니다. 하지만 궁극에 도달하면 성인이라도 알지 못합니다. 이 몇 구절은 대단히 오묘합니다.

『중용』은 시작하자마자 이렇게 말합니다. "하늘이 명한 것을 성이라 하고, 성을 따르는 것을 도라 하며, 도를 닦는 것을 교라 한다. 도라는 것은 잠시라도 떠날 수 없으니, 떠날 수 있다면 도가 아니다〔天命之謂性, 率性之謂道, 修道之謂敎. 道也者, 不可須臾離也, 可離, 非道也〕." 이런 고서들을 오늘의 지식인들이 숙독하고 암송하여 그 의미를 이해할 수 있어야 합니다. 사십여 년 전에 독일에 유학했던 저명한 의사가 있었습니다. 그 의사는 강소(江蘇)의 명문가 자제였는데 국학에도 상당한 조예가 있었습니다. 그의 말이, 독일에 있을 때 한번은 춤추러 가서 댄스 파트너를 불렀다고 합니다. 의사는 처음엔 댄스 파트너를 해서 생계를 꾸려 가는 독일 청년을 그다지 존중할 수 없었다고 합니다. 그런데 그 청년이 말하기를 자신은 대학을 졸업했고 『노자』를 공부한 적이 있다면서 바로 중국어로 이렇게 암송했다고 합니다. "도는 말할 수 있으면 변함없는 절대적인 도가 아니다. 이름은 부를 수 있으면 변함없는 절대적인 이름이 아니다. 무는 하늘과 땅의 시작을 일컫는다. 유는 만물의 어머니를 일컫는다……〔道可道, 非常道. 名可名, 非常名. 無, 名天地之始. 有, 名萬物之母……〕." 유창하게 외웠을 뿐 아니라 해석도 멋들어지게 했답니다. 그러고 나서 의사가 말하더군요. "중국 문화는 앞으로 전 세계에 유행할 날이 있을 겁니다. 청년들은 절대로 자기 문화를 잊어서는 안 됩니다. 그랬다가는 해외에 나갔을 때 중국 문화를 깊이 이해하는 외국인만 못해 대단히 부끄러울 겁니다."

이제 다시 본 주제로 돌아가겠습니다. 『중용』에서 "하늘이 명한 것을 성이라 하고, 성을 따르는 것을 도라 한다"라고 했는데, 본성은 영원히 존재하나 도를 깨달을 때에는 어떻게 깨닫습니까? 앞에서 말했지만 『중용』에서는 "필부필부의 우매함으로도 함께 알 수 있는 것이지만, 그 지극함에 이르러서는 비록 성인이라도 역시 알지 못하는 바가 있다"라고 했습니다. 어리석은 필부필부(匹夫匹婦)라도 '도'를 알 수 있고 '도'를 깨달을 수 있지만, "그 지극함에 이르러서는 비록 성인이라도 역시 알지 못하는 바가 있습니다." 문자만으로 해석하면 성인조차 알지 못한다는 말인데, 그런 것으로 도를 깨달았다고 할 수 있을까요? 이 또한 하나의 큰 문제입니다.

명대 이학(理學)의 전성시대에 어떤 지식인이 밀운원오(密雲圓悟) 선사를 찾아가 가르침을 청했습니다. 이 선사는 명대의 대선사였지만 육조 혜능(惠能)과 마찬가지로 가난한 집안 출신이라 공부를 얼마 못했습니다. 그런데 도를 깨달은 후 마음이 갑자기 확 트여서 뭐든지 다 알게 되었습니다. 이 지식인이 그에게 물었습니다. " 비록 성인이라도 역시 알지 못하는 바가 있다'는 말이 무슨 뜻입니까? 이것은 부처님이 깨달음〔菩提〕에 대해 '말할 수 없고 알 수 없다'고 말씀하신 것과 같습니까?" 그러자 밀운원오 선사가 말하기를 "자네는 한평생 공부를 했으면서 이 도리도 모르는가?"라고 했습니다. "범부의 법을 구족했거늘 범부가 알지 못하고, 성인의 법을 구족했거늘 성인이 알지 못한다. 성인이 알면 곧 범부와 같고 범부가 알면 곧 성인과 같다〔具足凡夫法, 凡夫不知; 具足聖人法, 聖人不會; 聖人若會卽同凡夫, 凡夫若知卽同聖人〕.” 그 지식인은 이 몇 구절을 듣자 탄복하여 오체투지(五體投地)를 했습니다.

밀운원오 선사의 말은 이런 뜻입니다. 본성이라는 놈은 모든 사람이 지니고 있으니 바로 “모든 중생은 다 부처다”라는 말이기도 합니다. 모든 사람은 천성을 구족하였기 때문에 모든 사람이 다 성인입니다. 하지만 범부는 이를 알지 못합니다. 깨닫지 못했기 때문에 자신이 바로 부처인 것을 알지 못합니다. 범부는 도를 깨닫기만 하면 본성을 보게 되고 성불합니다. 그러나 성불한 이후에는 하루 온종일 마음속으로 “나는 성불하였는데 당신네들은 모두 헤매고 있소”라고 생각합니다. 이것이 바로 “성인이 알지 못한다”라는 말입니다. 성인이 깨달은 후에 만약 여전히 이 도를 끌어안고서 놓지 않는다면 “곧 범부와 같습니다.” 즉 여전히 보통 사람에 불과하여 깨닫지 않은 것과 똑같습니다. 이것이 바로 『중용』에서 ‘지(知)’를 말하지 않은 까닭입니다.

우리는 또 거슬러 올라가서 자사의 스승인 증자(曾子)가 ‘지(知)’의 도리를 어떻게 말했는지 보겠습니다. 증자가 쓴 『대학(大學)』에서는 이렇게 말했습니다. “알고 멈춘 뒤에야 정함이 있고, 정한 뒤에야 흔들리지 않을 수 있고, 흔들림이 없는 뒤에야 편안할 수 있고, 편안한 뒤에야 생각할 수 있고, 생각한 뒤에야 얻을 수 있다〔知止而后有定, 定而后能靜, 靜而后能安, 安而后能慮, 慮而后能得〕.” 또 “지식에 이르는 것은 사물의 이치를 궁구하는 데 있다〔致知在格物〕”라고 하여 ‘지’ 자를 언급했습니다. 이어서 또 “사물의 이치를 궁구한 뒤에야 지식이 지극해지고, 지식이 지극해진 뒤에야 뜻이 성실해지고, 뜻이 성실해진 뒤에야 마음이 바르게 되고, 마음이 바르게 된 뒤에야 몸이 닦이고, 몸이 닦인 뒤에야 집안이 바로잡히고, 집안이 바로잡힌 뒤에야 나라가 다스려지고, 나라가 다스려진 뒤에야 천하가 화평해진다〔物格而后知至, 知至而后意誠, 意誠而后心正, 心正而后身修, 身脩而后家齊, 家齊而后國治, 國治而后天下平〕"라고 했습니다.

그는 여기에서 '치지(致知)'와 '격물(格物)'을 대비시켰는데, 그 이치에 관해서는 후세에 괜찮은 설명이 없어서 선종의 이치로 해석해야만 비교적 딱 들어맞습니다. '치지'는 바로 '돈오(頓悟)'이며, '격물'은 바로 '점수(漸修)'입니다. "지식에 이르는 것은 사물의 이치를 궁구하는 데 있으니, 사물의 이치를 궁구한 뒤에야 지식이 지극해진다"라고 말하는 바는 이러합니다. 돈오하고자 해도 점수하지 않으면 돈오할 수 없으며, 점수에서 성취를 얻고자 하면 돈오하지 않으면 점수의 성과를 얻을 수 없습니다.

하지만 유의해야 합니다. 『대학』의 "알고 멈춘 뒤에야 정함이 있다〔知止而后有定〕"와 『중용』의 "필부필부의 우매함으로도 함께 알 수 있다〔夫婦之愚, 可以與知焉〕"에서 '지(知)'는 모두 지의 용(用)을 말한 것으로 심성의 작용이기도 합니다. 심성의 첫 번째 작용이 '지(知)'입니다.

더 거슬러 올라가서 개조(開祖)를 찾으면 바로 증자의 스승인 공자입니다. 공자는 "지혜로움, 어짊, 용맹스러움 세 가지는 천하에 두루 통하는 덕이다〔知仁勇, 三者天下之達德也〕"라고 했습니다. 이 또한 용(用)을 말하였고 본성을 언급하지는 않았습니다. 그런데 맹자에 이르러 '양지양능'을 말했는데 마치 인성의 본래 모습을 깨달은 듯합니다. 특히 송명 이학가들에 이르면 '양지양능'이 바로 본체의 작용이라고 강조합니다. 그래서 송명 이학가는 불학(佛學)에 대단히 반대하고 선(禪)에 반대했으며 노장(老莊)에 반대하고 도(道)에 반대했습니다. 왜냐하면 왕양명이 생각하기에 불가와 도가 사람들은 알기만 하고 실행은 못 하는 사람들이라 허망할 뿐이었기 때문입니다. 오로지 그 자리에서 문을 닫아걸고 정좌 수련해서 도를 얻은들 무슨 소용이 있습니까. 그런 도는 쓸 수가 없고 실행할 수 없고 천하, 국가, 사회, 중생을 구제하지 못하기 때문에 아무런 쓸모가 없습니다. 그래서 그는 '지행합일(知行合一)'을 주장했습니다.

그들은 이렇게 해서 잘못을 하나 범했습니다. 형이상인 본성의 체(體)와 형이하인 행위의 용(用)을 섞어서 이야기함으로써 체와 용이 나누어지지 않았습니다. 그들이 이런 잘못을 범한 까닭이 바로 『맹자』 이 부분의 '양지양능'에 근거해서 나왔습니다. 그런데 그것은 맹자의 학설이 틀려서가 아니라 맹자가 여기에서 했던 설명이 분명치 못했기 때문입니다. 어휘선택이나 예를 드는 데에서 '양지양능'을 도의 본성'인 것처럼' 말했기 때문에 송명 이학가들이 체와 용을 한데 섞어 버리게 된 것입니다.

다시 고개를 돌려 불가를 볼 것 같으면, 경전에서 '지(知)'를 언급할 때에는 '지혜(智慧)'의 '지(智)'라는 글자를 사용합니다. 중국어의 '지(智)'라는 글자는 그 본성을 보는 '지(智)'를 표현하기에 불충분하기 때문에 대부분 직접 음역을 해서 '반야(般若)'라고 합니다. 억지로 중국어로 풀이한다면 반야는 최고 최대의 지혜입니다. 『원각경(圓覺經)』에서 말하기를 "환상임을 알면 곧 떠난 것이니 따로 방편을 지을 것이 없고, 환상을 떠났다면 곧 깨달은 것이니 또한 점차 수행할 것도 없다[知幻卽離, 不作方便, 離幻卽覺, 亦無漸次]"라고 했습니다. 수련을 하고 도를 닦으려면 어느 종파를 막론하고 이 몇 구절이 대단히 적절합니다. 수련을 하는 데 가장 절실히 필요합니다.

"환상임을 알면 곧 떠난 것이다[知幻卽離]", 자신의 망념(妄念)이 단지 망상과 환상에 지나지 않음을 알고 있습니다. 사람들이 눈을 감고 정좌 수련을 하고 있지만 실제로는 망상을 하고 있습니다. 망상이 헛된 환상임을 분명히 알지만 없애 버리지 못합니다. 두 다리는 수련을 하고 있지만 망념을 없애 버리지 못해서 괴로워합니다.

그런데 부처님은 여러분에게 말합니다. 여러분 스스로 이 생각이 망념이라는 것을 아는 그때 이미 그 망념은 달아나 버립니다. 그러므로 "따로 방편을 지을 것이 없다[不作方便]", 즉 방법을 강구해서 그것을 없애 버리려 할 필요가 없습니다. 그런데도 사람들은 잘못을 범하는데, 언제나 "망념이 일어나면 어떻게 해야 없애 버릴 수 있을 것인가"라고만 생각합니다. 실제로는 여러분이 방금 일으켰던 망념은 이미 지구를 한 바퀴 돌아 우주 공간으로 사라져 종적도 없습니다. 그렇다면 없애 버리려는 여러분의 생각이 또 다른 망념이 되지 않겠습니까? 그렇기 때문에 "환상임을 알면 곧 떠난 것입니다." 그것이 망념임을 알게 될 때 망념은 이미 떠나 버리고 머물러 있지 않습니다. 그러므로 어떠한 방법을 써서 그것을 없앨 필요가 없습니다.

"환상을 떠났다면 곧 깨달은 것이니 또한 점차 수행할 것도 없다[離幻卽覺, 亦無漸次]." 망념이 떠난 후의 아주 청정한 찰나가 바로 각성(覺性)이니 소승(小乘)이니 대승(大乘)이니, 초지(初地)니 이지(二地)니 하는 구분이 따로 없습니다.

이론상으로는 이 네 구절을 알고 나면 마치 커피를 마시거나 아이스크림을 먹은 것처럼 마음이 대단히 편안하고 상쾌해지며, '부처님은 역시 정말로 훌륭한 분이시다' 하고 생각합니다. 문제는 부처님은 훌륭한데 우리는 결코 훌륭하지 않다는 데에 있습니다. "환상을 떠났다면 곧 깨달은 것이니"에서 이 깨달음[覺]은 머물러 있지 못합니다. 지금 막 깨달았어도 또다시 망상으로 변해 버립니다. "따로 방편을 지을 것이 없다"라고 했지만 이 깨달음은 잘 붙들고 있어야 합니다. 금방이라도 이 깨달음은 잠들어[睡覺] 버리니까요. 각성(醒覺)의 각(覺)이 아니라 잠들다는 뜻인 '수각(睡覺)'의 각(覺)이 되어 버리고 또다시 흐리멍덩해져 버립니다. 사람들이 수도하면서 겪는 고통이 바로 여기에 있으니 이는 실제 수련의 문제입니다.

이론적으로 『원각경』의 "환상임을 알면 곧 떠난 것이다"라는 방법은 마찬가지로 용(用)이지 체(體)를 말한 것이 아닙니다. 훗날 어떤 선사는 이렇게 말했습니다. "지라는 한 글자가 만물의 오묘함의 문이다〔知之一字, 衆妙之門〕." "중묘지문(衆妙之門)"이라는 구절은 『노자』에서 나왔는데 그 선사가 빌려왔습니다. 이것은 '지(知)'가 그만큼 중요함을 말합니다. 우리 가 잘못을 저지르고 계를 범하고 죄를 짓는 것도 바로 모르기〔不知〕 때문 에 얼떨결에 잘못을 저지르는 것입니다. 누군가는 이렇게 말했습니다. "만약 알 수만 있다면〔能知〕 잘못을 저지르지 않을 것이다." 그것은 '누군 가 그렇게 말한 것이고' 제가 개인적으로 인류의 심리를 연구한 바에 따르 면 이렇습니다. 사람들은 다른 사람의 물건을 가져가면 안 되고 그러면 부 도덕하다는 사실을 분명히 알고 있습니다. 하지만 그와 동시에 그 물건이 마음에 드는 것도 사실입니다. 그리하여 이지(理智)상의 도덕관이 감정상 의 애욕과 전쟁을 일으키는데, 결국 감정이 이지를 이겨서 도덕이고 나발 이고 일단 가져가고 봅니다. 이 두 개의 '지' 가운데 누가 형이고 누가 아 우인지는 모르겠지만 종종 이런 갈등이 생깁니다. 그렇기 때문에 "지라는 한 글자가 만물의 오묘함의 문"인 것입니다. 하지만 이 '지'가 도를 닦고 도를 깨닫는 데 있어서 가장 중요하다고 생각한다면 그건 잘못입니다.

이 '지'가 존재하기만 해서는 영원히 성공하지 못합니다. 영명하기 짝이 없는 이 '지'가 바로 도라고 생각하는 것도 잘못입니다. 이 '지'는 여전히 의식(意識)이고 제육의식(第六意識)의 망상 경계이기 때문에 도를 닦아도 성공하지 못합니다.

당대의 향엄(香嚴) 선사는 천하제일의 명사(明師)인 백장(百丈) 선사에 게 배웠습니다. 향엄 선사는 선리(禪理)에 대해 대단히 고명해서 하나를 물으면 천을 답할 수 있었습니다. 하나의 문제를 열 가지 측면에서 대답해 줄 수 있었지만 그는 여전히 깨닫지 못했습니다. 백장 선사가 죽은 후 향 엄은 사형인 위산(潙山) 선사를 찾아가는 수밖에 없었습니다. 위산 선사 가 말했습니다. "자네의 도리는 모두 옳지만 실제로 깨닫지 못했으니 자네는 여기에서 도리에 관해 적게 말하게." 또다시 오랜 시간이 지났으나 향엄 선사는 여전히 깨닫지 못했습니다. 어느 날 자신이 끝내 깨닫지 못한다는 것을 자각하고 더 이상 수행하지 않고 남양충(南陽忠) 국사에게 가서 농사를 짓기로 마음먹었습니다. 마음속으로 그렇게 일생을 보내리라 생각했지요. 어느 날 채소밭에서 일하다가 땅에서 기와 조각이 나오자 무심코 집어서 휙 던졌는데 마침 대나무에 맞았습니다. '퉁' 하는 소리에 그는 마침내 깨달았습니다. 이를 두고 "일부러 꽃을 가꾸어도 꽃이 피지 않더니, 무심코 꽂은 버들가지가 우거진 버드나무가 되었네〔有意栽花花不發, 無心揷柳柳成蔭〕"라고 합니다. 그리하여 다음과 같은 게송을 지었습니다.

한 번 쳐서 아는 바를 다 잊어버리니	一擊忘所知
더 이상은 수양 따위를 빌리지 않네	更不假修持
안색을 바꾸고 옛길에서 떨쳐 일어나	動容揚古路
고요히 거짓으로 떨어지지 않노라	不墮悄然機
사방 어느 곳에도 종적은 없나니	處處無蹤迹
소리나 색은 겉으로 드러난 자태이지	聲色外威儀
도에 이르렀다고 하는 사람들은	諸方達道者
하나같이 천기에 올라갔다 말하네	咸言上上機

깨달은 후에는 '아는 바〔所知〕'를 잊어야 합니다. 깨달았다는 그 지(知)도 모두 쓸데없습니다. 이제 다시 『맹자』로 되돌아와서 맹자의 '양지양능'은 도대체 어떤 물건인지 살펴보도록 하겠습니다.

우리가 현대 지식으로 연구해 본다면 갓난아이가 막 태어났을 때에는 지(知)가 있을까요, 없을까요? "으앙" 하면서 우는 것이 우는 것인지 아니면 노래하는 것인지 아무도 단정 지을 수 없습니다. 안타깝게도 우리도 잊어버렸습니다. 오늘날의 선종과 오늘날의 유가는 이미 옛날과 다르기 때문에 이런 질문을 해야 합니다. 만약 갓난아이가 무지하다고 말한다면 갓난아이는 분명 지(知)를 지니고 있습니다. 바로 맹자가 말한 "생각하지 않고도 아는〔不慮而知〕" 지(知)입니다. "배우지 않고도 능한〔不學而能〕" 능(能)도 지니고 있습니다. 갓난아이는 배가 고프면 반드시 우는데 이를 통해서도 갓난아이는 "생각하지 않고도 안다"는 사실을 알 수 있습니다. 그것은 타고난 것입니다. 만약 의학이나 생리학 혹은 유물 철학의 편에서 연구한다면 그것은 유심론이며 잘못된 것입니다. 왜냐하면 배가 고파서 우는 것은 아느냐 모르느냐의 문제가 아니라 뇌신경의 자연스러운 생리 반응이기 때문입니다.

갓난아이는 물건을 잡을 줄 알면 발로 차고 놀기를 좋아하다가 조금 자라면 달리기를 좋아합니다. 중년이 되면 손을 많이 움직이고 손으로 뭔가를 하기 좋아합니다. 그러다가 노년이 되면 손발을 움직이려고 하지 않고 그저 한자리에 앉아 지난날을 돌아보며 머리를 굴리는데, 머리 굴리는 일마저 끝나면 이젠 떠납니다. 이것이 인생 역정입니다. 그런데 갓난아이가 물건을 붙잡는 것은 양능(良能)일까요, 아닐까요? 현대 의학에서는 인간의 본능이며 신경 반응이라고 합니다. 도덕적 양(良)이나 불량(不良)과는 무관하다는 것입니다. '양(良)'은 철학자들이 한 글자 덧붙인 것으로, 덧붙인 것이 옳은지 아닌지에 대해 과학자들은 대수로이 여기지 않습니다. 덧붙이고 싶으면 덧붙이라는 식이지요.

우리가 만약 동서고금의 각종 견해와 대비해 본다면 너무 많을 터이니 지금은 그저 큰 강령에서 요점만 말했습니다.

이제 『맹자』의 학설을 맹자 본인이 앞뒤에서 말했던 관련 있는 말과 연결 지어서 연구해 보면 우리는 이렇게 말해야 합니다. 맹자가 말한 양지와 양능이 결코 틀리지는 않았지만 문제는 그가 문자로 설명한 것이 그다지 명확하지 않다는 데에 있습니다. 맹자는 인성에 대해 선천적인 것이든 후천적인 것이든 막론하고 모두 "인성은 본디 선하다(性本善)"라는 철학적 주장을 했습니다. 마치 불가에서 "무시이래로 자성은 본래 광명이다"라고 말하는 것과 같습니다. 사람은 어머니 태에서 날 때부터 시작해서 곧바로 후천에 속하며, 후천적으로 물든 습관은 "습관은 서로 멀다(習相遠)"[34]라고 할 수 있습니다. 그러한 습관에서 나오는 동작을 자성광명(自性光明)의 선량한 일면으로 간주한 것이 맹자 이후 일반인들의 잘못된 해석입니다.

맹자가 양지와 양능을 제기했던 핵심은 '양(良)' 자에 있었습니다. 선량(善良)한 지(知)와 선량한 능(能)이니, 바로 『대학』에서 "지극히 선한 데 머무르다(止於至善)"라고 하는 그 '지선(至善)'의 경계이기도 합니다. 만약 맹자가 "어린아이들은 천성이 도타워서 나쁜 습관에 비교적 적게 물들기 때문에 '그 어버이를 사랑할 줄 모르는 이가 없고 그 형을 공경할 줄 모르는 이가 없다'"라고 했다면 의미가 분명했을 것입니다. 맹자의 이 대목을 설명하기 위해서는 동서고금에 그와 상반된 이론을 열거하고 그런 다음에 불가의 이론을 빌려와서 해석을 해야만 비로소 맹자가 말하려던 참뜻을 이해할 수 있습니다. 왕양명 선생 같은 후세의 이학가들이 정확한 분석 없이 앞뒤 자르고 인용하여 맹자의 학설을 명확하지 않게 말함으로써 오히려 혼란을 가중시키고 말았습니다.

이제 맹자 자신이 뒤에서 해석한 내용을 보면 더욱 분명해집니다.

---

34 "본성은 서로 가까우나 습관은 서로 멀다(性相近, 習相遠)." 『논어』 「양화(陽貨)」 편에 나오는 말로, 타고날 때의 성품은 비슷하나 습관에 의해 인격의 차이가 난다는 뜻이다.

사람의 등급

맹자께서 말씀하셨다. "순 임금이 깊은 산중에 거처할 적에 나무와 돌과 함께 거처하고 사슴과 멧돼지와 함께 노시니 깊은 산속의 야인과 다를 바가 별로 없으셨는데, 선한 말을 들으시고 선한 행동을 보는 것에 있어서는 마치 강하를 터놓은 듯하여 그 성함을 능히 막을 수가 없었다."

맹자께서 말씀하셨다. "하지 않아야 할 것을 하지 않으며, 하고자 하지 말아야 할 것을 하고자 하지 말아야 하니, 이와 같을 뿐이다."

맹자께서 말씀하셨다. "사람 중에 덕과 지혜와 기술과 지식을 가지고 있는 자는 항상 어려움 속에 있다. 오직 외로운 신하와 서자들은 그 마음을 잡는 것이 위태로우며, 환란을 염려하는 것이 깊기 때문에 통달하는 것이다."

孟子曰: "舜之居深山之中, 與木石居, 與鹿豕游, 其所以異於深山之野人者幾希; 及其聞一善言, 見一善行, 若決江河, 沛然莫之能御也."

孟子曰: "無爲其所不爲, 無欲其所不欲, 如此而已矣."

孟子曰: "人之有德慧術知者, 恒存乎疢疾. 獨孤臣孽子, 其操心也危, 其慮患也深, 故達."

『맹자』의 이 대목은 양지와 양능의 이치를 서술하고 있는 가장 훌륭한 설명입니다. 자신의 설명에 대한 가장 훌륭한 주해인 셈입니다. 이는 맹자가 문장을 제대로 못 썼다는 의미가 절대 아닙니다. 상고 시대의 문장은 간결하고 세련됨을 추구했기에 후인들이 보면 오해를 낳기 쉽습니다. 맹자는 양지와 양능의 이치를 연이어서 설명하고 있는데, 때로는 상황을 들어 열거하고 때로는 비유를 사용해서 해석했습니다. 그렇기 때문에 실제로 위아래 문장의 이치와 사상은 일관되어 있습니다. 그런데도 주희와 같

은 송유들은 한사코 자신의 총명함을 고집하여, '사서(四書)'가 문장 체재의 논리에 합치되지 않는다며 마음대로 끊어서 장(章)을 나누고 구(句)를 나누더니 그것을 '사서장구(史書章句)'라 불렀습니다. 그렇게 한 것을 스스로는 옳다 여겼지만 도리어 단장취의(斷章取義)[35]로 변해 버렸습니다. 중요한 문구를 장(章)과 절(節)의 단락으로 바꾸어 버림으로써 원본의 일관된 사상 원칙은 산산조각이 나버렸지요. 남송 이후 원, 명, 청 육칠백 년간의 정권을 거치는 동안에도 '사서장구'를 그대로 좇았고 그것으로 과거에서 선비를 뽑았습니다. 그로 인해 공맹의 도는 장구(章句)의 학문에 갇혀 버렸고 결국 유가의 위대한 학술 사상은 후인들에게 "사람을 잡아먹는 예교(禮敎)"의 교조로 욕을 얻어먹고 타도의 대상이 되기도 했습니다.

맹자는 인성은 본디 선량한 것이라고 말하면서 순 임금을 들어 증명했습니다. "순 임금이 깊은 산중에 거처할 적에 나무와 돌과 함께 거처하고 사슴과 멧돼지와 함께 노시니 깊은 산속의 야인과 다를 바가 별로 없으셨다〔舜之居深山之中, 與木石居, 與鹿豕游, 其所以異於深山之野人者幾希〕." 순 임금이 태어난 가정은 이른바 "아버지는 완고하고 어머니는 시끄럽고 동생은 오만한〔父頑母嚚弟傲〕" 가정이었습니다. 아버지는 우매하고 완고했으며 어머니는 심술궂고 막무가내였습니다. 남동생 역시 흉악하고 난폭했지요. 순 임금은 부모형제의 박해를 받아 집안에서 내쫓긴 후 역산(歷山)이라는 깊은 산속에서 농사를 지었습니다. 야생동물과 무리를 이루어 나무와 돌 사이에서 생활했으니 당연히 교육과 도덕을 기를 수가 없었습니다. 하지만 그는 야인으로 변하지 않았습니다. 학문을 지녔을 뿐 아니라 대단히 높은 수양을 지님으로써 역사상 성왕(聖王)이 되었습니다. 그것은

---

35 글쓴이의 본의나 시문(詩文) 전체의 의미 여하에 상관없이 그 가운데 어느 장구(章句)만을 잘라서 자기대로 해석하여 의미를 부여하는 것을 말한다.

바로 그가 천성 가운데 선량한 덕성을 발휘했기 때문입니다. 옳지 않은 일을 들으면 곧바로 화를 내고 비판하며, 좋은 일을 들어도 곧바로 의심하거나 질투하는 우리 범부와는 달랐습니다. 천성적으로 선량한 순 임금의 품성과 덕은 "선한 말을 들으시고 선한 행동을 보는 것에 있어서는 마치 강하를 터놓은 듯하여 그 성함을 능히 막을 수가 없었습니다[及其聞一善言, 見一善行, 若決江河, 沛然莫之能御也]." 그는 선한 말을 듣거나 선한 일을 보게 되면 이면의 선한 정서가 마치 저수지의 물이 터진 것처럼 도도히 흘러나와 곧바로 받아들였으며 상대방에게 감사하는 동시에 공경했습니다.

맹자는 이어서 순 임금이 선량한 덕성을 발전시키는 도리를 설명했습니다. "하지 않아야 할 것을 하지 않으며, 하고자 하지 말아야 할 것을 하고자 하지 말아야 하니, 이와 같을 뿐이다[無爲其所不爲, 無欲其所不欲, 如此而已矣]." 인성에는 선도 있고 악도 있습니다. 인성은 원래 선량하지만 인생의 습관에 오염되면서 인성에도 선악의 구분이 생긴 것입니다. 그런데 천성이 선량하다면 어떤 사람이 가장 열악한 경우에 처하더라도 선한 일면이 표출될 것입니다. 가령 눈도 깜빡하지 않고 남을 죽이는 사람일지라도 자기 딸이나 사랑하는 사람을 마주했을 때에는 그의 자애심이 바깥으로 흘러나올 것입니다. 혹은 미치광이라 할지라도 자신이 사랑하는 사람을 만나면 다정한 모습을 지닐 것입니다. 그렇기 때문에 사람은 수양을 해야 합니다. 불가에서는 수행이라고 하는데 마땅히 하지 말아야 할 일은 절대로 하지 말아야 합니다. 또 선천적인 본성에서 바라지 않는 바, 필요로 하지 않는 바가 자신의 양지지성(良知之性)을 왜곡하게 해서는 안 됩니다. 이와 같을 뿐입니다. 수행은 악한 것을 제거하고 선한 것을 행함이니, 이지(理智)의 힘을 키우고 후천적인 욕망은 줄여서 전부 없애 버림으로써 점차 성인의 경지에 도달할 수 있습니다.

그런 까닭에 맹자는 "사람 중에 덕과 지혜와 기술과 지식을 가지고 있는 자는 항상 어려움 속에 있다[人之有德慧術知者, 恒存乎疢疾]"라고 했습니다. 큰 사업을 하는 성인이나 영웅은 인생의 노정에서 중대한 좌절을 많이 겪지만 그로 인해 큰 성취를 거두게 됩니다. 한 사람이 도덕적 수양을 완성하거나 지식을 넓히거나 혹은 기능, 예술, 학술, 문장 방면에서 성취를 이루거나 혹은 최고의 지혜를 깨닫게 되면 심리적으로 남에게는 말할 수 없는 숨겨진 고통 및 부담감, 번뇌 같은 압박이나 신체적인 질병의 고통을 지니게 됩니다. 하지만 이러한 장애들을 돌파하고 우뚝 설 수 있다면 성취하는 바가 클 것입니다.

왜 몸과 마음이 고달프고 고통스러운 사람의 성취가 클까요? "오직 외로운 신하와 서자들은 그 마음을 잡는 것이 위태로우며, 환란을 염려하는 것이 깊기 때문에 통달하는 것이다[獨孤臣孼子, 其操心也危, 其慮患也深, 故達]." 바로 '외로운 신하'이고 '서자'이기 때문입니다. 순 임금의 일생을 보면 살아가는 여정에서 처음부터 고난과 고비를 겪었기 때문에 그는 바로 "외로운 신하와 서자[獨孤臣孼]"의 심정이었습니다. 그래서 모든 일에 대해 "그 마음을 잡는 것이 위태로웠습니다[其操心也危]." '위(危)' 자에는 이중의 의미가 있습니다. 하나는 위험하다는 의미이니, 모든 일에 위기가 감추어져 있었습니다. 한 번도 고생이라고는 해 보지 않은 사람처럼 모든 일을 쉽게 생각하지 않았습니다. 또 다른 의미는 바르다[正]는 것이니, 마음을 먹는 것이 순수하고 발라서 언제나 자신이 잘못을 저지르게 될까 봐 염려했습니다. 마치 깊은 연못에 임하고 얇은 얼음을 밟듯이 조심하고 감히 함부로 하지 않았습니다. "환란을 염려하는 것이 깊어[其慮患也深]", 문제를 생각하고 결과를 염려함이 대단히 심각하고 심원해서 반대하는 사람들도 다른 의견을 내지 못했습니다. 순조로운 환경에서 성장한 사람들에 비해 보는 것이 훨씬 심원하고 통달했기 때문에 훗날 어떤 사람은 이런 명언을 남겼습니다. "세상 물정에 밝은 것이 모두 학문이요, 인정에 통달한 것이 곧 문장이로다[世事洞明皆學問, 人情練達卽文章]."

맹자가 앞에서 예로 든 순 임금은 역사상 큰 효자로 널리 인정받고 있습니다. 하지만 순 임금의 일생을 보면, 그는 부모형제로부터 온갖 괴롭힘을 당했고 이해받지 못했으며 매우 고통스러운 생활을 했습니다. 하지만 그는 원망도 후회도 하지 않고 오로지 자신의 도덕을 수양하여 최고의 성취를 거두고 일대의 성군이 되었습니다. 그는 진정으로 부모에게 크게 효도하고 천하 백성에게 크게 효도했던 큰 효자였습니다. 옛사람의 유명한 대련 하나가 생각납니다. "세상일은 모두 바쁜 가운데 그르치고, 훌륭한 사람은 태반이 고난 가운데 나온다[世事都從忙裏錯, 好人半是苦中來]."

순 임금의 일생은 이처럼 열악한 환경 가운데 있었지만, 뜻대로 안 되는 상황이 닥쳐도 순순히 받아들여 역(逆)을 순(順)으로 바꾸었습니다. 맹자가 말한 양지양능(良知良能)의 본성을 발휘한 것입니다. 그러고 보니 순 임금의 일생이 맹자가 위에서 제기한 양지양능의 의미를 자연스럽게 관통하고 있으며, 인성의 빛나고 선량한 일면을 잘 설명해 주고 있습니다.

이어서 개인의 수양과 인성의 선량함에서 더 나아가 사람됨과 일 처리에 관해 이야기합니다.

맹자께서 말씀하셨다. "군주를 섬기는 자가 있으니, 그 군주를 섬기면 용납되고 기뻐하게 하는 자이다. 사직을 편안히 하려는 신하가 있으니, 사직을 편안히 함을 기쁨으로 삼는 자이다. 천민인 자가 있으니, 영달하여 온 천하에 행할 수 있은 뒤에야 행하는 자이다. 대인인 자가 있으니, 자기 자신을 바르게 함에 남이 바르게 되는 자이다."

孟子曰: "有事君人者, 事是君則爲容悅者也; 有安社稷臣者, 以安社稷爲悅者也; 有天民者, 達可行於天下而後行之者也; 有大人者, 正己而物正者也."

맹자는 또다시 인격과 인품을 분류했습니다. 인성의 밝고 선량한 면에서 더 나아가 한 개인의 성취까지 이야기했는데, 이는 "사람 중에 덕과 지혜와 기술과 지식을 가지고 있는 자는 항상 어려움 속에 있다"라는 단락에서 이어지는 내용입니다. 정치를 하는 사람들은 서로 다른 몇 부류가 있다고 맹자는 말합니다. 우리는 먼저 인생관을 정하고 장래에 어떤 모습의 사람이 될지 준비해야 합니다. 이것은 장래에 돈을 얼마나 벌지, 재산이 얼마나 될지, 혹은 자손은 얼마나 많을지 하는 것과는 상관이 없습니다. 왜냐하면 그런 여러 가지 상황은 모두 사람 노릇 함에 있어서 하나의 모습에 불과하기 때문입니다. 원장이 되거나 부장이 되거나 대장군이 되거나 대원수가 되는 것도 사람 노릇 함이며, 일반 백성이 되는 것 역시 사람 노릇 함입니다. 여러분이 가난하든 부귀를 누리든 그건 상관없습니다. 다만 자신의 인생관을 먼저 확정하고 어떤 사람이 되고자 하는지를 알아야 합니다.

맹자가 말했습니다. 어떤 부류의 사람은 다른 사람의 부하가 되어 승진하거나 부자가 되기 위해서 혹은 상관의 신임을 얻어 사회를 위해 일을 하려고 상관을 잘 모시거나 더 나아가 상관의 비위를 맞추려고 합니다. 가령 일자리를 구하기 위해 면접을 하러 간다면 먼저 사장이 긴 머리를 좋아하는지 짧은 머리를 좋아하는지, 혹은 캐주얼한 차림을 좋아하는지 정장 차림을 좋아하는지를 알아본 후에 그 취향에 따라 옷을 입고 만나러 갑니다. 이것이 바로 "용납되고 기뻐하게 하는 자〔爲容悅者〕"이니 군주의 뜻에 맞추려고 합니다.

두 번째 부류의 사람은 세상에 나와서 일을 하는 목적이 다릅니다. 그는 사회, 국가, 천하를 위해 세상에 나와서 정치를 합니다. 그런 사람은 사업이 성취되고 포부가 펼쳐지는 것이 즐거움입니다. 만약 그 목적에 이를 수 없다면 절대 하지 않습니다.

세 번째 부류의 사람은 아주 고명한데, '천민(天民)'이라고 불리며 하늘을 대신해서 도를 실행합니다. 이 부류의 사람은 사회를 위해 얼마나 공헌할 수 있는지 스스로 먼저 헤아려 보고, 공헌할 수 있어야 비로소 세상에 나와서 일을 합니다.

마지막 부류는 성인(聖人)이니 유가에서는 대인(大人)이라고 부르며 "자기 자신을 바르게 함에 남이 바르게 되는 자[正己而物正者也]"입니다. 이 부류의 사람은 권력과 지위는 아랑곳하지 않으며, 우뚝 설 수 있느냐 서지 못하느냐 하는 것도 문제 삼지 않습니다. 그는 진정한 천하의 대인이며 황제가 되든 관리가 되든 장사꾼이 되든 상관없이 언제나 똑같습니다. 대인은 자기 자신을 바르게 한 후에 남을 바르게 하는 사람입니다. 자기 자신만 바른 사람인 것이 아니라 천하 만물로 하여금 그 바름을 얻게 하는 사람입니다. 불가에서 말하는 보살도와 같아서 자신을 이롭게 하고 남을 이롭게 하며 일체 중생을 제도합니다. 다른 종교에서 세상 사람을 널리 사랑한다고 말하는 것과도 같지요. 이것을 일러 대인이라고 합니다. 유가의 입장에서 보면 이른바 성불하여 승천하는 것도 대인이 되는 것에 불과할 뿐입니다.

맹자는 인성의 양지양능에서부터 더 나아가 인성의 용(用)을 설명하고 사람됨과 일 처리까지 설명했습니다. 그는 인격을 분류한 후에 아래에서는 또 다른 방면의 사람과 일에 대해 이야기합니다.

군자에게는 세 가지 즐거움이 있다

맹자께서 말씀하셨다. "군자에게는 세 가지 즐거움이 있는데 천하에 왕 노릇 함은 여기에 들어 있지 않다. 부모가 모두 생존해 계시며 형제가 무고한 것이 첫 번째 즐거움이요, 우러러보아 하늘에 부끄럽지 않고 굽어보아 남에게 부끄럽지 않은 것이 두 번째 즐거움이요, 천하의 영재를 얻어 교육하는 것이 세 번째 즐거움이다. 군자에게는 세 가지 즐거움이 있는데 천하에 왕 노릇 함은 여기에 들어 있지 않다."

孟子曰: "君子有三樂, 而王天下不與存焉. 父母俱存, 兄弟無故, 一樂也; 仰不愧於天, 俯不怍於人, 二樂也; 得天下英才而教育之, 三樂也. 君子有三樂, 而王天下不與存焉."

고대에 군자라 칭하는 사람은 도덕을 지니고 학문을 지니고 수양을 지닌 사람을 가리킵니다.

맹자가 말했습니다. 군자에게는 인생의 진정한 쾌락이 세 가지가 있는데, 황제의 지위를 가지고 그 세 가지 쾌락과 바꾸자고 해도 그는 응하지 않을 것입니다. 첫 번째는 원만한 가정입니다. 부모가 즐겁고 편안하게 건재하며 형제자매 사이가 화목하고 불량배가 된 사람이 없습니다. 뜻밖의 일이 생기지도 않고 재앙과 질병이 없습니다.

두 번째로 언제 어디서나 위로는 하늘에 떳떳하고 아래로는 모든 것에 떳떳하여, 성황당에 가서 향을 사르며 염라대왕을 마주해도 두렵지 않습니다. 왜냐하면 죄를 범한 적이 없고 양심에 부끄러운 일을 한 적이 없기 때문에 다른 사람을 만나도 가슴이 벌렁대지 않고 얼굴이 붉어지지 않습니다. '부끄러움[怍]'은 거짓말탐지기에 표시된 비정상적인 심장 박동이니, 한 사람이 광명정대하여 천지 귀신 및 사람에게 미안한 일이 조금도 없다면 이것이 두 번째 즐거운 일입니다.

세 번째로 "천하의 영재를 얻어 교육하는[得天下英才而教育之]" 그것이 세 번째 큰 즐거움입니다. 다만 그 조건은 '영재(英才)'가 있어야 한다는 점입니다. 만약 "천하의 바보를 얻어 교육한다면" 그것은 '고통'일 것입니다. 당연히 '영재'를 얻기란 아주 어렵습니다. 어떤 사람들은 가르쳐도 잘 되지 않아서, 그에게 잘한다고 말해도 결코 잘하는 것이 아니고 그에게 나쁘다고 말해도 결코 받아들이지 못합니다. 일종의 '흐릿한[陰]' 인재인 셈이니, 그렇게 되면 고통스럽지도 않고 즐겁지도 않은 그 중간에 있게 되겠지요. (일동 웃음)

마지막으로 그는 처음의 구절을 다시 한 번 반복했습니다. "군자에게는 세 가지 즐거움이 있는데 천하에 왕 노릇 함은 여기에 들어 있지 않다[君子有三樂, 而王天下不與存焉]." 이것은 그의 감탄입니다!

이 세 가지 즐거움 가운데 맹자는 하나 반의 즐거움이 있었습니다. 그의 부친이 이미 돌아가셨기 때문입니다. 공자에게는 첫 번째 즐거움이 없었습니다. 공자의 일생은 대단히 고달팠는데, 형과 누나를 어려서부터 부양했으며 공자가 봉양한 어머니는 계모였습니다. 두 번째 즐거움은 두 사람 모두 해냈습니다. 세 번째 즐거움으로 말하면, 맹자는 한탄을 이기지 못했으며 공자 역시 완전히 해내지는 못했습니다. 공자의 제자 칠십이현(賢)의 현명함이 어느 정도였는지 알 수 없기 때문입니다. 제가, 치국, 평천하를 할 수 있는 '영재'를 교육해 내는 데 있어 공자 문하에는 그런 영재가 없었고 맹자 문하에도 없었습니다.

어떤 사람은 말합니다. 공맹 이외에 한 사람이 더 있는데 그 역시 절반밖에 해내지 못했다고요. 그 사람은 바로 수(隋)나라 말의 왕통(王通)입니다. 왕통은 스스로 자신을 공자에 비겼는데, 유불도 삼가에 모두 통했고 크게 깨달은 인물이었습니다. 처음에는 그도 천하를 통일할 뜻을 지니고 있었지만 나중에 수양제(隋煬帝)를 만나 대화한 후 천하의 형세가 자신이 상상하던 그런 것이 아님을 알고는 곧 고향으로 돌아가 하서(河西)에서 강학에 전념하여 청년 인재를 길러 냈습니다. 훗날 당 태종 수하에서 명성을 날린 장군과 재상들이 대부분 그의 문인이었으니, 왕통은 가히 "천하의 영재를 얻어 교육했다"고 말할 수 있습니다. 그리하여 왕통이 죽은 후 그의 학생들이 사사로이 그에게 문중자(文中子)라는 시호를 붙였습니다. 왜 정부에서 시호를 내리지 않고 제자들이 시호를 붙였을까요? 당 왕조의 역사에는 그의 전기조차 없습니다. 전하는 말로는 그의 아우 왕응(王凝)이 감찰어사로 있을 때 당 태종의 장인인 장손무기(長孫無忌)의 친구를 탄핵했기 때문에 수당(隋唐) 역사에 그의 전기가 없다고 합니다. 그렇지만 조정을 가득 채운 문무백관인 그의 제자들이 그에게 문중자라는 시호를 붙였으니, 왕통은 당대의 공자나 마찬가지였습니다.

여기에서도 우리는 다음의 사실을 알 수 있습니다. 맹자가 인생의 목표를 그처럼 원대하게 세웠지만 맹자 자신도 해내지 못했으니 인생 사업은 참으로 어려운 일입니다.

맹자가 행한 수양 경험담

맹자께서 말씀하셨다. "토지를 넓히고 백성을 많게 함은 군자가 하고자 하지만, 즐거워함은 여기에 있지 않다. 천하의 한가운데에 서서 사해의 백성을 안정시킴은 군자가 즐거워하지만, 본성은 여기에 있지 않다. 군자의 본성은 비록 크게 행해지더라도 더 보태지지 않으며, 비록 궁함에 거하더라도 줄어들지 않으니, 분수가 정해져 있기 때문이다. 군자의 본성은 인의예지가 마음속에 뿌리를 내려, 그 기색에 나타남이 훤히 얼굴에 드러나며 등에 가득하며 사지에 베풀어져서, 사지가 굳이 말하지 않아도 저절로 깨달아 행해진다."

孟子曰: "廣土衆民, 君子欲之, 所樂不存焉. 中天下而立, 定四海之民; 君子

樂之, 所性不存焉. 君子所性, 雖大行不加焉, 雖窮居不損焉, 分定故也. 君子
所性, 仁義禮智根於心; 其生色也, 睟然見於面, 盎於背, 施於四體, 四體不言
而喻."

맹자는 군자가 지닌 세 가지 즐거움 이외의 수학(修學)의 경계를 거듭
설명하는데, 그렇기 때문에 설사 천자가 된다 할지라도 대수롭지 않은 일
이라고 말합니다.

맹자는 먼저 말합니다. "한 사람이 황제가 되어 영토가 크고 백성이 많
아서 세계 대국이 된다면 어떤 사람이 그런 것을 바라지 않겠는가? 하지
만 그 사람이 제왕이 된다고 해서 반드시 군자의 세 가지 즐거움을 지닐
수 있다고 말할 수는 없다."

동서고금의 제왕들을 살펴보면 가련한 사람이 너무도 많습니다. 한 고
조, 당 태종, 서양의 나폴레옹 등 대단한 제왕들도 그저 짧은 시간을 통치
하다가 죽었습니다. 오직 십전노인(十全老人)을 자칭했던 건륭제만이 육
십 년간 황제 노릇을 했고, 자신이 늙자 아들에게 자리를 물려주고 스스로
태상황이 되어 궁중에서 조용히 수련하고 밀종의 주문을 외우면서 어쩌
다 소소한 일이나 관여했으니 참으로 완전무결(十全)했습니다. 하지만 그
가 즐거웠을까요? 조금도 즐겁지 않았으며 골치 아픈 일들이 정말 많았습
니다. 비록 황제가 되어 "토지를 넓히고 백성을 많게 해도(廣土衆民)" 조
금도 즐겁지 않습니다. 그렇기 때문에 맹자는 젊은이들에게 먼저 자신의
인생관을 세우고 인생의 목표를 분명히 하라고 한 것입니다. 맹목적으로
달려가서는 안 됩니다. 목표를 정하지 않고 인생관을 세우지 않고도 황제
노릇을 할 수 있고 재상이 될 수도 있습니다. 하지만 그런 것은 인생이 거
쳐 가는 한바탕 시끄러운 연극일 뿐입니다. "당신이 노래를 끝내면 내가

등장하고, 타향도 고향이라 여기고 말지."

그다음은 성인이 되는 것에 대해 말했습니다. "천하의 한가운데 서서 〔中天下而立〕"라는 말은 혼란한 세상 가운데에서 의연하게 절개를 지키는 것입니다. 바꾸어 말하면 하늘 아래 홀로 우뚝 서서 아무에게도 기대지 않으며 높이지도 않고 낮추지도 않습니다. 그러면서도 만세에 인격 수양의 모범이 됩니다. "사해의 백성을 안정시킨다〔定四海之民〕"라는 구절은 마치 주 문왕처럼 제가, 치국, 평천하를 이루어 내는 것입니다. 얼마나 대단합니까! 하지만 그것은 공을 세우는 것이지 덕을 세우는 것이라고 말할 수 없습니다. 그래서 어떤 사람들은 이 길을 걷지 않았지요. 공자나 석가모니가 이 길을 가지 않았습니다. 석가모니 부처님 같은 경우는 본래 태자의 신분으로 태어났으니 황제가 될 수 있었습니다. 하지만 그런 길을 원하지 않았습니다. 비록 "천하의 한가운데 서서 사해의 백성을 안정"시킨다해도 "본성이 여기에 있지 않습니다〔所性不存焉〕." 도를 완성하지 못하고는 범인의 경계를 넘어 성인의 경지로 들어가지 못합니다. 천추만고에 없어지지 않을 덕업을 완성하지 못하고는 단지 한 시대의 큰 공적을 이룰 수 있을 뿐입니다.

"군자의 본성은 비록 크게 행해지더라도 더 보태지지 않으며, 비록 궁함에 거하더라도 줄어들지 않으니, 분수가 정해져 있기 때문입니다〔君子所性, 雖大行不加焉, 雖窮居不損焉, 分定故也〕." 그렇다면 군자는 무엇을 배울까요? 대영웅을 배울까요? 군자는 비록 스스로 요순의 경계를 이루어 낼지라도 뭐 그리 대단한 것이 아니라고 생각합니다. 혹은 반대로 가난한 생활을 하느라 세 끼를 다 못 먹어도 그다지 손해라고 생각하지 않습니다. 그 모두가 본분에 맞는 일이기 때문입니다. 본분에 만족할 줄 아는 사람이 바로 천하의 대영웅입니다. 영웅은 황제가 될 수도 있고 거지가 될 수도 있습니다. 제왕이 된다 할지라도 그에게 조금이라도 더 보탤 수 없고, 거지가 된다 할지라도 그에게 조금도 손해를 끼칠 수 없습니다. 어떻게 처신해야 하든지 그대로 처신하게 됩니다.

맹자는 계속해서 수행을 이야기하는데 여기에서는 몸의 수양〔養身〕으로부터 시작합니다. 앞에서는 마음을 다한〔盡心〕 후에 본성을 알고〔知性〕, 본성을 알고 난 후에 천명을 수양〔修命〕한다고 했는데, 천명을 수양한 후에 여기에서는 또다시 몸을 수양합니다. 유가가 불가와 다른 점은 완전히 세상 속에서 사람 노릇과 일 처리라는 측면에서 도를 닦아 완성한다는 점입니다. 그런 후에는 "크게 행해지더라도 더 보태지지 않고〔大行不加〕" "궁함에 거하더라도 줄어들지 않을〔窮居不損〕" 수 있다는 사실입니다.

그는 말합니다. 진정한 수행은 심리 행위에서 시작하며 마음을 흔들어 참을성을 길러서, 마음이 움직이고 생각이 일어나는 사이에 "인의예지(仁義禮智)"에 합치되니 바로 지선(至善)의 경지입니다. 그렇게 되면 "마음속에 뿌리를 내려〔根於心〕" 즉 내심의 수행이 충분해져서 "그 기색에 나타납니다〔其生色也〕." 다시 말해 그런 후에는 기경팔맥과 십이경맥이 모두 통하게 됩니다. "훤히 얼굴에 드러나며 등에 가득하며 사지에 베풀어져서〔睟然見於面, 盎於背, 施於四體〕", 그런 후에는 얼굴의 기색도 달라져서 환하게 빛이 납니다. 기가 가득 차서 사지(四肢)에 전해지므로 형체가 단정하여 허리와 등이 굽지 않고, 몸과 마음이 상쾌하고 가뿐하고 즐겁습니다. "사지가 굳이 말하지 않아도 저절로 깨달아 행해집니다〔四體不言而喩〕." 도를 지닌 선비는 한눈에 보기에도 그 모습이 보통 사람들과 다릅니다. 정신을 쏟아 붓고 기를 단전에 내리고 가슴과 등을 쭉 편 모습이, 자상하고 온화하며 대범하고 멋스러운 기질을 지니고 있어서 마치 신선들 가운데 있는 사람 같습니다.

이것은 맹자 평생의 수양 경험담이자 학문을 수양한 실천의 고백이기도 합니다. 일반 세속의 관념에 따르면 그가 수도했던 참공부인 셈입니다. 맹자는 마음을 흔들어 참을성을 기르는(動心忍性) 것에서 시작했고, 그런 후에 성선(性善)을 말하고 사람 노릇 하고 일 처리 하는 행위를 이야기했습니다. 하지만 유가는 불가와 달리 걸핏하면 실제적인 정치와 연결시킵니다. 고대의 지식인들은 세상에 나오면 첫걸음부터 자연스럽게 정치와 연관을 맺었기 때문입니다. 그래서 먼저 행위를 이야기하고 나아가서 수행의 성취를 이야기합니다.

그리하여 맹자는 말합니다. 수행이 성공하여 정력(定力)을 지니게 되면 "군자의 본성은 인의예지가 마음속에 뿌리를 내려, 그 기색에 나타남이 훤히 얼굴에 드러나며 등에 가득하며 사지에 베풀어져서, 사지가 굳이 말하지 않아도 저절로 깨달아 행해집니다." 사실 불가든 유가든 모두 그러합니다. 그러므로 청년들이 도를 배워서 기맥이 통하고자 한다면 먼저 "그 마음을 다하는 자는 그 본성을 안다(盡其心者, 知其性也)"라는 것을 실행해야 합니다. 명심견성(明心見性) 한 후에 수지하면 기맥이 자연스럽게 통하게 됩니다. 그렇지 않다면 심리 행위의 측면에서 자기 자신을 고쳐 나가서, 마음이 움직이고 생각이 일어나는 사이에 모든 생각이 지선(至善)에 머무르게 된다면 기맥도 자연히 통하게 됩니다. 이것은 맹자의 실제 경험입니다. 그는 우리를 속이지 않습니다.

맹자는 심성(心性)과 체용(體用)의 수양에 관해 여기에서 대략 일단락을 고하는데, 기본 원칙에서부터 실제적인 수련까지 모두 이야기했습니다. 이른바 인의예지가 마음에 뿌리를 내리면 심리 행위로부터 시작해서 수양이 "훤히 얼굴에 드러나며 등에 가득하며 사지에 베풀어져서, 사지가 굳이 말하지 않아도 저절로 깨달아 행해지는" 경계에 도달합니다. 이것은 먼저 "이치를 궁구하고 본성을 다함으로써 천명에 이르는" 즉 심리 행위를 점검하는 수양이기도 하므로 수련이 일정 수준에 이르면 자연스럽게 생리적인 변화가 생깁니다. 그와 동시에 심성과 체용의 도리를 확실히 알 수 있습니다.

그런 다음에는 마음이 움직이고 생각이 일어서 사람 노릇 하고 일 처리하는 이치가 외적인 행위로 드러나서 도덕적 준칙이 되고 사회 구성원들의 정치 윤리가 되기도 한다고 말합니다. 그리하여 맹자는 백이의 고사를 거론합니다.

양로와 모든 백성의 복지

맹자께서 말씀하셨다. "백이가 주왕을 피하여 북해의 가에 거하더니, 문왕이 일어났다는 말을 들었다. 말하기를 '내 어찌 돌아가지 않겠는가, 내 들으니 서백은 늙은이를 잘 봉양한다' 하였다. 태공이 주왕을 피하여 동해의 가에 거하더니, 문왕이 일어났다는 말을 들었다. 말하기를 '내 어찌 돌아가지 않겠는가, 내 들으니 서백은 늙은이를 잘 봉양한다' 하였다. 천하에 늙은이를 잘 봉양하는 자가 있으면 인한 사람들이 자기의 돌아갈 곳으로 삼을 것이다. 오무의 집에 담장 아래에다가 뽕나무를 심어 필부가 누에를 치면 늙은이가 비단옷을 입을 수 있다. 다섯 마리의 암탉과 두 마리의 암퇘지를 새끼 칠 때를 놓치지 않으면 늙은이가 고기를 잃음이 없을 것이다. 백무의 토지를 필부가 경작한다면 여덟 식구의 집안이 굶주림이 없을 수 있을 것이다. 이른바 서백이 늙은이를 잘 봉양했다는 것은 그 전리를 제정해 주어 심고 기름을 가르치며, 그 처자를 인도하여 그들로 하여금 노인을 봉양하게 한 것이다. 오십 세에는 비단옷이 아니면 따뜻하지 못하고, 칠십 세에는 고기가 아니면 배부르지 못하니, 따뜻하지 못하고 배부르지 못함을 얼고 굶주림이라 이른다. 문왕의 백성이 얼고 굶주린 늙은이가 없다는 것은 이를 말한다."

孟子曰: "伯夷辟紂, 居北海之濱, 聞文王作興. 曰: '盍歸乎來, 吾聞西伯善養老者.' 太公辟紂, 居東海之濱, 聞文王作興. 曰: '盍歸乎來, 吾聞西伯善養老者.' 天下有善養老, 則仁人以爲己歸矣. 五畝之宅, 樹墻下以桑, 匹婦蠶之, 則老者足以衣帛矣. 五母鷄, 二母彘, 無失其時, 老者足以無失肉矣. 百畝之田, 匹夫耕之, 八口之家足以無飢矣. 所謂西伯善養老者, 制其田里, 敎之樹畜; 導其妻子, 使養其老. 五十非帛不暖, 七十非肉不飽; 不暖不飽, 謂之凍餒. 文王之民, 無凍餒之老者, 此之謂也."

백이는 상(商) 왕조의 종친이었습니다. 당시 제후들이 주왕(紂王)의 포악한 정치에 반대하는 것에 대해 백이 역시 별다른 방법이 없어서 세상을 피해 지금의 요동 지역에 은거해 있었습니다. 나중에 문왕이 기산(岐山)에서 인정(仁政)을 행한다는 말을 듣자 대단히 기뻐하면서 말했습니다. "마땅히 돌아가야지. 서백은 '늙은이를 잘 봉양한다'고 하니." 백이 당시에 문왕의 작위는 여전히 백(伯)이었고 기산 서쪽에 분봉되었습니다. 그 때문에 백이는 그를 '서백'이라 칭했지요. 하지만 맹자는 전국 시대 사람으로 주 왕조가 세워지고 이미 수백 년이 지났으며 문왕의 시호도 수백 년이나 불렸기 때문에 맹자는 당시의 서백을 '문왕'이라 존칭한 것입니다.

백이는 왜 문왕이 "늙은이를 잘 봉양한다(善養老)"는 말을 듣자 돌아가고 싶어 했을까요? 사실 고문에서 이른바 '양로(養老)'라는 이 명사는 당시 농업 경제 사회의 안정됨과 견고함을 나타냅니다. "어린아이는 길러 주는 곳이 있고 늙은이는 돌아갈 곳이 있는(幼有所養, 老有所歸)" 사회복지 사업을 완비하고 있었습니다. 중국의 전통은 본디 백성들의 양생송사(養生送死)[36]를 대단히 중요하게 생각합니다. 이것은 중국 정치사상의 주요 특징이기도 합니다. 늙은이는 어떻게 봉양해야 합니까? 예를 들어 지금 대만에서는 노인 복지 기구를 설립해 노인의 생활을 돌봐 줍니다. 중양절에는 경로 행사를 하고 노인의 질병을 무료로 치료해 주며 버스도 무료로 태워 주는 등 의지할 곳 없는 노인들을 모두 돌봐 줍니다. 이것은 모두 현대 사회의 복지 사상이 낳은 진보한 대책입니다.

옛사람들이 말하는 '노(老)'가 반드시 나이 많은 노인만 가리키는 것은 아닙니다. 때로는 학문과 도덕과 수양이 높은 사람을 나타내기도 합니다. 가령 한 나라의 큰 어른〔大老〕, 노신(老臣), 스승〔老師〕 등이 꼭 나이가 많아야 하는 것은 아닙니다. 그것은 '노(老)' 자의 또 다른 의미입니다.

"늙은이를 잘 봉양한다"라는 말은 사회 경제의 부유함과 안정을 나타냅니다. 한 시대의 변란을 가장 먼저 겪는 사람이 바로 늙은이, 약자, 부녀자, 어린아이이기 때문입니다. 사회가 안정되면 중국 문화의 전통 정신 즉 대동사상의 "내 부모를 공경하여 남의 부모에까지 미치고 내 아이를 잘 양육하여 남의 아이에까지 미친다"라는 원칙에 의거하여 무엇보다 먼저 돌봐야 할 사람도 바로 늙은이, 약자, 부녀자, 어린아이입니다. 그러므로 "늙은이를 잘 봉양한다"는 의미의 '선양로(善養老)' 세 글자는 현대의 부강하고 안락한 태평 사회의 의미를 포함하고 있습니다. "늙은이를 잘 봉양한다"는 대목을 읽을 때 그저 노인을 잘 봉양한다는 뜻으로만 생각해서는 안 되고 반드시 이러한 관념을 명확히 해야 합니다.

문왕은 당시 기산 서쪽에서 국태민안(國泰民安)을 이루어 낼 수 있었기에 백이 같은 사람들이 모두 그에게 돌아가기를 원했던 것입니다.

맹자가 거론했던 두 번째 사람인 태공(太公)은 바로 여망(呂望)입니다. 그의 성이 강(姜)이고 무왕을 도와 주(紂)를 도모한 후에 태공에 봉해졌기 때문에 후세에 그를 강태공이라 칭했지요. 앞에서 그의 고사를 이야기한

---

36 웃어른을 살아생전에는 잘 봉양하고 돌아가신 후에는 정중히 장사 지내는 것을 말한다.

적이 있는데, 강태공은 문왕을 만나기 이전부터 주왕의 폭정에 반대했습니다. 그래서 동해로 피하여 숨어 살았습니다.

"태공이 주왕을 피하여(太公辟紂)"에서 '벽(辟)' 자는 개벽(開闢)의 '벽(闢)' 자와 음과 뜻이 같은데, 『맹자』에서는 '피하다(避)'는 뜻입니다. 때로는 '벽' 자를 단독으로 사용하기도 합니다. 예를 들어 『역경(易經)』에서 열두 개의 괘를 합해서 '십이벽괘(十二辟卦)'라고 부르며 십이지지(十二地支), 하루의 열두 시진(時辰), 일 년 열두 달의 음양 기후를 나타냅니다. '벽'은 군주의 괘(君卦)로서 통솔한다는 의미도 있습니다. 여기에서 맹자가 말한 백이와 태공이 "주왕을 피함(辟紂)"은 바로 공자가 『논어(論語)』에서 "현명한 자는 세상을 피하고 그다음은 땅을 피한다(賢者辟世, 其次辟地)"라는 말입니다. 고대에는 고달픈 동란의 시대를 만나면 많은 사람들이 "세상을 피했습니다(辟世)." 바로 세상을 피해 숨어 지낸다는 뜻이지요. 인도는 출가해서 산에 들어가는 것이 관습이지만 중국은 은사(隱士)가 되어 이 혼탁한 사회를 떠나 버립니다. 그보다 못한 경우는 세상을 벗어나지 못한 사람입니다. 그저 "땅을 피하기(辟地)" 좋아해서 혼란스러운 그 지역을 피해 버렸지요. 여기에서 맹자가 언급한 것은 상 왕조의 주왕 시대였는데, 두 고사(高士)와 현인(賢人)은 모두 "땅을 피하여" 떠났습니다. 나중에 문왕이 선정(善政)과 인정(仁政)을 펼쳤기 때문에 그들 두 사람은 문왕에게 돌아왔습니다.

맹자는 그 두 사람의 예를 든 후에 결론으로 이렇게 말했습니다. "어떤 시대, 사회, 지역, 국가이든 인정(仁政)을 시행할 때 나라가 부강하고 백성이 편안하므로 백성의 마음이 돌아오고 인한 사람과 성인도 모두 나아온다."

맹자는 『맹자』 일곱 편에서 자주 이 사람들과 그 일에 관해 이야기했습니다. 지금 이 대목은 말년에 이야기한 것으로, 맹자 만년의 정치철학을 잘 보여 준다고 하겠습니다.

그는 또 말했습니다. "어떤 집에 오 무(畝)[37]의 토지가 있고 집 바깥에 뽕나무를 심어 주부가 뽕잎으로 양잠을 하고 실을 뽑아 베를 짠다면 집안의 노인들이 비단옷을 입을 수 있다." 물론 현대인들은 몇 백 위안만 내면 인조 가죽옷을 사 입을 수 있습니다. 그러면 겨울을 따뜻하게 날 수 있으니 자기가 직접 뽕나무를 심어서 양잠을 할 필요가 없지요. 하지만 그 시대에는 그렇게 할 수 없었습니다. 농업 사회에서는 목화나 비단으로 만든 겨울옷을 입어야 얼어 죽지 않았습니다.

그는 또 말합니다. "한 가정에 다섯 마리의 암탉과 두 마리의 새끼돼지가 있어서 매일 일정 시간에 일정 양을 먹이고 길러서 알을 낳고 병아리로 부화시키는 시간에 유의한다면 고기를 먹을 수 있으니 영양도 충분할 것이다. 만약 백 무의 경작지에 농사를 짓는다면 여덟 식구의 가족이 모두 배불리 먹을 것이다."

우리가 전국 시대의 고서를 읽을 때에는 두 가지 중요한 문제가 있습니다. 첫째, 현대인의 입장에서 고대를 이해하는 것은 큰 잘못입니다. 둘째, 제가 늘 말하지만 대북 시민의 입장에서 천하 대사를 이해한다면 완전히 틀렸습니다. 우리가 현대인의 입장에서 맹자가 말한 수천 년 이전의 사회를 본다면 그것은 잘못 위에 잘못을 더하는 꼴이라 완전히 뒤범벅이 될 것입니다.

우리는 춘추 시대에서 전국 시대에 이르는 삼백여 년의 시간이 거의 전란 가운데에 있었다는 사실을 잊어서는 안 됩니다. 비록 주 왕조 초기에는 표면적으로 통일이 되었지만 실제로는 지방을 분할 통치하는 상태였습니

---

37 땅 넓이의 단위. 원래는 육 척(尺) 사방이 일 보(步), 백 보가 일 무(畝)였는데 진(秦)나라 이후에는 이백사십 보를 일 무로 하였다.

다. 그런 상황에서 언어, 문자, 교통, 경제가 모두 통일되지 않았습니다. 분봉된 크고 작은 제후들 수백 명이 서로 침략하고 병탄하면서 큰 나라가 작은 나라를 삼켰습니다. 맹자의 시대에 이르자 일곱 개의 큰 나라만 남았는데, 이른바 전국 칠웅(戰國七雄) 역시 불법적인 수단에 기댄 강력한 권력이 공리(公理)에 승리함으로써 형성되었습니다. 결국 백성은 가난해지고 재물이 다했으니 경제가 무너졌을 뿐 아니라 인구도 감소했습니다. 부모가 수십 년간 심혈을 기울여 키운 자식들이 전쟁 한 번으로 희생되었습니다. 우수한 인재들도 한 번의 전쟁으로 단 몇 분 사이에 사라졌는데, 또다시 인재들을 키우려면 백 년의 시간이 필요할지도 모릅니다. 연이은 전쟁으로 인구가 감소했으며 토지는 황폐하고 농업은 쇠퇴했습니다. 공업도 당연히 발달하지 못했고 상업은 더더욱 말할 게 없었지요. 역사상 다른 전란 시기에도 마찬가지였습니다. 가령 남북조 전쟁[38], 오호난화(五胡亂華)[39], 오대십국(五代十國)의 전쟁[40] 시기에도 대지가 마치 이발이라도 한 것처럼 민머리가 되어 버렸습니다. 전쟁이 끝난 후의 비참한 상황은 황량하기 그지없어서 그 비참함을 차마 눈뜨고 볼 수 없었습니다.

　그런 사정을 이해한 후라야 비로소 맹자가 쩨쩨한 사람이 아님을 알 수

---

38 중국 역사에서의 시대 구분의 하나로 420년에서 589년에 해당한다. 진(晉)나라와 수(隋)나라 중간 시대에 해당하며, 이 기간 동안 중국은 남북으로 분열되어 각각 왕조가 교체해서 흥망하였다.

39 위촉오의 삼국(三國) 이후 진(晉)이 중국을 통일했으나 얼마 지나지 않아 내지로 들어와서 잡거하고 있던 흉노(匈奴), 저(氐), 강(羌), 갈(羯), 선비(鮮卑)의 다섯 호족(胡族)이 반란을 일으켜 조정을 어지럽히기 시작했다. 그러다가 304년에 흉노인 유연이 스스로 왕이라 칭하고 진을 멸망시킴으로써 중국의 화북 지역은 다섯 호족이 패권을 다투었다. 남조 송 문제 원가(元嘉) 16년(439년)에 선비족의 북위가 화북 지방을 통일하고 남북조 시대를 열었는데, 그때까지 136년 동안을 '오호난화' 또는 '오호십육국 시대'라고 부른다.

40 당나라가 멸망한 907년부터 송(宋)이 전 중국을 통일하게 되는 979년까지 약 칠십 년에 걸쳐 흥망한 여러 나라와 그 시대를 가리키는 말이다. 그중 오대는 화북의 중심 지역을 지배하여 정통 왕조 계열로 볼 수 있는 양(梁), 당(唐), 진(晉), 한(漢), 주(周)의 다섯 왕조를 말한다.

있습니다. 다섯 마리의 암탉과 두 마리의 새끼돼지를 마치 보배라도 되는 양 소중한 재산으로 여겼는데, 실로 전란 중에는 달걀 하나 먹기도 쉽지 않았습니다. 요즘 우리처럼 돈을 물 쓰듯 하면서 낭비할 수가 없었습니다.

맹자가 말했습니다. "문왕 당시도 그런 난세를 지나고 있었기 때문에 가난한 백성들은 그 목숨이 닭이나 개만도 못했다." 저 같은 사람도 그런 전란을 직접 겪은 적이 있어서, 옛사람이 말한 "차라리 태평 시대의 닭과 개가 될지언정 난세의 사람이 되지는 말라"라는 의미를 몸으로 절감했습니다. 정말 사람 노릇 하는 것이 닭이나 개 노릇 하는 것보다 편안하거나 자유롭지 못합니다. 요즘 청년들은 꿈에도 상상하지 못할 일입니다. 그런 상황이 되자 소식(蘇軾)이 감옥에 갇혔을 때 지은 시에서 "놀란 혼이 끓는 물과 뜨거운 불을 만난 닭 목숨 같구나"라고 했던 것과 꼭 같았습니다.

그런데 서백(문왕)이 있는 곳에서는 늙은이를 잘 봉양한다고 하는데, 어떻게 늙은이를 봉양했습니까? "그 전리를 제정해 주었다[制其田里]"라는 것은 바로 평균지권(平均地權)[41]을 말합니다. 이는 주 왕조 이후 몇 대의 역사에서도 제대로 시행하고 싶어 했던 것입니다. 한(漢)의 왕망(王莽)이나 송(宋)의 왕안석(王安石) 및 명(明)의 장거정(張居正)이 정권을 잡았던 시기에 이를 실행하고 싶어 했지만 모두 실패했습니다. 그런데 대만에서는 이미 삼칠오감조(三七五減租), 공지방령(公地放領), 경자유기전(耕者有其田)[42]을 거쳐 토지를 다시 구획하는 데 성공함으로써 농촌은 물론 도시까지 평균지권의 토지 정책을 실시했습니다. 그런데 문왕 당시에 이를 시

---

41 "국민의 평등한 토지권"이라는 의미로 손문이 제창했으며 "경작하는 사람이 토지를 소유함 [耕者有其田]"을 내용으로 한다.

42 대만이 농업 생산력을 강화하기 위해 실행한 토지 개혁의 일환이다. 그 내용은 일 단계에 소작료를 수확량의 37.5퍼센트 이하로 제한하고[삼칠오감조], 이 단계에 국공유지를 불하하고 [공지방령], 삼 단계에 경작하는 사람이 토지를 소유한다[경자유기전]는 원칙 하에 균등 지불에 의거해 지주 소유지를 매각하게 했다.

행했을 뿐 아니라 모든 국민을 지도하여 농업과 목축을 발전시키고 가정에서는 처자식을 가르쳐 부모를 효로 봉양하게 했던 것입니다.

부모를 효로 봉양하는 문제는 중화 문화 수천 년의 특징인데, 그렇다고 서양 사람들은 부모를 상관하지 않는다고 생각해서는 안 됩니다. 단지 중국과 서양의 제도가 다를 뿐입니다. 서양의 부모들은 자녀의 집에 가고 싶으면 먼저 그들의 동의를 얻어야 합니다. 자식들은 자기가 대접하기 편리한 시간과 얼마나 지내도 괜찮은지를 친절하게 말합니다. 중국인이 보기에는 정말 그럴 수 없는 일입니다. 서양 문화의 기초는 개인주의 위에 건립되었으므로 부모 역시 젊은 시절에 윗세대에게 똑같이 했습니다. 그것이 습관이 되어 모두 솔직하게 서로를 대합니다. 중국의 상황은 다릅니다. 자녀들이 이미 분가해서 부모가 아들 집에 가면 아들과 며느리는 겉으로는 환대합니다. 마음속으로는 투덜거리더라도 말이지요. 그러니 중국과 서양의 서로 다른 형태는 각기 장단점이 있습니다. 특히 노인을 봉양하는 문제는 원래 자녀들이 마땅히 효로 봉양해야 하지만 제대로 하기가 아주 어렵습니다. 특히 현대 상공업 사회의 핵가정 제도에서는 아들이 결혼하면 마치 아들을 '시집'보낸 것처럼 자신의 장인 장모를 효로 봉양합니다. 그래서 문왕은 전 국민을 가르쳐서 "그 처자를 인도하여 그들로 하여금 노인을 봉양하게(導其妻子, 使養其老)" 했습니다. 이 구절을 통해 우리는 가정 문제를 하나 알 수 있습니다. 부모를 효로 봉양하려면 부부 사이의 교육과 소통이 중대한 문제가 되는데 이를 가볍게 넘겨서는 안 됩니다. 그러고 보면 문왕 당시에는 사회교육과 가정교육에서 모두 성공했음을 알 수 있습니다.

그런 까닭에 저는 오랫동안 사람들이 토론해 왔던 청소년 문제는 결코 문제가 아님을 절감합니다. 우리가 청소년 시절에도 똑같았습니다. 청소년은 원래 그런 모습인데 군이 그들을 문젯거리로 삼아 사회와 학교에 책임을 더한다면 그건 옳지 않습니다. 만약 청소년의 어떤 행동이 그다지 정상적이지 않다면 그것은 가정교육의 문제입니다. 그리고 가정교육에 문제가 있다면 가장이 재교육을 받아야 합니다. 저는 나이 든 사람이 오히려 문제가 있다고 생각합니다. 이 세대의 청소년들에 대해 마땅히 늙은 세대가 책임을 져야지 젊은이들만 탓해서는 안 되지요.

그러나 젊은이들이 이런 견해를 듣고 모든 책임을 윗세대에게 전가하고 자기들은 전혀 문제가 없다고 생각해서는 안 됩니다. 그들에게도 문제는 많습니다. 적어도 선배들의 지도를 따르지 않고 부모와 어른의 교훈을 받아들이지 않으며 윗세대의 경험을 무시하는 등의 많은 것은 여전히 젊은이들의 책임입니다. 어떻게 옛것을 계승하여 새로운 문화를 발전시키고 새 역사를 펼칠 것인가 하는 이러한 문제는 모두 여러분의 큰 숙제입니다. 지금 우리가 걱정해야 할 바는 과거가 아니라 미래의 문화 교육입니다. 솔직히 말해 지금 이 세대의 청소년은 문화적 뿌리가 없고 스스로 훌륭한 문화적 기초를 세우지 못했는데, 앞으로 어떻게 새로이 펼쳐 나갈 수 있을까요? 만일 뿌리를 남기지 못하고 중간에 연결이 끊어져 버린다면 정말로 참담할 것입니다. 이것이 바로 오늘날 청소년이 책임져야 할 부분입니다.

"오십 세에는 비단옷이 아니면 따뜻하지 못하고, 칠십 세에는 고기가 아니면 배부르지 못하다〔五十非帛不暖, 七十非肉不飽〕." 이것은 기본적인 의식주를 말한 것으로 민국 초에 이르기까지 계속 유행했습니다. 이 말은 중원(中原) 일대의 기후 환경에 근거해 나왔습니다. 사람은 오십 세가 된 이후에는 겨울에 솜옷을 입지 않으면 몸이 따뜻해지지 않습니다. 황하 이북에서는 겨울에 가죽옷을 입지 않으면 안 되는데, 양가죽이 없으면 고양이 가죽이라도 입어야 합니다. 안 그랬다가는 추위를 견딜 수 없지요. 북쪽으로 더 가서 동북 지방은 그보다 더 춥습니다. 운남, 광동, 대만 같은 남방은 적응하기 쉬운 기후인데 특히 운남은 "사계절 내내 추위와 더위가 없고 비가 오면 바로 가을이 되는" 등 일 년 사계절이 이러합니다. 북방에 공부하러 온 곤명(昆明)의 청년들이 한 학기만 지나면 고향으로 돌아가는 경우가 있습니다. 원인은 기후가 곤명처럼 쾌적하지 않아 견디지 못해서입니다. 하지만 맹자는 이렇게 말했습니다. 좋은 사회, 좋은 음식, 좋은 기후는 "자제들이 게을러지게〔子弟多賴〕" 만든다고요.

"칠십 세에는 고기가 아니면 배부르지 못하다〔七十非肉不飽〕"라는 이 말은 현대에는 맞지 않는 것처럼 보입니다. 의사들은 나이 든 사람에게 고기를 적게 먹으라고 권하는데, 콜레스테롤이 증가해 동맥경화를 일으킬 것을 염려해서입니다. 하지만 현대 의학이 하는 말을 맹신할 필요는 없습니다. 자연과학이 날마다 기존의 이론을 뒤집기 때문입니다. 그래서 맹자는 우리에게 말합니다. "사람은 늙어도 여전히 충분한 영양분과 충분한 온기가 필요합니다."

그는 말합니다. "만약 한 사회의 구성원들이 따뜻하게 입지 못하고 배불리 먹지 못해서 굶주림과 추위와 괴로움 가운데에서 생활한다면, 그런 사회는 제대로 된 사회가 되지 못하고 제대로 된 국가가 되지 못한다." 그런데 서백이 다스리는 지역에서는 "얼고 굶주린 늙은이가 없는〔無凍餒之老者〕" 환경을 실현했습니다. 이는 그가 다스린 사회가 안정적이었음을 말합니다. 정치, 교육, 내정, 경제 등에서 모든 제도가 완비되었기 때문입니다.

이 단락을 통해서도 우리는 중국의 문화가 대우(大禹)의 치수 이후로 수천 년 동안 줄곧 농업 사회의 문화였음을 알 수 있습니다. 농업 사회는 자연적인 것을 애호하고 전원의 즐거움을 노래하기 좋아합니다. 어느 시대 어느 귀퉁이에도 그런 사상 관념과 문학 작품이 넘칩니다. 관직에 나아간 사람들도 대부분 일정 시기에 이르면 은퇴를 청하고 고향에 돌아가서 이른바 "전원으로 돌아간 즐거움"을 누렸습니다. 중국 민족이 대단히 자연을 좋아함을 엿볼 수 있습니다.

그런데 사실 다 그런 것은 아닙니다. 여론을 조사해서 청년들이 전원의 즐거움을 누리고자 한다면 그것은 어쩌다 시골로 가서 놀려는 것일 뿐입니다. 정말로 오랫동안 거주하려고 든다면 그것은 시골이 도시화되어 수도와 전기가 완비되고 모든 설비가 갖추어진 경우여야 합니다. 옛사람이 말하기를 "가난하면 시골에서 살고 부유하면 도시에서 산다"라고 했습니다. 가난해지면 시골로 살러 내려가고 돈이 있으면 도시로 살러 갑니다. 그런데 현대 상공업 사회는 물질문명이 발달해서 오히려 반대가 되었습니다. "부유하면 시골에서 살고 가난하면 도시에서 산다"라는 것으로 변했지요. 미국이 바로 그렇습니다. 뉴욕의 사장님들은 퇴근하면 운전을 해서 외곽의 저택으로 가는데, 주로 도시에서 아주 멀리 떨어져 있습니다. 저녁이면 뉴욕 시내에 남아 있는 가난한 사람들은 계단 아래가 되었든 공원 벤치가 되었든 아무 데서나 잠잘 수 있습니다. 공업 사회와 농업 사회는 이처럼 상반됩니다. 따라서 맹자가 묘사한 것은 당시 문왕이 다스리던 안락한 농촌의 상황이었습니다.

맹자가 여기에서 말한 "다섯 마리의 닭과 두 마리의 돼지"라는 상황에 대해, 오늘날 대만에서 성장한 청년들은 고달픈 동란의 시대를 겪어 본 적이 없기에 『맹자』 이 대목의 숨은 의미를 알아차리지 못할 것입니다. 역사 변화의 배경이 대단히 비참했음을 알아야 하는 것이 그 하나입니다.

그다음으로 알아야 할 것은, 당시에는 다섯 마리의 암탉과 두 마리의 새끼돼지를 소유하는 것조차 어려웠다는 사실입니다. 그처럼 가난하고 낙후되고 비참한 생활에서 오는 시달림은 참으로 말로는 하기 힘든 고통입니다. 그렇기 때문에 성인이 나와서 세상을 구하고 백성을 구하기를 발원했던 것도 바로 이런 시기였습니다. 결코 정좌 수련을 하고 염불을 해서 문제를 해결할 수 있었던 것이 아닙니다. 이것은 일어나서 실행해야 하는 문제입니다. 다만 역사에도 송대의 『청명상하도(淸明上河圖)』에 묘사된 것 같은 전성기가 있었습니다. 바로 그림처럼 부강하고 안락한 사회였습니다. 청대 소설 『홍루몽(紅樓夢)』은 먹고 마시고 오락을 즐기고 노름을 하는 등 청나라 초 태평한 사회를 묘사하고 있습니다. 지금 카지노에서 도박에 사용되는 패구(牌九)가 바로 예전에 규방에서 오락으로 즐기던 골패가 발전한 것이지요. 지금은 서양에서도 유행하고 있는 마작은 송대의 여류 시인 이청조(李淸照)가 발명한 것이라고 합니다.

태평성세의 인심과 사상, 생활태도와 방식이 서서히 사회 인심에 영향을 미쳐 도덕이 점차 쇠락하고 사회가 차츰 혼란스러워지다가 마침내 전쟁이 일어나고 사회의 빈궁을 초래합니다. 비단 중국 역사만 그런 것이 아니라 세계 인류의 역사가 다 그러합니다. 일반인들은 그것을 순환이라고 부르지만 불학에서는 윤회라고 합니다.

전국 시대에 일반 백성들은 모두 "잘 다스려지기를 바라고〔望治〕" 있었습니다. 사회가 안정되고 행정은 잘 다스려지며 백성들은 안락하고 국가는 부강하기를 바랐습니다. 하지만 부강함과 편안함이 오래 지속되면 사람의 마음은 변화를 생각하게 됩니다. 변화가 오래되면 혼란스러워지고, 혼란이 오래 지속되면 비참해집니다. 비참한 고통을 겪게 되면 또다시 잘 다스려지는 태평성세가 되기를 바랍니다. 인류 사회는 그처럼 영원히 윤회합니다. 정치 철학적으로 보면 공맹이 희망한 안정은 분명 대동사상 같은 그런 것입니다. 그러나 역사 철학적으로 본다면 인류 고난의 역사는 당연한 것이라고 할 수 있습니다. 단지 사회, 정치, 경제 제도 등 외적인 것에만 기대어 천하의 모든 중생이 태평성세를 누리게 하는 것은 불가능합니다. 왜냐하면 사람의 마음은 평정(平靜)이 불가능하기 때문입니다. 돈 많은 가정에서는 부부, 고부, 형제 사이에 다툼이 일어나곤 하는데 그런 일은 사회에서 비일비재합니다. 가장 큰 문제는 돈이고 돈 때문에 해를 입습니다. 만약 돈이 없다면 시끄러울 일도 없을 테니 금전의 폐해가 크다는 사실을 알 수 있습니다. 가정이 그러하고 사회 역시 마찬가지입니다. 그래서 맹자는 "풍년이 든 해에는 자제들이 게으르고 흉년이 든 해에는 자제들이 사나워진다"라고 했습니다. 우리는 이 대목에서도 역사 철학적 이치를 하나 이해할 수 있습니다.

서양에는 역사 철학이라고 부르는 전문 분야가 있습니다. 사람들은 이 학문이 지극히 심오해서 외국에 나가 역사 철학 분야 박사 학위를 받는 것을 아주 대단하다고 여깁니다. 하지만 저는 늘 청년들에게 굳이 그 과정을 배우러 갈 필요가 없다고 말합니다. 『삼국연의』에 나오는 "천하의 대세를 말하자면 합쳐진 것이 오래되면 반드시 나뉘고, 나뉜 것이 오래되면 반드시 합쳐진다"라는 이 두 마디가 인류의 역사 철학을 다 말했기 때문입니다. 외국에서 연구한다고 하면 소크라테스는 이렇게 말했고 공자는 저렇게 말했고 하면서 온갖 참고서적을 끌어다 붙여서 늘어놓지만, 결국은 "합쳐진 것이 오래되면 반드시 나뉘고, 나뉜 것이 오래되면 반드시 합쳐진다"라는 범위를 벗어나지 못합니다. 사실 논리니 변증이니 하는 모든 것이 이 두 마디 말 속에 들어 있습니다.

전통 농업세의 문제

맹자께서 말씀하셨다. "농지를 잘 다스리며 세금을 적게 거둔다면 백성들을 부유하게 할 수 있다. 먹기를 제때에 하며 쓰기를 예대로 하면 재물을 이루 다 쓸 수 없을 것이다. 백성들은 물과 불이 아니면 생활할 수가 없는데, 어두운 저녁에 남의 집 문을 두드리며 물과 불을 구하면 주지 않는 자가 없는 것은 지극히 풍족하기 때문이다. 성인은 천하를 다스림에 백성들로 하여금 콩과 곡식을 물과 불처럼 소유하게 하니, 콩과 곡식이 물과 불처럼 흔하다면 백성들이 어찌 인하지 못한 자가 있겠는가!"

孟子曰：易其田疇, 薄其稅斂, 民可使富也. 食之以時, 用之以禮, 財不可勝用也. 民非水火不生活, 昏暮叩人之門戶, 求水火, 無弗與者; 至足矣. 聖人治天下, 使有菽粟如水火; 菽粟如水火, 而民焉有不仁者乎!"

맹자의 이 대목은 우리에게 전국 시대의 사회 경제적 배경, 특히 내정과 재정 경제상의 문제를 알게 합니다.

춘추 전국 시대는 제후들이 제각기 한 지역을 차지하고 다스렸지만 토지는 명확한 규정이 없었습니다. 맹자는 명확한 규정에 따라 토지를 공평하게 분배해야 한다고 계속 주장했으며, 그래서 "농지를 잘 다스릴 것〔易其田疇〕"을 말했습니다.

당시에는 제후국의 재정(財政)은 물론 전쟁의 군비까지도 모두 농민의 세금 수입에 의존했는데, 대량의 세금 징수로 인해 백성들은 밥도 못 먹을 상황이었습니다. 그래서 맹자는 "세금을 적게 거둘 것〔薄其稅斂〕"을 계속 주장했습니다. 사실 중국은 역대로 이 문제를 매우 중시했습니다. 이십사사(二十四史) 가운데 대신들이 제안한 것의 대부분이 농지에서 세금을 거두는 문제였습니다. 때로는 황제와 격렬한 논쟁을 벌이기도 했지요. 농업으로 나라를 세워 생산 활동도 없었고 대규모 민영 공업 생산이나 상업도 없었으므로, 정부의 재정상의 수입은 전적으로 농지세 징수에 의존했습니다. 그렇기 때문에 맹자는 토지를 공평하게 나누고 농지세 징수를 줄여야 모든 가정이 부유해질 수 있다고 했습니다.

이를 통해 우리는 이천여 년 전 맹자 시대에는 모든 가정이 가난했음을 알 수 있습니다. 백성은 궁핍해지고 재정은 파탄 났습니다. 그 때문에 맹자는 세금을 줄이기만 하면 일반 백성들이 부유해질 것이라고 했지요.

맹자가 주장하기를, 재정에 있어서 일반 백성들은 배불리 먹게만 해 주면 살아갈 수 있다고 했습니다. "먹기를 제때에 하며〔食之以時〕", 농업 사회는 근 반년 동안 수확이 없기 때문에 겨울이 되면 햇곡식을 거둘 때까지 백성들에게 양식을 주어야 합니다. 수확기에 세금을 거둘 줄만 알고 춘궁기에 돌보지 않는다면, 게다가 백성들에게 부역과 병역까지 시킨다면 어떻게 되겠습니까? 그렇기 때문에 백성의 힘을 사용하더라도 예제(禮制)에 맞고 이치에 맞아야 합니다. 그래야 국가의 재정 경제에 문제가 생기지 않습니다.

맹자의 뜻은 이러합니다. 국가 재정은 결코 처리하기 힘든 문제가 아닙니다. 원대한 시각으로 원칙에 의거해서 해 나간다면 제대로 처리하지 못할 일이 없습니다. 정치를 하는 사람들에게 그럴 마음이 없을 뿐입니다. 현대 용어로 하면 정치를 하는 사람들이 "닭을 죽여 달걀을 취할〔殺鷄取卵〕" 줄만 알고, "부를 백성에게 저장하고〔藏富於民〕" 재원을 길러낼 줄은 모릅니다. 맹자는 이런 예를 들어 말했습니다. 사람이 생활하는 데에는 햇볕, 공기, 물이 필요하지만 당시의 햇볕과 공기 두 가지는 형이하적으로 "백성이 날마다 사용하면서도 알지 못하는 것"이었습니다. 그래서 맹자는 형상을 볼 수 있는 물과 불 두 가지를 일반 백성들의 생활에 없어서는 안 될 필수품으로 들었습니다.

중국의 원시 문화에서는 문자가 생기기 이전에 물과 불을 감(坎, ☵), 리(離, ☲) 두 괘를 사용해서 나타냈습니다. 감괘(坎卦)는 물을, 이괘(離卦)는 불을 나타냅니다. 감괘는 또 달과 음(陰)을 나타내고 이괘는 태양과 양(陽)을 나타냅니다. 불가의 사대(四大)인 지수화풍(地水火風) 가운데 지(地)는 지구이지만 고체로 된 광물질도 모두 포함합니다. 풍(風)은 공기이며 빨리 움직이면 바람이 됩니다. 사실 우리가 "오늘은 바람 한 점 없다"

라고 말하는데, 이는 맞는 말이 아닙니다. 다만 공기의 흐름이 지극히 느릴 따름입니다. 바람이 바로 공기의 흐름이기 때문입니다. 지(地)와 풍(風)은 잠시라도 인류와 떨어질 수 없는데, 적어도 꽤 오랫동안은 잠시라도 끊어져서는 안 될 것입니다. 그런데 인류의 생활에 가장 필요하면서도 오히려 수시로 끊어지는 것이 물과 불입니다. 불씨가 없는 날에는 불을 취하기가 쉽지 않고 사막에서는 물이 부족합니다. 그런데 『역경』의 이치는 만물이 물과 불에서 생겨나고 또 물과 불로 괴멸된다고 했습니다. 예를 들어 집을 한 채 지었다고 합시다. 설사 사람의 힘으로 파괴하지 않더라도 오십 년이 지나면 내리쬐는 태양과 습기로 인한 부식으로 차츰 썩어 무너지게 됩니다. 그러므로 철학과 과학을 연구하다 보면 감괘와 이괘는 하나의 큰 문제입니다.

고대에는 물과 불이 인류 생존에 기본 조건이었습니다. 맹자는 말합니다. "설사 한밤중에 다른 사람 집의 문을 두드리며 물이나 불을 빌려 달라고 해도 잠에서 깬 사람은 틀림없이 동정하고 걱정하면서 조금도 망설이지 않고 물과 불을 줄 것이다. 물과 불 이 두 가지는 집집마다 없어서는 안될 것이기 때문이다."

이어서 맹자가 말했습니다. "사람이 배불리 먹고 따뜻하게 입는 것이 마치 물과 불이 충분한 것과 같다면 그것이 바로 『역경』의 수화기제(水火既濟)괘이다. 인한 정치의 첫걸음은 자기 자신이 늘 넉넉히 소유한 것이 마치 물과 불처럼 충분하여 자연스럽게 다른 사람에게 나누어 주기를 원하게 만드는 것이니, 그렇게 되면 인하지 않은 백성이 없을 것이다."

맹자의 이 대목은 외용(外用)을 이야기하고 있습니다. 심성의 수양이 외용에 표현되는 이치와 서로 어우러져 있습니다.

공자는 산을 오르고 맹자는 물을 구경하다

맹자께서 말씀하셨다. "공자께서는 노나라 동산에 올라가시어 노나라를 작게 여기셨고, 태산에 올라가시어 천하를 작게 여기셨다. 그러므로 바다를 구경한 자에게는 물 되기가 어렵고, 성인의 문하에서 공부한 자는 말로 하기가 어렵다. 물을 구경하는 데에 방법이 있으니 반드시 그 여울목을 보아야 하며, 해와 달은 밝음이 있으니 빛을 용납하는 곳에는 반드시 비춘다. 흐르는 물이 물건이 됨에는 웅덩이를 채우지 않으면 흘러가지 않고, 군자가 도에 뜻을 둠에는 문장을 이루지 않으면 통달하지 못한다."

孟子曰: "孔子登東山而小魯, 登泰山而小天下. 故觀於海者難爲水, 游於聖人之門者難爲言. 觀水有術, 必觀其瀾; 日月有明, 容光必照焉. 流水之爲物也, 不盈科不行; 君子之志於道也, 不成章不達."

맹자는 끝으로 자신의 생각을 표현했는데 이것은 모두 그의 의론(議論)을 담은 글입니다.

그가 말했습니다. "공자께서는 그해에 노나라의 동문을 나서서 작은 산에 올라가셨는데, 산 정상에서 그 수도를 둘러보시니 그저 그러하였다." 우리는 지금 방 안에 앉아서 스스로를 위대하다고 생각하지만, 관음산 정상에 올라가서 대북시를 내려다보면 안개 사이로 보이는 높은 빌딩들이 성냥갑만 하고 모형처럼 작은 것이 마치 아이들 장난감처럼 느껴지는 것과 똑같습니다. 만약 공중에 높이 올라가서 내려다본다면 천하도 작아질 것이고 우주에 올라간다면 지구도 작아질 것입니다. 그리하여 공자는 다시 태산에 올라가서 천지도 작게 여겼습니다. 그러므로 큰 바다를 본 적이 있는 사람은 작은 물을 대수롭지 않게 여깁니다.

앞에서 동산이니 태산이니 바다니 하는 것은 모두 다른 것을 돋보이게 하려는 말이었고, 핵심은 "성인의 문하에서 공부한 자는 말로 하기가 어렵다〔游於聖人之門者難爲言〕"라는 구절에 있습니다. 여기에서 성인은 요, 순, 우, 탕, 문, 무, 주공, 공자 등 역대 성인을 가리킵니다. 성인의 문하에서 진정으로 학문을 하여 성취를 거둔 사람은 뭐라고 말하기가 아주 어렵습니다. "난위언(難爲言)"은 불가의 "불가사의(不可思議)"와 비슷합니다. 너무 위대해서 표현할 방법이 없습니다. 이는 불학을 배우는 것과 마찬가지로 먼저 정견(正見)을 지녀야 합니다. 정확한 견해를 지녀야 비로소 수행을 할 수 있습니다. 과학도 마찬가지로 먼저 이론을 명확히 알아야 비로소 실험을 할 수 있습니다. 학문이나 사람됨도 그러하니 식견이 원대하지 못하면 행하는 것이 바르지 못합니다.

그는 계속해서 물을 구경하는〔觀水〕 기술을 이야기합니다. 성명(性命)과 심성(心性)의 학문을 연구하는 사람이 보기에는 입세(入世)의 도를 이야기하고 있어서 별다른 재미가 없을지도 모릅니다. 그러나 실제로 그가 말한 것은 '대행(大行)'으로서 입세법(入世法)과 출세법(出世法) 모두와 연관이 있습니다.

맹자가 말하기를 우리가 자연에서 노닐 때 물을 보는 데에는 방법이 있다고 했습니다. 그 방법은 아마도 맹자가 말하지 않았다면 세밀하게 관심을 두지 않았을 것입니다. 물을 구경하려면 "반드시 그 여울목을 보아야 하니〔必觀其瀾〕" 즉 그 물결의 기복을 보아야 합니다. 때로는 파도가 흉용하는 큰 물결일 때도 있고 때로는 파도가 넘실대는 작은 물결일 때도 있습니다. 특히 햇빛과 달빛 아래에서 출렁거리는 물결을 보면 일곱 색채가 눈앞에 빛나면서 아름다운 물빛을 고스란히 비춰 줍니다.

이 글을 읽고 나서 푸른 연못가에 가거나 혹은 햇빛 아래 물 한 대야를 떠 놓고 부채로 약한 물결을 일으켜 수면에 비치는 일곱 빛깔을 보고서 맹자의 말을 이해했다고 생각한다면 그 또한 잘못입니다. 맹자가 말한 뜻은 그런 것이 아닙니다. 물을 볼 때는 물이라는 것이 영원히 생동하는 것임을 알고, 우리 사람의 심성 수양 역시 틀에 박힌 것이 아님을 알아야 한다는 말입니다. 만약 융통성 없이 틀에 박힌 수양을 한다면 그것도 수도(修道)이기는 하지만 잘못된 것입니다. 왜냐하면 사람의 마음은 생동하고 천기(天機) 역시 생동하기 때문입니다.

언젠가 젊은 시절에 도를 깨우친 노선배 한 분과 서호(西湖) 가에서 느릿느릿 산보를 한 적이 있습니다. 주변에 푸른 버드나무와 붉은 꽃이 대단히 아름다워 한편으로는 경치를 감상하면서 한편으로는 도를 전해 주기를 청했습니다. 그가 말했습니다. "자네처럼 젊은 사람이 왜 그런 것을 묻는가? 꽃을 보느라 바쁜 게 아니었는가? 자네는 꽃을 볼 줄 아는가?" 제가 말했습니다. "알고말고요! 이건 복숭아꽃이고 저건 버드나무고 또 저건 진달래지요." 그러자 선배가 이렇게 말했습니다. "젊은 사람은 젊은 사람이로구나. 자네는 도무지 꽃을 볼 줄 모르는군. 자네처럼 했다가는 눈을 다 버리고 말 걸세." 제가 물었습니다. "꽃을 보는 데 무슨 비결이라도 있습니까?" "있지!" 비결이라는 말에 저는 정신이 번쩍 나서 다그쳐 물었습니다. 노선배가 말했습니다. "꽃을 보면 꽃의 정신을 보아야 하네. 꽃 한 송이 한 송이가 얼마나 생기 있는가! 자네들은 꽃을 보면 정신을 온통 꽃에 뺏겨 버리지만, 도를 깨우친 사람들은 꽃을 보면 그 정신을 흡수해서 마음속이 생기로 가득 차게 된다네." 저는 그 말을 들은 후 수십 년 동안 꽃을 보거나 책을 볼 때면 언제나 그 노선배가 했던 말을 기억하고, 책 속의 언어 문자의 정미한 뜻을 마음속에 녹여 넣었습니다. 사람들은 책을 볼 때 모든 정신을 종이 위 글자에 집중합니다. 경치를 보든 흐르는 물을 보든 다 그렇게 합니다. 지금은 텔레비전을 그렇게 보는데 저는 젊은이들에게 말합니다. 눈을 반쯤 감고 마음을 느슨하게 하여 마치 꿈에서 보듯이 영상을 받아들이면 눈과 정신이 상하지 않을 것이라고요. 보통 사람들은 텔레비전을 볼 때 온 정신을 그 화면에 투사시키는데, 눈을 부릅뜨고 정신을 모아 자기 생각과 정서가 온통 그 가짜 영상에 의해 바뀌고 맙니다. 때로는 자기도 모르는 사이에 소리를 지르며 탁자를 두드리거나 가슴을 치기도 하고 웃기도 하고 울기도 합니다.

맹자는 우리에게 물을 볼 때는 물결을 보아야 한다고 했습니다. 그 생동하는 정신을 보고 그것을 흡수해 마음에 체득하면 생기로 넘치게 된다는 것입니다. 그다음엔 우리에게 물의 성질은 "웅덩이를 채우지 않으면 흘러가지 않는다[不盈科不行]"라고 말합니다. 상류에서 흘러 내려오는 물은 제방 앞에 이르면 멈추었다가 반드시 "웅덩이를 채우고" 나서야, 즉 가득 차서 제방보다 높아져야 비로소 다시 흘러갑니다. 이것이 맹자가 우리에게 말해 주는 수양의 비결입니다. "웅덩이를 채우지 않으면 흘러가지 않습니다." 도를 배우고자 한다면 "문장을 이루지 않으면 통달하지 못합니다[不成章不達]." 스스로 학리(學理)를 참구하지 않으면 영원히 통달하지 못합니다. 어떤 사람은 도를 배운다고 며칠씩 정좌 수련을 하면서 깨닫고자 하지만, 그렇게 하는 것은 흐르지 않고 고여 있는 물이라서 원활할 수 없습니다. 사람 노릇 하고 일 처리 하는 것도 마찬가지입니다. 충실하지 못하고 원만하지 못하면 안 됩니다. 충실하고 원만한 후라야 비로소 성과를 얻을 수 있습니다.

맹자는 앞에서 천하 대사를 이야기했는데 왜 또 갑자기 개인의 수양을 이야기할까요? 그는 우리에게 말합니다. 벼슬을 하든 선생이 되든 장사를 하든 사람 노릇을 하든 어떤 경우에도 먼저 스스로를 충실히 해야 합니다. "웅덩이를 채우지 않으면 흘러가지 않고" "문장을 이루지 않으면 통달하지 못하니" 세상일은 쉽사리 되지 않습니다. 사람은 모두 도둑놈 심보가 있어서 자기 잇속 차리기만 좋아합니다. 더욱이 불학을 배우고 도를 배운다는 사람들이 스승이 비결을 전해 주어서 내일 바로 신통력을 얻기 바란다면 세상에 어디 그런 일이 있겠습니까! 그렇기 때문에 "웅덩이를 채우지 않으면 흘러가지 않고" "문장을 이루지 않으면 통달하지 못한다"라는 말은 닳아 없어질 수 없는 진리입니다. 스스로 충실하지 못하고서 성공하고자 한다면 그것은 불가능한 일입니다.

선을 행하는 자, 이익을 추구하는 자

맹자께서 말씀하셨다. "닭이 울면 일어나서 부지런히 선행을 하는 자는 순 임금의 무리요, 닭이 울면 일어나서 부지런히 이익을 추구하는 자는 도척의 무리이다. 순 임금과 도척의 분별을 알고자 한다면 다른 것 없이 이와 선의 사이인 것이다."

孟子曰 : "鷄鳴而起, 孶孶爲善者, 舜之徒也; 鷄鳴而起, 孶孶爲利者, 蹠之徒也. 欲知舜與蹠之分, 無他, 利與善之間也."

『맹자』 전편을 통해 계속 변론하는 내용은 오로지 의(義)와 이(利)의 사이입니다. 이(利)가 오로지 금전만 의미하는 것은 아닙니다. 이(利)는 바로 이기적인 것입니다. 모든 사람은 자신에게 유익한 것을 추구하는데, 현실적으로 알 수 있는 이익이 바로 이(利)입니다. 이는 맹자가 사람의 심리를 설명한 것입니다.

날이 밝기도 전에 닭 울음소리를 들으면 곧바로 일어나서 맨 처음 생각하는 것이 오늘은 무슨 선한 일을 하여 다른 사람을 이롭게 할까 하는 사람은 바로 요순 무리의 인물입니다. 성인의 길을 걸어가는 사람이 이에 속합니다. 예를 들어 종교를 믿는 사람은 깨어나자마자 기도하면서 하루의 선행을 준비합니다. 또 다른 부류의 사람 역시 닭이 울면 곧바로 일어나지만 그들이 관심을 두는 것은 오로지 '이익의 추구〔爲利〕'입니다. 온통 돈 벌 생각뿐입니다. 그러나 실은 대단히 고생스럽습니다. 맹자가 말하기를, 이렇게 "부지런히 이익을 추구하는〔孶孶爲利者〕"자는 "도척의 무리〔蹠之徒〕"라고 했습니다. '도척(盜蹠)'은 고대에 도둑의 우두머리였습니다. 그는 유하혜(柳下惠)의 동생이었지만 유하혜나 공자도 그를 어떻게 할 방법이 없었습니다. 공자가 그에게 충고했으나 그는 오히려 공자와 변론하면서 도적에게도 도가 있다고 했습니다. 그러면서 인, 의, 예, 지, 신의 최고 도덕 철학을 한 무더기 늘어놓았는데, 이 전고(典故)는 『장자』잡편(雜篇)에 나옵니다. 사실 맹자가 말하고자 한 바는 사람의 본성에는 양지양능(良知良能)이라는 선한 마음이 있는 동시에 도둑의 심보도 있다는 것입니다. 이익을 추구하기 위해 온갖 술수를 다 동원하는데, 다른 사람을 속여서 남의 주머니 속 돈을 자기 주머니로 가져옵니다. 그뿐 아니라 다른 사람이 자발적으로 돈을 내도록 만드는데, 그것이 바로 '상도(商道)'입니다. 사실 진정한 상도는 큰 도둑의 큰 학문이자 큰 이치이기도 하며 또 맹자가 말한 "도척의 무리"이기도 합니다. 강제로 다른 사람의 돈을 자기 주머니로 집어넣는 사람은 이미 수준이 낮고 무리에 끼지도 못하는 좀도둑이니, 그런 좀도둑은 무도(無道)한 도둑이라 하여 도척이 무리에서 제외시켰습니다. 그러므로 맹자나 장자의 눈에는 이 세상 대다수 사람이 모두 도척의 행동을 하는 것으로 보였습니다.

맹자는 말합니다. 성인과 강도는, 하나는 "선행을 하고〔爲善〕" 하나는 "이익을 추구하는〔爲利〕" 데에서 구분된다고 말이지요. 강도의 철학은 바로 이기적인 것입니다. 오직 자기 자신을 위해서, 자기가 차지하기 위해서만 합니다. 그것이 바로 강도의 심리입니다. 반면에 성인이 행하는 것은 모두 다른 사람을 이롭게 하기 위해서입니다. 차이가 바로 여기에 있습니다. 이론상으로 말하면 아주 쉽지만 실제로 행하려면 대단히 어렵습니다. 불학에서 '도둑질〔盜〕'은 오대 근본 계율 가운데 하나로, 도계(盜戒)를 범해서는 안 됩니다. 하지만 불학의 진정한 계율은 "더불어 취하지 않는〔不與取〕" 모든 것이 바로 도둑질이라는 것입니다. 이 말은 다른 사람의 동의를 얻지 못한 것은 모두 도둑질하는 행위라는 뜻이기도 하지요. 불가의 이 계율에 따르면 우리는 매일 도계를 범하고 있습니다. 예컨대 길에 분실물이 떨어져 있다면 불가의 도계를 지키는 사람은 힐끗 쳐다보지도 않습니다. '저 물건은 길에 속한 것이지 나에게 속한 게 아니야.' 만약 쳐다보게 되면 생각이 움직입니다. '누가 흘린 거지?' 그러면 이미 계를 범하고 탐심이 일게 됩니다. 만약 줍는다면 파출소에 갖다 주는 것이 가장 좋습니다. 법정 기한을 넘겼는데도 아무도 찾아가지 않는다면 공유물로 귀속됩니다. 이러한 도리에 따라 엄격히 따져 보면 인생은 수시로 도계를 범할 수 있습니다. 오로지 "강 위의 맑은 바람, 산 사이의 밝은 달"만 누려야 계를 범하지 않은 것이 됩니다.

맹자가 여기에서 말한 "도척의 무리"는 불가에서 말하는 것처럼 그렇게 명확하고 상세하지는 않습니다. 하지만 불가에서 행위상의 도둑질과 내재된 의식의 탐(貪)은 그 작용이 동일하다고 말하는 것과 표현 방식만 다를 뿐 그 함의는 같습니다. 맹자는 성인의 도를 걸어갈 것을 주장하면서 우리에게 "닭이 울면 일어나서 부지런히 선행을 하라〔鷄鳴而起, 孶孶爲善者〕"라고 권합니다. 자신의 생각과 심리 행위가 온통 좋은 사람이 되고 선한 일을 하는 것만 생각하고 있어야 비로소 성인의 책을 읽고 성인의 도를 배우고 성인의 길을 걸어갈 수 있습니다. "닭이 울면 일어나서 부지런히 이익을 추구하는〔鷄鳴而起, 孶孶爲利者〕"것도 괜찮습니다. 하지만 맹자의 정의에 따르면 그런 사람은 "도척의 무리입니다." 그것은 바로 큰 도둑의 도라는 것입니다. 성인과 큰 도둑의 차이는 바로 의(義)와 이(利)의 사이에 있습니다.

그는 인생 수양에서부터 의(義)와 이(利)의 사이까지 이야기한 후 다음과 같은 결론을 내립니다.

맹자께서 말씀하셨다. "양자는 자신을 위함을 취하였으니, 털 한 오라기를 뽑아서 천하가 이롭더라도 하지 않았다. 묵자는 겸애를 주장하였으니, 정수리를 갈아 발꿈치에 이르더라도 천하가 이로우면 하였다. 자막은 그 중간을 잡았으니, 중간을 잡는 것이 그것에 가까우나 중간을 잡고 저울질함이 없는 것은 한쪽을 잡는 것과 같다. 하나를 잡는 것을 미워하는 까닭은 도를 해치기 때문이니, 하나를 들고 백 가지를 폐하는 것이다."

孟子曰 : "楊子取爲我, 拔一毛而利天下, 不爲也. 墨子兼愛, 摩頂放踵利天下, 爲之. 子莫執中, 執中爲近之; 執中無權, 猶執一也. 所惡執一者, 爲其賊道也, 擧一而廢百也."

『맹자』 다른 편에서도 이미 말한 적이 있지만 그는 사람들이 토론하는 양주(楊朱)와 묵적(墨翟) 두 사람의 사상 이론을 예로 들었습니다. 양주의 철학 사상은, 옛사람이 말하기를 자기를 위하는 것이라고 했습니다. 절대적인 개인 자유주의로서 천하 사람들이 모두 자기 자신만을 위하여 생활하고 생존합니다. 그런데 "털 한 오라기를 뽑아서 천하가 이롭더라도 하지 않는다[拔一毛而利天下, 不爲也]"라는 이 말은 양주의 관점에 반대하는 사람이 그를 손가락질하여 말한 것입니다. 실제로 양주 자신의 이론이 그러했을까요? 아마도 대체로 그러했을 것입니다. 하지만 맹자는 이 말을 인용하면서 어조를 더 강하게 했습니다. 갑자기 들으면 양주의 학설은 엉

터리라고 느껴질 것입니다. 하지만 서양 철학의 자유주의 역시 양주의 사상 노선을 걷기 쉽다는 사실을 알아야 합니다. 이른바 "털 한 오라기를 뽑아서 천하가 이롭더라도 하지 않는다"라는 사상의 오류는 각자가 나만 위하는 것입니다. 앞에서 예로 들었지만 오늘날의 미국인들은 부모가 아들 집에 갈 때에도 사전에 아들과 며느리의 동의를 얻어야 합니다. 그들의 생활 질서를 어지럽혀서는 안 되고 각자 개인의 자유가 있다는 것입니다. 양주의 사상은 이렇습니다. "네 것은 네 것이고 내 것은 내 것이니 피차 서로 존중하고 서로 방해하지 말자. 나는 털 한 올을 뽑아서 천하를 이롭게 하는 것을 원하지 않고, 그와 동시에 너나 다른 사람이 털 한 올을 뽑아서 나를 이롭게 하는 것도 원하지 않는다. 각자 자신의 생존과 생활을 주관하자." 그런데 요즘 사람들은 서양의 자유주의를 양주의 "털 한 오라기를 뽑아서 천하가 이롭더라도 하지 않는다"라는 것으로 오해하지만 실제로 그렇지만은 않습니다.

사실 서양의 자유는 개인의 절대적 자유이며, 개인의 자유가 발전한 결과 정치 제도의 민주가 생겨났습니다. 어떤 일에 대해 각자 자기주장을 제기하다가 토론을 거쳐서 소수가 다수에게 복종하는 민주 정신이 출현한 것입니다.

중국 철학사를 이야기하다가 춘추 전국 시대 제자백가의 학설을 펼쳐서 연구해 보면 오늘날 서양의 어떠한 새로운 사상도 이미 수천 년 전 조상들이 언급해 놓았습니다. 다만 안타까운 것은 사람들이 자기네 책을 읽지 않기 때문에 그것을 알지 못한다는 사실이지요. 어떤 사람이 파란 눈에 높은 코로 분장하고 머리를 노랗게 물들인 체 이런 말을 한다면 사람들은 모두 믿을 것입니다.

양주와 상반된 경우가 묵자 일파의 사상입니다. 묵자는 천하 사람들을 '겸애(兼愛)'할 것을 주장했는데, 개인의 생활은 소박하고 청빈해서 사치를 멀리하고 안빈낙도했으며 일생을 이타(利他) 활동에 종사하여 약하고 가난한 백성을 위해 봉사했습니다. 제 오랜 친구 하나는 언젠가 묵자의 사상을 이렇게 말했습니다. "자신은 잊어버리고 남을 위해 도모하고, 위험이 있으면 달려가서 도와주고, 남을 사랑하기를 자기를 사랑하듯이 하고, 힘이 있으면 서로 돕는다." 묵자 본인은 언제나 맨머리에 맨발로 다른 사람의 이익을 위해 분주히 뛰어다녔는데 마치 후세 불교의 고행승 같았습니다. 한번은 초나라가 송나라와 전쟁을 하려고 하자 묵자는 곧바로 달려가 양측 사람들에게 전쟁을 해서는 안 된다고 설득했습니다. 결국 큰 전쟁을 흔적도 없이 사라지게 만들어 사람들이 전화(戰火)로 죽거나 다치지 않게 했습니다.

묵자의 정신은 비유하자면 다른 사람의 관을 자기 집에 들고 와서 우는 식이었으니, 자신의 가족을 사랑하고 또한 천하 사람들을 사랑했습니다. 천하 사람들의 부모가 바로 내 부모이고, 천하 사람들의 자녀가 바로 내 자녀입니다. 묵자의 '겸애'는 불가 대승의 보살도 사상과 비슷한데, 무아(無我)의 정신으로 보시를 행하고 자기를 이롭게 하고 남을 이롭게 하는 사업을 합니다. 양주의 사상은 얼핏 보기에는 이기적이지만 실제로는 자비희사(慈悲喜捨)를 전제로 하는 불가의 소승도와 비슷합니다.

맹자 이전에는 시대가 혼란하고 사회가 빈곤하며 사람들의 정신적 고통이 극심했기에 두 사람의 사상을 당시 사회가 환영하며 받아들였습니다. 그래서 맹자는 일찍이 한탄하며 말했습니다. "천하의 말이 양주에게 돌아가지 않으면 묵적에게 돌아간다."

묵자의 학술 내용은 대단히 많아서 '겸애' 외에 '상동(尙同)', '상현(尙賢)'도 있는데, 평등을 주장하고 현인(賢人)을 기용해 정치를 해야 한다고 말했습니다. 또 '박장(薄葬)'을 주장했습니다. 묵자는 전통적으로 후장(厚葬)의 예(禮)에 치중하는 것을 매우 반대했는데 이 또한 대단히 일리가 있습니다. 중국은 상고 시대부터 전통적으로 후장에 치중해서 수천 년 이래로 무덤을 도굴하는 폐단을 낳았습니다. 게다가 묵가는 전국 시대에 후세의 사회 대중 조직과 유사한 것을 지니고 있었습니다. 묵자의 도를 신봉하는 각국의 분파 조직을 '거자(巨子)'라고 불렀는데 중하층 사회의 중견 지식인들에게 큰 영향을 미쳤습니다. 그리하여 전국 시대 이후로는 유가 및 불가와 더불어 중국 학술의 삼대 주류가 되었지요. 이러한 내용을 이야기하자면 아주 많지만 지금은 묵가 사상을 이야기하는 시간이 아니므로 여기에서 일단락 짓겠습니다.

"자막집중"에 관하여

그러고 보니 맹자가 원문에서 언급했던 "자막은 중간을 잡았다(子莫執中)"라는 말이 대단히 모호해서 문제가 있어 보입니다. 옛사람의 주석에 따르면 자막(子莫)은 사람 이름으로서 그가 "중간을 잡으라(執中)"고 주장했다고 합니다. 양주와 묵적 두 파가 대치하여 갈등하는 사이에 또 하나의 일파가 있었습니다. 바로 자막이라는 사람으로 조화론을 주장하면서 "중간을 잡으라"는 견해를 들고나와 두 파 사이의 문제를 해결했다는 것입니다. 우선은 옛사람이 전해 준 주석에 따라 원문 해석을 하고 달리 토론하지 않겠지만 나중에 기회가 있으면 "자막집중"이라는 이 대목을 전문적으로 토론하겠습니다.

당시에 자막이라는 이름의 학자가 주장한 것이 "중간을 잡으라"였는데, 중간을 잡는 것은 유가의 사상이며 사람은 태어나면서부터 이기적이라고 보았습니다. 하지만 자비롭고 선량한 일면도 지니고 있습니다. 예를 들어 『역경』의 이치를 보면 태극은 음과 양 두 면으로 나뉩니다. 사람에게는 어두운 일면도 있고 밝은 일면도 있는데, 잠시 양(陽)을 선(善)의 기호로 삼고 음(陰)을 악(惡)의 기호로 삼겠습니다. 또 사람의 본성에는 수성(獸性)도 있습니다. 자막의 사상은 "중간을 잡아" 양극단을 조화시키라고 요구합니다. 사람들에게는 이기심을 일부 지니라고 합니다. 전혀 이기적이지 말고 천하를 공(公)으로 삼아야 한다고 요구하면 절대 해내지 못할 것이기 때문입니다. 오직 일정 한도 내에서만 공(公)으로 삼을 수 있습니다. 마찬가지로 절대적인 이기(利己)도 해내지 못하며 불가능합니다. 그래서 자막은 "중간을 잡아" 조화와 균형을 유지하라고 주장했습니다.

이전에는 사람됨의 수양, 학문의 도리, 정치적 계책, 사회의 제도에 관해 모두 "중간을 잡을 것"을 강조했습니다. "중간을 잡는 것이 그것에 가깝다〔執中爲近之〕"에서 '그것'은 바로 '도(道)'에 가깝다는 말입니다. 그런데 "중간을 잡고 저울질함이 없는 것은 한쪽을 잡는 것과 같습니다〔執中無權, 猶執一也〕." 그러므로 "중간을 잡으면〔執中〕" '저울질〔權〕'이 있어야 합니다. '권(權)'은 무게를 달아보다, 임기응변하다는 말입니다. 저울에는 반드시 저울추가 있어야 합니다. 저울추가 없으면 경중을 구분할 수 없어서 평형을 유지하지 못합니다. 또 저울추가 같은 위치에 고정되어 있으면 달아 보려는 물건의 증감에 따라 이동할 수 없습니다. 그 때문에 사무를 처리함에 있어서는 시간과 공간에 따라 융통성 있게 바꿀 수 있어야 합니다. 그러지 않는 것이 바로 집착입니다. 집착은 곧 편견이 되니 바로 "한쪽을 잡는 것〔猶執一也〕"입니다.

그래서 "하나를 잡는 것을 미워하는 까닭은 도를 해치기 때문이니, 하나를 들고 백 가지를 폐하는 것이다〔所惡執一者, 爲其賊道也, 擧一而廢百也〕"라고 말했는데, 이것이 바로 맹자가 내린 최후의 결론입니다. 맹자는 "인의예지가 마음에 뿌리를 내리는" 도덕 수양과 심리 행위에서 나아가 정치, 경제, 사회, 개인 수양까지 이야기했습니다. 그가 가장 반대한 것이 집착인데 집착은 도에 방해가 됩니다. 만약 '사서'를 읽고서 공맹의 학문은 형이상의 도에 통하지 못한다고 여긴다면 그것은 틀려도 한참 틀렸습니다. 공맹이 걸어간 길은 입세(入世)의 도이기 때문입니다. 맹자는 여기에서 "하나를 잡는 것을 미워하는 까닭은 도를 해치기 때문이다[所惡執一者, 爲其賊道也]"라고 지적했습니다. 하나를 잡으면 도를 해치게 되므로 어떠한 집착도 있어서는 안 됩니다. 집착이 있으면 도에 방해가 됩니다. 왜 집착하면 도업(道業)에 방해가 될까요? "하나를 들고 백 가지를 폐하는 것이기[擧一而廢百也]" 때문입니다. 집착이 있으면 한 측면으로 전체를 개괄하는 과실을 범하게 되어, 하나만 죽어라 붙들고 나머지는 보지 못합니다. 결국 편견이 되고 맙니다.

홀로 뜻한 바를 지키는 힘

맹자께서 말씀하셨다. "굶주린 자는 달게 먹고 목마른 자는 달게 마시는데, 이는 음식의 올바른 맛을 알지 못하는 것이니 굶주림과 목마름이 해치기 때문이다. 어찌 다만 입과 배만이 굶주림과 목마름의 해가 있겠는가. 사람의 마음 또한 해가 있다. 사람이 굶주림과 목마름의 해로써 마음의 해를 삼지 않을 수 있다면, 남에게 미치지 못함을 걱정할 것이 없을 것이다."

맹자께서 말씀하셨다. "유하혜는 삼공으로 그 절개를 바꾸지 않았다."

맹자께서 말씀하셨다. "무언가를 하는 자는 비유하면 우물을 파는 것과 같다. 우물을 아홉 길을 팠더라도 샘물에 미치지 못하면 오히려 우물을 버림이 되는 것이다."

孟子曰 : "飢者甘食, 渴者甘飮; 是未得飮食之正也, 飢渴害之也. 豈惟口腹有飢渴之害, 人心亦皆有害. 人能無以飢渴之害爲心害, 則不及人不爲憂矣."

孟子曰 : "柳下惠不以三公易其介."

孟子曰 : "有爲者, 辟若掘井. 掘井九軔而不及泉, 猶爲棄井也."

맹자는 여기에서 "굶주린 자는 달게 먹고 목마른 자는 달게 마신다〔飢者
甘食, 渴者甘飮〕"라고 말했습니다. 사람은 배가 고플 때에는 어떤 음식이
든 맛있습니다. 또 목이 마르면 무엇을 마셔도 좋습니다. 바로 맹자가 일
찍이 공손추에게 "굶주린 자에게는 먹이기가 쉽고 목마른 자에게는 마시
우기가 쉽다"라고 말한 것과 같습니다. 이러한 말은 이미 관용적으로 쓰
는 말이 되었으며 사람들은 모두 그런 경험이 있습니다.

당대(唐代)에 이런 고사가 있습니다. 당시 고려(高麗)의 고승[43] 하나가
선(禪)을 공부하려고 배를 타고 중국에 왔는데, 뭍에 오른 후 날이 어두워
져 산속에서 길을 잃고 말았습니다. 별수 없이 산에서 적당한 곳을 찾아
들어가 앉았습니다. 밤중에 목이 너무 말라서 손을 뻗어 주변을 더듬었더
니 사발 같은 것이 있고 그 속에 물이 담겨 있었습니다. 얼른 손으로 받쳐
들고 단숨에 마셨지요. 마음속으로 생각하기를, '이것은 참으로 보살이
보우하시어 나에게 이렇게 훌륭한 감로수를 내려준 것이로구나' 했습니
다. 날이 밝은 후 고개를 돌려서 보니 어젯밤의 사발은 죽은 사람의 해골
이었습니다. 거기에 오랜 세월 동안 고여 있던 빗물을 마신 것이었습니다.
그는 생각할수록 견디기 힘들었지요. 갈수록 뱃속이 불편해지더니 갑자
기 '욱' 하고 구토가 치밀었습니다. 그런데 속이 메스꺼워 구토가 치밀어
오르는 그 순간 홀연히 크게 깨달았습니다. "모든 것은 오로지 마음이 지

---

[43] 신라의 고승 원효의 고사를 저자가 잘못 인용한 듯 보인다.

어 내는 것〔一切惟心造〕"임을 깨달은 것입니다. 어젯밤에 마실 때 감로수 같았던 더러운 물은 실제로 몇 시간이 지났어도 아무 일이 없었습니다. 그런데 그것이 해골에 담겼던 물임을 아는 순간 마음속에 극도의 혐오감이 생기면서 갑자기 쓴물을 토해 내고 만 것입니다. 컴컴한 밤중에 마실 때의 기쁨, 만족, 찬미와 토해 낼 때의 혐오감과 고통, 완전히 다른 이 두 가지 느낌은 모두 마음이 지어 낸 것입니다. 자성(自性)은 본디 공(空)이라서 전혀 인식할 수 없습니다〔不可得〕[44].

맹자는 여기에서 "굶주린 자는 달게 먹고 목마른 자는 달게 마신다"라고 했습니다. 사람은 극도로 굶주리거나 목이 마를 때에는 무엇을 먹거나 마셔도 모두 맛있습니다. 하지만 그것은 "음식의 올바른 맛〔飮食之正〕"이 아닙니다. 심리적 반응은 대부분 주관적으로 자기감정을 위로함으로써 비로소 미각의 차이를 만들어 내기 때문입니다. 그런데 먹고 마시는 음식은 그 자체의 맛이라는 것이 없고 모두 사람의 마음이 느끼는 좋고 나쁨이기 때문에, 굶주림과 목마름이 "음식의 올바른 맛"을 방해하여 그런 가상(假象)을 만들어 내는 것입니다.

하지만 맹자의 이 비유는 생각해 볼 만합니다. 반드시 이런 맛이어야만 '올바름〔正〕'이라고 말한다면 문제에 부딪칩니다. 바로 인류의 시비선악의 절대 표준에 대해서는 정론(定論)을 내릴 수 없다는 것입니다. 어떤 음식을 두고 짜게 먹는 사람은 너무 싱겁다고 느낄 터이고, 싱겁게 먹는 사람은 너무 짜다고 느낄 것입니다. 그 음식을 먹은 사람들은 누구의 입맛을 표준으로 삼아야 '올바른' 맛이라고 할 수 있을까요? 표준이 없습니다. 본래 음식에 대한 느낌은 절대적인 것이 없습니다. 날씨의 춥고 더움에 대한

---

44 불가득(不可得)은 모든 법이 인연에 따라 이루어진 것이며, 항상 존재하는 실체가 없으므로 인간의 사려 밖에 있다는 말이다.

느낌 역시 마찬가지로 절대적 표준이 없습니다. 만약 의학, 철학, 자연과학의 견지에서 토론하면 맹자의 이 비유는 여러 방면에서 연구해 볼 만한 문제가 있습니다. 하지만 맹자의 핵심은 여기에 있지 않으므로 구태여 이 부분에서 "달걀 속에서 뼈를 찾듯이" 들춰낼 필요는 없습니다.

맹자는 "굶주림과 목마름의 해〔飢渴害之〕"를 예로 들어, 굶주림과 목마름이 우리 입과 배에 영향을 미치는 것처럼 사람의 심리가 우리의 정지(正知)를 방해해서는 안 된다고 했습니다. "어찌 다만 입과 배만이 굶주림과 목마름의 해가 있겠는가. 사람의 마음 또한 해가 있다〔豈惟口腹有飢渴之害, 人心亦皆有害〕." 그는 한 걸음 더 나아가 이렇게 말했습니다. 어찌 입과 배만이 굶주림과 목마름의 해를 입겠는가. 사람의 마음속에도 수시로 해를 끼치는 것이 있다. "사람이 굶주림과 목마름의 해로써 마음의 해를 삼지 않을 수 있다면, 남에게 미치지 못함을 걱정할 것이 없을 것이다〔人能無以 飢渴之害爲心害, 則不及人不爲憂矣〕." 어떤 사람의 심성이 굶주림과 목마름의 방해를 받지 않고, 생리적·정서적·주관적 영향을 받지 않고 모든 상황에서 특별한 정지(正知)를 지닐 수 있다면, 그렇다면 설사 생활 여건이 남만 못하더라도 베개를 높이 베고 근심하지 않을 수 있습니다. 심리적으로 번뇌가 없을 뿐 아니라 비교적 평화로울 수 있습니다.

맹자의 이 대목은 실제로는 앞의 양주와 묵적 두 사람의 사상에 이어서 말한 것으로, 그들의 사상이 절대적으로 옳지 않은 것이 아니라 그 나름의 고집스러움과 이론적 근거는 있으나 다만 전면적이지 못함을 지적했습니다. 서양이든 동양이든 세상의 어떤 학설도 나름대로 주관적 이치를 지니고 있지만 단면적인 편견에 지나지 않습니다. 그것이 바로 하나를 잡음입니다. 단면에 집착하여 그것이 바로 진리라고 여기고 나머지는 부정합니다. 이것이 바로 한 측면으로 전체를 개괄함입니다.

또 있습니다. 다른 사람의 학설을 듣거나 다른 사람의 말을 듣고서 옳다고 여기는 것도 실은 반드시 옳은 것만은 아닙니다. 단지 다른 사람의 그 사상이 때마침 자신의 필요나 의견과 맞아떨어져서 옳다고 생각하는 것일 뿐입니다. 사실 그것도 자기 주관에서 비롯됩니다.

그렇기 때문에 맹자는 여기에서 학설 사상에 대해서는 공정하고 객관적인 태도를 지녀야 한다고 지적하는 한편으로, 당시 사람들이 양주와 묵적의 사상을 받아들이는 것이 마치 "굶주린 자는 달게 먹고 목마른 자는 달게 마시는" 것과 같아서 그 또한 일종의 "마음의 해[心害]"임을 지적했습니다.

이어서 맹자는 또다시 옛 성현을 들어 설명했습니다. 그가 말하기를, 유하혜라는 사람은 대단히 강직해서 "삼공으로 그 절개를 바꾸지 않았다[不以三公易其介]"라고 했습니다. 어떠한 부귀, 공명, 관직, 환경의 영향에도 결코 동요되지 않았는데 그것이 바로 '절개[介]'입니다. 그런 사람은 앉아서 도를 논하면 최고 정치의 국책(國策) 문제도 지적할 수 있습니다. 어떤 지위나 처지에 있더라도 그의 인품은 시종일관 변함이 없습니다. 옳다고 생각하면 옳다고 말하고 옳지 않다고 생각하면 옳지 않다고 말합니다. 절대로 적당히 넘어가지 않습니다.

맹자는 여기에서 홀로 우뚝 서서 아무에게도 기대지 않는 초연한 유하혜의 인품과 처세를 인용하여, 한 사람의 사람됨과 일 처리가 어떠해야 하는지를 설명했습니다. 반드시 자신의 포부, 목적, 인생관을 지녀야 할 뿐아니라 확고부동하여 시종 변하지 않아야 합니다. 맹자는 또 말합니다. "무언가를 하는 자는, 비유하면 우물을 파는 것과 같다. 우물을 아홉 길을 팠더라도 샘물에 미치지 못하면 오히려 우물을 버림이 되는 것이다[有爲者, 辟若掘井. 掘井九軔而不及泉, 猶爲棄井也]." 무언가를 하려는 사람은 평생 사람 노릇 하고 처세함에 있어서 올바른 인생관을 세우고 그것을 끝까지 견지해야 합니다. 하나를 일관되게 붙잡아야지 색다른 것을 보고 그것에 마음이 쏠려서는 안 됩니다. 마치 우물을 파는 것과 같으니 구십 퍼센트만 파서는 안 됩니다. 아직 물을 찾지 못했는데 중단하고서 파지 않으면 이전의 공적은 물거품이 되기 때문입니다. 그래서 옛사람은 이런 시를 지었습니다. "하늘의 뜻은 그윽한 풀을 좋아하고 인간 세상은 늦도록 맑은 날씨를 중시하네〔天意怜幽草, 人間重晩晴〕." 사람이 가장 두려워하는 것은 바로 한평생 수양을 견지하다가 만년에 이르러 변절하는 것이라는 뜻입니다. 그것은 참으로 안타까운 일이지요.

청 왕조의 명신 증국번(曾國藩)은 맹자의 이 명언을 인용하여 자식들을 훈계했는데, 사람 노릇 하고 일 처리 하려면 우물을 파는 것처럼 해야 한다고 했습니다. 우물을 팠다 하면 물이 나올 때까지 파야 한다는 것입니다. 만약 여기를 파다가 물이 안 나오면 다른 곳으로 가서 파고, 거기를 반쯤 파다가 또다시 그만두고 다른 곳으로 가서 팝니다. 그런 식으로 한다면 설사 우물 백 곳을 파더라도 물을 찾지 못할 것이니 우물을 파지 않는 것이나 똑같습니다. 한번 마음먹으면 끝까지 해내겠다는 정신이 없다면 학문이 되었든 수양이 되었든 사업이 되었든 어느 하나 성공할 수 없습니다.

그런데 우리는 성공(成功)이 결코 성명(成名)이 아니라는 사실을 알아야 합니다. 성공과 성명은 확연히 다릅니다. 성명은 일시적이고 표면적인 현상이고, 성공은 후세에 공헌하는 바가 있어서 영원히 존재합니다. 요즘 보면 일종의 사회 현상이 있습니다. 어떤 사람에게 일을 맡기려고 할 때 먼저 그 사람의 지명도(知名度)가 어떤지 즉 명성이 있는지 없는지를 묻습니다. 특히 영화를 찍으려고 배우를 찾을 때에는 배우가 지명도가 높은지 아닌지부터 따집니다. 하지만 지명도는 변합니다. 몇 년 못 가서 지명도는 이름이나 아는 정도가 되어 버립니다. 일찌감치 과거가 됩니다.

저는 늘 장자의 관점을 인용해서 이렇게 말합니다. 사람이 중년에 이르면 슬픔과 즐거움의 정서가 뒤섞여 희미하게 되고 어떤 일도 무덤덤하게 여길 수 있다고 말이지요. 그런데 요즘은 마흔 전후의 중년들을 보면 스스로 어떤 모습의 사람이 되어야 할지조차 정하지 못했습니다. 이는 장자가 말했던 중년이 되어 슬픔과 즐거움이 희미한 경계가 절대 아닙니다. 단지 두뇌가 맑지 못할 뿐입니다. 사람은 인생관을 정할 수 있어야 비로소 홀로 우뚝 설 수 있습니다. 인생관을 세운 사람은 행함에 있어서 지키는 바가 있으므로 하는 바가 있고 하지 않는 바가 있습니다. 마땅히 해야 할 것은 하고 해서는 안 되는 것은 하지 않습니다. 이것이 바로 "무언가를 하는 자〔有爲者〕"입니다. 어떤 사람들은 입지(立志)를 말하면서 불학의 언어인 '발원(發願)'을 자주 인용합니다. 어떤 원(願)을 발합니까? 자기 자신이 분명히 알아야지 대충 넘어가서는 안 됩니다.

왕도와 패도의 차이

맹자께서 말씀하셨다. "요·순은 본성대로 하신 것이요, 탕·무는 몸으로 실천하신 것이요, 오패는 빌린 것이다. 오래도록 빌리고 돌려주지 않았으니, 어찌 그 자신이 가지고 있는 것이 아님을 알겠는가."

孟子曰: "堯·舜, 性之也; 湯·武, 身之也; 五覇, 假之也. 久假而不歸, 惡知其非有也."

이것은 맹자의 정치 철학과 역사 철학의 중심 정신입니다. 맹자 본장은 내성지도(內聖之道)에서 시작해서 외왕(外王)까지 다 이야기하는데 모두가 연관성이 있습니다. 이제 왕도와 패도의 차이를 설명했는데 문장의 변화가 여기에서 일단락 짓습니다.

공자는 역사를 정리하면서 요, 순, 우를 성군의 기점으로 삼았습니다. 그 뒤를 이어 맹자 및 후대의 유학자들 역시 대체로 요순을 끌어다가 기술했지만 대우(大禹)는 별로 언급하지 않았습니다. 대우의 때에 이르러 역사에 큰 변화가 생겼기 때문입니다. 대우는 홍수를 잘 다스려서 상고 시대 이래의 큰 수재(水災)를 큰 수리(水利)로 바꿈으로써 중국이 농업으로 나라를 세우는 기초를 세웠으니 그 공이 사라질 수 없었습니다. 하지만 정치 문화에서는 공맹 두 선생님이 대우에 대해 의견을 내지 않았습니다. 우의 아들 계(啓)가 나라를 세운 후로 공천하(公天下)에서 가천하(家天下)로 변해 버렸기 때문입니다. 맹자는 지금 성군(聖君)의 도와 공천하의 관점에 입각해서 오직 요순만을 언급합니다. 성군은 정치와 교화를 한 몸에 합쳤는데 바로 '정교합일(政敎合一)'입니다. 요순은 그런 정신으로 천하를 다스렸습니다.

그래서 맹자는 이렇게 말했습니다. "요순이 성인이 될 수 있었던 까닭은 '본성대로 했기[性之也]' 때문이다." 타고난 자성(自性)과 인성(人性)이 본래 지닌 이념에 합치되었기 때문입니다. 본성이 그렇게 대공무사(大公無私)하고 고명(高明)하고 돈후(敦厚)했기 때문이지 결코 일부러 만들어 낸 것이 아니었습니다. 상탕과 주 무왕에 대한 맹자의 생각은 또 달랐습니다. "몸으로 실천하신 것이다[身之也]"라는 말은, 몸을 닦아 공을 세움으로써 성인과 비슷한 경계를 억지로 만들어 냈다는 말입니다. 그러나 주 문왕은 "본성대로 한 것"과 "몸으로 실천한 것"의 사이에 위치해서 여기에서 제외하고 언급하지 않았습니다. 하지만 무왕은 자연스럽게 성인의 대열에 들어갔습니다.

중국 상고 시대 전통의 자연지도(自然之道)라는 역사적·정치적·철학적 관점으로 보면 요순은 노자가 말한 입덕(立德)·입공(立功)·입언(立言)이라는 세 가지 불후의 사업을 이루어 냈습니다. 공맹은 인륜의 교화에서는 입덕과 입공의 사업을 확실하게 이루어 낸 것은 아니었지만, 입언의 교화 방면에서는 위대한 입덕과 입공의 성취를 얻었다고 할 수 있습니다. 그러므로 중국 정치 철학의 견지에서 말한다면 요순은 도덕의 정치였으나 하 왕조를 세운 후에는 달라져서 법치의 기틀을 열었습니다. 따라서 사법사(司法史)의 관점에서 본다면 중국의 형법은 가장 이른 시기의 '상형(象刑)'[45]부터 시작해서 여전히 도덕에 속합니다.

탕·무의 혁명에 대해서는 또 다릅니다. 그들은 모두 가계(家系)를 천하의 안위와 결부시킬 것을 목적으로 삼았으나 요순처럼 천하를 공(公)으로 삼는 정신을 진정으로 지니고 있었던 것은 아닙니다. 동주(東周) 이후로는 제후들 가운데 패권(覇權)의 기운이 일어났는데 이른바 제 환공과 진 문공 같은 춘추 오패는 모두 맹자가 말한 것처럼 "빌린 것이었습니다〔假之也〕." '가(假)'는 가차(假借) 즉 빌린다는 뜻으로, 그들은 인의(仁義)의 도를 빌려서 천자를 끼고 제후들에게 명령하여 개인과 국가의 패업을 달성했습니다.

맹자는 또 말했습니다. "오래도록 빌리고 돌려주지 않았으니, 어찌 그 자신이 가지고 있는 것이 아님을 알겠는가〔久假而不歸, 惡知其非有也〕." 참으로 재미있는 참언(讖言)입니다. 왜 참언이라고 말할까요? 중국의 역사는 춘추 전국 시대 오패 칠웅 이후로 진·한·당·송·원·명·청이라는 통일 조대(朝代)가 등장하여 천자를 자처했지만 실은 모두 인의를 빌린 패술(覇術)이었기 때문입니다. 그러면서 명목상으로는 전통적인 인의의 도로 국가를 통치한다고 알려졌으니, 이것이 바로 맹자가 한탄했던 "오래도록 빌리고 돌려주지 않았다"라는 것입니다! 그렇기 때문에 진한 이후 역대

---

[45] 하늘이 형상을 만들어 인간에게 보이는 것처럼, 국가에서 법을 제정하고 공포하여 국민이 범죄를 저지르는 잘못을 알게 한다는 의미가 있다. 달리 해석하여 옛날의 형벌은 죄인의 옷을 다르게 하여 그 형상으로 부끄러움을 주었기 때문에 상형이라 하였다고도 한다.

의 학자들은 공맹 유가의 충실한 신도를 자칭하면서 모두 "요순에게 존경을 바치고" 역대 황제들에게 영향을 끼쳐 그들이 요순처럼 변해 "나라를 사양하여 황제의 지위를 양보하는" 공천하(公天下)를 실행할 수 있기를 바랐습니다. 맹자가 여기에서 말했던 "어찌 그 자신이 가지고 있는 것이 아님을 알겠는가"와 꼭 같으니, 어찌 수천 년 이래의 큰 꿈이 아니겠습니까!

중국 문화사를 연구하는 사람들은 유가와 도가를 별개의 노선으로 나누어 버리는 경우가 왕왕 있습니다. 노자는 "지혜가 나오고 큰 거짓도 생겨났다〔智慧出有大僞〕"라고 하고 또 "성인이 죽지 않으면 큰 도둑도 그치지 않는다〔聖人不死, 大盜不止〕"라고 말했습니다. 사람은 지혜가 생기기만 하면 곧바로 거짓을 지어 내며, 저 성인들이 모두 죽지 않으면 천하를 강탈하는 큰 도둑도 갈수록 많아질 것이라는 말입니다. 겉으로만 보면 마치 유가에서 표방한 성인이 말한 인의에 반대하는 것처럼 보이지만 실제로는 절대 그렇지 않습니다. 노자가 말한 뜻은, 인의도덕은 옳지만 후세 사람들이 빌려 쓰면서 진심으로 실행하지 않았기에 역사의 죄인이 되었다는 말입니다. 지금『맹자』이 대목을 보면 도가인 노자의 관념과 확실히 상통합니다.

지금부터는 정치 철학에 관한 문제입니다.

역사의 인과 법칙

공손추가 말하였다. "이윤이 말하기를 '나는 의리에 따르지 못하는 자를 익히 볼 수 없다' 하고, 태갑을 동 땅으로 추방하였는데 백성들이 크게 기뻐하였습니다. 태갑이 어질어지자 다시 그를 돌아오게 하였는데 백성들이 크게 기뻐하였습니다. 현자가 남의 신하가 되어 그 군주가 어질지 못하면 진

실로 추방할 수 있습니까?"

맹자께서 말씀하셨다. "이윤의 뜻이 있으면 가하거니와 이윤의 뜻이 없으면 찬탈인 것이다."

公孫丑曰 : "伊尹曰 : '予不狎于不順.' 放太甲于桐, 民大悅. 太甲賢, 又反之, 民大悅. 賢者之爲人臣也, 其君不賢, 則固可放與?"

孟子曰 : "有伊尹之志則可, 無伊尹之志則簒也."

앞에서 이미 소개한 적이 있는데 이윤은 상(商)나라 탕(湯)의 어진 재상이었습니다. 그는 본래 어진 선비였으나 하(夏)나라 걸(桀)이 정권을 잡고 천하에 포학한 정치를 하자 은거하고 세상에 나오지 않았습니다. 그러나 백성들이 안심하고 살아가지 못하는 것을 보고 나중에 탕을 도와 혁명을 일으켜 하 왕조를 뒤엎었습니다. 이윤은 상 왕조를 건립한 어진 재상이자 내성외왕(內聖外王) 부류의 인물이었지만 탕이 죽은 후 그의 아들 태갑은 왕이 되기에 적당한 인물이 아니었습니다. 당시 이윤은 여전히 재상 자리에 있었는데, 이 작은 '황제' 태갑을 수도 바깥의 동(桐)이라는 곳으로 추방하여 함부로 날뛰지 못하게 하고 얌전히 책을 읽고 공부하고 반성하게 했습니다. 그러고는 자신이 태갑을 대신해서 국가의 일을 관리했습니다. 이는 정치에서 왕위를 찬탈했다는 큰 혐의를 받는 일이었지만 백성들은 이윤의 처리 방식을 대단히 좋아했습니다. 삼 년 후 태갑이 개과천선하자 이윤은 태갑을 되돌아오게 하고 그에게 군왕의 임무를 맡겼습니다. 그러고는 자신은 왕위에서 물러나 신하를 칭했습니다. 그러자 전국의 백성들도 기뻐했습니다.

후세의 주공 역시 이윤과 비슷한 방식을 취했습니다. 무왕이 천하를 통일하자 동생인 주공은 재상이 되었습니다. 무왕이 죽은 후 고대의 제도에 따라 그의 장자 성왕이 왕위를 이어받았습니다. 하지만 성왕이 왕위를 계승한 후 제대로 못 하자 주공 역시 이윤의 방법을 따라 성왕을 다른 곳으로 보내 책을 읽고 공부하고 반성하게 했습니다. 그러고는 주공 자신이 칠년 동안 섭정을 했습니다. 하지만 이윤이 백성들의 양해를 얻었던 것과는 달리 주공 당시에는 세상에 유언비어가 나돌았습니다. 그가 조카인 성왕을 폐위시키고 왕위를 찬탈하여 '황제'가 되려 한다고 모두들 의심했습니다. 그래서 당대의 백거이는 이런 시를 지었습니다.

그대에게 의심을 해결하는 방법을 보내 주니	贈君一法決狐疑
거북접과 시초접은 볼 필요가 없네	不用鑽龜與祝蓍
옥을 시험하려면 사흘을 태워 봐야 하고	試玉要燒三日滿
재목을 구분하려면 칠 년을 기다려야 하지	辨材須待七年期
주공은 유언비어의 때에 두려워하였고	周公恐懼流言日
왕망은 찬탈하기 전에 겸손하고 공손했네	王莽謙恭未篡時
만약 그 전에 죽어 버렸다면	向使當初身便死
일생의 진위를 그 누가 알았겠는가	一生眞僞復誰知

이 시 역시 인생의 모든 행동은 반드시 최후의 결과를 기다려 봐야 비로소 공정하게 논할 수 있다고 탄식하고 있습니다. 그래서 옛사람은 "관 뚜껑을 덮은 후에 그 사람에 대해 공정하게 논한다〔蓋棺論定〕"라고 말했습니다. 하지만 제가 생각하기에는 역사상 수많은 사람과 일이 설사 관 뚜껑을 덮은 후라 할지라도 그 시비선악을 공정하게 논하기가 어렵습니다. 억울함을 관 속에까지 가지고 가는 경우도 많습니다.

이제 다시 본론으로 돌아가겠습니다. 맹자가 역사 철학의 이치를 이야기하자 그의 학생 공손추가 이윤이 태갑을 추방했던 그 일을 거론하면서 스승에게 질문을 던졌습니다. 예전에 태갑이 "의리에 따르지 못하자〔不順〕" 이윤은 "나는 의리에 따르지 못하는 자를 익히 볼 수 없다〔予不狎于不順〕"라고 했습니다. 즉 자신은 이 어린 '황제'의 혼탁함을 좇을 수 없다고 하고서 어린 '황제'를 자리에서 내쫓아 연금하고는 책을 읽고 공부하고 반성하게 했습니다. 그런데 당시 천하의 백성들은 이윤이 옳지 못하다고 생각하지 않고 도리어 대단히 반겼습니다. 태갑이 개과천선하자 이윤은 다시 그를 맞아들여 '황제'를 삼았는데 천하의 백성들이 또다시 기뻐했습니다. 공손추가 물었습니다. "재상 된 사람이 '그 군주가 어질지 못하면〔其君不賢〕' 즉 어린 '황제'가 옳지 못하면 그를 추방하고 연금할 수 있는 것입니까?" 그러자 맹자가 대답했습니다. "이윤의 뜻이 있으면 가하거니와 이윤의 뜻이 없으면 찬탈인 것이다〔有伊尹之志則可, 無伊尹之志則簒也〕." 말하자면 이런 뜻입니다. "만약 이윤 같은 그런 마음을 지녔으면 그렇게 해도 된다. 왜냐하면 그에게는 사심이 없어서 왕위를 도둑질하지 않을 것이기 때문이다. 그러나 이윤과 같은 뜻이 없다면 왕위를 찬탈할 것이다." 맹자의 이 구절은 중국 정치 철학의 명언이 되었습니다. 비록 글자로는 옳다 그르다 말하지 않았지만 이미 옳고 그름을 말한 셈입니다. 이윤과 같은 동기와 마음을 가져야만 비로소 가하고 그렇지 않다면 안 됩니다.

이것을 보면 『삼국연의』 가운데 모두가 잘 알고 있는 고사가 생각납니다. 앞에서도 소개한 적이 있는 유비(劉備)가 백제성에서 아들을 부탁한 일입니다. 그는 제갈량(諸葛亮)에게 이렇게 말했습니다. "그대의 재능은 조비의 열 배이니 반드시 나라를 안정시키고 대사를 끝마칠 수 있을 것이오. 만약 후계자가 보필할 만하면 그를 보필하고, 재목이 아니라면 그대가 스스로 성도(成都)의 주인이 되어도 좋소." 제갈량은 이 말을 듣자 바로 무릎을 꿇고 머리를 조아리며 절대 그렇게 할 수 없다는 뜻을 표명했습니다. 훗날 과연 그는 유선(劉禪)에게 올린 『후출사표(後出師表)』에서 "몸을

굽혀 병이 들 때까지 최선을 다하고 죽은 후에야 그 노력을 그만둔다〔鞠躬
盡瘁, 死而後已〕"라고 말한 것처럼 참으로 죽음에 이르도록 충정(忠貞)을
다했습니다.

역사상 이윤, 주공, 제갈량은 모두 위기의 순간에 명을 받은 탁고지신
(託孤之臣)이었습니다. 이른바 탁고(託孤)란 부친이 임종 전에 다른 사람
에게 자기를 대신해 아들을 보호하고 가르쳐 달라고 위탁하는 것입니다.
탕은 태갑을 이윤에게 부탁했고 무왕은 성왕을 주공에게 부탁했으며 유
비는 유선을 제갈량에게 부탁했는데, 이것이 모두 역사상 탁고지신의 고
사입니다. 그런데 이러한 유의 탁고는 일반 평민이나 친구 사이의 탁고와
는 크게 다릅니다. 부탁하는 고아는 한 나라를 짊어질 군주이고 부탁받은
사람은 신하이기 때문입니다. 신하가 군주를 만나면 군주의 나이가 얼마
이든, 군주가 좋든 나쁘든 상관없이 예(禮)에 의거해 군왕의 명령을 따라
야 하지만, 꿇어앉아 신하를 칭한 사람에게도 이것은 아주 어려운 일이었
습니다. 그래서 유비는 고아를 부탁할 때 "그대가 스스로 취해도 좋다"라
는 말을 하여, 다른 사람을 절대적으로 신임하지 못하고 완전히 마음을 놓
지 못하는 잠재의식을 드러냈습니다. 다행히 제갈량은 지혜가 있었고 또
이윤과 같은 마음을 지니고 있었기에 즉시 본심을 밝혔고 천추만대에 칭
송을 받았습니다. 하지만 탕이 이윤에게, 무왕이 주공에게 고아를 부탁할
때의 군신 간 상황은 유비가 제갈량에게 부탁할 때와 크게 달랐습니다. 피
차간에 모두 고도의 수양과 고도의 도덕성을 지녀서 믿을 수 있었고 성의
를 가지고 상의할 수 있었습니다. 그러나 현대 민주 사상의 정치 관념으로
판단하고 평론한다면 모두 격화소양(隔靴搔癢)[46]의 혐의가 다분합니다. 상

---

46 신을 신은 채 가려운 데를 긁는다는 뜻으로, 어떤 일을 하느라고 애는 쓰지만 사물의 정곡을
찌르지 못해 성에 차지 않음을 비유하는 말이다.

고 시대의 환경과 합치되지 않고 사회의식이라고 하는 관념과도 다르기 때문입니다.

비록 그러하지만 이윤이 태갑을 동 땅으로 추방하였을 때 백성들은 크게 기뻐했습니다. 그런데 주공이 섭정으로 성왕을 보필할 때에는 오히려 유언비어가 사방에서 일어났습니다. 주공 당시의 사회 인심이 이미 크게 변해 버렸기 때문입니다. 아무리 주공이 현자라 할지라도 일반 백성들의 심리 반응은 딴판이었습니다. 한(漢) 말 제갈량 때에 이르러서는 군신 간의 믿음마저도 엷은 그림자가 한 층 드리워졌습니다.

더 내려가서 송조(宋朝)가 천하를 얻었을 때를 보면 조광윤(趙匡胤)이 진교역(陳橋驛)에서 병란을 일으키고 황포(黃袍)를 몸에 걸쳤는데, 다른 것은 차치하고 하룻밤 사이에 어디에서 그런 용포가 생겼을까요? 설마하니 정말로 하늘에서 떨어지기라도 했다는 말입니까? 당시는 후주(後周) 시가(柴家)의 천하였는데, 주의 세종 시영(柴榮)과 조광윤 두 사람은 본래 오대(五代) 말의 난세 가운데 똑같이 민간에서 나온 인물입니다. 나중에 시영이 황제가 되고 조광윤은 최측근 장수가 되었는데, 오늘날의 수도방위사령관이나 전국경비사령관 겸 헌병사령관에 해당하지요.

시영이 죽고 오래지 않아 변경에서 일이 발생하자 조광윤은 군사를 거느리고 출정했습니다. 그러나 서울에서 멀지 않은 진교역에서 병란을 일으켜 싸우러 가지 않고 스스로 황제가 되었습니다. 이것은 시가(柴家)의 고아와 과부를 속이고서 얻은 천하였습니다. 개봉(開封)의 황궁에는 조광윤이 폐쇄시키고 열지 못하게 했던 방이 하나 있었습니다. 그 안에는 남쪽 지방 사람을 재상으로 기용해서는 안 된다는 내용의 비가 세워져 있었기 때문입니다. 만약 남쪽 지방 사람을 재상으로 기용했다가는 불효자가 되는 것입니다. 훗날 조광의(趙光義)의 후손인 신종(神宗)이 남쪽 지방 사람인 왕안석(王安石)을 재상으로 기용하면서 송 왕조의 정치는 내리막을 걷기 시작했습니다. 그래서 어떤 사람은 조광윤이 선견지명이 있었다고 말합니다. 그는 자손들에게 분부하기를, 시씨의 자손에게 절대로 무례하게 해서는 안 된다고 했습니다. 하지만 조광윤이 고아와 과부에게서 천하를 취한 것은 중국 고대의 정치 철학에 의거해서 말한다면, 송조(宋朝)는 찬탈에서 비롯된 것입니다. 이는 바로 조광윤에게는 "이윤의 뜻이 없었다〔無伊尹之志〕"라는 말입니다. 몽고인이 중원에 들어와서 원조(元朝)가 중국 천하를 접수할 때 송조의 마지막 황제 역시 고아와 과부였습니다. 그래서 어떤 사람은 이러한 영사시(咏史詩)를 지었습니다.

지난날 진교의 거병을 회상하노니　　憶昔陳橋兵變時

다른 이의 과부와 고아를 속였었지　　欺他寡婦與孤兒

누가 알았으랴 이백여 년 후에　　誰知二百餘年後

또다시 과부와 고아가 속게 될 줄　　寡婦孤兒又被欺

만약 역사 철학을 연구하면서 정치적 윤리로 역사의 인과(因果)를 보면 거기에서 인생의 인과응보가 보일 것입니다. 그것도 대단히 심각합니다. 조광윤이 비록 고아와 과부의 손에서 천하를 취하고 '이윤의 뜻'을 지키지 않고서 찬탈하였지만, 시가의 자손에게는 위진(魏晋) 각 대(代)에 했던 것처럼 모조리 죽여 버리지는 않았습니다. 남북조와 오대십국 때에는 모든 왕조가 찬탈로 세워졌으며 전조(前朝) 황제의 자손들은 뿌리까지 제거했습니다. 조광윤이 후한 도를 베풀어 시가의 자손들을 죽이기 않았기에 원조(元朝) 역시 조가의 자손들에게 똑같이 했습니다. 원나라 최후의 과보 역시 아주 좋았습니다. 원이 팔십 년간이나 중원을 차지했기 때문에 엄격히 보면 최후의 황제인 원 순제는 진정한 몽고인이 아니라 조광윤의 후예라고 말하는 학자도 있습니다. 주원장이 원(元)을 무너뜨리자 원 순제는 몽고로 달아났는데, 주원장은 서달(徐達)을 보내 내몽고 변경까지만 추격하게 하고 더는 뒤쫓지 않았습니다. 부장(部將) 상우춘(常遇春)이 왜 추격하지 않느냐고 묻자 서달이 말했습니다. "팔십 년이나 중원의 강산을 차지했던 사람이다. 이제 대명 왕조가 세워졌는데 그를 붙잡아 오면 황제께서도 처리하기 곤란하실 것이다. 어차피 멀리 도망하였으니 그만 되었다!" 사실 서달과 주원장은 알았습니다. 어차피 원 순제는 한인(漢人)이니 그가 변경에 가서 왕을 칭하며 몽고인을 통솔하는 것도 썩 괜찮은 일이라는 것을 말입니다.

역사의 인과 순환을 연구해 보면 우리는 인생도 이해하게 되고 왜 사람노릇 함에 있어서 도덕적이어야 하는지를 알 수 있습니다. 인과율은 우주의 자연 규율이므로 사람은 그 자연 규율의 힘을 어겨서는 안 됩니다. 맹자가 말한 '이윤의 뜻'은 중국 삼천 년의 정치 윤리적 철학 사상을 포함하고 있습니다. 즉 사심으로 하면 찬탈이 되지만 공적인 뜻으로 하면 가하다는 관점입니다.

군자가 세상에 공헌하는 방식

공손추가 말하였다. "『시경』에 말하기를 '공짜 밥을 먹지 않는다' 하였는데, 군자가 밭을 갈지 않고 먹는 것은 어째서입니까?"

맹자께서 말씀하셨다. "군자가 이 나라에 거함에, 그 군주가 등용하면 편안하고 부유하고 높아지고 영화로우며, 그 자제들이 따르면 효도하고 공경하고 충성되고 진실 된다. '공짜 밥을 먹지 않음'이 무엇이 이보다 더 크겠는가?"

公孫丑曰："『詩』曰：'不素餐兮.' 君子之不耕而食, 何也?"

孟子曰："君子居是國也, 其君用之, 則安富尊榮; 其子弟從之, 則孝悌忠信.
'不素餐兮', 孰大於是?"

공손추는 계속해서 '소찬(素餐)'의 문제를 제기합니다. 중국 문학에는
'시위소찬(尸位素餐)'[47]이라는 성어가 있는데, 높은 지위에 있으면서 아무
일도 하지 않는 사람을 형용하는 말입니다. '시위(尸位)'의 의미는 다음과
같습니다. 옛사람들이 제사를 지낼 때에는 소나 양이나 돼지 같은 '희생
(犧牲)'을 잡거나 혹은 쌀이나 밀가루나 잡곡으로 그런 생물의 형상을 만
들어서 제사를 지냈습니다. 아무것도 없이 제사를 지낸 것이 아니었지요.
그와 동시에 제단 상석에 반드시 살아 있는 우상 같은 것을 놓아 두어 제
사를 받게 했는데, 후세에 '괴뢰(傀儡)'라고 불렀습니다. 더 후대로 내려가
면 나무로 만든 패(牌)로 대신했는데, 그런 것을 총칭해서 '시위'라고 불
렀습니다. 그것이 발전해서 후세에는 민간에서 신봉하는 신명(神明), 그
것이 천신이든 보살이든 유가의 성현이든 상관없이 모두 형상을 깎아 만
들었습니다. '소찬'은 아무 일도 하지 않고, 즉 노동도 하지 않고 작업도
하지 않고 공짜로 밥을 먹는 것을 말합니다. 마치 제단 상석에 앉아서 다
른 사람의 제사를 받아먹는 우상과 같기 때문에 '시위소찬'이라고 불렀습
니다. 예를 들어 요 임금이 백이십 세에 세상을 떠나자 순 임금이 왕위를

---

47 시위(尸位)는 제사를 지낼 때 어린아이가 앉아 있는 자리를 뜻한다. 옛날 중국에서는 조상의
영혼이 순진무구한 어린아이의 몸을 잠깐 빌려 마음껏 먹고 마실 수 있다고 믿었다. 이 아이
는 해당 조상의 후손이어야만 했으며 아무것도 모른 채 자리에 앉아 맛있는 음식을 먹었다고
한다. 소찬(素餐)은 공짜로 먹는다는 뜻이다. 즉 아무런 일도 하지 않은 채 자기 것이 아닌 남
이 만들어 놓은 자리에 앉아 공짜 밥이나 먹고 있다는 것이다. 하는 일 없이 국가의 녹을 축내
는 관리들을 비꼬는 말로 사용되었다.

이어받은 후 삼 년 동안 제사를 지낼 때, 요 임금의 아들 단주(丹朱)에게 요 임금의 옷을 입고 제단 위에 앉아 아버지를 대신해서 순 임금의 제사를 받게 했습니다.

그런데 공손추가 맹자에게 물었습니다. "『시경』에서 말하기를 '공짜 밥을 먹지 않는다'라고 하여, 사람은 세상을 살면서 하는 일 없이 빈둥거리며 공짜 밥을 먹어서는 안 된다고 했습니다. 자신의 재능을 삼가 바쳐야만 비로소 그 보답을 누릴 수 있다는 말이지요." 만약 재능을 바치지 않고 군왕과 국가가 주는 두터운 녹봉과 높은 지위를 누린다면 그것이 바로 '시위소찬'입니다. 사람은 세상을 살면서 수시로 다른 사람을 귀찮게 합니다. 가깝게는 부모로부터 멀게는 낯선 사람까지 모두 우리가 살아가는 데 은혜를 베풀어 줍니다. 그러므로 다른 사람에게 공헌하는 바가 있어야 하고 사회 대중의 은혜를 되돌려 주어야 합니다. 이것이 바로 "공짜 밥을 먹지 않는다〔不素餐兮〕"라는 정신과 같습니다.

공손추가 또 물었습니다. "군자가 밭을 갈지 않고 먹는 것은 어째서입니까?〔君子之不耕而食, 何也〕" 공손추의 이러한 질문은 마치 맹자에게 소림권 한 방을 날린 것과 같습니다. "선생님, 당신은 온종일 거기에 앉아서 학문을 논하고 도덕을 이야기하면서 거기에다 학생들에게 학비로 선생님을 공양하라고 하십니다. 설마하니 군자는 밭을 갈지 않고 일도 하지 않으면서 '밭을 갈지 않고 먹어도 된다는 말씀이십니까?"

맹자가 대답했습니다. "도덕과 학문을 지닌 사람은, 만약 군주가 그 사람을 기용하여 상당히 존귀한 대우를 한다면 그는 이미 '편안하고 부유하고 높아지고 영화로워〔安富尊榮〕'졌다고 하겠다. 그것은 그가 마땅히 받아야 할 보수이다. 만약 공직을 맡지 않고 사회에서 교화(교육)의 일에 종사하여 '그 자제들이 따르면〔其子弟從之〕' 즉 많은 학생들이 그에게 배우면, 모르는 사이에 효(孝)·제(悌)·충(忠)·신(信) 등의 덕성이 사회에 영향을 미쳐 훌륭한 사회 기풍을 형성하고 사회 안정에 공헌을 하게 된다. 그러므로 제자들이 학비를 내어 공양하는 것도 이치상 당연한 보답이다. 그뿐 아니라 군자가 사회에 공헌하는 바가 얼마나 큰지는 비교할 수가 없다." 맹자의 이 말은 그의 학생들에게 마음 턱 놓으라고, 우리 스승과 제자들은 결코 사회의 밥을 헛되이 축내는 것이 아니라 마땅히 해야 할 의무를 다하고 있다고 말하는 것과 같습니다.

인에 거하고 의를 따르는 도

왕자 점이 물었다. "선비는 무엇을 일삼습니까?" 맹자께서 말씀하셨다. "뜻을 고상히 합니다." "무엇을 일러 뜻을 고상히 한다고 말합니까?" "인의일 뿐입니다. 한 사람이라도 무죄한 사람을 죽이는 것은 인이 아니며, 자기의 소유가 아닌데 취하는 것은 의가 아닙니다. 거하는 것이 어디에 있습니까? 인이 이것입니다. 길은 어디에 있습니까? 의가 이것입니다. 인에 거하고 의를 따른다면 대인의 일이 구비된 것입니다."

王子墊問曰 : "士何事?" 孟子曰 : "尙志." 曰 : "何謂尙志?" 曰 : "仁義而已矣. 殺一無罪, 非仁也; 非其有而取之, 非義也. 居惡在? 仁是也. 路惡在? 義是也. 居仁由義, 大人之事備矣."

공손추의 질문에 이어 제나라 왕자 점(墊)이 다시 문제 하나를 제기했습니다. "선비는 무엇을 일삼습니까?[士何事]" 학자나 지식인은 세상을 살면서 마땅히 무슨 일을 하고 무슨 책임을 져야 합니까? 이것은 공손추가 제기했던 질문과 의미가 거의 같습니다. 다만 목표가 다릅니다.

맹자의 답은 이러합니다. "학자나 지식인은 무엇보다 먼저 '뜻을 고상히 해야[尚志]' 합니다." 이른바 "뜻을 고상히 함[尚志]'이란 자신이 세운 뜻을 중시하는 것을 말합니다. 즉 어떤 길을 걸어갈지 인생의 목표를 확정해야 한다는 말입니다.

왕자 점은 한걸음 더 나아가서 이렇게 질문합니다. "무엇을 '뜻을 고상히 함'이라고 말합니까?" 이에 대해 맹자는 "인의일 뿐입니다[仁義而已]" 라고 말했습니다. 오직 종신토록 인륜 도덕을 널리 알리고 윤리 교육을 크게 펼치는 본분에 뜻을 둘 뿐이라는 것이지요. 교육의 목적은 인성의 악습을 고쳐서 사람들이 선을 향하게 하고 전통의 도덕 철학 사상을 사회에 전파하는 데 있습니다. 정치에 종사하는 사람이 오로지 개인의 이익을 위해 시비를 분별하지 않고 선악을 구분하지 않아서 "한 사람이라도 무죄한 사람을 죽이는 것은 인이 아닙니다[殺一無罪, 非仁也]." 한 사람이라도 죄 없는 사람을 살해하거나 심지어 다른 사람에게 함부로 해로운 일을 한다면 모두 불인(不仁)한 행위에 속합니다. 까닭 없이 다른 사람의 생명을 위태롭게 하거나 해친다면 당연히 인하지 못한 행위이지요.

"자기의 소유가 아닌데 취한다[非其有而取之]"라는 것은 자신에게 속하지 않은 어떤 것이든지 취하여 자기 소유로 차지하는 것은 "의가 아닙니다[非義也]." 마음의 수고가 되었든 몸의 수고가 되었든 일정한 노력을 지불해야 대가를 얻을 수 있고 그래야 비로소 의(義)라고 할 수 있습니다. "거하는 것이 어디에 있습니까? 인이 이것입니다[居惡在? 仁是也]." 지식인이라면 오로지 인의 입장에 서서 취해야 할 것은 취하고 지불해야 할 것은 지불해야 합니다. 그것이야말로 의에 합치되는 것입니다.

맹자의 이 두 구절은 훗날 "인에 거하고 의를 따르다[居仁由義]"라는 성어가 되었습니다. 평소 인을 발판 삼고 행위는 의에 합치되어야 합니다. 즉 그렇게 "뜻을 고상히 해야" 맞습니다. 그런 사람을 유가에서는 '대인

(大人)'이라고 부르고 도가에서는 '진인(眞人)'이라고 칭합니다. 그리하여 맹자는 아래에서 역사 고사를 하나 들어 유가에서 인정하는 사대부의 인격 표준을 설명했습니다.

맹자께서 말씀하셨다. "진중자는 의롭지 않게 그에게 제나라를 주더라도 받지 않을 것을 사람들이 모두 믿는다. 이것은 한 그릇의 밥과 한 그릇의 국을 버리는 의이다. 사람에게는 인륜보다 더 큰 것이 없거늘 친척과 군신과 상하가 없다. 그 작은 것을 가지고 큰 것을 믿는 것이 어찌 가하겠는가?"

孟子曰 : "仲子不義與之齊國而弗受, 人皆信之. 是舍簞食豆羹之義也. 人莫大焉亡親戚君臣上下. 以其小者, 信其大者, 奚可哉?"

진중자(陳仲子)라는 사람은 맹자가 태어나기 전 제나라 귀족의 후손이었습니다. 그는 당시 제나라 귀족들의 부패하고 탐욕스러운 풍조가 싫어서 권력과 부귀를 내버리고 어머니와 형을 피해 은거하여 평생을 청렴하게 지냈습니다. 그의 고사에 관해서는 여기에서 더 이야기하지 않겠습니다. 맹자가 말하기를, 진중자의 그러한 행위는 유가의 관점에서 보면 불의(不義)에 속한다고 했습니다. 왜냐하면 그가 비록 "스스로는 청렴하고 담박함에 처해" 사람들에게 인격이 맑고 고상하다고 칭찬받았지만, 그의 그러한 맑고 고상함이 세상에 무슨 이익이 있었습니까? "이것은 한 그릇의 밥과 한 그릇의 국을 버리는 의이다〔是舍簞食豆羹之義也〕." 즉 다른 사람이 베풀어 주는 밥과 국을 받아들이지 않음으로써 자기 자신을 깨끗이 하는 것에 불과했습니다.

진정한 인격은 식견을 지녀야 하고 인생의 가치는 큰 곳에 착안해야 합니다. 이것이 인생관을 세우는 데 기본 요점입니다. 진중자는 국가와 사회와 대중의 이익을 고려하지 않고 군신의 의와 가족의 정을 버리고 무리를 떠나 은거하였는데, 그것은 단지 개인의 맑고 고상한 품행을 완성했을 뿐 결코 세상을 구하고 백성을 구하지는 못했습니다. 기량이 협소함을 면하지 못했으니 결코 인의의 대도(大道)가 아닙니다.

그리하여 또 다른 유형을 언급했습니다.

도응이 물었다. "순 임금이 천자가 되고 고요가 사가 되었는데, 고수가 사람을 죽였다면 어떻게 하겠습니까?" 맹자께서 말씀하셨다. "법을 집행할 뿐이다." "그렇다면 순 임금은 금지하지 않습니까?" "순 임금이 어떻게 금지할 수 있겠는가? 전수받은 바가 있는 것이다." "그렇다면 순 임금은 어떻게 하겠습니까?"

"순 임금은 천하를 버리는 것을 마치 헌신짝을 버리듯이 볼 것이다. 몰래 업고 도망하여 바닷가를 따라 거처하면서, 종신토록 흔쾌히 즐거워하면서 천하를 잊었을 것이다."

桃應問曰 : "舜爲天子, 皐陶爲士; 瞽瞍殺人, 則如之何?" 孟子曰 : "執之而已矣!" "然則舜不禁與?" 曰 : "夫舜惡得而禁之? 夫有所受之也." "然則舜如之何?"

曰 : "舜視棄天下猶棄敝蹝也. 竊負而逃, 遵海濱而處, 終身訢然, 樂而忘天下."

맹자의 또 다른 학생인 도응 역시 가설(假設)에 입각한 문제를 제기했는데 그의 생각이 아주 묘합니다. 앞에서도 언급한 적이 있는 순의 부친 고수는 말로 설명하기 힘든 아주 특이한 사람이었습니다. 순은 황제가 된 후에 청렴하고 공정하게 법을 집행하는 인물인 고요(皐陶)를 기용했습니다.

그는 상고 시대 역사에서 가장 유명한 청관(淸官)이었지요. 도응이 맹자에게 물었습니다. "순 임금이 천자가 된 이후에 만약 고수가 살인의 죄를 범했다면 고요는 이때 어떻게 법을 집행해야 합니까?"

맹자가 말했습니다. "간단하지는 않지만 고수를 잡아다가 죄를 묻는 것이 옳다."

도응이 물었습니다. "그러면 순 임금은 어떻게 해야 합니까? 설마하니 고요에게 이렇게 명령을 내리지는 않았겠지요? '이 사람은 내 부친이니 잡아가서는 안 된다.' 혹은 고요에게 그 문제를 그냥 내버려 두어 죄인을 붙잡지 못한 채 흐지부지 끝나게 하라고 시킨다면 어떨까요?"

맹자가 말했습니다. "순 임금은 그렇게 하지 않았을 것이다. 만약 그렇게 했다면 이미 성군이 아니다. 그는 결코 법을 어기는 일을 하려고 하지 않았고, 사사로운 정 때문에 법치의 존엄함을 폐기하고 고요가 고수를 잡아가지 못하게 하는 일은 더더욱 하지 않았을 것이다." 이것이 바로 자고 이래 중국의 법치 정신입니다. 수천 년 동안 계속해서 "왕자가 법을 범하면 서민과 똑같이 죄를 받는다"라는 말이 있었으니, 이는 서양의 진정한 민주 정치의 법치 정신과 마찬가지입니다. 앞에서 언급한 적이 있는 소설에서 포공(包公)이 용포를 때린 것[48]이 바로 그러한 법치 정신의 본보기입니다. 그러므로 설사 순 임금의 아버지가 법을 범했더라도 마찬가지로 처벌했을 것입니다. 고요가 법을 집행한 것은 순 임금이 국가를 대표해서 그에게 법을 집행하라는 명을 내린 것입니다. 그러니 그는 공명정대해야 했습니다.

도응은 끝까지 물고 늘어졌습니다. "그렇다면 고수가 붙잡힌 후에 천하

---

48 포공이 황제인 인종의 불효를 벌하며 황제의 옷인 용포에 대신 매를 때린 '타용포(打龍袍)' 고사를 말한다.

에 큰 효자인 순 임금께서는 고요가 자신의 아버지를 처벌하는 것을 막지도 못하고, 설마하니 고요의 보고가 올라오기를 기다렸다가 법대로 처리하고 사형을 집행해야 한다는 말씀입니까? 그것이 아니라면 순 임금은 어떻게 해야 합니까?"

맹자가 말했습니다. "그것은 아주 간단한다. 순 임금 같은 성인은 '황제'의 권위를 결코 중요하게 여기지 않았기에 만약 정말로 그런 일을 당하게 되었다면 곧바로 '황제'를 그만두었을 것이다. 순은 '황제'의 지위를 내던지는 것을 헌신짝 내버리는 것보다 더 급히 서둘러서 한밤중에 아버지를 업고 달아났을 터이니, 멀리 바닷가 변경 지역까지 달아나서 아버지를 종신토록 봉양했을 것이다."

이 대목은 맹자와 학생 사이에 학문을 토론하는 문답으로, 중국 유가의 사상이 공과 사, 시와 비, 선과 악 사이에서 어떻게 해결하는지를 보여 줍니다. 고수, 순, 고요 각자의 개성은 천성적으로 그러했지만 천리(天理), 국법, 인정 다시 말해 예치(禮治, 이치理治), 법치, 인지상정(人之常情)이 문제입니다. 천자가 법을 어기면 서민과 똑같이 죄를 받는 그것은 법치입니다. 다만 천자의 아버지가 죄를 범하면 아들이 아버지의 죄를 다스리는데 그것은 천리(天理)상 말이 안 됩니다. 만약 죄를 다스리지 않으면 이 또한 법으로 허용되지 않습니다. 그렇게 되면 이(理)와 법(法)이 갈등을 일으킵니다. 순 임금은 인정(人情)상 자신의 아버지를 구해 내야 하지만 공리(公理)상으로는 법치의 존엄함을 유지해야 하기 때문입니다. 결국 그는 '황제'의 권위를 포기하고 아버지를 업고 국경 밖으로 도망가서 아버지를 봉양합니다. 그렇게 하면 예(禮=理), 법(法), 정(情)의 세 방면을 모두 잘 처리할 수 있습니다.

환경의 영향

맹자께서 범 땅으로부터 제나라에 가시어 제왕의 아들을 바라보시고 감탄
하셨다. "거처가 기운을 변화시키고 양육이 몸을 바꿔 놓으니, 크구나 거처
함이여! 모두 사람의 자식이 아닌가?"

맹자께서 말씀하셨다. "왕자의 궁실과 거마와 의복이 남과 같은 것이 많되,
왕자가 저와 같은 것은 그 거처가 그렇게 만든 것이니, 하물며 천하의 넓은
거처에 거하는 자이겠는가? 노나라 군주가 송나라에 가서 질택의 문에서
고함을 질렀다. 문을 지키는 자가 말하기를 '이는 우리 군주가 아닌데 어쩌
면 그렇게도 그 음성이 우리 군주와 비슷한가?' 하였으니, 이는 다름이 아
니라 거처가 서로 유사하기 때문이다."

孟子自范之齊, 望見齊王之子, 喟然歎曰 : "居移氣, 養移體; 大哉居乎! 夫
非盡人之子與?"

孟子曰: "王子宮室·車馬·衣服多與人同, 而王子若彼者, 其居使之然也;
況居天下之廣居者乎? 魯君之宋, 呼於垤澤之門. 守者曰: '此非吾君也, 何其
聲之似我君也?' 此無他, 居相似也."

한번은 맹자가 범 땅에서 제나라로 갔는데, 길에서 제나라 제후의 세자
가 위풍당당하고 거만한 기세로 걸어 나오는 것을 보았습니다. 맹자는 대
단히 감탄하면서 "거처가 기운을 변화시키고 양육이 몸을 바꿔 놓는다〔居
移氣, 養移體〕"라는 두 구의 명언을 말했습니다. 이는 거주하는 환경이 사
람에게 미치는 영향이 아주 크다는 말입니다. 예를 들어 그 세자는 궁정의
큰 집에 살면서 좋은 음식을 먹고 갖추어 입다 보니 거만한 생활 습성이
길러졌습니다. 혈육으로 된 몸에 끼친 영향이 사람의 기질을 변화시켜서

기상이나 태도, 정신이 자연스럽게 일반 대중과는 다른 모습을 지니게 되었지요. 그래서 "크구나 거처함이여![大哉居乎]"라고 말했던 것입니다. 물질적인 생활 환경은 그처럼 사람에게 중대한 영향을 끼칩니다.

그런 후 맹자는 자신을 따라 인의도덕을 위해 달려가는 학생들을 바라보면서 '대저[夫]'라는 감탄사와 함께 길게 한숨을 토해 냈습니다. 그런 후에 "모두 사람의 자식이 아닌가?[非盡人之子與]"라고 말했습니다. 모두가 다 부모가 낳아서 기른 자식들이 아닌가 하는 말입니다. 단지 생활 환경의 차이로 인해 언어, 태도, 사상, 행동의 차이를 만들어 냈습니다.

이어서 맹자의 교육이 시작되었습니다. 그 광경은 마치 항전 당시 수많은 학교의 교장이나 교사들이 학생들을 데리고 단체로 대후방(大後方)으로 도망하는 것 같았습니다. 비록 도중에 어려움을 겪었지만 그래도 교육은 멈추지 않았습니다. 지붕도 없는 곳에서 바닥에 앉아 수업을 하면 대지가 곧 교실이고 작은 목판이 교탁이 되었습니다. 수업이 끝나면 또다시 산을 넘고 고개를 지나 대후방으로 달려갔습니다.

맹자는 제자들의 그런 모습을 보고 나서 곧바로 수업을 시작했습니다. "너희들도 보아라. 왕자는 말이다, 그가 거주하는 궁궐 역시 집이다. 교통수단이 비록 화려하기는 해도 역시 수레와 마차에 지나지 않는다. 입는 것도 일반인과 똑같이 의복에 불과하다. 하지만 제나라의 세자가 걸어 나오는데 그런 거만한 기세가 가능한 것은 '그 거처가 그렇게 만든 것이다[其居使之然也].' 이 '거처'는 집만 가리키는 것이 아니라 실제로는 전체 환경을 가리키는데, 그것이 사람에게 미치는 영향이 그토록 큰 것이다. 그 큰 환경이란 바로 학문과 사상이니, 참된 학문과 참된 수양이 있어야 그것이 바로 '천하의 넓은 거처에 거함[居天下之廣居者]'이다. 우주가 나에게 있고 온갖 변화가 마음에서 비롯되며 하늘을 떠받치고 땅에 우뚝 서는 기개가 있다면, 그 밖에 무슨 외적이고 물질적인 거주 환경의 구속을 받겠느냐!

다시 말해 진정한 학문과 수양을 지녔다면 어떤 환경과 물질의 영향도 받지 않는다. 그것이 바로 대장부이다."

맹자는 학생들에게 이렇게 교육했습니다. 모든 물질 환경이 사람에게 미치는 영향력을 이해하지만 대장부는 절대 물질 환경의 영향을 받지 않습니다. 환경은 사람의 심리에 영향을 미치고 사람의 의식 사상을 바꿀 수 있지만, 진정한 학자는 학문으로 자신의 천지를 길러 낼 수 있습니다. 바로 후세에 말하는 "사람의 본성은 본래 스스로 아름다운 자연을 지니고 있다〔性天自有風月〕"라는 것입니다. 말하자면 자신의 정신 영역을 확장시켜 하늘을 떠받치고 땅에 우뚝 선다면 스스로 위대한 모습을 지니게 됩니다. 어떻게 유형의 물질 환경과 비교할 수 있겠습니까!

그리하여 맹자는 또 하나의 예를 들어 설명했습니다. 한번은 노나라 군주가 송나라에 갔는데 때마침 송나라의 성문이 닫혔습니다. 노나라 군주는 큰 소리로 문을 두드리며 명령조의 말투로 소리쳤습니다. "문을 열어라!" 성문을 지키던 사람이 듣고 말했습니다. "이 사람은 결코 우리의 군왕이 아닌데 문을 두드리는 모양새가 어째서 우리 군왕과 똑같은가?" 맹자가 말했습니다. "여기에는 다른 이유가 없다. '거처가 서로 유사하기 때문이다〔居相似也〕.' 즉 환경이 길러 낸 것이다." 이것은 다음의 사실을 설명해 줍니다. 환경이 사람의 온갖 행위를 변화시킬 수는 있지만 참된 학문과 높고 깊은 수양이 없어서는 안 됩니다. "마음이 물질을 변화시킬 수 있으니〔心能轉物〕" 자연히 세속에 구속되지 않는 초연한 도량이 일반인과는 같지 않습니다.

형색은 천성이다

맹자께서 말씀하셨다. "먹이기만 하고 사랑하지 않으면 돼지로 사귐이요, 사랑하기만 하고 공경하지 않으면 짐승으로 기르는 것이다. 공경은 폐백을 받들기 이전에 이미 있는 것이니 공경을 하되 실제가 없으면 군자는 헛되이 얽매이지 않는다."

맹자께서 말씀하셨다. "형색은 천성이니 오직 성인인 뒤에야 형을 실천할 수 있다."

孟子曰: "食而弗愛, 豕交之也; 愛而不敬, 獸畜之也. 恭敬者, 幣之未將者也; 恭敬而無實, 君子不可虛拘."

孟子曰: "形色, 天性也; 惟聖人然後可以踐形."

여기에서 맹자는 사람을 대하고 사물에 접근하는 방면의 수양을 이야기합니다.

맹자가 말했습니다. "만약 사람에 대해 진정으로 사랑하는 마음 없이 그저 먹을 것만 준다면 그것은 돼지를 기르는 것과 같다. 단지 돼지를 잘 먹여 크게 키운 다음에 죽여서 고기를 팔아 돈을 벌려는 것이다."

공자 역시 비슷한 말을 한 적이 있습니다. 자유(子游)가 효에 대해 묻자 공자가 말했습니다. "지금 효도를 이야기하는 사람들은 부모를 잘 봉양하는[養] 것이 바로 효도라고 여긴다. 그러나 개 한 마리와 말 한 필을 기르는[養] 것도 똑같이 기르는 것이니, 만약 공경하고 인애하는 마음이 없다면 개나 말을 기르는 것과 무슨 차이가 있겠느냐?" 자공(子貢)도 그런 질문을 했는데 공자는 "얼굴빛을 한결같이 하는 것이 어렵다[色難]"라고 말했습니다. 부모를 효로 봉양하는 것은 물론이고 사람이나 일을 대할 때 진정으로 공경하는 마음가짐이 있어야 비로소 참된 사랑이라고 할 수 있습니다.

그래서 맹자도 "사랑하기만 하고 공경하지 않으면 짐승으로 기르는 것이다〔愛而不敬, 獸畜之也〕"라고 말했습니다. 사람에 대해 사랑하는 마음을 지녀야 하지만 사랑하는 마음만으로는 부족합니다. 공경하고 인애하는 마음이 없다면 그것은 사람을 사람으로 여기지 않고 사육하는 동물과 같이 여기는 것입니다. 비록 좋은 음식을 먹인다고 할지라도 근본을 따져 보면 결국 그 무의식 속에 재미를 위해서일 뿐입니다. 심지어 어떤 사람은 이렇게 말합니다. 자식들은 다 컸고 아직 손자가 없으니 집안에 아이가 없어서 재미가 없다고요. 그런 말을 하는 사람들은 반성해야 합니다. 아이가 어디 어른의 장난감입니까? 아이에게 그런 마음을 가져서도 안 될 뿐 아니라 노인에 대해서도 조심해야 합니다. 만약 공경하고 인애하는 마음 없이 단지 형식상의 효, 형식상의 애양(愛養)이라면 그것은 크게 문제가 있습니다.

공경에 대해서는 맹자가 이렇게 말했습니다. "공경은 폐백을 받들기 이전에 이미 있는 것이다〔恭敬者, 幣之未將者也〕." 돈으로 물건을 사서 선물하는 것은 공경을 표시하기 위해서인데, 때로는 그렇게 돈이나 물질로 표현하는 공경이 쉽사리 형식으로 변질되거나 거짓되고 부실한 행위가 되기도 합니다. "공경을 하되 실제가 없으면 군자는 헛되이 얽매이지 않는다〔恭敬而無實, 君子不可虛拘〕." 만약 거짓으로 공경하는 겉모습에만 치중하고 실제로는 진실한 공경심이 없다면 그런 것은 군자가 취하는 바가 아닙니다. 이는 사람 노릇을 하거나 타인을 대하는 경우, 또 자신의 인품 수양에서 안으로 성실하고 공경하는 마음을 지녀야지 단지 겉으로 드러나는 형식에만 치중해서는 안 된다는 것을 설명하는 말입니다.

그리하여 맹자는 인생 수양을 위해 다음의 결론을 내립니다. "형색은 천성이다(形色, 天性也).'" '형(形)'은 바로 사람의 신체 외형, 행동거지, 동작입니다. '색(色)'은 사람이라면 지니는 기색, 표정, 웃음과 분노 등의 모습입니다. 사람이 죽으면 얼굴의 피부와 근육이 경직되고 파랗게 변하는데, 그 역시 사람의 최후의 색 즉 사색(死色)입니다. 그러므로 혈육의 몸인 이 신체를 소홀히 하면 절대 안 됩니다. 심(心)과 물(物)은 일원(一元)이므로 그것 역시 선천적인 본성의 기능이 나타납니다. 일반 수도자들은 이 신체를 무시합니다. 지수화풍(地水火風)의 사대(四大)가 인연으로 잠시 모인 것이기 때문입니다. 하지만 대승도에서는 사대(四大)의 '색' 역시 자성(自性) 생명의 본원의 기능에서 나온 것이라고 합니다. 그래서 '형색'은 본원의 기능에서 나온 겉모습이며 선천적인 본원의 기능이 심신(心身)을 형성하기 때문에 '형색(形色)' 역시 '천성(天性)'이라고 말한 것입니다. 그러므로 형상(形相)과 태도를 통해 한 사람 심성의 진실성이나 선악을 관찰할 수 있다고 말합니다.

하지만 일반인은 심신에 대해 정확하게 구분하지 못합니다. 가끔은 심리적으로 별달리 불쾌한 일이 없는데도 생리적으로 문제가 생겨서 병이 나거나, 주기적으로 생리에 변화가 생기면 심정이 울적해지곤 합니다. 심리적으로는 무얼 그리 불쾌해하고 번뇌할 필요가 있느냐고 생각하지만 그래도 여전히 울적합니다. 그것은 바로 생리가 정서를 좌우하여 기뻐하고 싶어도 기뻐할 수 없기 때문입니다. 그와 상반된 상황은 몸은 피로하지만 정서적으로 고조된 경우입니다. 책을 보고 싶어도 정력을 집중할 수 없고 머릿속은 흐리멍덩합니다. 그런데도 마음속으로는 '시간이 조금밖에 없으니 서둘러야 해' 하면서 계속해서 책을 봅니다. 이런 것은 심리가 생리를 지지하는 경우입니다. 생리가 심리에 영향을 미치고 심리가 생리를 좌우하니 둘은 분리된 채 살아가면서 하나가 되지 못합니다. 만약 하나가 된다면 그것이 바로 "형을 실천함(踐形)"입니다. 수양이 최고도에 달하면 심리가 젊어지고 생리적으로도 늙은이에서 아이로 되돌아가는데, 이것은 실제 가능한 일입니다. 불로장생은 불가능하지만 적어도 죽음을 늦출 수 있고 노화를 더디게 할 수 있습니다. 어떤 통증은 정신의 힘으로 변화시켜서 약을 쓰지 않고 낫기도 합니다. 만약 젊은 사람이 생리적 필요를 좇아 행동하고 생리상의 변화를 통제하지 못한다면 그것은 "형을 실천하지" 못하는 것입니다.

　이른바 "형을 실천함"은 불가와 도가에서 말하는 수행이기도 합니다. 명칭은 다르지만 이치가 똑같은데, 맹자가 앞에서 말했던 "그 기색에 나타남이 훤히 얼굴에 드러나며, 등에 가득하며 사지에 베풀어진다[其生色也, 睟然見於面, 盎於背, 施於四體]"라는 것이기도 합니다. 그렇기 때문에 형색(形色) 또한 천성의 하나인 것입니다. "오직 성인인 뒤에야 형을 실천할 수 있습니다[惟聖人然後可以踐形]." 오로지 학문, 수양, 실천이 있어야 진정으로 자기 생명을 고치고 기질을 변화시켜서 성인의 경계에 도달하고 심물합일(心物合一)을 이루어 낼 수 있습니다. 바꾸어 말하면 심물합일을 이루는 성인의 경계에 도달할 수 있어야 "형을 실천하고" 천하의 넓은 거처에 거할 수 있게 됩니다. 그런 사람이 바로 하늘을 떠받치고 땅에 우뚝 선 대장부이며, 그런 것이 바로 도가에서 말하는 "우주가 손 안에 있고 만화가 마음에서 말미암는다[宇宙在手, 萬化由心]"라는 진인(眞人)의 경계입니다. 불가에서도 똑같은 말을 했는데, 수행을 완성한 사람이 삼천대천세계(三千大天世界)를 보면 "손바닥 안의 암마라과를 보는 것과 같다[如觀掌中庵摩羅果]"라고 했습니다. 마치 손 안의 망고 열매를 보는 것처럼 또렷해서 모든 변화를 자신의 의지로 통제하고 바꿀 수 있습니다.

효도와 제도에 관한 두 가지 고사, 세 개의 논점

제 선왕이 상기를 단축하고자 하였다. 공손추가 말하였다. "기년상을 하는 것이 그만두는 것보다는 낫습니다."

맹자께서 말씀하셨다. "이는 혹 그 형의 팔뚝을 비틀면서 형에게 이르기를 '우선 천천히 하겠노라'고 말하는 것과 같다.[49] 또한 그에게 효제를 가르칠 뿐이다."

왕자 중에 그 어머니가 죽은 자가 있었는데, 그 사부가 그를 위하여 수개월의 상을 청하였다. 공손추가 말하였다. "이와 같은 경우는 어떻습니까?"

맹자께서 말씀하셨다. "이는 막고자 해도 할 수 없는 경우이니[50] 비록 하루를 더하더라도 그만두는 것보다 낫다. 금하는 자가 없는데도 하지 않는 경우를 말한 것이다."

齊宣王欲短喪. 公孫丑曰: "爲朞之喪, 猶愈於已乎?"

孟子曰: "是猶或紾其兄之臂, 子謂之姑徐徐云爾. 亦敎之孝悌而已矣."

王子有其母死者, 其傅爲之請數月之喪. 公孫丑曰: "若此者何如也?"

曰: "是欲終之而不可得也, 雖加一日愈於已. 謂夫莫之禁而弗爲者也."

지금부터는 교화에 관한 맹자의 관점을 이야기합니다.

---

49 저자는 원문 "시유혹진기형지비, 자위지고서서운이(是猶或紾其兄之臂, 子謂之姑徐徐云爾)"를 "이는 혹 그 형의 팔뚝을 비틀면서 형에게 이르기를 '우선 천천히 하겠노라'고 말하는 것과 같다"라고 해석하였다. 이 구절은 일반적으로 "이는 혹자가 그 형의 팔뚝을 비트는데, 그대가 그에게 이르기를 '우선 천천히 하라'고 말하는 것과 같다"라고 해석한다.

50 저자는 "시욕종지이불가득야(是欲終之而不可得也)"를 "이는 막고자 해도 할 수 없는 경우이니"로 해석하였다. 이 구절은 일반적으로 "이는 상기를 마치고자 하여도 될 수 없는 경우이니"라고 해석한다.

먼저 제기한 문제는 바로 "제 선왕이 상기를 단축하고자 함〔齊宣王欲短喪〕"이었습니다. 제 선왕이 전국에 명령을 내려 자고이래의 풍속을 변경하려 했는데, 바로 부모 사후에 상을 지키는 기간을 줄여서 그렇게 길게 하지 못하게 하는 것이었습니다.

중국은 수천 년 동안 고례(古禮)의 전통이 내려왔으니 부모가 죽은 후 삼년상을 지키는 것입니다. 현대인이 상을 지키는 기간은 아무리 길어야 백 일이고 보통은 사흘만 지킵니다. 과거에는 삼 년을 지키지 않으면 안 되었는데 그것은 상고 시대 민족 문화의 중요한 예절이었습니다. 말하자면 상고 시대의 대헌장과 같아서 대단히 중대한 문제였고 역대로 모두 중시했습니다. 예전에는 집안에 부모상이 생기면 벼슬이 얼마나 크든 지위가 얼마나 높든 상관없이 바로 휴가를 내고 집으로 돌아가서 상을 지켰습니다. 그렇게 하지 않으면 큰 불효의 죄행을 범한 것이 됩니다. 역사에는 황제가 어떤 사람을 영원히 기용하지 말라는 명을 내렸다는 기록이 있습니다. 명·청(明淸) 두 왕조에 중요한 사안이 몇 건 발생했는데, 모두 높은 관리들이 부모 사후에 집으로 돌아가서 상을 지키지 않아서 감찰어사가 상주문을 올려 탄핵한 일이었습니다. 황제라 할지라도 그를 비호할 방법이 없었고 심지어 전국 지식인들의 공분을 불러일으켰습니다.

일반 평민도 부모 사후에는 마찬가지로 삼 년의 효도를 지켜야 했습니다. 설사 생계를 위해 일하지 않을 수 없다 할지라도 적어도 백 일 안에는 이발을 하거나 수염을 깎을 수 없었습니다. 요즘도 어떤 사람은 고례를 지키느라 적어도 백 일 동안은 위패 앞을 지키고 앉아서 집 밖을 나가지 않습니다. 당연히 이발도 하지 않고 수염도 깎지 않았지요. 최근에 여기 있는 한 동학이, 정치대학을 졸업한 석사이고 나이도 삼십대였는데 부친이 돌아가시자 바로 그렇게 제도를 지켜 모든 예를 다했습니다. 어떤 동학이 조문하러 찾아갔는데 그의 수염이 이미 서너 마디나 자라 있었습니다. 그의 가정은 예를 지키는 가정이었고 대만에 친척이 아주 많았습니다.

하지만 지금 우리 사회는 이런 예의(禮儀)가 상당히 혼란스럽습니다. 낡은 문화와 예의는 타도되었고 새로운 것은 아직 만들어지지 않았습니다. 어떤 사람은 부모가 죽으면 시신이 식기도 전에 곧바로 팔뚝에 검은 비단을 묶고 여인의 머리에는 삼베로 만든 나비매듭을 꽂아서 상복을 입고 제도를 지킨다는 표시를 합니다. 하지만 그렇게 하고서 곧바로 술집으로 달려가서 술을 마십니다. 영화 보고 음악 듣는 것은 더 말할 것도 없습니다.

고례에 따르면 삼년상을 정하게 된 까닭은 사람이 태어나서 젖 먹는 것으로부터 부모의 품을 떠나기까지 이삼 년이 걸리기 때문입니다. 부모는 이때 가장 고생을 하는데, 그래서 삼 년 동안 상복을 입음으로써 부모에 대한 약간의 보답을 표합니다. 이 도리는 공자도 일찍이 말한 적이 있습니다. 『논어』 「양화」 편을 보면 재여(宰予)가 온갖 이유를 들어 삼년상이 너무 길다고 하면서 줄이자고 했습니다. 그러자 공자가 말했습니다. "네가 만약 마음이 편안하다면 가서 단축하여라." 재여가 나가자 공자는 이렇게 말했습니다. "재여가 인하지 못하구나. 자식은 태어나서 삼 년이 지난 후라야 부모의 품에서 벗어난다. 대저 삼년상은 천하에 공통된 상례이거늘 재여는 그 부모에게 삼 년의 사랑을 받음이 있었는가?〔予之不仁也. 子生三年, 然後免於父母之懷. 三年之喪, 天下之通喪也, 予也, 有三年之愛於其父母乎?〕"

상고 시대에는 황제라 할지라도 부모상을 당하면 별궁으로 물러나와 아침 조회를 중지하고 정사를 재상에게 맡겨야 했습니다. 중대한 일이 생기면 그제야 보고를 올렸는데 그것이 상고 시대의 제도였습니다. 후대의 종법 사회에 이르러서는 더 엄격해졌지요.

이러한 상례(喪禮)의 변천을 보더라도 사람과 사람 사이의 감정은 사회생활의 형태가 변함에 따라서 바뀜을 알 수 있습니다. 과거 농업 사회는 안토중천(安土重遷) 즉 고향을 편안히 여겨 다른 곳으로 떠나기를 꺼려 했으니 자기 고향과 조상의 터전을 지켰습니다. 설령 자기 고향이 가장 오래되고 가장 가난할지라도 늙어 가면서 여전히 고향을 그리워했습니다. 본토를 편안히 여기고 다른 곳으로 떠나기를 꺼려 한 것은 집을 잃고 떠돌아다니고 싶지 않았기 때문입니다. 하지만 상공업 사회가 되면서 그런 관념에도 변화가 생겼으니 사해(四海)가 모두 한집안이 된 것 같습니다.

그러나 우리가 유의해야 할 점이 있습니다. 한 사람이 출생하여 성장한 곳은, 그곳에서 오랜 기간 생활하다 보면 모든 것이 습관을 만들어 냅니다. 그러다가 임종을 맞게 되면 그러한 습관이 반영되어 나옵니다. 그때 눈앞에 보이는 것은 고향의 모습이고 말하는 것도 어릴 때 쓰던 사투리가 나옵니다. 이 부분은 심리학, 영혼학, 종교학, 의학에서 연구해야 할 대단히 중대한 문제입니다.

역사상 그러한 상황은 아주 많았습니다. 가령 명 말의 대유학자 주순수(朱舜水)는 만주족이 국경을 넘어오자 후 투항하기 싫어서 일본으로 갔는데, 그곳에 중국 문화와 학술을 전해 주어 일본 문화에 대단히 큰 영향을 미쳤습니다. 그의 무덤은 지금까지도 일본에 있지요. 주순수가 임종을 맞이할 때 수많은 일본 학생들이 그의 병상을 둘러싸고 마치 자녀가 부친에게 하듯이 그의 마지막 말을 기다렸습니다. 그런데 그가 말한 것은 온통 고향 사투리라 학생들이 알아들을 수 없었습니다. 지금은 표준어를 보급하여 많은 사람들이 어려서부터 표준어를 구사하는데, 만약 그랬더라면 문제가 없었겠지요. 어쨌든 우리는 이 문제를 가볍게 보아서는 안 됩니다. 그것이 인류의 정신과 심리에 미치는 작용은 아주 기이하고 오묘해서 연구할 가치가 충분합니다.

제 개인적 체험만 보더라도 그렇습니다. 예전에 중국 남서쪽 변경에 있을 때 학질을 앓은 적이 있습니다. 낮에는 병이 도졌다가도 밤이 되면 잦

아들어 공문을 읽고 공무를 처리했습니다. 당시에는 의약품도 없어서 반년이나 앓으며 고생이 심했는데, 만약 의지로 버티지 않았다면 언제든지 죽을 수 있었습니다. 한번은 고열에 시달릴 때였습니다. 눈앞에 보이는 환상은 모두 고향의 경치요 옆 사람이 하는 말은 고향 사투리처럼 들렸습니다. 당시에는 이러다가 죽을지도 모르겠다 싶으니 "머리 묻을 곳이 어찌 반드시 고향 땅이라야 하리, 인간 세상 도처에 청산이 있다네〔埋首何須桑梓地, 人間到處有靑山〕"라든지 "늙어 죽으나 길가에서 죽으나 무슨 상관있으랴〔老死何妨死路旁〕" 같은 시가 생각나서 부하에게 뒷일을 부탁했습니다. 실제로 당시에 옆 사람이 말한 것은 제 고향의 사투리가 아니었습니다. 그 일을 겪으며 사람이 최후의 순간이 되면 정신이나 심리 상태가 모두 고향과 연관이 있다는 것을 깊이 체득했습니다.

평소 나이 든 사람들과 한담을 하다 보면 그가 말하는 것은 모두 '예전에는 이랬고 저랬고'입니다. 게다가 같은 소리를 하고 또 하는데 지겹지도 않은지 온통 '예전에는' 하는 말입니다. 그에게는 예전 일이 영원히 새로운 화제입니다. 오히려 최근 일은 곧바로 잊어버립니다. 사람은 늙어 죽는 단계에 이르면 대부분 이런 정신 상태가 됩니다.

역사에는 자로와 양화 이후로도 여러 차례 상기(喪期)를 단축하고 싶어 했던 사람이 나타났지만 성공하지는 못했습니다. 지금 여기에서는 제 선왕이 이 예법과 의식을 바꾸고 싶어 했다고 이야기합니다. 그는 "상기를 단축하여" 그렇게 많은 시간을 낭비하여 상을 지키지 않으려 했습니다. 얼마나 단축하고자 했는지는 말하지 않았습니다. 그런데 당시 맹자의 학생 공손추가 그 소식을 듣고 맹자에게 와서 이 일을 이야기했습니다. 공손추가 말했습니다. "기년상을 하는 것이 그만두는 것보다는 낫습니다〔爲朞之喪, 猶愈於已乎〕." 공손추의 말은 이런 뜻입니다. 만약 고례의 삼년상을 너무 짧게 단축하는 것이 말이 안 된다면, 만약 제 선왕이 다른 의견을 들어서 일년상으로 고친다면, 반년이나 백 일에 비해서는 그런대로 전통문화의 정신을 유지할 수 있습니다.

그 말을 들은 맹자는 동의하지 않고 공손추에게 훈시했습니다. "이는 혹 그 형의 팔뚝을 비트는 것과 같다(是猶或紾其兄之臂)." 즉 이런 말입니다. "너의 그런 주장은 네 형의 팔뚝을 비틀어 부러뜨리려고 하면서 도리어 형에게 말하기를 '겁내지 마. 너무 세게 하지 않고 그저 천천히 비틀어서 부러뜨릴 테니'라고 하는 것과 같다. 세게 비트는 것도 비틀어서 부러뜨리는 것이고 천천히 비트는 것도 비틀어서 부러뜨리는 것이니 모두 중국 전통문화를 파괴하는 일이다. 이것은 일 년, 반년 혹은 백 일로 줄이는 문제가 아니라 이치에 닿지 않는 일이다. 너 공손추의 입장에서는 그렇게 주장하면 안 되고, 삼년상을 제정한 효도의 원리와 부모형제의 우애의 원리를 제 선왕에게 이야기해야 옳다. 너는 대신(大臣) 된 자로서 윗사람의 권세 때문에 할 말을 못하고 적당히 넘어가서는 안 되고, 마땅히 그에게 정도(正道)를 말해야 한다." 대신이 그런 중대한 일을 만났을 때 군왕과 타협한다면 바로 "군주의 악에 영합함(逢君之惡)"이니 그것은 최대의 잘못입니다. 이것이 하나의 상황입니다.

두 번째 상황은 제 선왕의 한 아들에 관한 것으로 그의 생모가 죽은 후에 일어난 일이었습니다.

과거에는 황제에게 황후 외에도 많은 비(妃)가 있었습니다. 민간의 인사(人士)들도 아내 외에 여러 명의 첩을 두었지요. 과거 중국의 종법 사회에서는 희첩(姬妾)이 낳은 자식은 부친의 본처를 적모(嫡母)라 했습니다. 자기를 낳은 모친에 대한 예의상의 명칭은 여전히 서모(庶母)였지요. 설사 나중에 높은 지위에 오르더라도 족보의 기록은 여전히 '서출(庶出)'이었으며, 그의 모친 역시 여전히 '희첩의 무리(姬妾之輩)'에 속할 따름이었습니다. 이것은 수천 년 이래의 관습이었습니다.

가령 민국 초년의 국민정부 주석인 담연개(譚延闓)는 청(淸)의 진사 출신으로 학문이 훌륭하고 명망이 높았습니다. 국가 민족을 위해 혁명에 참여하고 청을 무너뜨린 뒤 한 차례 국민정부의 주석으로 선출되었습니다. 당시 그의 생모가 세상을 떠났는데, 첩이었기 때문에 출상할 때 저택의 중문(中門)으로 영구(靈柩)가 나가는 것을 종친들이 허락하지 않았습니다. 담연개는 상을 치르기 위해 서둘러 집으로 돌아갔는데 출상할 때 모친의 관 위에 엎드려 통곡하면서 내려오려 하지 않았습니다. 그는 이미 한 나라의 원수였기에 친족들은 중문을 열지 않을 수 없었습니다. 결국 모친의 관은 그 위에 엎드린 담 주석과 함께 중문을 통해 나갔습니다.

이 일로 보더라도 중국 고대의 예법은 어떤 부분에서는 현대의 생활 방식과 맞지 않습니다. 시대성을 지니는 것이지요. 그래서 민국 초년의 오사운동 시기에 일부 문인들은 과거 종법 사회의 제도 가운데 이러한 번잡하고 불필요한 문제들을 들추어내어 모조리 '공가점(孔家店)'에다 전가시키고 종법 사회의 폐단과 어두운 일면을 공격했습니다.

담연개의 사례를 보더라도 여러분은 제 선왕의 아들이 그 생모가 죽은 후에 왜 복상(服喪)을 청했는지 이해할 수 있습니다. 그의 모친은 일개 첩에 지나지 않았기에 설사 자기가 낳은 아들이 왕자라 할지라도 어머니를 위해 삼년상을 지킬 수 없었습니다. 오로지 황후를 위해서만 삼년상을 지킬 수 있었지요. 그래서 고대의 궁궐에서는 이런 문제 때문에 고통을 겪거나 심지어는 변란이 일어나기도 했습니다.

당시 그 왕자도 대단히 고통스러워 모친을 위해 상을 지키고자 했습니다. 과거에는 왕자 곁에서 그를 돕고 지도해 주는 스승이 있었는데 그런 사람을 '부(傅)'라고 불렀습니다. 바로 사부(師傅)입니다. "그 사부가 그를 위하여 수개월의 상을 청하였다[其傅爲之請數月之喪]." 그 왕자의 스승이 그를 위해 제 선왕에게 상을 지키는 기한을 청했는데, 왕자에게 이러한 효심이 있으니 특별한 경우로 처리해 반년 혹은 수개월의 상기(喪期)를 지킬 수 있게 해달라고 했습니다.

공손추는 그 일 때문에 와서 맹자와 토론하면서 스승에게 물었습니다. "예의상으로 상을 지킬 필요가 없는데 그렇게 임시변통으로 그에게 상을 지키게 해 주는 것이 예에 합치되는지요?"

맹자는 그 일에 대해 대단히 합리적으로 말했습니다. 맹자의 사상은 때로 혁명적이었기 때문에 문화에 대해서도 혁명적 주장을 했습니다. 그가 말했습니다. "이는 막고자 해도 할 수 없는 경우이다〔欲終之而不可得也〕." 그것은 당연히 해야 한다고 말한 것입니다. 만약 왕자가 모친을 위해 상을 지키지 못하게 막는다면 단지 외적인 행위에 지나지 않더라도 그 속마음은 계속 고통스러울 것입니다. 그것이 인지상정이니 그를 막고 싶어도 그럴 수 없습니다. 사회의 관습과 제왕의 권위로 왕자가 그렇게 하는 것을 막을 수는 있겠지만 그래도 그를 낳은 생모입니다. 그에게 반년 혹은 삼 개월을 더해 주지는 못하더라도 하루라도 더해 준다면 그것만이라도 좋습니다. 그런 일은 금할 수 없습니다. 법령과 예의 규정에만 기댈 문제가 아니라 진정한 인성이 자연스럽게 나타난 것입니다. 모든 제도와 법률은 세 가지 원칙 즉 합정(合情), 합리(合理), 합법(合法)에서 벗어날 수 없습니다. 맹자는 이 일에 대해 자연스러운 인정과 인도를 따라 결정해야 한다고 주장했습니다.

여기에서 언급된 두 가지 고사와 세 개의 논점은 모두 효도와 수제(守制)에 관한 것입니다. 그런데 왜 이 장(章)의 중간에 끼워 놓았을까요? 우리가 문장의 작문법을 연구해 보면 『맹자』의 전체적인 문의(文義)는 자연스럽고 완벽하게 이어져 있습니다. 앞에서 "오직 성인인 뒤에야 형을 실천할 수 있다"라고 말했는데, '형(形)'은 바로 한 사람의 행위의 겉모습이며 사회 제도, 정치 제도, 사람의 생활 습관과 같은 것들이 모두 형태(形

態)입니다. 본래 예법, 시비, 선악은 후천적으로 사람이 설정한 표준입니다. 형이상적 근원에 비추어 말한다면 시비, 선악, 예법 등은 모두 가짜로 만든 것입니다.

예를 들어 오늘날 여성의 복장은 팔뚝을 드러내고 허벅지를 내놓을 뿐아니라 심지어 가슴과 등까지도 노출합니다. 고대에는 팔뚝도 겉으로 드러내면 안 되었는데, 드러난 팔뚝을 낯선 사람이 봤다가는 수치스러움에 죽는 사람도 있었습니다. 만약 오늘날 어떤 여성이 다른 사람에게 몸을 보인 것 때문에 부끄러워서 죽었다고 한다면 사람들에게 정신병자라고 욕 먹지 않으면 다행입니다. 이는 시비와 선악의 표준이 인위적임을 설명해 줍니다. 시간, 지역(공간), 풍속과 습관에 따라 서로 다르게 변합니다. 고금의 변화에 통하지 않고 전통 형식의 도덕적 표준에만 집착한다면, 옛 것에 얽매여 시대의 흐름에 따르지 못한다면 그것은 안 될 노릇입니다. 그런데 요즘 사람들은 옛것을 거울삼아 오늘날에 통하지 않고, 자유 의지를 오해하여 자기가 하고 싶은 대로 행동합니다. 다른 사람은 상관하지도 않고 사회 속의 상호 관계도 고려하지 않습니다. 이 또한 "형을 실천하는[踐形]" 도리를 이해하지 못해서입니다. 그러므로 "오직 성인인 뒤에야 형을 실천할 수 있다"라는 말은 어떠한 상황, 어떠한 시대, 어떠한 지역에서는 그에 맞는 관습화된 규범을 지켜야 한다는 뜻입니다. 그래서 상제(喪制)의 문제를 토론한 문장을 "오직 성인인 뒤에야 형을 실천할 수 있다"라는 내용 뒤에 바로 붙여 놓았습니다. 그렇게 함으로써 보이지 않는 가운데 절묘한 의론(議論)을 만들어 냈습니다.

이어서 형을 실천하는 교육에 대한 맹자의 주장을 서술했는데, 마찬가지로 교화의 도리를 설명하고 있습니다.

맹자의 교학 방법

맹자께서 말씀하셨다. "군자가 가르치는 방법이 다섯 가지이니, 때에 맞게 내리는 비가 만물을 자라게 하는 것 같은 것이 있고, 덕을 이루게 하는 것이 있고, 재질을 통달하게 하는 것이 있고, 질문에 답하는 것이 있고, 사사로이 다스리는 것이 있다. 이 다섯 가지가 군자가 가르치는 방법이다."

공손추가 말하였다. "도는 높고 아름다우나 하늘에 오르는 것과 같아서 닿을 수 없을 듯하니, 어찌하여 저들로 하여금 거의 미칠 수 있다고 여기게 해서 날마다 부지런히 힘쓰게 하지 않습니까?"

맹자께서 말씀하셨다. "큰 목수는 솜씨 없는 장인을 위해 먹줄과 먹통을 고치거나 폐하지 않고, 예는 용렬한 궁수를 위해 활 당기는 비율을 변경하지 않는다. 군자는 활을 당기기만 하고 쏘지 않으나 높이 뛰는 것 같아서, 정확한 길에 서 있으면 능한 자가 따르는 것이다."

孟子曰: "君子之所以敎者五: 有如時雨化之者, 有成德者, 有達財者, 有答問者, 有私淑艾者. 此五者, 君子之所以敎也."

公孫丑曰: "道則高矣, 美矣, 宜若登天然, 似不可及也; 何不使彼爲可幾及, 而日孳孳也?"

孟子曰: "大匠不爲拙工改廢繩墨, 羿不爲拙射變其彀率. 君子引而不發, 躍如也. 中道而立, 能者從之."

여기에서 맹자는 교학 방법에서 다섯 가지 요점을 이야기합니다.

첫 번째는 "때에 맞게 내리는 비가 만물을 자라게 하는 것 같은 것이 있다[有如時雨化之者]"라는 것입니다. 이른바 "때에 맞게 내리는 비[時雨]"는 시시때때로 내리는 비가 아니라, 날이 오래도록 가물어 논의 벼가 금방이라도 전부 말라죽을 것 같은 그런 중요한 순간에 갑자기 큰 비가 한바탕 내려 해갈(解渴)하는 비가 바로 "때에 맞게 내리는 비"입니다. 때맞춰 내리는 비를 흔히 '급시우(及時雨)'라고 부릅니다. "때에 맞게 내리는 비가 만물을 자라게 하는 것 같은 것이 있습니다." 혹은 당사자가 해결하지 못하고 어려워하는 중요한 순간에 딱 맞추어 가르침을 베풀기도 하는데, 그때는 마치 기봉(機鋒)[51]을 마주하여 갑자기 머리가 확 트이는 것처럼 마음의 의혹이 풀어집니다. 그러한 상황은 "봄바람으로 목욕한 듯하다〔如沐春風〕"라는 옛사람의 성어와도 같습니다. 혹은 눈썹을 움직이고 눈을 깜빡거리는 일상적인 동작을 하다가 마음에 깨닫기도 하는데, 이런 것은 모두 알게 모르게 감화를 받는 경우에 속합니다. 결코 후세의 강제성을 띤 교육이 아닙니다. 이러한 유도식 교육은 비교적 자연스럽게 영향을 미칩니다. 옛 시에서 "가랑비에 옷 젖는 것은 눈에 보이지 않고, 아름다운 꽃이 땅에 떨어져도 아무 소리 없네〔細雨濕衣看不見, 好花落地聽無聲〕"라는 말과 같습니다. 아무런 흔적도 남기지 않으면서 영향을 줌으로써 모든 것을 바꾸는, 이것이 진정한 "때에 맞게 내리는 비가 만물을 자라게 하는" 최고의 경지입니다.

두 번째는 "덕을 이루게 하는 것이 있다〔有成德者〕"라는 것입니다. 중국의 교육 상황을 들어 말한다면 공자의 교화는 일생의 덕업(德業)을 성취해 냈습니다. 이른바 삼천 제자와 칠십이 문인이 모두 "때에 맞게 내리는 비가 만물을 자라게 함"을 얻었습니다. 또 다른 예를 들어서 설명해 보겠습니다.

수나라 말의 학자인 왕통(王通)은 한 시대를 만들어 냈는데, 왕통이 죽은 후 그의 제자와 문인들은 그에게 '문중자(文中子)'라는 시호를 사사로

---

51 선승(禪僧)의 예리한 말이나 동작을 가리키는 말이다.

이 붙여 주었습니다. 왕통이 살았던 시대는 수나라 말의 난세였는데, 중국의 역사를 계승하기 위해 본래는 스스로 나서서 무언가를 하고자 했습니다. 하지만 나중에 수양제를 만나 이야기해 보고 시기가 아직 오지 않았음을 깨달았습니다. 그리하여 곧 하서(河西)로 돌아가서 청년들을 교화했지요. 삼십 년 후에 대당(大唐)을 개국한 문신과 무장, 이를테면 방현령(房玄齡), 두여회(杜如晦), 위징(魏徵) 등 대다수가 그의 학생이었습니다. 왕통의 교화 아래 역사상 한 시대를 새로 열었다고 할 수 있습니다. 이것이 바로 "덕을 이루게 하는 것이 있다"라는 설명이 되겠습니다. 하지만 안타깝게도 역사 문화를 연구하는 학자들 가운데 많은 수가 그를 제대로 평가하지 못합니다.

세 번째는 "재질을 통달하게 하는 것이 있다〔有達財者〕"라는 것입니다. 사람들에게 돈 버는 것을 가르치라는 말일까요? 물론 아닙니다. 고대에는 '재(財)'와 '재(才)'가 때때로 통용되었습니다. 이 말은 지혜와 학문이 대단히 통달한 인재를 길러 낸다는 뜻입니다. "하늘과 사람의 경계를 궁구하고 고금의 변화를 꿰뚫는〔究天人之際, 通古今之變〕" 달재(達才)를 교화해 내는 것은 쉽지 않은 일입니다. 명·청 오륙백 년 동안에는 과거 시험에서 팔고문(八股文)[52]을 표준으로 삼아 선비를 뽑으면서 학문의 범위를 송유(宋儒)의 사서장구에 한정했습니다. 그러한 행태는 사실상 천하 영웅의 기세를 말살시켜 버리는 것이었습니다.

청 말 변법(變法) 시기에는 "천하 영웅의 기세를 소멸시키는 것은 팔고의 문장과 대각체[53]라네〔消磨天下英雄氣, 八股文章臺閣書〕"라는 말까지 있었습니다. 그래서 모두가 과거 제도의 틀을 없애고 학술 교육을 개방하여 자유롭게 발전시키기를 원했습니다. 하지만 청 말 민국 초기에 팔고문으로 인재를 뽑던 제도를 타파한 이후 백 년에 가까운 현대 교육을 볼 것 같으면, 또다시 당국이 정해 놓은 사상 의식에 국한되어 있습니다. 학술 과

목은 새로운 '팔고(八股)'를 만들어 내어 옛 팔고에 비해 인재를 더 구속하고 괴롭힙니다. 이처럼 지나친 것은 미치지 못함과 같아 통달한 인재를 길러 내고자 해도 불가능해졌습니다.

저의 "완고하고 뒤떨어진" 사상으로 현대의 교육을 보면 끝없는 서글픔과 비통함이 느껴집니다. 특히 현대 교육이 양성해 낸 인재를 보면 두루 능통한 인재(通才)는 갈수록 적어지고 전문적인 인재(專才)만 많아집니다. 전문적인 인재도 물론 좋습니다. 하지만 일반인의 의식은 일정한 틀에 갇히면 벗어나기가 매우 어렵습니다. 앞으로의 추세를 보더라도 전문성만 갖춘 인재의 독재 정치로 가고 있어서 피차 자기 생각만 고집하고 소통이 쉽지 않아 보입니다. 그렇게 되면 곳곳에서 장애에 부딪히게 될 터이니이 모두가 심각한 문제입니다.

도에 밝으면서도 통달한 인재가 날이 갈수록 적어지면 사회 역시 갈수록 경직될 것입니다. 그러한 문제들이 아직은 표면화되지 않아서 이 이치를 사람들이 심각하게 깨닫지 못하고 있는 지금, 저는 이 자리에서 먼저 예언을 합니다. 앞으로 오십 년에서 백 년 사이에 전 세계는 장차 그러한 고통을 직면하게 될 것입니다. 저의 이 예언이 너무 이르다 싶기는 합니다. 너무 일찍 말한 사람은 왕왕 예수처럼 십자가에 못 박히기도 하니까요. 그렇지만 너무 늦게 말했다가는 세상에 무익할 것이고, 만약 이르지도 않고 늦지도 않게 말한다면 어쩌면 손쓸 틈이 없을지도 모릅니다. 그래서

---

52 명·청 시대에 과거 시험의 답안 작성에 사용하도록 규정된 특수한 문체이다. 이 문체는 파제(破題), 승제(承題), 기강(起講), 입제(入題), 기고(起股), 중고(中股), 후고(後股), 속어결구(束語結句)의 여덟 부분으로 구성되는데 이를 통해 '사서'를 중심으로 한 유가 경전의 내용을 논술식으로 서술하는 것이다.

53 명·청 시대의 묵색이 짙고 글씨 크기가 고른 네모반듯하고 깔끔한 관청의 서체를 말한다. 명대에는 '대각체(臺閣體)'로, 청대에는 '관각체(館閣體)'로 불렸다. 이 서체는 명·청 시대의 한림원(翰林院) 관료들이 즐겨 사용하였으나 과거 응시자에게도 요구해 청대 건륭제 중엽 이후 크게 융성하였다.

미치광이가 꿈꾸는 소리를 하면서 자기가 무슨 소리를 하는지 모르는 것처럼 이 자리에서 자아비판을 하는 수밖에 없습니다.

네 번째는 "질문에 답하는 것이 있다〔有答問者〕"라는 것입니다. 질문하면 반드시 대답하고 질문하지 않으면 대답하지 않습니다. 그런데 어떤 사람은 오로지 선생이 말하는 것을 듣기만 하고 질문하지 않습니다. 선생을 찾아가는 것도 질의를 하기 위해서가 아니라 오로지 선생의 강의를 듣고 싶어 해서입니다. 하지만 문제가 어디에 있는지를 모르기 때문에 선생을 찾아가도 문제를 제기하지 못합니다. 이것이 최근 수십 년간 빚어진 현상입니다. 예전의 학생들은 질문을 잘했고 선생도 곧바로 대답을 했습니다. 선종의 교육을 예로 들자면 어떤 사람이 송(宋)의 대혜종고(大慧宗杲) 선사에게 물었습니다. "미간에 칼을 매달면 어떠합니까?" 그는 곧 답했습니다. "피가 범천(梵天)을 더럽힐 것이다." 동시에 연속해서 수십 개의 전어(轉語)[54]를 내렸는데, 이것이 바로 질문을 하고 대답을 하는 것입니다. 현대인들은 질문을 할 줄 모르고 또 답을 말해 주어도 알아듣지 못합니다.

다섯 번째는 "사사로이 다스리는 것이 있다〔有私淑艾者〕"라는 것입니다. 지금 일반인들이 '사숙 제자(私淑弟子)'라고 칭하는 것이 바로 맹자의 이 구절에서 나왔습니다. 저는 가끔 중화 민족이 아주 묘하다는 생각을 합니다. 우리는 늘 현대의 청년들이 자기네 문화를 알지 못한다고 한탄합니다. 하지만 저는 편지 끝에 '사숙 제자'라고 서명한 낯선 청년의 글을 자주 받습니다. 그 뜻은 직접 수업을 들은 적도 없고 만난 적도 없지만 오직 저서를 읽고 작가를 대단히 존경하게 되었다는 의미입니다. 저서를 통해 학문을 배우고 많은 이득을 얻었기에 작가를 스승으로 여겨 스스로를 '사숙 제자'라 일컫는 것입니다.

---

54 한 사람의 생각과 태도를 바꿀 수 있는 말을 가리킨다.

맹자는 이 다섯 가지의 교화 방식을 제기했습니다. 공맹의 교화는 고대 문자의 간략함 때문에 그들의 교학 경험을 통해 그 범위를 확정지을 수 있습니다. 그런데 그 범위는 동서고금의 교학 사상과 원리를 융회 관통합니다. 가령 인도 석가모니 부처님의 교학 방법도 맹자가 여기에서 말한 것과 거의 비슷합니다. 부처님의 교학 방법 가운데 "질문에 답하는〔答問者〕" 방식에는 네 종류의 답이 있습니다.

첫째, 결료답(決了答)입니다. 이것은 현대의 시험에서 옳고 그름의 문제와 비슷한데, 질문을 던진 사람을 위해 명확한 회답을 줍니다. 가령 "내일 수업을 들으러 와도 될까요?"라는 질문에 "됩니다"라고 바로 회답합니다. 모든 긍정적인 회답과 부정적인 회답 및 사물에 대한 결정적인 회답이 바로 결료답입니다.

둘째, 해의답(解義答)입니다. 이것은 해석의 성격을 띤 회답입니다. 가령 "왜 내일 수업을 들으러 오면 안 됩니까?"라는 질문에 "내일은 휴일이라 수업이 없습니다"라고 답합니다. 맹자는 학생들의 질문에 대부분 '해의답'의 방식으로 답했습니다.

셋째, 반문답(反問答)입니다. 바로 문제를 가지고 문제에 회답하는 것입니다. 가령 "정전이 되어 엘리베이터가 움직이지 않는데 어떻게 아래층으로 내려가지요?"라는 질문에 "계단으로 걸어 내려올 수는 없습니까?"라고 회답합니다. 이러한 방식은 질문에 회답하는 이외에도 알게 모르게 교육받는 자의 사고 능력을 훈련할 수 있습니다.

넷째, 치답(置答)입니다. 이른바 치답은 질문을 그냥 내버려 두고 잠자코 아무 말도 하지 않는 것입니다. 답을 하지 않음으로써 질문자가 본래 지니고 있는 지혜를 계발하게 만듭니다. 하지만 때로는 이렇게 답하지 않는 그것이 답이 되기도 합니다. 왜냐하면 많은 문제들이 답을 할 수 없거나 답을 해서는 안 되거나 혹은 답을 하기가 불편하기 때문입니다. 그래서 성인도 답하지 않은 것이 있었습니다. 공자와 맹자도 그런 상황에 맞닥뜨린 적이 있었고, 석가모니 부처님도 그런 어려운 질문에는 내버려 두고 답하지 않았습니다. 가령 닭이 먼저냐 달걀이 먼저냐고 묻는다면 그런 경우가 치답입니다. 남자가 먼저냐 여자가 먼저냐고 물어도 역시 치답입니다. 이런 문제를 토론하면 논쟁이 끝이 없기 때문입니다. 이것은 일반적인 세속의 지식으로는 이해할 수 있는 일이 아니므로 잠자코 아무 말 하지 않고 치답합니다.

동서고금을 막론하고 사람의 마음은 결국 똑같습니다. 공손추가 맹자에게 '도'에 관해 질문한 것은 지금 많은 동학들이 저에게 선과 불법에 대해 질문하는 것과 똑같습니다. 공손추가 맹자에게 물었습니다. "도는 높고 아름다우나 하늘에 오르는 것과 같아서 닿을 수 없을 듯하니, 어찌하여 저들로 하여금 거의 미칠 수 있다고 여기게 해서 날마다 부지런히 힘쓰게 하지 않습니까?" 공손추의 말은 이런 뜻입니다. "도는 정말로 대단히 훌륭하지만 너무 현묘하고 너무 어려워서 마치 하늘에 오르는 것처럼 어려우니 배울 수 없고 도달할 수 없습니다. 왜 방법을 강구해서 사람들로 하여금 쉽게 배울 수 있게 하지 않습니까?" 이것은 마치 어떤 사람이 이렇게 말하는 것과 비슷합니다. "중국 문화는 과학적이지 못합니다. 왜 서양의 과학적인 방법을 사용해서 조목조목 나열한다거나 혹은 하나의 공식으로 만들어서 사람들이 공식에 의거해 날마다 행하게 하지 않습니까? 그렇게 하면 배울 수 있지 않겠습니까?"

예를 들어 예전에 어떤 청년 동학이 이렇게 말했습니다. "『역경』은 아무리 봐도 이해할 수 없었는데 지금 영문판 『역경』을 봤더니 단번에 이해되었습니다. 왜냐하면 영문으로 된 『역경』은 앞부분에 분명하게 나열해 놓았거든요." 그래서 제가 반문했습니다. "정말인가? 그런데 나는 수십 년 『역경』을 공부했어도 완전히 알았다고 감히 말하지 못한다네. 자네는 사나흘의 시간을 들여 영어로 번역된 『역경』을 보고 다 이해했다고 하는군. 이해했다면서 무엇 때문에 내게 물으러 왔나?"

그런 다음에 그에게 말했습니다. 외국인들은 대부분 그저 피상적으로 조금 알게 되면 곧바로 번역해서 발표하고는 자신이 이미 정통했다고 생각합니다. 교육자라면 누가 이 '도'를 다른 사람에게 전해 주고 싶어 하지 않겠습니까? 하지만 때로는 부처님이 말한 것처럼 "불가설(不可說)"이라거나 "불가사의(不可思議)"인 경우도 있습니다. 하지만 "말로는 표현할 수 없다(不可說)"는 것이 "말하지 못한다(不能說)"는 것은 결코 아닙니다. "사람의 생각으로 미루어 헤아릴 수 없다(不可思議)"도 "미루어 헤아리지 못한다(不能思議)"는 뜻은 결코 아닙니다. 지고무상한 '도'에 대해 마음으로만 이해할 수 있고 말로는 전하지 못할 뿐입니다. 왜냐하면 언어 문자를 사용해서 정확하게 표현할 방법이 없기 때문입니다. 그래서 '도'에 대해 곤혹스러움을 느낀 공손추는 항목을 만들고 틀을 그려 내기를 바랐습니다. 마치 현대의 통계표처럼 보기만 하면 곧 알 수 있도록 말이지요.

그러자 맹자가 말했습니다. "큰 목수는 솜씨 없는 장인을 위해 먹줄과 먹통을 고치거나 폐하지 않는다(大匠不爲拙工改廢繩墨)." '승묵(繩墨)'은 목수가 직선과 네모를 그을 때 사용하는 도구인데 묵두(墨斗)라고도 부릅니다. 훌륭한 장인은 미련한 제자를 위해 원래 정해져 있는 표준을 바꾸지 않습니다. 왜냐하면 1 더하기 1은 반드시 2로 정해져 있고 1 더하기 2는 반드시 3으로 정해져 있어서 변경할 수 없기 때문입니다. 예(羿)가 다른 사람에게 활쏘기를 가르칠 때에도 일정한 표준이 있는데, 활을 잘 쏘지 못한다 하여 그 표준을 바꿀 수는 없습니다. 인공위성의 발사 역시 대자연의 규율을 위반해서는 안 됩니다.

이것이 바로 "군자는 활을 당기기만 하고 쏘지 않는다(君子引而不發)"라는 것입니다. 이것이 교화의 가장 높은 이치인 까닭은 인성 가운데 본디 지니고 있는 지혜를 이끌어 내어 "스승이 없이 스스로 통달하게〔無師自通〕" 만들기 때문입니다. 어떤 것을 쏟아부어서 알게 만드는 것이 결코 아닙니다. 그러한 계발식 교육은 맹자가 "높이 뛰는 것 같아〔躍如也〕"라고 묘사한 것처럼 생동적입니다. 그 때문에 한쪽으로 치우치지 않고 "정확한 길에 서 있습니다〔中道而立〕." 만약 선생이 학생에게 융통성 없이 말하는, 오리를 강제로 먹이는 식의 교육이어서는 쓸모없는 곳에 못을 박고 해결할 수 없는 문제에 매달리는 격이니, 그러한 방식은 "정확한 길에 서는" 것이 아닙니다.

만약 선생이 학생에게 융통성 없이 말한다면 학생이 비록 깨달았다 할지라도 이미 수십 년이나 뒤처졌을 것이고, 학생이 선생을 좇아가면 선생은 또다시 저만큼 앞으로 가 버렸을 것입니다. 교육의 목적은 나중 세대가 이전 세대를 넘어서기를 바랍니다. 만약 선종의 교육 방법을 인용해서 맹자의 교육 사상을 설명한다면 아주 많은 예를 들어볼 수 있습니다. 선종의 대사들은 이런 "활을 당기기만 하고 쏘지 않는" 교육 수법을 자주 사용합니다. 총명하고 영리하고 지혜로운 사람에게는 가볍게 살짝 잡아당겨서 스스로 깨닫게 하는데, 그렇게 하지 않으면 '그르치게〔誤〕' 됩니다. 지금은 개략적인 소개만 하겠습니다.

송대에 대선사가 한 분 있었는데 학문이 훌륭하고 관직이 높은 사람을 만나게 되었습니다. 그런데 그가 아주 공손하게 선사에게 물었습니다. "무엇을 일러 검은 바람이 불어 나찰귀의 국토로 떨어뜨렸다고 합니까?" 그 뜻은 이러합니다. "갑자기 한바탕 검은 바람이 일어나 사람을 악귀의 나라로 날아가게 했다는 것은 무엇을 말합니까?" 그 선사는 원래 자상한 얼굴이었는데 그의 질문을 듣자 갑자기 노한 표정으로 변하더니 탁자를 내리치고 눈을 부릅뜬 채 그를 노려보며 큰 소리로 욕을 했습니다. "네가 무슨 자격으로 와서 그런 말을 물어보느냐!" 그 대신(大臣)은 원래 아주 공손하게 가르침을 청했는데 다짜고짜 호된 욕을 듣자 화가 치밀어서 맞받아 욕했습니다. "너 이 중놈, 개자식! 내가 예의를 차려 너에게 질문했거늘…." 그가 말을 마치기도 전에 선사는 웃으며 말했습니다. "지금 당신이 바로 '검은 바람이 불어 나찰귀의 국토로 떨어진' 것입니다." 그 대신은 크게 깨달았고 얼른 무릎을 꿇어 사례했습니다.

이것이 바로 "군자는 활을 당기기만 하고 쏘지 않으나 높이 뛰는 것 같아서, 정확한 길에 서 있으면 능한 자가 따르는 것이다[君子引而不發, 躍如也. 中道而立, 能者從之]"라는 이치입니다. 선종의 교육은 왕왕 그러합니다. 이해하기 쉽기는 하지만 때로는 대사들에게 한평생 속기도 합니다. 예전에 어떤 사람이 이런 소설을 썼습니다. 무공이 아주 뛰어나고 머리도 총명한 사람이 하나 있었는데 그는 스스로를 천하제일이라고 생각했습니다. 그런데 한 사람이 그에게 말하기를 "당신이 내 질문에 대답할 수 있다면 천하제일이라고 인정해 주겠소"라고 했습니다. "무슨 질문입니까?" 그 사람이 말했습니다. "당신은 누구입니까?" 그러자 무공이 뛰어난 그는 스스로에게 물었습니다. "나는 누구인가?" 그런데 아무리 해도 답을 할 수 없었습니다. 하루 온종일 "나는 누구인가?" 하고 자문하다가 그만 미쳐 버렸습니다.

"나는 누구인가?"라는 그 화두 역시 맹자가 말한 "군자는 활을 당기기만 하고 쏘지 않는" 교육의 원리입니다. "능한 자가 따르게[能者從之]"됩니다. 하지만 만약 "능한 자"가 아니라면 미치고 말 것입니다. 그런 도리를 이해하고 나서 "나는 누구인가?"라는 선종의 화두를 참구한다면 문득 크게 깨닫게 될 것입니다.

스승을 존경하고 도를 중시하다

맹자께서 말씀하셨다. "천하에 도가 있을 때에는 도로써 몸을 따르고 천하에 도가 없을 때에는 몸으로써 도를 따르니, 도를 가지고 남을 따른다는 것은 들어보지 못하였다."

공도자가 말했다. "등경이 문하에 있을 때에 예우할 바에 있을 듯한데도 그의 물음에 대답하지 않은 것은 어째서였습니까?"

맹자께서 말씀하셨다. "귀한 신분을 믿고 물으며, 어짊을 믿고 물으며, 나이 많음을 믿고 물으며, 공로가 있음을 믿고 물으며, 의도를 가지고 묻는 것은 모두 대답하지 않는 것이다. 등경은 그 가운데 두 가지를 가지고 있었다."

孟子曰: "天下有道, 以道殉身; 天下無道, 以身殉道; 未聞以道殉乎人者也."

公都子曰: "滕更之在門也, 若在所禮; 而不答, 何也?"

孟子曰: "挾貴而問, 挾賢而問, 挾長而問, 挾有勳勞而問, 挾故而問, 皆所不答也. 滕更有二焉."

맹자가 말한 "천하에 도가 있을 때에는 도로써 몸을 따르고 천하에 도가 없을 때에는 몸으로써 도를 따르니, 도를 가지고 남을 따른다는 것은 들어보지 못하였다〔天下有道, 以道殉身; 天下無道, 以身殉道; 未聞以道殉乎人者也〕"라는 구절은 중국 문화에서 가장 중요한 사도(師道) 정신입니다.

'중국 문화'라는 말은 현대인이 제기한 것으로 예전에는 이런 말이 없었습니다. 오직 책을 읽어 '도'를 밝혀야 하고 게다가 읽어서 통(通)해야 한다고만 했습니다. 유의해야 할 것은 "읽어서 통하고 도를 밝혀야지〔讀通明道〕" 그저 읽고 '이해하는' 것이 아니었다는 점입니다. 책을 한 권 읽을 때 그 글자를 이해하고 의미를 이해하는 것은 어렵지 않습니다. 하지만 책을 읽어서 '통한다'는 것은 어렵습니다. 옛사람의 목표에 의거해서 보면 많은 사람의 책 읽기는 읽어서 통하는 것이 아니라 읽어서 '막히는' 것입니다. 그것은 불통(不通)입니다. 이른바 통(通)은 공부한 학문, 그것이 경(經)이어도 좋고 사(史)여도 좋으며 농공과기(農工科技) 등 각종 학술을 포함한 모든 것에서 서로 통달하고 융회 관통할 수 있음을 말합니다. 게다가 사람 노릇 하고 처세에서도 분명히 알고 통달할 수 있기란 매우 어렵습니다.

맹자가 말했습니다. "천하에 도가 있을 때에는 도로써 몸을 따른다[天下有道, 以道殉身]." 이 '순(殉)'자는 자연스럽게 순종한다는 의미이니, '순장(殉葬)' 혹은 '순정(殉情)'으로만 생각해서는 안 됩니다. 천하에 최고 수준의 문화가 있을 때 인류는 '도'의 문화 속에서 완전히 자연스럽게 생활하면서 한평생 도의 자연스러운 덕성 가운데에서 살아갑니다.

그다음은 "몸으로써 도를 따른다[以身殉道]"라는 것입니다. "도로써 몸을 따르는" 것이 아닙니다. 시대와 사회가 혼란에 처하면 도덕이 사라지고 문화가 타락합니다. 일반인이 그런 시대를 살아가려면 생존을 위해 수단을 가리지 않고 서로 싸우고 오로지 이익만 도모합니다. 개인의 생명이 필요로 하는 것만을 돌아보아 이기적이 될 뿐, 도니 덕이니 하는 것은 챙길 겨를이 없습니다. 옛사람이 "뒤집힌 둥지에 어찌 온전한 알이 있으랴"라고 말한 것 같은 그런 상황에서는 도덕을 지닌 사람이 "황하 가운데 지주산[中流砥柱]"[55]이 되고자 해도 절대로 불가능합니다. 그래서 자고이래로 도가 혹은 유가의 유도지사(有道之士)들은 세상을 피하고[避世], 땅을 피하고[避地], 사람을 피하는[避人] 방식을 택했습니다. 산림에 은둔해 때를 기다리다가 다시 산을 나와 도를 펼쳤습니다.

---

55 지주산은 황하 가운데 버티고 서서 물살이 아무리 세게 흘러도 끄떡하지 않아서, 난세에도 의연하게 절개를 지키는 인물 또는 그러한 행위를 비유한다.

중국 오천 년 역사에는 비참하고 아픈 시기가 여러 차례 있었는데 역사를 읽어 보기만 해도 알 수 있습니다. 게다가 노자, 장자, 맹자 같은 성현들도 모두 혼란한 시대를 살았기 때문에 어쩔 수 없이 강학(講學)을 하고 도를 전했습니다. 그들은 혼탁한 물결이 거센 세상에서 어두운 길을 비추는 밝은 등불이 되어 후세에 도를 전했습니다. 땔나무가 다 타고 다른 땔나무에 불길을 전해 주듯이 도통(道統)이 끊어지지 않았는데, 이것이 바로 "몸으로써 도를 따르는" 정신입니다.

맹자가 말했듯이 예부터 도통을 전승했던 성현들에게는 오로지 두 갈래 길밖에 없었습니다. 하나는 태평성세에 천하에 도가 있을 때에는 "도로써 몸을 따른다"라는 것입니다. 또 하나는 천하가 혼란할 때에는 "몸으로써 도를 따른다"라는 것입니다. "도를 가지고 남을 따른다는 것은 들어보지 못하였다〔未聞以道殉乎人者也〕"라는 것은 이런 말입니다. 인류 사회의 사상, 교육, 물질문명이 어떻게 변하든지 막론하고 '도'의 문화 정신은 비록 볼 수 없고 만질 수 없어도 영원히 변함없이 존재합니다. 그렇기 때문에 빈부와 귀천에 상관없이 모두 이 '도'에 안주하고 우뚝 서서 움직이지 않습니다. 혼란스러운 시대와 각종 혼잡한 학술 때문에 자기 자신을 바꾸지 않으며, 다른 사람의 학설에 맹목적으로 부화뇌동하지도 않습니다. 만약 자신의 정견(正見)을 왜곡해서 시대의 기호에 영합한다면 그런 것을 '곡학아세(曲學阿世)'라고 부릅니다.

"공도자가 말했다. '등경이 문하에 있을 때에 예우할 바에 있을 듯한데도 그의 물음에 대답하지 않은 것은 어째서였습니까?'〔公都子曰: 滕更之在門也, 若在所禮: 而不答, 何也〕" 이것은 맹자가 말한 다섯 가지 교육 방법 가운데 '답문(答問)'에 해당합니다. 맹자의 학생 공도자가 언급한 등경이라는 이름의 사람은 작은 제후의 동생이었습니다. 후세에 말하는 친왕(親王)이니 고위층 자제였던 셈입니다. 등경이 맹자에게 어떤 질문을 했는데 맹자가 답을 하지 않았습니다. 그러자 공도자가 스승에게 물었습니다. "등경 역시 선생님의 학생입니다." 등경도 문하의 제자인데 "그가 선생님께 물었는데 선생님께서 대답하지 않은 것은 무엇 때문입니까?"

맹자가 말했습니다. 한 사람이 "귀한 신분을 믿고 묻다〔挾貴而問〕"라고 했는데 바로 맹자가 양 혜왕을 만났을 때 그의 말투 같은 것입니다. "노인장께서 천리를 멀다 여기지 않고 오셨는데, 또한 장차 내 나라를 이롭게 할 수 있겠습니까?〔叟, 不遠千里而來, 亦將有以利吾國乎〕" 영감, 당신이 이렇게 먼 곳까지 달려오다니, 내 나라에 무슨 좋은 일이 있겠소 하는 말입니다. 이것이 바로 "귀한 신분을 믿고 묻는" 것입니다. 맹자는 그 말을 듣고 그냥 넘어가지 않았습니다. "왕은 하필이면 이로움을 말씀하십니까?" 이를테면 부드럽게 거절한 것입니다.

어떤 사람은 "어짊을 믿고 묻습니다〔挾賢而問〕." 이런 일은 사회에서 종종 보게 됩니다. 어떤 사람은 자신이 수십 년간 수련을 해서 도를 지니고 있다고 생각하는데, 그는 모르는 문제를 다른 사람에게 가르침을 구하여 배운 후에는 스스로 고명한 체하면서 이렇게 말합니다. "당신이 말한 것은 내 의견과 비슷합니다."

또 어떤 사람은 "나이 많음을 믿고 묻습니다〔挾長而問〕." 자신이 나이가 많으므로 언제나 옳다고 생각합니다. 자신이 모르는 문제는 다른 사람에게 가르침을 청한 후에 거들먹거리며 수염을 쓰다듬으면서 말합니다. "그렇지, 그렇지." 마치 "네 녀석도 꽤 괜찮은데" 하고 말하는 것 같은 그런 것이 "나이 많음을 믿고 묻는" 태도입니다.

"공로가 있음을 믿고 묻습니다〔挾有勳勞而問〕." 이것은 신분이 높고 지위가 있는 사람에 대한 말입니다. 높은 지위에 많은 녹봉을 받는 사람은 공경 받는 것에 익숙하므로, 문제가 있어서 당신에게 질문할 때에도 마음속으로는 이미 당신을 얕보고 있습니다. 그런 상황이 "공로가 있음을 믿고 묻는" 것입니다. 당신은 웃으면서 대답하지 않거나 혹은 완곡하게 거절해도 됩니다.

또 "의도를 가지고 묻는〔挾故而問〕" 것도 있습니다. 다른 이유가 있어서 일부러 어떤 문제를 빌미로 당신에게 접근해 질문하는 그런 경우에도 내버려 두고 대답하지 않아도 됩니다.

맹자가 말했습니다. "이 다섯 가지 상황에서 질문하는 사람은 모두 문제가 있는 사람이다. 그런데 등경이 와서 질문한 것은 그 가운데 두 가지에 해당한다. 하나는 그가 고위층 자제라서 '귀한 신분을 믿고 물었고', 또 하나는 그가 다른 목적이 있어서 '의도를 가지고 물었기' 때문에 그에게 대답하지 않은 것이다."

여기에서 우리는 맹자의 인격을 볼 수 있습니다. 사도(師道)의 존엄성을 드러냈는데 공자에 비해서도 훨씬 더 엄격하게 보입니다. 공자는 가르침에서 부류가 없었는데 맹자는 따져서 선택하는 바가 있었습니다.

맹자가 교육, 문화 사상 및 태도 방면의 문제를 여기에서 일단락 짓고 이어지는 것은 또 다른 클라이맥스로 개인의 수양을 이야기합니다.

진보가 너무 빠르면 퇴보는 더 빠르다

맹자께서 말씀하셨다. "할 수 없는 일인데도 굳이 하는 자는 하지 않는 바가 없을 것이고[56], 두터이 할 것에 박하게 한다면 박하지 않은 것이 없을 것이다. 그 나아가기를 재빠르게 하는 자는 그 후퇴가 빠르다."

孟子曰: "於不可已而已者, 無所不已; 於所厚者薄, 無所不薄也. 其進銳者, 其退速."

맹자의 이런 글은 젊은이들이 보면 머리가 다 아플 것입니다. "할 수 없는 일이다[不可已]" "그런데도 굳이 하다[而已]" "하지 않는다[不已]"라고 하면서 두 마디 안에 이(已)가 세 개나 들어 있습니다. 그 나머지 글자는 대부분 허자(虛字)라서 그가 무슨 말을 하는지 알 수가 없습니다. 맹자의 이 두 마디를 현대 백화로 번역한다면 이런 말입니다. "어떤 사람들은 해 내지 못할 줄 뻔히 아는 일을 기어코 하려고 드는데 결국 엉망으로 만들어 버린다. 이런 태도를 계속 밀고 나간다면 감히 하지 않는 일이 없을 것이다." 이 말은 성격이 고집스러운 사람은 모든 일에 끝까지 고집을 부린다는 뜻입니다.

이처럼 고집스러운 성격이 때로는 사랑스럽기도 하지만, "두터이 할 것에 박하게 한다면 박하지 않은 것이 없는[於所厚者薄, 無所不薄也]" 잘못을 범하게 되어 경중후박(輕重厚薄)을 명확하게 구분하지 못합니다. 그런 성격이 결코 나쁜 것은 아니며 사람은 결점을 제외하고 나면 장점도 없습니다. 어떤 사람이든 자기만의 결점이 있는데 다만 그의 장점 역시 그러한 결점 위에 있습니다. 예를 들어 성실함은 장점이지만 성실한 사람은 융통성 없이 답답합니다. 답답한 것은 결점이지만 사람이 답답하지 않으면 성실하지 못합니다. 장점 역시 마찬가지인데 너무 지나치면 결점이 됩니다. 사람이 만약 총명함이 지나치면 교활해집니다. 그렇기 때문에 자기 장점과 결점을 잘 알고 경중후박도 명확하게 잘 구분한다면 결점도 장점으로 변하게 될 것입니다. 후하게 해야 할 때에는 후하게 하고 박하게 해야 할 때에는 박하게 하고 가볍게 해야 할 때에는 가볍게 하고 무겁게 해야 할 때에는 무겁게 하고, 그런 식으로 꼭 알맞게 잘 처리합니다. 그러므로 고집스러

---

56 저자는 "어불가이이이자, 무소불이(於不可已而已者, 無所不已)"를 "할 수 없는 일인데도 굳이 하는 자는 하지 않는 바가 없을 것이고"라고 해석하였다. 이 구절은 일반적으로 "그만두어서는 안 될 경우에 그만두는 자는 그만두지 않는 것이 없을 것이고"라고 해석한다.

운 성격이 안 되는 것은 아니지만 적당한 정도까지만 해야 좋습니다.

그리하여 맹자는 결론을 하나 내렸는데 천고에 변치 않는 철칙이기도 합니다. "그 나아가기를 재빠르게 하는 자는 그 후퇴가 빠르다[其進銳者, 其退速]." 진보가 너무 빠르면 물러나는 것도 반드시 아주 빠릅니다. 교육의 측면에서 말한다면 어떤 부모는 자식이 지나치게 총명하면 더 이상 아이를 총명하다고 여기지 않습니다. 나이를 뛰어넘어 앞으로 나아가게 하지 않고 차라리 두텁고 묵직함을 기르려고 합니다. 지식에서의 진보는 좀 느리더라도 아래를 향해 뿌리 깊고 두텁게 내려 건장한 신체를 길러내게 합니다. 그렇게 하지 않고 그를 '천재'로 여기고 교육하면 결국에는 아이를 갈림길로 내몰게 됩니다. 이것이 바로 진보가 너무 빠르면 퇴보는 더 빠르다는 이치입니다. 사업을 해도 그렇고 학문을 해도 그렇고 수련을 하면서 수양을 이야기하더라도 마찬가지입니다. 급하게 나아가기를 구해서는 안 됩니다. 너무 빠른 것은 좋은 일이 아닙니다. 급하게 나아가면 요행에 기대기 쉽고 요행히 얻은 것은 길게 보존하지 못하므로 반드시 수련을 통해 도달해야만 됩니다. 모든 일은 천천히 하고 "그 나아가기를 재빠르게 하는 자는 그 후퇴가 빠르다"라는 맹자의 명언을 기억해야 합니다. 현대의 청년들은 왕왕 "빠른 성취를 좋아하는" 잘못을 범하는데, 결국은 기초가 튼튼하지 못합니다. 붓글씨의 서법(書法)처럼 오로지 빠른 것만 추구했다가는 초서가 초서 같지 않고 조잡하고 서투른 글씨가 되어 버립니다. 그런데도 자신은 새로 만들어 낸 서법이라고 우깁니다. 만약 고대에 초서의 성인이라는 명예를 지녔던 미불(米芾)[57]이 보았다면 아마도 무릎을 꿇고 항복했을 것입니다.

---

57 북송(北宋) 시대 서법가(書法家)이자 관리, 화가이다. 서화(書畫)로 스스로 일가를 이루었는데, 개성이 강하고 예법에 구애받지 않고 자유롭게 행동했다.

마땅히 해야 할 일을 급선무로 여기다

맹자께서 말씀하셨다. "군자가 만물에 대해서는 사랑하기만 하고 인하지 않으며 백성에 대해서는 인하기만 하고 친하지 않는다. 친한 사람에게 친하게 하고서 백성에게 인하게 하고 백성에게 인하고 하고서 만물을 사랑하는 것이다."

孟子曰: "君子之於物也, 愛之而弗仁; 於民也, 仁之而弗親. 親親而仁民, 仁民而愛物."

이것은 중국 문화의 중심 사상인 '친친(親親)' '인민(仁民)' '애물(愛物)'의 세 단계입니다.

미국의 전 대통령 카터는 단상에 오르기만 하면 인도주의를 말했습니다. 그리하여 인도주의 구호가 미국에서 성행하기 시작했는데 서양의 일부 국가도 따라서 외쳤습니다. 하지만 얼마나 실행했습니까? 실행은 했습니까? 베트남 난민들이 바다 위를 표류할 때 외국 기선들은 멀찍이서 바라보다가 가 버렸습니다. 보기는 했지만 아랑곳하지 않았던 것입니다. 당시 대만의 기선과 어선이 그들을 구해 내어 팽호(澎湖) 섬에 안착시키고 생활할 수 있게 했습니다. 만약 외국에 가거나 혹은 외국인을 만나면 그들에게 말할 수 있습니다. 수천 년 이래 중국의 '인(仁)' 문화는 이미 '초인도(超人道)'적인 것이 되었다고 말입니다. 카터의 인도(人道)는 오직 사람을 본위로 한 것이고 자유주의적 개인의 입장이며 사람과 사람 사이의 것이지만, 중국 전통의 인도(仁道)는 "친한 사람에게 친하게 하고〔親親〕" "백성에게 인하게 하고〔仁民〕" "만물을 사랑하는〔愛物〕" 것입니다. 현재 미국인들이 부르짖는 인도주의는 개인의 입장에서 자유를 쟁취하는 것이니,

'친친(親親)'의 다음 단계인 '인민(仁民)' 가운데 하나의 소절(小節)일 뿐입니다.

그렇다면 맹자가 말한 '애물(愛物)'은 무슨 내용일까요? 이것은 사람이 동물, 식물, 광물도 포함한 만물에 대해 사랑하는 마음을 지녀야 한다는 말입니다. 이는 인의지인(仁義之仁)의 '인도(仁道)'이니 현대 서양인들이 말하는 '인도주의'와는 같지 않습니다. 비록 사랑하는 마음 역시 인심(仁心)에서 나오지만 아무래도 사람에게 인자한 것과는 다릅니다. 그래서 맹자는 "사랑하기만 하고 인하지 않다(愛之而弗仁)"라고 말했습니다. 그는 한걸음 더 나아가 인류에 대해서는 "인하기만 하고 친하지 않는다(仁之而弗親)"라고 말합니다. 사람과 사람 사이에서는 서로 사랑하고 인자하지만, 자신과 친밀한 사람에게 하는 것처럼 친근하지는 않습니다. 여기에 대해서는 앞에서 서술한 적이 있습니다. 공자와 석가모니가 물에 빠진 두 사람의 어머니를 구한다면 누구를 먼저 하고 누구를 나중에 할 것인가 하는 문제였습니다. "친한 사람에게 친하게 하고 백성에게 인하게 합니다(親親而仁民)."

유가의 인(仁)은 개인이 먼저 자신의 친한 사람에게 친하게 한 후에 대상을 확대하여 전 인류에까지 미치게 합니다. 이른바 "내 어버이를 공경하듯이 남의 어버이를 공경하고, 내 아이를 사랑하듯이 남의 아이를 사랑하는(老吾老, 以及人之老, 幼吾幼, 以及人之幼)" 이것이 바로 '인민(仁民)'입니다. 그런 후에 한걸음 더 나아가 '애물(愛物)' 합니다. 그러므로 수양은 자기 자신을 기초로 한 후에 그 범위를 넓혀서 천하에까지 미쳐야 하는데, 순서대로 천천히 해야 합니다.

맹자께서 말씀하셨다. "지혜로운 자는 알지 못함이 없으나 마땅히 힘써야 할 일을 급선무로 여기고, 인한 자는 사랑하지 않음이 없으나 현자를 친히

함을 급선무로 여긴다. 요순의 지혜로도 만물을 두루 알지 않음은 먼저 해
야 할 일을 급히 여겼기 때문이며, 요순의 인으로도 사람을 두루 사랑하지
않음은 현자를 친히 함을 급히 여겼기 때문이다."

孟子曰: "知者無不知也, 當務之爲急; 仁者無不愛也, 急親賢之爲務. 堯舜之
知而不徧物, 急先務也; 堯舜之仁不徧愛人, 急親賢也."

맹자가 말하기를 "지혜로운 자는 알지 못함이 없으나 마땅히 힘써야 할
일을 급선무로 여긴다〔知者無不知也, 當務之爲急〕"라고 했습니다. '무(務)'
는 당장에 꼭 해야 한다는 뜻이니 곧 '시무(時務)'입니다. 큰 지혜를 지닌
지자(智者)는 만법의 근원에 대해 알지 못하는 것이 없습니다. 그러므로
'지자(知者)'는 자신의 지능을 활용해서 수많은 사무를 처리할 때에 시간
상으로나 공간상으로 어떤 일이 가장 긴요한지 살펴보고 그 일을 먼저 해
야 합니다. 이것이 바로 "마땅히 힘써야 할 일을 급선무로 여김〔當務之爲
急〕"입니다.

예를 들어 폐허 위에 건설을 시작했는데, 만약 삼 개월 이내에 모든 것
을 동시에 완공하고자 한다면 한 가지도 제대로 해내지 못할 것입니다. 먼
저 길을 내고 전원을 연결하고 차례대로 해야 합니다. "인한 자는 사랑하
지 않음이 없으나 현자를 친히 함을 급선무로 여긴다〔仁者無不愛也, 急親
賢之爲務〕." 인한 자는 마음에 인자함을 품고 있어서 만물에 자비하고 모
든 사람을 다 사랑하지만, 이 역시 단번에 해내기는 어려운 일입니다. 처
음에는 도를 지닌 선비를 가까이해서 인한 마음이 생긴 후에 비로소 천하
를 구해 낼 수 있습니다. "요순의 지혜로도 만물을 두루 알지 않는다〔堯舜
之知而不徧物〕." 요순은 성인이지만 그들의 지혜와 능력으로도 단번에 천
하를 잘 다스리지는 못합니다. 성인이라도 "먼저 해야 할 일을 급히 여겨

야[急先務也]"하니, 먼저 무엇이 가장 중요한지를 자세히 살펴보고 마땅히 먼저 해야 할 일을 우선 합니다. "요순의 인으로도 사람을 두루 사랑하지 않음은 현자를 친히 함을 급히 여겼기 때문이다[堯舜之仁不徧愛人, 急親賢也]." 요순은 성인이라 지극히 어질고 자애로워 천하 사람들을 모두 사랑하지만, 그들 역시 단번에 천하 사람들을 골고루 보편적으로 사랑하지는 못합니다. 그래서 먼저 훌륭한 사람을 찾아내어 그들로 하여금 백성을 다스리고 교화하게 해야 합니다.

"삼년상은 잘하지 못하면서 시마복[58]과 소공복[59]은 살피며, 밥숟갈을 크게 뜨고 국을 흘려 마시면서 마른 고기를 이빨로 끊지 말라는 것을 따지는 것, 이것을 급선무를 모른다고 말하는 것이다."

"不能三年之喪, 而緦·小功之察; 放飯流歠, 而問無齒決; 是之謂不知務."

여기에서는 효도의 예절로부터 하나의 결론을 내리고 있습니다.

맹자가 말했습니다. "효도에 있어서 자녀 된 자가 자신을 낳아 준 부모를 위해 삼년상을 해서 부모가 삼 년 동안 안아 주었던 마음에 보답하지도 못하면서 도리어 몇 대 내려간 손자, 증손, 현손들에게 효를 지키라고 요

---

58 상례의 오복(五服) 제도에 따른 상복. 시마(緦麻)에는 삼 개월간 상복을 입는데, 이때의 상복을 시마복이라 하고 시마복을 입는 친족의 범위를 시마친이라 한다. 시마친의 범위는 위로 고조를 중심으로 한 후손, 아래로는 사대손 즉 팔촌까지를 망라하고 있다.

59 소공(小功)에는 오 개월간 상복을 입는데 이때의 상복을 소공복이라 하고, 소공복을 입는 친족의 범위를 소공친이라 한다. 소공친은 할아버지 형제의 내외(증조부·종조부·종조모), 아버지의 사촌형제 내외(종숙부·종숙모), 육촌형제(재종형제), 사촌형제의 아들(종질), 형제의 손자(종손) 등과, 외가로 외할아버지·외할머니·외삼촌·이모 등이 해당된다. 시집 간 여자의 경우는 남편의 형제, 남편 형제의 손자, 남편 사촌형제의 아들, 남편 형제의 부인(동서) 등이 소공친의 범위에 든다.

구하고 그들에게 왜 울지 않느냐고 책망한다." 사실 몇 대나 떨어진 사람은 세월이 그만큼 흘렀기에 슬픈 감정이 없어서 울음이 나오지 않습니다. 틀림없이 부모가 그들에게 울도록 시키는 것입니다.

맹자는 또 『예기(禮記)』「곡례(曲禮)」에서 말한 음식을 먹는 예를 인용하여 말했습니다. "밥숟갈을 크게 뜨고 국을 흘려 마시면서 마른 고기를 이빨로 끊지 말라는 것을 따진다〔放飯流歠, 而問無齒決〕." 손으로 밥과 반찬을 집어서 입으로 가져가고 국을 마실 때 '후루룩' 소리를 내고, 이렇게 음식 먹는 예의를 지키지 않는 것에 대해서는 따지지 않으면서, 다른 사람이 마른 고기를 씹을 때 치아에서 소리가 나면 치아가 빠지지나 않았는지 신경 쓰는 그런 것은 상관없는 일에 관심을 두는 것일 뿐입니다. 세상에는 수많은 사람들이 그러해서 신경 써야 할 일에는 신경 쓰지 않고 신경 쓰지 말아야 할 일에는 신경 씁니다. 이런 것이 모두 급하지 않은 일입니다. 현대의 많은 청년들이 가장 관심을 가져야 할 일은 자기 학업의 전도(前途)입니다. 그런데 거기에는 관심을 두지 않고 별 상관없는 일들에만 관심을 기울입니다.

방금 맹자가 언급한 '시마복〔緦〕' '소공복〔小功〕' '삼년상〔三年之喪〕'은 상제와 관련된 예절로, 중국 문화에서 아주 중요한 부분을 차지합니다. 맹자가 여러 차례 언급했을 뿐 아니라 『논어』에서 공자도 몇 차례 언급했습니다.

공자는 예악을 정리할 때 『예기』 가운데 「상복소기(喪服小記)」라는 장에서 그 문제를 별도로 기록해 놓았을 뿐 아니라 「곡례」 「단궁(檀弓)」 등의 편장에도 기술해 놓았습니다. 상사(喪事)의 예절을 대단히 상세하게 규정해 놓았는데, 상장(喪杖)의 굵기와 머리를 묶는 끈이나 비녀의 재료와 형상까지도 다 기록해 놓았습니다. 그것을 보면 고대에 상사(喪事)에 대한 안배와 예절이 대단히 엄격하고 정중했음을 알 수 있습니다.

이러한 기록은 읽을 때는 아주 번잡할 것 같지만 실제로는 그리 번거롭지 않으며, 후손의 가슴 아픈 감정과 존경심을 꼭 알맞게 표현할 수 있습니다. 형태상으로도 한 생명의 사라짐에 대한 가정과 친족 및 사회 인류의 애도를 잘 표현할 수 있습니다. 다만 후세 사람들이 "남에게 보여 주려는" 목적으로 많은 것을 덧붙이고 심지어 상사(喪事)를 거의 희사(喜事)로 변질시켜 버렸습니다. 문상 가는 것을 잔치에 가는 것같이 생각해서 그 기회에 사교를 나누고, 경제적으로는 더더욱 무의미한 낭비를 조성해서 사람들에게 욕을 먹습니다.

특히 이삼십 년 이래로 상례의 의식과 정신은 간소화라는 미명 아래 거의 완전히 사라졌습니다. 그러면서 행하는 것들은 바로 해서는 안 되는 낭비들입니다. 그러한 모습은 장례식장에서 볼 수 있을 뿐 아니라 큰 길의 장례 행렬도 사람으로 하여금 무어라 말해야 할지 모르는 감회를 느끼게 합니다. 부고(訃告)만 하더라도 상주가 직접 가서 친척들에게 알려야 비로소 예를 다하는 것이며, 알리지 말아야 할 곳에는 알려서는 안 됩니다. 지금은 직접 찾아가서 부고하는 예의는 갖추지 않고 수천수만의 돈을 낭비해 가면서 신문에 크게 부고를 싣습니다. 그런데 그런 부고를 보면 촌수, 상복까지 틀린 부분이 너무 많습니다. 말이 나온 김에 간단히 소개하겠습니다.

복상에 관하여

상복에는 다섯 종류밖에 없으며 이를 '오복(五服)'이라 부르는데 그 순서는 아래와 같습니다.

첫째, 참최(斬衰)입니다. 상을 지키는 기간은 삼 년이며 상복은 가장 굵고 거친 삼베로 만들고 아랫단과 옆 솔기를 꿰매지 않습니다.

둘째, 자최(齋衰)입니다. 상을 지키는 기간이 상복을 입고 지팡이를 짚는[杖期] 일 년 혹은 오 개월과 지팡이를 짚지 않는[不杖期] 육 개월입니다. 상복은 다소 거친 삼베로 만들고 옷의 끝단을 꿰맵니다.

셋째, 대공(大功)입니다. 상을 지키는 기간이 구 개월이며 상복은 거친 숙마포(熟麻布)로 만듭니다. (표백을 한 거친 삼베를 말합니다.)

넷째, 소공(小功)입니다. 상을 지키는 기간이 오 개월이며 상복은 다소 거친 숙마포로 만듭니다.

다섯째, 시마(緦麻)입니다. 상을 지키는 기간이 삼 개월이며 상복은 가는 숙마포로 만듭니다.

여기에서 '장기(杖期)'와 '부장기(不杖期)'는 바로 상장(喪杖)을 짚느냐 혹은 상장을 짚지 않느냐를 말합니다. 상장은 손으로 잡으면 엄지와 식지가 원을 만들 정도로 굵습니다. 그 길이는 무릎을 넘지 않는데 말하자면 종아리 정도입니다. 겉은 가시 형상의 흰 종이로 싸는데 사용하는 재료는 죽은 사람의 성별에 따라 다릅니다. 남성용은 저장(苴杖)이며 대나무로 만듭니다. 대나무의 둥근 모양이 하늘을 닮아 아버지를 의미하고 성질이 곧아서 사계절 내내 시들지 않으니 아버지에 대한 자식의 지극한 슬픔이 종신토록 지속됨을 나타냅니다. 여성용은 삭장(削杖)입니다. 오동나무를 가지고 네모 형상으로 깎아 만드는데 네모는 땅을 닮아 어머니를 의미합니다. 오동나무는 시간이 흘러 가을이 오면 시들어 떨어집니다. 모상(母喪)이 겉으로는 비록 부상(父喪)에 비해 덜하고 상복도 때에 따라 벗지만, 오동나무 속은 꽉 차 있으니 죽을 때까지 효심이 아버지에 대한 것과 같음[同][60]을 나타냅니다. 이것을 통해 의례는 세세한 것까지도 아무렇게나 정

---

60 '오동나무[桐]'와 '같다[同]'는 음이 같다.

해진 것이 아니라 깊은 의미와 일정한 상징이 있음을 알 수 있습니다.

그 외에도 지팡이가 한 종류 더 있는데 속칭 제미장(齊眉杖)이라고 부릅니다. 죽은 처의 상례에 남편이 사용하는 것인데 마찬가지로 오동나무로 만듭니다. 다만 지팡이의 길이가 눈썹과 가지런하도록 합니다. 그것은 동한 때 양홍(梁鴻)과 맹광(孟光) 부부의 거안제미(擧案齊眉) 고사가 만들어진 후에 생겨난 의례입니다. 그래서 제미장은 부부가 서로 존경함을 상징합니다. 부고에서 스스로를 '장기생(杖期生)'이라 칭한 것은 남편이 죽은 처를 위해 그런 '제미장'을 짚었음을 나타냅니다. 하지만 부모가 아직 살아 계시다면 그런 지팡이를 짚어서는 안 됩니다. 그러므로 부고에서 '부장기생(不杖期生)'이라는 문구를 보면 죽은 사람의 시아버지와 시어머니 혹은 그 중의 한 사람이 아직 건재하다는 사실을 알 수 있습니다.

그 밖에 두 종류의 특수한 복상(服喪)이 더 있는데, 하나는 '강복(降服)'이고 하나는 '반복(反服)'입니다. 이른바 '강복'은 형제 중에 동생에게 아들이 없어서 형이 자기 아들 하나를 동생에게 보내 대를 잇게 하는 것입니다. 그런 경우에는 그 아이의 생부가 죽은 후에도 상복을 입어야 합니다. 다만 삼 년의 참최상을 할 필요는 없고 일 년의 자최상으로 낮출 수 있어서 부고에 '강복자(降服子)'라고 칭합니다. 딸이 시집을 가도 강복입니다. '반복'은 지위가 높고 나이가 많은 사람이 지위가 낮고 더 젊은 사람의 상을 치르는 것입니다. 예를 들면 아버지가 장자(長子)의 기년상(期年喪)을 치르거나 중자(衆子)의 오 개월상〔五月喪〕을 치르는 것을 말하는데 부고에 '반복부(反服父)'라고 일컫습니다.

상복의 체제는 크게 여섯 부류로 나누어집니다. 첫째, 본종(本宗)[61] 구족(九族)은 오복(五服)을 시행합니다. 둘째, 처는 남편의 친족을 위해 상복을 입습니다. 셋째, 출가한 딸은 본종 친속을 위해 강복을 시행합니다. 넷째, 본생(本生)[62] 친속을 위해 강복을 시행합니다. 다섯째, 첩은 가장(家

長)⁶³의 친족 이내로 복상합니다. 여섯째, 외친(外親)⁶⁴을 위한 복상 등이 있습니다. 상복에 관한 상세한 규정은 『유학경림(幼學瓊林)』을 참고하면 됩니다.

---

61 성과 본이 같은 일가붙이를 말한다.

62 양자가 자기의 생가(生家)를 자칭하는 말이다.

63 법률상 첩과 남편의 관계는 가속(家屬)과 가장(家長)으로 본다.

64 모계(母系)의 겨레붙이를 말하는데 외조부모를 비롯해서 외숙부모, 외사촌형제, 외질 등이 이에 해당한다.

진심장구

하

성현의 사업

맹자께서 말씀하셨다. "인하지 못하구나, 양 혜왕이여! 인자는 그 사랑하는 바로써 사랑하지 않는 바에 미치고, 인하지 못한 자는 그 사랑하지 않는 바로써 사랑하는 바에 미친다."

공손추가 물었다. "무엇을 말함입니까?"

"양 혜왕이 토지 때문에 그 백성을 살이 터지도록 싸우게 하였다가 대패하였는데, 장차 다시 싸우려 하되 이기지 못할까 두려워, 그 사랑하는 자제를 내몰아서 여기에 희생시켰다. 이것을 일러 사랑하지 않는 바로써 사랑하는 바에 미친다고 한다."

맹자께서 말씀하셨다. "춘추에는 의로운 전쟁이 없었으니, 그 중에 저것이 이것보다 나은 것은 있다. 정이라는 것은 윗사람이 아랫사람을 정벌하는 것이니, 대등한 나라끼리는 서로 정벌하지 못하는 것이다."

孟子曰: "不仁哉, 梁惠王也! 仁者以其所愛, 及其所不愛: 不仁者以其所不愛, 及其所愛."

公孫丑問曰: "何謂也?"

"梁惠王以土地之故, 糜爛其民而戰之, 大敗; 將復之, 恐不能勝, 故驅其所愛子弟以殉之. 是之謂以其所不愛, 及其所愛也."

孟子曰: "春秋無義戰; 彼善於此, 則有之矣. 征者, 上伐下也; 敵國不相征也."

「진심」하편은 시작하자마자 중국의 인도(仁道) 철학에서 정치사상과 군사 사상의 큰 문제를 토론합니다.

첫 번째 "불인재, 양혜왕야(不仁哉, 梁惠王也)"라는 구절은 뒤 문장들의 제목에 해당합니다.

맹자는 양 혜왕과 제나라의 전쟁을 비판했는데 전쟁은 양 혜왕의 대패로 끝났습니다. 그 전쟁은 모두가 잘 알다시피 제나라의 명장 손빈(孫臏)과 그의 동학 방연(龐涓) 사이의 고사입니다. 당시 양 혜왕이 위(魏)나라 왕이었는데, 방연을 원수(元帥)로 삼아 군사를 일으켜 제나라를 공격했습니다. 제나라는 손빈을 장수로 기용하여 방어했으며 결국 위나라를 이겼지요. 방연이 이끄는 위나라 군사는 거짓으로 퇴각하던 손빈에게 유인당해 협곡 가운데로 들어섰는데, 양쪽에 매복했던 제나라 군사들이 일제히 활을 쏘자 도망갈 곳이 없어진 방연은 스스로 목숨을 끊었고 양 혜왕의 태자마저 포로가 되었습니다. 그 전쟁 이후 위나라는 어쩔 수 없이 대량(大梁)으로 천도하게 되었고, 그 때문에 위 혜왕이 양 혜왕으로 불리게 되었습니다. 『맹자』 책에서는 맹자가 양 혜왕을 만나는 것으로 시작되는데, 그것은 위나라가 이번 전쟁에서 대패한 이후였습니다. 여기 이 단락이 언제 말한 것인지는 확정짓기 어렵지만 맹자가 자신의 학생인 공손추에게 말한 것으로 보아 공손추가 제나라에서 벼슬을 할 때임이 틀림없습니다.

맹자는 양 혜왕이 '인도(仁道)'를 벗어났다고 비평했습니다. 인도를 실행하는 사람은 "그 사랑하는 바로써 사랑하지 않는 바에 미칩니다(以其所愛, 及其所不愛)." 즉 인자한 마음이 커서 사랑하는 사람과 사랑하지 않는 사람을 평등하게 대합니다. 사람은 모두 사사로운 마음을 지니고 있기 때문에 자기 사람을 편애하기 마련입니다. 인성이 본래 그러한데 비록 결점이기는 해도 잘못이라고 할 수는 없습니다. 그러나 그 사람이 성인의 왕도(王道)를 배우고자 한다면 마땅히 인성의 결점을 이해하고 더더욱 자신의 성격상의 결점을 바로잡아 자기 사람을 사랑하는 마음을 다른 사람들에게 미치도록 해야 합니다. 이것이 바로 성인의 인자(仁慈)의 도입니다.

하지만 인하지 못한 사람은 그와 반대로 "그 사랑하지 않는 바로써 사랑하는 바에 미칩니다(以其所不愛, 及其所愛)." 원래는 마땅히 해서는 안 되는 일인데도 개인의 욕망을 만족시키려고 침략을 해서 결국에는 가까운 사람도 큰 불행을 겪게 합니다. 그렇기 때문에 인하지 못하다고 하는 것입니다.

공손추가 맹자에게 물었습니다. "선생님께서는 양 혜왕이 가장 인하지 못하다고 하셨는데, 왜 그런 말을 하십니까?"

맹자가 말했습니다. "양 혜왕은 전쟁을 일으켜서 군사와 외교에서 모두 실패하였다. 그 때문에 화가 났고 토지를 쟁취하기 위해 '그 백성을 살이 터지도록 싸우게(糜爛其民而戰)' 하였다." '미란(糜爛)'이라는 말은 자기 국민의 생명과 재산을 지혜롭지 못하게 희생시켰다는 의미입니다.

민국 58년(1969년)에 강연 요청을 받아서 일본 동경에 가게 되었는데, 그 자리에 있던 일본 대학의 학장과 교수들에게 이렇게 말했습니다. "세상에서 가장 무서운 것이 두 가지 있는데 하나는 칼이고 하나는 돈입니다. 당신네 일본인들은 과거에 무력으로 세계를 정복할 수 있다는 꿈을 꾸었습니다. 그래서 침략 전쟁을 일으키는 큰 잘못을 범했고, 그 결과는 무조건 항복에다 거의 멸국(滅國)에 이를 뻔했지요. 전쟁이 끝난 후 이십여 년간 일본의 번영은 바로 중국인들이 해 준 것입니다. 중국의 삼천만 군인들이 피 흘려 희생한 것을 일본에게 복수하지 않고 또 배상을 요구하지도 않았기에 일본이 이 이십여 년 동안 재건하고 번영할 수 있었던 겁니다. 그런데 지금 일본은 또다시 꿈을 꾸고 있습니다. 경제 대국이 되어 돈으로 전 세계를 사고 싶어 합니다. 이러한 태도로 인해 일어날 재앙은 제이차 세계 대전의 재앙보다 훨씬 무서울 겁니다. 개인은 물론이고 가족도 권력이 너무 크고 돈이 너무 많으면 그것이 모두 자기에게 재앙이 됩니다."

양 혜왕 당시에도 그러했습니다. 전쟁에 패하자 복수하려고 온갖 수단을 동원해 다시 전쟁을 일으켰습니다. 패할까 두려워서 결국 자기가 가장 사랑하는 아들을 전쟁터로 보내 총사령관을 맡게 했지만 결과는 아들이 포로가 되고 군사가 전멸했습니다. 이것은 맹자가 직접 목도한 최고로 가치 없는 전쟁이었습니다. 제이차 세계 대전 때 일본은 중국을 침략함으로써 중국에 해를 끼쳤을 뿐 아니라 스스로도 피해를 입었습니다. 심지어 전 세계에 영향을 미쳐 오늘날 곳곳에 변란이 일어나는 국면을 조성했습니다. 그렇기 때문에 일본의 군벌이 가장 인하지 못하다는 것입니다.

맹자는 양 혜왕과 제나라의 전쟁을 비판한 후에 군사 철학적 관점을 하나 제시했습니다.

그가 말했습니다. "춘추에는 의로운 전쟁이 없었으니, 그 중에 저것이 이것보다 나은 것은 있다〔春秋無義戰: 彼善於此, 則有之矣〕." 춘추 오패(五霸) 이후 전국 시대에 이르기까지 각 제후국 사이의 전쟁 가운데 '의로운 전쟁〔義戰〕'은 없었습니다. 춘추 240년 사이에 "군주를 시해한 것이 서른여섯 번, 나라를 망하게 한 것이 쉰두 번"으로 공도(公道)와 정의(正義)를 위한 전쟁은 없었습니다. 중국의 상고 시대 정통 군사 사상은 함부로 전쟁을 일으키는 것에 반대했습니다. 단지 정의를 위해 부득이하게 일으키는 전쟁만 있지요. 그래서 중국의 '무(武)' 자는 지(止)와 과(戈) 두 글자의 합성입니다. 이른바 "전쟁을 멈추게 하는 것이 무이다[止戈爲武]"라는 말은 위무(威武)로써 무력을 남용하는 자를 막는다는 의미입니다. 이것이 바로 군사 사상에 관한 황제(黃帝) 자손의 기본 정신입니다. 노자는 "바름으로써 나라를 다스리고 기이함으로써 군사를 부리며 일하지 않음으로써 천하를 얻는다[以正治國, 以奇用兵, 以無事取天下]"라고 말했습니다. 또 "군사는 상서롭지 못한 도구이니 군자의 도구가 아니므로 마지못해서 그것을 써야 한다[兵者不祥之器, 非君子之器, 不得已而用之]"라고 말했습니다. 이것이 모두 "지과위무(止戈爲武)"의 정신입니다.

맹자는 이어서 말했습니다. "그 중에 저것이 이것보다 나은 것은 있다[彼善於此, 則有之矣]." 이 말은 마치 선종의 화두 같아서 "구슬이 쟁반 위를 구르는 것처럼[如珠之走盤]" 한계가 없으니 어떻게 해석하든 다 옳지 않고 또 다 옳습니다. 옛사람이 어떻게 해석했든 상관하지 말고 우리는 다방면으로 살펴보도록 하겠습니다.

"춘추에는 의로운 전쟁이 없었다[春秋無義戰]"라는 이 구절은 전체 문장의 요약에 해당합니다. 어쨌든 삼대(三代) 이후의 전쟁은 정의를 위해 싸운 적이 거의 없었습니다. 그러나 어떤 사람들은 역사를 알고 나서 제멋대로 활용합니다. 천하에 좋은 말은 다 하면서 나쁜 일도 다 하듯이 전쟁을 일으켜 놓고 입으로는 인의를 위해 싸운다고 말합니다. 마치 일본이 중국을 침략하던 그해, '대동아공영권' '대동아민족주의' '동문동종(同文同種)' 등의 구호를 외쳤지만 사실은 모두 거짓이고 그저 듣기 좋은 이론에 불과했던 것과 같습니다. 실제로는 그냥 침략이었습니다.

"춘추에는 의로운 전쟁이 없었다"를 달리 해석할 수도 있습니다. 본래 의로운 전쟁은 드뭅니다. 중국 조상 황제(黃帝)가 치우(蚩尤)를 정벌하고 민족 국가의 기초를 건립한 전쟁에 대해서도 후세 학자들은 의문을 품습니다. 의문을 품든 어떠하든 역사상 어느 전쟁이 진정으로 천하 공의를 위한 것이었습니까? "저것이 이것보다 나은데〔彼善於此〕"는 만약 두 방면을 모두 잘 활용할 수 있다면, 어쨌든 선과 악을 모두 활용할 수 있다면 어쩌면 억지로 한바탕 전쟁을 해 볼 수도 있습니다.

위의 어느 해석으로 비평을 하든지 양 혜왕의 이번 전쟁은 무도한 침략이었습니다.

맹자가 "춘추에는 의로운 전쟁이 없었다"라고 했지만 그렇다고 해서 전쟁에 절대적으로 반대한 것은 아니었습니다. 만약 정의를 위한 전쟁, 인의를 위한 전쟁이라면 그것은 "어쩔 수 없어서 사용하는" 것으로 마땅히 해야 할 전쟁입니다. 그러나 사사로운 욕심을 위해, 타인을 집어삼키고 침략하기 위해 일으킨 전쟁은 의롭지 못한 전쟁으로 도리에 맞지 않으니 마땅히 반대해야 합니다.

그는 또 말했습니다. "정이라는 것은 윗사람이 아랫사람을 정벌하는 것이니, 대등한 나라끼리는 서로 정벌하지 못하는 것이다〔征者, 上伐下也; 敵國不相征也〕." 이것은 춘추필법(春秋筆法)으로써 '정(征)'의 문제를 말한 것입니다. 이른바 '정(征)'이란 맹자가 중국 문화의 전통적인 정의(定義)를 이해한 바에 의하면 "윗사람이 아랫사람을 정벌하는 것〔上伐下也〕"이니, 위에서 아래를 공격하는 것을 '정'이라고 부릅니다. 예를 들면 어떤 지역에 도적이 생겼거나 혹은 두 지역 사이에 전투가 일어난 것을 보고 중앙정부에서 군사를 보내 도적을 소탕하거나 지역의 전투에 관여해서 저지하는 것이 '정'입니다. 아래에서 잘못하는 것을 위에서 발견하고 군사를 보내 무력으로 바로잡거나 관여해서 저지하는 경우 혹은 무력을 사용해서 지역의 분쟁과 잘못을 해결하는 것 역시 '정'입니다. 이것이 '정'의 첫 번째 원칙입니다.

두 번째 원칙은 "대등한 나라끼리는 서로 정벌하지 못한다[敵國不相征也]"라는 것입니다. 이 '적국(敵國)'의 '적'은 원수가 아니라 평등하게 서로 대립한다는 의미입니다. 예를 들어 고문(古文)에서 "부부위적체(夫婦爲敵體)"라고 말한 것은 한 쌍의 부부가 원수가 되어 이혼한다는 말이 아니라 부부 쌍방은 서로를 평등하게 대한다는 말입니다. 제나라와 노나라는 모두 주(周) 천자의 분봉을 받은 제후로서 지위도 같고 작위도 똑같이 공작(公爵)이었습니다. 게다가 인구도 엇비슷하고 영토도 어금버금했으니, 둘은 평등한 형제의 나라로 '적국(敵國)'으로 일컫습니다. 그런 두 나라는 "서로 정벌[相征]"해서는 안 되고 마땅히 평화롭게 지내야 합니다. 상대가 우리 측에 미안한 일을 하지 않고 침략하지 않는다면 군사를 보내 상대방을 공격해서는 안 됩니다. 양 혜왕이 군사를 보내 제나라를 공격한 것은 타당한 이유가 없었습니다. 당시 제나라와 위나라는 각기 독립된 국가로 작은 원한은 혹시 있을지 몰라도 큰 원한은 없었기 때문입니다. 양 혜왕(당시는 위 혜왕이었습니다)은 어떤 상황이어야 군사를 보내 제나라를 공격할 수 있을까요? 제나라가 큰 잘못을 범했다면 중앙의 주 천자가 명령을 내려 제후들의 연맹을 소집해야 정벌할 수 있습니다. 지금 제나라와 위나라는 '적체(敵體)'의 나라이고 위나라는 중앙 정부의 명령을 받지도 않았는데, 어떻게 제멋대로 군사를 보내 제나라를 공격할 수 있습니까?

사실 춘추에서 전국까지 각국의 제후들은 중앙의 주 천자를 안중에 두지 않았습니다. 춘추의 오패와 전국의 칠웅은 제후국 사이의 상호 공격을 스스로 '출정(出征)'이라고 칭했습니다. 그것은 전통문화에서 정의하던 '정(征)'의 의미를 왜곡한 것이었습니다. 후세에도 마찬가지로 '정(征)'의 명의(名義)를 틀리게 사용해 잘못된 관념을 만들어 냈는데, 그로 인해 하나의 사상을 낳게 되었습니다. 예를 들어 후세의 국제 전쟁은 전투에 앞서 미리 상대방에게 통지해야 합니다. 어떤 잘못을 범했으니 기한 안에 고쳐라, 그렇게 하지 않으면 무력으로 대응할 것이다 하는 식입니다. 현대에는 그것을 '최후통첩'이라고 부르는데 음역(音譯)하면 '얼티메이텀[哀的美敦]'입니다. 그래도 고치지 않으면 마침내 전쟁을 선포합니다. 그런 것을 중국에서는 전서(戰書)라고 불렀습니다. 그런 후 전투를 벌였고요. 제이차 세계 대전 때 일본이 중국을 침략한 전쟁은 선전포고도 하지 않은 전쟁이었습니다. 그리고 제이차 세계 대전 이후에 아시아, 중동, 아프리카 등지에서 발생한 국제 전쟁이 모두 선전포고도 하지 않은 전쟁이었습니다.

전쟁의 이치를 이야기하자면, 그런 침략 전쟁을 일으킨 자는 그 당시에 얼마나 강했는지 상관없이 최후에는 역사 기록에 좋은 결과가 없습니다. 하지만 이 이치에도 여전히 문제가 있습니다. 어쩌면 어떤 사람이 그런 질문을 했기 때문에 맹자가 다음과 같이 대답했는지도 모릅니다.

역사는 읽기 어렵다

맹자께서 말씀하셨다. "사서[65]의 내용을 모두 믿는다면 사서가 없는 것만 못할 것이다. 나는 「무성」 편에서 두세 책을 취할 뿐이다. 인한 사람은 천하에 대적할 사람이 없다. 지극한 인으로 지극히 불인한 사람을 정벌하였는데, 어찌 그 피가 절굿공이를 떠다니게 하는 일이 있었겠는가."

孟子曰: "盡信書, 則不如無書. 吾於「武成」, 取二三策而已矣. 仁人無敵於天下; 以至仁伐至不仁, 而何其血之流杵也!"

맹자가 말하기를 역사의 기록은 결코 다 믿을 만하지는 않다고 했습니다. 저는 늘 말합니다. "역사의 기록에서 인명, 지명, 시간은 모두 진짜이

지만 수많은 사실은 오히려 왜곡되었다. 반면에 소설의 서술은 인명, 지명, 시간이 모두 허구이지만 이야기는 오히려 사실이다. 이것이 역사와 소설의 다른 점이다." 정사(正史)는 때로 역사의 다른 일면을 기록하기 때문에 읽기 어렵습니다. 예를 들어 『춘추(春秋)』를 읽으려면 『춘추』 전부를 다 읽고 반복해서 연구해야만 비로소 공자가 『춘추』를 쓴 정신과 역사적 배경을 찾아낼 수 있습니다. 또 사마천이 춘추필법을 모방해서 쓴 『사기』 역시 아주 읽기 어렵습니다. 그 가운데 한 고조와 항우의 전기를 보면 그 두 사람의 좋은 면을 정말로 잘 써 놓았고 단지 약간의 결점만 지니고 있을 뿐입니다. 그런데 진짜 좋지 않은 면은 다른 사람의 전기에 써 놓았습니다. 그러므로 『사기』를 다 봐야만 비로소 이해할 수 있습니다. 단 한 편만 보거나 혹은 몇 편만 봐서는 전모를 이해할 수 없습니다. 역사를 제대로 이해하지 못하는 것은 물론입니다.

후세의 역사도 다 그렇습니다. 예를 들어 사람들은 모두 한 고조 이후로 당 태종이 가장 영명한 황제라고 말합니다. 『정관정요(貞觀政要)』를 읽어 보면 당 태종은 확실히 훌륭한 황제라는 생각이 듭니다. 하지만 제가 아주 사소한 예를 들어볼 터이니 당 태종이 훌륭한지 아닌지 한번 보십시오! 어떤 사람이 당 태종을 오랫동안 추종했습니다. 물론 공로도 세웠습니다. 그런데 웬일인지 당 태종은 그를 좋아하지 않았습니다. 어느 날 그 사람이 말했습니다. "사람은 운명에 기대기 마련인데 어느 날에나 제 운이 좋아 질지 모르겠습니다." 그러자 당 태종이 두 마디 명언을 던졌습니다. "대여 심긍일, 시여운통시(待予心肯日, 是汝運通時)." 이 몸이 언젠가 너를 흡족해할 때가 되어야 네 운이 트일 것이라는 말입니다. 놀랍게도 이것이 황제

---

65 고서에서 서(書)는 일반적으로 『서경(書經)』을 가리키므로, 이 구절은 "『서경』의 내용을 모두 믿는다면 『서경』이 없는 것만 못할 것이다"라고 해석한다. 하지만 본문 내용에 반영된 저자의 뜻에 따라 사서(史書)로 옮겼다.

가 된 사람이 했던 말입니다! 돈과 권세를 지닌 사람의 심리 상태를 넉넉히 보여 주는 말입니다. 이 두 마디를 듣고 나면 당 태종의 모든 장점을 다시 판단해야 하지 않을까요?

당 태종이 과거 제도를 설립했던 것도 한번 살펴보겠습니다. 첫 번째 과거 시험 후에 그는 높은 단상에 서서 합격한 선비들의 조현(朝見)을 받았습니다. 선비들이 만세를 외치자 그는 기뻐하면서 이렇게 말했습니다. "천하 영웅들이 다 내 사정거리 속으로 들어왔구나〔天下英雄盡入吾彀中〕." 그 뜻은 이렇습니다. "내가 올가미를 설치해 뒀는데 천하 영웅들이 모두 그 안으로 떨어져 내 바구니에 갇혔으니 이제부터는 마음대로 주무를 수 있겠구나." 그의 말을 들어보면 정이 가는 구석이 조금도 없습니다. 패업을 성취했을 뿐 성군의 도덕이 없으니 요순 같은 맛은 찾아볼 수도 없습니다. 역사를 다 읽어 봐도 어느 제왕인들 그렇지 않은 사람이 있습니까? 이것이 바로 "사서의 내용을 모두 믿는다면 사서가 없는 것만 못할 것이다〔盡信書, 則不如無書〕"입니다.

맹자는 왜 여기에서 불쑥 그런 이치를 집어넣어 이야기한 것일까요? 그는 위에서 "춘추에는 의로운 전쟁이 없었다"라고 말한 다음 바로 이어서 '정벌(征伐)'을 말했습니다. '정(征)'은 "윗사람이 아랫사람을 정벌하는" 전쟁뿐이니 마음대로 '정'이라는 말을 사용해서는 안 된다고 했습니다. 당시 전국 시대 제후들은 함부로 출병하여 서로 침략하면서 '정벌'이라고 했는데 그래서는 안 되는 것이었습니다.

그때 어쩌면 누가 맹자에게 이렇게 물었는지도 모릅니다. "상탕(商湯)이 하걸(夏桀)을 공격하고 주 무왕이 출병하여 은주(殷紂)를 친 것은 아랫사람이 윗사람을 치는, 부하의 쿠데타가 아니었습니까? 왜 역사에서는 그들을 정벌이라고 칭해서 탕이 걸을 정벌하고 무가 주를 정벌했다고 말합니까? 주왕이 비록 나쁘기는 했어도 부하 된 자가 그를 무너뜨릴 차례는 아니었습니다. 게다가 역사의 기록을 보면 주 무왕이 주왕을 칠 때 흘렸던 피가 절굿공이를 떠다니게 할 수 있었다고 합니다. 흘린 피가 강을 이루게 했다니 얼마나 많은 사람을 죽였다는 말입니까. 그런데도 주 무왕을 인자(仁者)의 스승이라고 말합니까!"

그 질문에는 맹자도 뭐라 대답할 방법이 없어서 그저 수염을 쓰다듬으면서 "사서의 내용을 모두 믿는다면 사서가 없는 것만 못하다"라고 말할 뿐이었을 것입니다. 때로는 역사의 기록이 하나의 일을 지나치게 과장한 곳이 있기 마련입니다. 하지만 그것을 뒤집어보면 『맹자』를 다 읽고 나서 맹자에게 "당신의 말을 모두 믿는다면 당신을 믿지 않는 것만 못하다"라고 말할 수도 있습니다. 그렇기 때문에 역사는 참으로 말하기 어렵습니다.

이런 측면에 관해 우리는 몇 가지 사례를 들어 연구해 볼 수 있습니다.

첫 번째 예는 사마천의 『사기』입니다. 사마천은 주 무왕이 군사를 일으켜 주왕을 칠 때를 기록하면서, 주 문왕이 강태공을 찾아가 그 일을 의논한 것에 대해 '음모수덕(陰謀修德)'이라는 네 글자를 사용해 정론(定論)을 내렸습니다. 그 말은 문왕과 강태공 두 노인네가 함께 음모를 꾸민 연후에 비로소 무왕이 군사를 일으켰기 때문에, 무왕이 주왕을 정벌한 것은 사전에 계획이 있었던 것으로 그렇게 간단한 문제가 아니라는 뜻입니다. 이 '음모(陰謀)'라는 두 글자가 바로 춘추필법입니다. 미언대의(微言大義)는 『사기』를 다 읽어야만, 게다가 자세히 읽어야만 발견할 수 있습니다. 그 두 글자가 바로 문왕, 무왕, 강태공에 대한 정평(定評)입니다.

나중에 명대에 이르러 어떤 스님이, 바로 선종의 연지(蓮池) 대사였는데 노래 한 편을 쓰고는 제목을 '칠필구(七筆勾)'라 붙였습니다. 그는 『사기』 전편을 읽었는데 '음모수덕'이라는 이 부분을 읽고서 문왕, 무왕, 강태공 등에 대해 성(聖)이니 현(賢)이니 하는 말을 모두 지워 버렸습니다. 그래서 사마천은 『사기』를 완성한 후에 이렇게 큰소리를 쳤습니다. "명산에 감추어 두었다가 내 책을 알아볼 그 사람에게 전할 것이다〔藏之於名山, 傳 之於其人〕." 이 말은, 내가 쓴 글은 너희들이 봐도 이해하지 못하지만 결국 에는 이해할 사람이 있을 것이다 하는 뜻입니다. 이것은 사마천이 동시대 의 그 사람들을 무시한 것이니, 그 사람들은 자신이 글 속에 담아둔 역사 철학을 알아차리지 못할 것이라고 생각했습니다.

또 한 사람이 더 있었습니다. 바로 위로는 천문에 통하고 아래로는 지리 에 통했던 소강절(邵康節)입니다. 그는 평생 벼슬을 하지 않았는데 그에게 는 두 구의 명시가 있습니다. "요순의 읍양은 석 잔의 술이요, 탕무의 정 벌은 일 국의 바둑이로다〔唐虞揖讓三杯酒, 湯武征誅一局棋〕." 이런 말입니 다. "요 임금은 나이가 들자 황제 자리를 순 임금에게 넘겨주었고 순 임금 은 늙자 황제 자리를 우 임금에게 넘겨주었는데, 그들이 지위를 넘겨주고 나라를 양보한 것은 화목한 인수인계였습니다. 하지만 상나라와 주나라 의 정벌은 바둑을 두는 것과 같았습니다." 소강절은 역사를 그렇게 생각 했습니다. 인생은 흘러가면 그뿐이기 때문에 소강절은 끝내 세상에 나와 벼슬살이를 하지 않았습니다. 그런데 우리는 이 시를 오해해서는 안 됩니 다. 이 시는 결코 소탈하지 않습니다. 무한한 피눈물을 머금고 있지요. 간 단히 말해 "요순의 읍양은 석 잔의 술이요" 즉 요순은 예의 바르게 물러나 면서 자리를 양보하는 것이었지만, "탕무의 정벌은 일 국의 바둑이로다" 즉 탕무는 미리 계획하고 모의한 것이었다는 말입니다. 이것이 바로 분명 하고 진정한 소강절의 뜻이었습니다. 제가 일부러 트집을 잡는 것이 절대 아닙니다. 책을 읽을 때에는 많이 읽기도 해야 하지만 읽은 내용에 관통해 야만 그 속의 이치를 찾아낼 수 있습니다. 그러지 않으면 소강절의 아름답 고 오묘한 문자에 속아 넘어가서, 그가 워낙 소탈한 나머지 역사상 인물들 을 모두 칭찬하고 그처럼 거창한 큰일을 '석 잔의 술' '일 국의 바둑'이라 고 표현했다고 생각할 것입니다. 만약 정말로 그렇게 생각한다면 소강절이 관 속에서 웃을 것입니다.

소강절은 북송 말기 사람으로 모르는 것이 없었습니다. 그는 낙수 다리 위에서 두견새 울음소리를 듣더니 장차 천하가 크게 어지러울 것이라고 했습니다. 그러고는 아들에게 낙양에서 사천으로 이사하라고 했지요. 그가 지적한 것은 지기(地氣)였습니다. 우주 사이에는 기세가 있는데 그 기세가 남에서 북으로 움직이면 천하는 반드시 어지럽고, 반대로 북에서 남으로 움직이면 천하가 다스려진다고 했습니다. 자고이래로 산동(山東)에서는 재상이 나오고 산서(山西)에서는 장수가 나오는데 그것이 모두 지기와 상관있습니다. 송조(宋朝)는 개국 후 얼마 지나지 않아 남쪽 사람인 왕안석이 재상이 되었는데 과연 천하의 난국이 시작되었습니다. 당시 낙양에서 두견새가 운 것은 바로 지기가 남에서 북으로 움직일 징조였습니다.

소강절은 북송 말기의 인물로, 일찍이 이 국가와 민족의 정세 변화를 예측한 적이 있는데 오늘 이후의 시대까지 예언했습니다. 그런데 오늘 이전의 역사 변천은 이미 그의 예언이 모두 맞아떨어졌습니다. 당시 절친한 친구가 그에게 앞으로 송의 정세가 어떠할지를 물었는데, 그는 한마디도 대답하지 않고 집으로 돌아와서 『진서(晉書)』를 그 친구에게 보냈습니다. 우리가 알다시피 진(晉)은 동진과 서진으로 나뉘었습니다. 송나라도 나중에 북송과 남송으로 나뉘었을 뿐 아니라 남송과 북송의 형세는 동진과 서진의 상황과 거의 같았습니다. 하지만 그는 송나라 사람이었기에 그 사실을 분명히 말할 수 없었습니다. 만약 말했다가는 목이 잘릴 것이기 때문에 『진서』를 이용해 강렬하게 암시하는 수밖에 없었습니다. 그의 뜻을 알아차린 사람은 마음속에 계산이 설 터이고, 알아차리지 못한 사람은 둔재임을 자인하는 수밖에 없습니다.

그래서 저는 그의 시에 이런 각주를 붙였습니다. "요순의 읍양은 석 잔의 술이요" ― 예의 바르게 물러나면서 양보한 것이며, "탕무의 정벌은 일

국의 바둑이로다" ― 미리 모의하고 계획한 것이다.

어떤 학생이 맹자에게 물었습니다. "'윗사람이 아랫사람을 정벌하는 것'이 '정(征)'이라면, 탕무(湯武)가 걸주(桀紂)를 무너뜨린 것은 명명백백 아랫사람이 윗사람을 반역한 것인데 역사에서는 어떻게 '탕무가 정벌했다(湯武征誅)'고 말할 수 있습니까?" 맹자는 이 질문에 대해 "사서의 내용을 모두 믿는다면 사서가 없는 것만 못하다"라는 변명을 하는 수밖에 없었습니다. 제가 맹자였더라도 교육자의 입장에서 변명할 방법을 생각하지 않을 수 없었을 것입니다. 그것이 바로 종교가와 교육자의 고충입니다. 나쁜 면이 있음을 분명히 알고 있어서 드러내고 싶지 않았는데, 드러난 후에는 또 그것을 되돌려 놓아야 합니다.

"탕무정주(湯武征誅)"라는 네 글자의 역사 기록은 후세에 관용어가 되어 탕무의 혁명을 정벌이라 여기게 만들었습니다. 그리하여 옛사람이 이 두 글자를 사용한 본의가 탕무의 조치를 꾸짖는 데 있었다는 사실을 잊어버렸지만, 실은 그런 것이 바로 춘추필법입니다. 가령 "정백이 언에서 단을 죽였다(鄭伯克段於鄢)"에서 '극(克)' 자를 사용해 정나라 장공(莊公)을 꾸짖은 것도 같은 이치입니다. 그러나 중국 문화에는 이런 말이 있습니다. "삼대 이전은 오로지 명성을 좋아하는 것을 두려워했고, 삼대 이후는 오로지 명성을 좋아하지 않는 것을 두려워했다(三代以上, 惟恐其好名, 三代以下, 惟恐其不好名)." 삼대 이전에 명성을 좋아하는 사람이라면 그 사람은 하지 않는 바가 없었을 것입니다. 삼대 이후에 명성을 좋아하는 사람이라면 그 사람은 노력해서 훌륭한 사람이 되고 훌륭한 관리가 되어 역사에 이름을 남기고 싶어 했을 것입니다. 사람들이 그런 목표를 향해 달린다면 사회는 비교적 안정됩니다. 동일한 이유로 삼대 이전의 '정주(征誅)'에 대한 관점은 옳았습니다. 하지만 삼대 이후로는 무공(武功)에 기대어 천하를 다스리고 성덕(盛德)을 완성했습니다.

그런 이치는 청의 공정암(龔定盦)을 생각나게 합니다. 그는 성격이 괴팍했지만 강유위(康有爲), 양계초(梁啓超)부터 현대의 수많은 사람들에 이르기까지 사상 학설에서 모두 그의 영향을 받았습니다. 그의 아들도 괴팍하고 그의 시도 괴팍했습니다. 역사 철학에 관한 시를 한 편 보겠습니다.

젊은 시절 비록 탕무를 무시했지만	少年雖亦薄湯武
진시황과 한 무제는 무시하지 않겠네	不薄秦皇與武皇
생각해 보게 영웅도 늘그막에는	設想英雄垂暮日
따뜻하고 부드러운 곳에 안주하지 어디에 안주하겠는가	溫柔不住住何鄕

시의 의미는 이러합니다. "지금까지는 줄곧 상탕과 주 무왕이 전문적으로 거짓말을 해서 다른 사람의 천하를 빼앗았다고 무시했었다. 하지만 진시황과 한 무제에 대해서는 그렇게 하지 않을 것이다. 삼대 이후로는 왜 그런 웅재(雄才)가 있으면 안 되는가. 중국의 영웅은 마땅히 그런 웅재의 큰 책략을 지녀야 한다. 사람들은 진시황이 수많은 궁녀를 거느렸고 한 무제는 늙어서도 많은 비를 두었다고 비판하지만 사실 그것이 뭐 그리 기이한 일이겠는가. 대영웅도 말년에 이르러 사업이 성공하고 달리 할 일이 없으면 따뜻하고 포근한 고향에 가서 잠이나 자야지, 어디로 가서 시간을 보내라는 말인가."

진시황과 한 무제 두 사람은 말년에 단약을 구해 신선이 되려고 했습니다. 후세에 어떤 사람은 그들이 잘못했다고 말하지만 세상에 어떤 사람이 몇 년이라도 더 살려고 하지 않겠습니까? 어떤 사람이 일찍 죽고 싶겠습니까? 게다가 단약을 구하는 일은 황제들이나 시도해 볼 수 있지 일반인들은 어림도 없습니다. "영웅은 물러나는 길에 신선이 된다[英雄退路作神仙]"라고 했습니다. 영웅이 영웅 노릇을 그만두고 물러나면 신선이 되는 것도 마땅하지 않습니까.

이와 같은 기괴한 역사관 또한 역사에 대한 평론이요 성인에 대한 회의(懷疑)인 셈입니다.

그러니 고개를 돌려서 보면 천하를 잘 다스린다는 것은 음모가 아닌 것이 하나도 없습니다. 그런 까닭에 맹자는 여기에서 주 무왕을 한번 구해 줄 수밖에 없어서 "사서의 내용을 모두 믿는다면 사서가 없는 것만 못하다"라고 말한 것입니다. "『주서(周書)』「무성」편에 기록된 일은 과장된 부분이 많아서 그 중 '두세 책[二三策]'만 믿을 만하고 그 나머지는 믿을 만하지 못하다." 책(策)은 상고 시대에 죽간에 쓴 책의 명칭으로 '책(冊)'자와 통합니다. "'목야에서 만나 결전을 벌이는데 군사들을 대적하지 못하였다. 선봉에 선 군사가 창을 거꾸로 들고 뒤에 있던 자기편을 공격하여 달아나게 하니, 피가 강물처럼 흘러 절굿공이가 떠다녔고, 우리 왕이 한 번 군복을 입자 천하가 크게 안정되었다[會於牧野, 罔有敵於我師, 前徒倒戈, 攻於後以北, 血流漂杵, 一戎衣天下大定]' 같은 말도 문제가 있다. 인한 사람이라면 자연히 '천하에 대적이 없을[無敵於天下]' 것이며, 당시 무왕이 출병하여 주왕을 공격한 것은 완전히 대자대비한 마음에서 천하 사람들을 구제하기 위한 전쟁으로 '지극한 인으로 지극히 불인한 사람을 정벌한' 것이었는데, 어떻게 흘린 피가 강물을 이루어 절굿공이를 떠다니게 했겠는가?"

사실 전쟁이 일어나면 그렇게 피를 많이 흘리는 것도 흔한 일입니다. 그런데 맹 선생께서는 그런 일이 있을 수 없다고 하면서 「무성」편이 너무 과장해서 묘사했다고 말했습니다. 우리는 그저 맹 선생이라는 이 성인께서 정말로 애쓰신다는 말밖에는 할 수 없습니다.

"나는 「무성」편에 대해 두세 책을 취할 뿐이다[吾於「武成」, 取二三策而已矣]"라는 맹자의 말에서 근대사의 한 가지 일이 생각나는데, 이 이치를 설명해 줄 수 있을 것입니다.

태평천국의 난에서 증국번(曾國藩), 증국전(曾國荃)의 잘 훈련된 군대는 청 조정을 위해 출전하여 구 년을 싸웠습니다. 증국전이 태평천국의 수도였던 남경을 함락한 후에 증국번의 오랜 친구였던 왕개운(王闓運)이 호남(湖南)의 고향으로 돌아와서 『상군지(湘軍志)』라는 책을 썼습니다. 그 책에 기록된 것들 가운데 많은 부분이 증국번 형제로서는 자못 난감한 내용이었습니다. 게다가 그 일은 허구가 아니었습니다. 예를 들어 그 속에 이런 내용이 있습니다. 증국전이 호남으로 돌아온 후의 일이었는데, 어떤 사람이 병이 났는데 약 처방에 인삼이 필요했습니다. 그런데 그 큰 장사성(長沙省) 일대를 다 돌아다녀도 인삼을 구하지 못했습니다. 부족한 원인을 알아보았더니 증국전 집안에서 인삼이 필요해서 하룻밤 사이에 장사성의 인삼을 몽땅 사들였다는 것이었습니다. 그처럼 부귀를 누리던 시절의 기상과 이런저런 사정들이 모두 쓰여 있었습니다. 왕개운이 비록 증씨 집안과는 오랜 친구 사이였지만 사가(史家)의 정신으로 그런 부류의 일을 조금도 거리낌 없이 전부 썼습니다. 증국번은 동생에게 보내는 편지에 이런 시를 썼습니다.

왼쪽엔 공덕 새긴 종명, 오른쪽엔 비방의 글	左列鐘銘右謗書
인간 세상은 도처에 좋고 나쁨이 함께 있다네	人間隨處有乘除
머리 숙여 도양열에게 절해야 하리니	低頭一拜屠羊說
세상만사는 뜬구름이 허공을 지나감일세	萬事浮雲過太虛

그는 동생에게 왕개운의 책을 문제 삼지 말라고 했는데, 실제로도 감히 문제 삼을 수 없는 일이었습니다. 역사가의 그런 글은 저항할 방법이 없습니다. 그러므로 큰일을 하고자 하면서 역사상 정의의 목소리를 표방하는 것도 가히 존경할 만한 일입니다.

보아하니 머리를 깎는 사람은
남이 또 그 머리를 깎는구나

맹자께서 말씀하셨다. "어떤 사람이 말하기를 '내가 진을 잘 치며 내가 전쟁을 잘한다' 하면 그는 큰 죄인이다. 군주가 인을 좋아하면 천하에 대적할 자가 없다. 남쪽을 향하여 정벌함에 북쪽 오랑캐가 원망하며, 동쪽을 향하여 정벌함에 서쪽 오랑캐가 원망하여 '어찌하여 우리를 뒤에 정벌하는가?' 하였다. 무왕이 은나라를 정벌할 때에 혁거가 삼백 양이었고 호분이 삼천 명이었는데, 왕이 말하기를 '두려워하지 말라. 너희들을 편안히 하려는 것이요, 백성들을 대적하려는 것이 아니다' 하자, 마치 짐승이 그 뿔을 땅에 대듯이 머리를 조아렸다. 정이라는 말은 바로잡는다는 뜻으로, 각기 자기를 바로잡아주기를 바라는데 어찌 전쟁을 쓰겠는가?"

孟子曰: "有人曰: '我善爲陳, 我善爲戰.' 大罪也. 國君好仁, 天下無敵焉. 南面而征, 北狄怨; 東面而征, 西夷怨; 曰: '奚爲後我?' 武王之伐殷也, 革車三百兩, 虎賁三千人, 王曰: '無畏, 寧爾也, 非敵百姓也,' 若崩厥角稽首. 征之爲言, 正也, 各欲正己也, 焉用戰?"

군사 철학의 문제가 나왔기 때문에 어떤 사람이 그에 대해 맹자에게 물었을 것입니다. 맹자의 답은 이러했지요. "만약 어떤 사람이 자신은 군사 방면에 뛰어나다고 여긴다 하자." 여기에서 어떤 사람은 춘추 전국 시대 사람을 가리킵니다. 예를 들어 맹자보다 앞서 살았던 손무(孫武)는 일찍이 『손자병법』 열세 편을 썼습니다. 맹자는 이어서 내 의견을 따르기만 하면 전쟁 한 번으로 패자(霸者)가 될 수 있다고 자인하는 사람을 반대하면서 그런 사람은 모두 큰 죄인이라고 했습니다. 그는 성인의 도라는 입장에

서서 전쟁을 바라보았기에 전쟁은 비참하고 사람을 죽여야 하는 일이라고 생각했습니다. "만약 한 나라의 군주가 인을 좋아하면 자연히 천하에 대적할 사람이 없을 터인데 구태여 전쟁을 해서 승리해야 하는가?"

어떤 사람이 맹자의 이 사상에 근거해 춘추 전국 삼사백 년간 군사 이론을 말하기 좋아하고 전쟁을 일으키기 좋아한 사람에 대해 총평을 내린다면 틀림없이 일리가 있을 것입니다. 가령 백기(白起)는 하룻밤 사이에 조나라 포로 사십만 명을 생매장했는데, 그런 일은 모두 역사에서 가슴 아픈 일입니다. 그 후로 청조에 이르기까지 돼지의 몸에 '백기' 혹은 '진회(秦檜)'라는 글자가 새겨져 있는 것을 발견했다는 기록이 자주 나왔습니다. 중국의 수천 년 문화 전통 가운데 백성들은 이런 잔혹한 전쟁과 충간(忠奸)의 인물들의 인과응보에 대한 전설과 고사를 자주 보았습니다. 이 또한 역사 기록의 정신에 부합하는 것이 아닙니까! 그러므로 맹자의 이 몇 마디로 전쟁을 좋아하는 사람에 대한 총평을 삼는 것은 옳습니다.

그렇지만 또 다른 측면에서 보면 춘추 전국 시대의 전란은 진시황이 전국을 통일하는 전쟁이 없었다면 아마도 더 오랫동안 연장되었을 것입니다. 죽는 사람도 더 많았을 것이고 고난도 더 오래 지속되었을 것입니다. 그러므로 순전히 군사 철학의 입장에서 본다면 전쟁이 있어야 비로소 천하가 태평해질 수 있습니다. 지금은 시대가 진보해서 심지어 전쟁을 노래하는 글을 쓸 수도 있습니다.

전쟁을 해야 하느냐 해서는 안 되느냐의 문제는 말하기 매우 어렵습니다. 전쟁은 마치 한 자루의 칼과 같아서 의사가 잡으면 사람을 구할 수 있지만, 간악한 사람의 손에 들어가면 사람을 죽일 수 있습니다. 칼날 자체는 선악이 없듯이 전쟁 그 자체가 절대적으로 죄악인 것은 아닙니다.

맹자는 연이어 상고 시대 요순의 역사를 인용하여, 그들이 남쪽을 정벌하면 북쪽 오랑캐가 원망하고 동쪽을 정벌하면 서쪽 오랑캐가 원망했다고 했습니다. 이(夷)와 적(狄)은 모두 변경 지역의 낙후한 민족이었는데, 요순이 왜 빨리 와서 통치하지 않는가 하고 원망했습니다. 말하자면 그들은 문화의 혜택을 받아 문명 생활을 누릴 수 있기를 바랐음을 나타내기도 합니다. 본래는 윗사람이 아랫사람을 치는 것을 정(征)이라고 하는데 왜 그들도 정이라고 부릅니까? 그것은 일종의 문화적 관점인데 문화가 낙후한 야만 지역도 아랫사람[下]이라고 여겼던 것입니다.

이어서 그는 "무왕이 은나라를 정벌한 일[武王之伐殷]"에 관해 이야기합니다. 주의하십시오. 이것은 맹자가 말한 것인데 무왕의 혁명에 대해 맹자는 '정(征)' 자를 쓰지 않고 오직 '벌(伐)' 자를 사용했습니다. 사실 진지하게 연구해 보면 이 '벌' 자도 억지로 사용한 것입니다. 당시 무왕이 사용한 전차가 삼백 양(輛)에 부대가 삼천 명이었으며 게다가 백성들에게 이렇게 선포했습니다. "모두들 두려워하지 말라. 이번 전쟁은 천하 백성들이 안정을 얻게 하기 위한 것이지 백성들과 대적하려는 것이 아니다. 단지 백성에게 포학하게 군림하는 주왕을 처결하기만 하면 된다." 그런 까닭에 백성들은 무왕의 부대가 오는 것을 보자 기뻐하면서 땅바닥에 무릎을 꿇고 머리를 조아렸습니다. 온몸을 땅에 던지고 소리가 날 정도로 이마를 땅에 부딪쳤으니 바로 "짐승이 그 뿔을 땅에 대듯이 머리를 조아렸다[若崩厥角稽首]"라는 것입니다. 속어로는 "소리 나게 머리를 부딪쳐 절하다[磕響頭]"라고 하는데, 일종의 지성(至誠)과 공경과 감격의 정이 자연스럽게 흘러나온 것입니다. 하지만 고서의 기록은 겉으로 표현된 태도이기 때문에 어떤 사람은 이렇게 말합니다. "그들의 속마음은 어쩌면 기뻐서 '소리 나게 머리를 부딪쳐 절한' 것이 아니라 두려운 나머지 마치 마늘을 찧듯이 굽신굽신 절한 것일지도 모릅니다." 물론 이 또한 하나의 견해입니다. 사실은 서로 다른 두 가지 심리가 사람들에게 모두 있었을 것입니다. 전쟁은 본래 그런 것이니까요.

맹자는 또다시 군사 철학에 관한 정의를 하나 내렸습니다. "정이라는 말은 바로잡는다는 뜻이다(征之爲言, 正也)." '정(征)'은 바로 '정(正)'이니, 나라를 다스리고 천하를 평정하기 위해서는 반드시 먼저 뜻을 성실하게 하고(誠意) 마음을 바로하고(正心) 몸을 닦아야(修身) 합니다. 이치는 똑같습니다. 무력을 사용하여 바르지 않은 사람을 압박해 바른 길을 걸어가도록 한다는 뜻입니다. 맹자가 생각하기에 전국 시대 당시의 모든 전쟁은 쟁탈을 위한 전쟁이며 사사로운 이익을 쟁취하기 위한 전쟁이었습니다. 그 때문에 전쟁은 빼앗기 위한 싸움일 뿐, 죽이는(誅) 것도 아니고 '치는〔伐〕' 것도 아니며 '정벌(征)'은 더더구나 아니라고 생각했습니다. 다른 사람을 바로잡기 위해서였다면 굳이 전쟁을 사용해야 하는 것은 아닙니다.

맹자께서 말씀하셨다. "수레바퀴를 만드는 목공은 남에게 규칙을 가르쳐 줄 수는 있어도 남으로 하여금 공교롭게 할 수는 없다."

맹자께서 말씀하셨다. "순 임금이 마른 밥을 먹고 채소를 먹을 때에는 그렇게 종신할 듯하였다. 천자가 됨에 이르러서는, 아름다운 옷을 입고 거문고를 타며 두 여자가 모시는 것을 본디부터 그러했던 것처럼 여겼다."

孟子曰: "梓匠輪輿, 能與人規矩, 不能使人巧."

孟子曰: "舜之飯糗茹草也, 若將終身焉. 及其爲天子也, 被袗衣, 鼓琴, 二女果, 若固有之."

맹자가 말했습니다. "수레바퀴를 만드는 솜씨 좋은 목공은 나무에서 네모와 원을 만들어 내는 기술이 대단히 훌륭하다. 하지만 다른 사람에게 가르쳐 줄 때에는 다만 제조의 원리와 규칙을 알려 줄 수 있을 뿐, 그 사람의 머리가 잘 돌아가게 해 줄 방법은 없다." 마치 현대의 학교 교육과 똑같아

서 학생들에게 각종 지식을 가르쳐 줄 수 있을 뿐, 그 지식을 어떻게 활용하고 어떻게 전문가가 되는지의 여부는 선생님이 가르쳐 줄 수 있는 것이 아니라 각자가 노력해야만 합니다.

그는 또 말했습니다. "순 임금은 제왕이 되기 전에 바깥에서 오십여 년을 유랑했다. 그때는 먹는 것이라고는 오로지 말라빠진 현미 주먹밥과 채소였는데, 마치 앞으로도 쭉 그렇게 평범하게 생활할 것처럼 하늘을 원망하지 않고 사람을 원망하지 않았다." 만년에 제왕이 되자 "아름다운 옷을 입었습니다(被袗)." 다시 말해 옷을 잘 입었다는 것입니다. 좋은 옷을 입는 것은 순 임금에게서 시작되었는데 다른 나라에서 좋은 명주실을 보내왔기 때문입니다. 순 임금은 마다했지만 그의 두 부인인 요 임금의 딸이 그냥 받으라고 권했고, 그것으로 옷을 짜서 그에게 입혔습니다. 그리하여 순 임금은 좋은 옷을 입게 되었고 음악을 좋아했기 때문에 늘 거문고를 탔습니다. 또 두 부인이 시중을 들었습니다. 하지만 그는 사치를 누린다고 느끼지 않았는데, 마치 본래부터 그러했으며 평소와 별로 다를 바 없는 것처럼 생각했습니다. 그는 궁하면 궁한 대로 부하면 부한 대로 인생을 그렇게 평온하게 살았습니다.

이 두 방면을 연결하면 이렇게 말할 수 있습니다. 다른 사람에게 지식을 전해 줄 수는 있어도 그로 하여금 지혜를 지니게 할 방법은 없습니다. 책을 읽으면 마땅히 도덕 규범을 잘 알고 어떻게 사람 노릇 할 것인지를 알아야 합니다. 하지만 고지식하게 도덕을 지킨다면 세상사에 어두운 책벌레가 되고 말 것이니 오히려 책에 갇혀 낭패를 볼 것입니다. 그 때문에 맹자는 또다시 순 임금을 언급했습니다. 순 임금은 빈천에 처할 줄도 알고 부귀에 처할 줄도 알았습니다. 순 임금의 모범적인 모습은 빈천도 바꾸지 못하고(貧賤不能移) 부귀도 어지럽히지 못하여(富貴不能淫) 언제나 평범한 듯 보였습니다. 이것이 바로 인생의 절묘한 활용이니, 어떤 환경에 처하든 어떤 입장에 서든 그에 걸맞은 태도를 취합니다. 과거의 속어로 말한다면 바로 "어떤 언덕이든 제 나름의 노래가 있다"라는 것입니다.

맹자께서 말씀하셨다. "나는 이제야 남의 어버이를 죽임이 매우 중대한 일임을 알았다. 남의 아버지를 죽이면 남도 또한 내 아버지를 죽이고, 남의 형을 죽이면 남도 또한 내 형을 죽인다. 그렇다면 자기가 직접 죽인 것은 아니지만 한 사이일 뿐이다."

孟子曰: "吾今而後知殺人親之重也. 殺人之父, 人亦殺其父; 殺人之兄, 人亦殺其兄. 然則非自殺之也, 一間耳!"

맹자가 말했습니다. "춘추 전국의 역사 과보(果報)와 사회 과보를 통해 나는 알게 되었다. 무릇 다른 사람의 부형을 죽인 사람은 자신의 부형 또한 다른 사람에게 죽임을 당한다. 그렇기 때문에 사람을 죽이기 좋아하고 전쟁을 일으키기 좋아하는 사람은 결국 스스로를 죽이는 것과 같다."

이것은 맹자가 일찍이 수천 년 이전에 했던 말인데, 훗날 명대에 이르러 어떤 사람이 체두시(剃頭詩)라는 것을 지었습니다. 민국 초년에 이르러서야 비로소 머리를 깎는 것[剃頭]을 이발(理髮)이라고 불렀는데, 그 이전에는 목을 베는 것도 체두라고 불렀습니다. 그 시가 아주 묘합니다.

도를 들으면 머리를 깎아도 된다 하니	聞道頭可剃
사람마다 모두 머리를 깎는구나	人人都剃頭
머리가 있으면 모두 다 깎을 수 있으니	有頭皆可剃
깎지 않으면 머리가 아니라네	不剃不成頭
직접 깎아도 남이 깎아도	剃自由他剃

머리는 여전히 내 머리로다　　　　　　　頭還是我頭

보아하니 머리를 깎는 사람은　　　　　　且看剃頭者

남이 또 그 머리를 깎는구나　　　　　　　人亦剃其頭

이 백화시로도 맹자의 진의를 설명할 수 있습니다.

맹자께서 말씀하셨다. "옛날에 관문을 만든 것은 장차 포악한 자를 막고자 해서였는데, 지금 관문을 만든 것은 장차 포악한 짓을 하려 함이로다."

맹자께서 말씀하셨다. "자신이 도를 행하지 않으면 도가 처자에게 행해지지 못하고, 사람을 부리기를 도로써 하지 않으면 명령이 처자에게도 행해지지 못한다."

맹자께서 말씀하셨다. "이에 넉넉한 자는 흉년이 그를 죽일 수 없고, 덕에 넉넉한 자는 나쁜 세상이 그를 어지럽힐 수 없다."

孟子曰: "古之爲關也, 將以御暴; 今之爲關也, 將以爲暴."

孟子曰: "身不行道, 不行於妻子; 使人不以道, 不能行於妻子."

孟子曰: "周于利者, 凶年不能殺; 周于德者, 邪世不能亂."

이 사상은 맹자가 여기에서 말했을 뿐 아니라 훨씬 이전에 공자가 『역경』「계사전」에서 이미 말한 바 있습니다.

맹자가 말했습니다. "고대에 국경 지역에 성벽을 건축한 것은 그 목적이 폭력적 침략을 방어하는 데 있었다. 하지만 지금은 군사 시설을 건축하고 기지를 설립하는 것이 다른 사람을 공격하기 위해서이다." 이것은 맹자가 인류 문화와 도덕의 타락을 한탄한 것입니다.

이어서 말합니다. "사람이 인의도덕의 도를 행하고자 하는데, 자신이 만약 고도의 수양을 하지 않았다면 가정 내에서 부부 사이처럼 친한 사이라 할지라도 피차간에 경계심이 생겨서 방비한다. 형제자매라면 더더욱 그러하다. 만약 자신이 고도의 수양이 없어서 인의도덕으로 일을 처리하지 않는다면 다른 사람의 신임이나 존경을 받을 수 없다. 그렇게 되면 다른 사람을 지휘할 때 처자식이라 할지라도 지휘에 따르지 않을 것이다."

그는 또 말합니다. "사람마다 이로움를 추구한다. 그러나 개인이 이로움을 추구할 때 만약 천하 사람들도 이익을 얻게 할 수 있다면 설사 흉년을 만나더라도 괜찮다. 평소에 다른 사람의 편의를 봐 주었기 때문에 분명 다른 사람도 편의를 봐 줄 것이기 때문이다. 한 걸음 더 나아가서 도덕적 사상 행위를 전 사회로 확충시킨다면 혼란스러운 시대를 만나더라도 해를 입지 않을 것이다."

이 몇 단락은 도덕 수양과 스스로를 지키는 것이 중요함을 토론한 것이고, 아래에서는 사회 풍조의 타락과 도덕의 쇠패를 이야기합니다.

맹자께서 말씀하셨다. "명예를 좋아하는 사람은 천승의 나라를 양보할 수 있거니와, 만일 그러할 만한 사람이 아니라면 밥 한 그릇과 국 한 그릇에도 얼굴빛에 나타난다."

맹자께서 말씀하셨다. "인자와 현자를 믿지 않으면 나라가 텅 비고, 예의가 없으면 상하가 혼란하고, 정사가 없으면 재용이 넉넉하지 못하다."

맹자께서 말씀하셨다. "인하지 않고서 나라를 얻은 자는 있거니와, 인하지 않고서 천하를 얻은 자는 있지 않다."

孟子曰: "好名之人, 能讓千乘之國; 苟非其人, 簞食豆羹見於色."

孟子曰: "不信仁賢, 則國空虛; 無禮義, 則上下亂; 無政事, 則財用不足."

孟子曰: "不仁而得國者, 有之矣; 不仁而得天下者, 未之有也."

맹자가 말하기를, 후세에 어떤 사람의 심리가 이익을 좋아하고 어떤 사람의 심리가 명예를 좋아한다면 그런 사람은 명예 때문에 고상하게 행동한다고 했습니다. 역사상 그런 사람이 여러 명 있었습니다. 제나라 민왕(愍王)은 역사에 자신이 요순처럼 공천하(公天下)를 행했다고 기록되고 싶어서, 그런 명예가 좋아서 맹목적으로 나라를 가장 형편없는 재상에게 양보해 버렸습니다. 명예를 좋아함이 그런 정도에까지 이르면 결국에는 큰 혼란이 오고 거의 망국에 이르게 됩니다. 그래서 맹자는 이렇게 말했습니다. "명예를 좋아하는 사람은 '천승의 나라를 양보'할 수 있다. 하지만 그런 양보는 도덕적인 것이 아니라 명예를 좋아하는 자신의 욕망을 만족시키기 위한 것이니, 성군이 천하 사람들의 이익을 위해 나라를 양보한 것과는 다르다. 사람은 모두 명예와 이익 가운데에서 생활하는데, 만약 자신의 명예와 이익에서 욕구를 침해당하면 설사 그것이 콩 국물 한 그릇과 주먹밥이라 할지라도 다른 사람에게 칼을 휘두를 것이다."

맹자는 인성의 나쁜 일면을 분명하게 알았기 때문에 하나의 결론을 내리고 정치에서 대원칙을 제기했습니다.

그는 말합니다. "한 나라의 큰 정치를 이끌어 가려면 무엇보다 먼저 인자(仁者)와 현자(賢者)를 믿어야 한다. '인현(仁賢)'한 사람을 믿고 나라를 다스리고 지도할 수 있어야 국가의 문화가 충실할 수 있고 정확한 사상 관념을 지닐 수 있다. 국가가 아무리 부강하더라도 만약 문화에서 정확한 사상과 관념이 없다면 허울 좋은 빈껍데기일 뿐이다. 말하자면 정신생활이 물질적 향유의 중요성을 뛰어넘는다는 말이다. 그렇기 때문에 예의는 아주 중요하다. 예의가 없다면 천하는 크게 어지러울 것이다. 그 밖에도 진정으로 훌륭한 정책이 있어야 한다. 훌륭한 정책이 없으면 국가의 재정이 금방 붕괴될 것이다. 그러므로 정확한 사상과 훌륭한 문화 및 경제적 기초라는 삼대 원칙이 세 가지 요점이다."

그의 마지막 결론은 여전히 인도(仁道)와 인정(仁政)의 중요성을 지적하고 있는데 그래서 이렇게 말합니다. "인하지 않고서 나라를 얻은 자는 있거니와[不仁而得國者, 有之矣]", 뺏고 훔치고 속이는 등의 각종 부도덕하고 정당하지 못한 수단을 써서 영토, 권력, 지위를 얻은 사람은 이 시대에도 얼마든지 있습니다. 예전에 어떤 사람이『삼국연의』를 보고 이렇게 말했습니다. "조조의 천하는 훔친 것이고 손권의 천하는 뺏은 것이며 유비의 천하는 울어서 얻은 것이다." 소설에 따르면 유비가 형주를 빌렸는데 빌리고서 돌려주지 않자 나중에 손권이 사람을 보내 따졌습니다. 다급해진 유비는 어떻게 대응해야 할지 몰랐습니다. 그러자 제갈량이 그에게 말했습니다. "채주가 왔다고 해서 당신이 굳이 말을 할 필요는 없습니다. 당신은 그냥 울기만 하면 되고 제가 담판을 짓겠습니다." 과연 제갈량은 유비의 눈물을 이용해서 빚을 잡아떼었고 유비는 이를 근거로 집안을 일으켜 세웠습니다. 이것이 모두 "인하지 않고서 나라를 얻은" 경우이니 한 지역을 점거하고서 왕을 칭하고 패자를 칭한 정황이 있습니다. 하지만 그러한 수단으로 천하를 통일하고 또 천하 백성의 지지를 얻은 경우는 본 적이 없습니다.

백성이 가장 귀하다는 말의 참뜻

맹자께서 말씀하셨다. "백성이 가장 귀하고 사직이 그다음이고 군주는 가벼운 것이다. 그러므로 구민의 마음을 얻은 이는 천자가 되고, 천자에게 신임을 얻은 이는 제후가 되고, 제후에게 신임을 얻은 이는 대부가 된다. 제후가 사직을 위태롭게 하면 바꾸어 둔다. 희생이 이미 이루어지며 자성이 이미 정결하여 제사를 제때에 지내되, 그런데도 가뭄이 들고 홍수가 넘치면 사직을 바꾸어 설치한다."

孟子曰: "民爲貴, 社稷次之, 君爲輕. 是故, 得乎丘民而爲天子, 得乎天子爲
諸侯, 得乎諸侯爲大夫. 諸侯危社稷, 則變置. 犧牲旣成, 粢盛旣潔, 祭祀以
時; 然而旱乾水溢, 則變置社稷."

이 단락을 토론하기 전에 먼저 몇 개 개념을 정리하겠습니다.

상고 시대에 홍수가 나자 공공씨(共工氏)의 아들 구룡(句龍)은 백성들을
고지대와 언덕 위에 거주하게 했습니다. 각 언덕에 이십여 가구가 살았는
데 그것이 가장 이른 시기의 사(社)였습니다. 나중에 구룡은 토신(土神)으
로 받들어졌는데, 사신(社神)이라 불리기도 하고 후토(后土)라 불리기도
했습니다. 직(稷)에 대해서는 서로 다른 전설이 있지만 모두 농업을 주관
하던 사람이 농신(農神)으로 모셔졌다고 합니다. 오곡신(五穀神)이라 불
리기도 하고 후직(后稷)이라 불리기도 했지요. 그러므로 상고 시대 농업
으로 생활하던 농경 문화에서 사(社)와 직(稷)은 서로 별개였습니다.

사직의 개념은 하 왕조의 가천하(家天下) 이후로 생겨났습니다. 한 종성
(宗姓)[66]의 가족이 함께 모여 거주하면서 서서히 발전하여 작은 사(社)에
서 큰 사(社)로 변했습니다. 그렇게 하나의 종족이 사람과 토지를 소유하
고 농업을 위주로 하면서 함께 하늘에 제사하고 땅에 제사하고 조상에 제
사하고 신에 제사함으로써 종묘사직을 형성하게 되었습니다. 종족 사회
가 가천하를 기초로 하면서 종법 사직이 함께 연결되었기 때문에 사직이
강산 천하로 확대되고 국가로 확대된 것도 하 왕조의 가천하로부터 시작
되었습니다. 상고 시대 요순우 삼대는 공천하(公天下)였기 때문에 사직의

---

66 왕실의 성씨를 말한다.

개념이 없었습니다.

하나의 조대(朝代)에는 그 조대의 사직이 있습니다. 가령 당조(唐朝)는 당조의 사직이 있는데 당조 황제의 성이 이(李)이므로 이가(李家)가 주인 노릇을 합니다. 송조(宋朝)는 송조의 사직이 있으며 황제의 성이 조(趙)이 므로 조가(趙家)가 주인 노릇을 합니다. 왕조는 교체되지만 각 집안[家]의 종사(宗社)는 자기 집안의 것입니다. 서로 다른 종사는 사직의 대표일 뿐 이므로, 누군가가 누대에 올라 천자가 되고 국가를 대표하면 그 집안의 사 직이 위주가 됩니다. 중화민국이 청조를 무너뜨린 후에는 사직이 있을까 요? 있습니다. 국민당이 건립한 충렬사(忠烈祠)가 사직에 해당합니다. 그 러므로 백성, 사직, 제후, 천자는 서로 다른 개념이라고 할 수 있습니다.

이 방면의 중국 문화에 대해 명확하게 아는 사람은 아주 적습니다. 예를 들어 봉건(封建)이 무엇입니까? 봉건은 분봉 제후가 각자의 제후국을 건 립하고 백성이 각 제후의 정권을 추대하는 것인데, 모든 제후의 중심이자 공통 주인을 천자라고 부릅니다. 천자는 국가를 대표하며 공로를 세운 사 람들을 제후로 분봉하는데, 그들이 각자의 지방으로 가서 자치(自治)를 하면서 문화 정신은 중앙으로 귀속시키는 그것을 봉건이라 부릅니다. 제 후는 제후의 사직단을 소유하며, 천자의 사직단은 전국을 대표하고, 천자 는 제후들의 공통 주인의 문화 정신을 대표합니다. 또 제후는 제후의 정권 이 미치는 범위가 있고 천자는 천자의 정권이 미치는 범위가 있습니다. 그 러므로 제후, 천자, 사직, 정권을 혼동해서는 안 됩니다.

우리는 먼저 이러한 내용을 분명히 하고 나서 맹자의 이 단락을 연구해 야 합니다.

여러분이 모두 알다시피 "백성이 가장 귀하고 사직이 그다음이고 군주 는 가벼운 것이다"라는 의미의 "민귀위, 사직차지, 군위경(民爲貴, 社稷次 之, 君爲輕)"이라는 구절은 맹자가 제기한 정치 철학상의 대원칙입니다.

손중산이 국민 혁명을 영도하여 청조의 군주 제도를 뒤엎고 민주 정체(政體)를 세울 때, 일반적인 정론(政論)과 선전 문자는 늘 맹자의 이 구절을 인용하면서 중국 고대의 고유한 정치사상이 바로 민주(民主)라고 했습니다. 이런 말이 당시에는 아주 영향력이 컸습니다.

　사실 맹자의 이 구절은 중국 고유의 문화 사상입니다. 굳이 서양의 민주 문화를 가지고 비교해서 그것이 바로 민주라고 말하고자 한다면, 제가 생각하기에는 짚어 보아야 곳이 많습니다. 맹자가 말한 것은 "백성이 가장 귀하다〔民爲貴〕"라는 뜻이었지 "백성이 주인이다〔民爲主〕"라는 말이 아니었습니다. 그렇기 때문에 그것이 서양의 민주라고 말해서는 안 됩니다. 그것은 정신과 형태에 있기 때문에 서양의 민주와는 다릅니다. 서양의 민주 사상은 "백성이 가장 귀하다"라는 원칙 안에 포함되지만 그 때문에 "백성이 가장 귀하다"라는 것이 서양의 민주 사상과 같다고 말해서는 안 됩니다. 실제로 맹자의 이 정치 철학 사상은 민주를 기초로 삼는 것이지만 군주 제도라는 정치 기구로써 민주 정신을 실행했습니다. 그렇기 때문에 일종의 민본 제도라고 말할 수 있습니다. 맹자가 뒤에서 한 해석을 보면 그 사실을 곧바로 알 수 있습니다.

　국가 정부의 건립은 전 국민에게 속하는 것이지만 민권(民權)의 집행은 중앙 정부에 속하는 것입니다. 중앙 정부의 제도에서는 그것이 제왕이든 대통령이든 혹은 다른 어떤 명칭이든 엄격한 제한이 없습니다. 다만 반드시 "구민의 마음을 얻어야〔得乎丘民〕" 하니, 즉 전 국민의 마음과 행동에서 지지를 얻어야만 합니다.

　그러므로 우리가 칠팔십 년 전에 혁명을 고취하던 문장을 보면 일부 사람들이 맹자의 이 구절을 마음대로 해석한 것이 큰 폐단을 낳았습니다. 앞으로 어쩌면 백 년 이내에 중국의 문화사와 정치사에서 이 방면과 관련된 문화 사상에 대해 틀림없이 논쟁이 일어날 것입니다.

맹자의 이 정치 철학 원칙은 방금 간단히 말했듯이 세 단계인데 지금부터 차례로 살펴보겠습니다.

첫째 "백성이 가장 귀하다[民爲貴]"입니다. '귀하다[貴]'의 뜻이 여기에서는 '중요하다'인데, 백성이 가장 중요하고 가장 기본이 됩니다. 백성을 물에 비유하면 아주 적절한 것이, 물은 배를 띄울 수도 있고 배를 뒤집을 수도 있기 때문입니다. 여기에 관해서는 맹자가 뒤에서 해석해 놓은 것이 있습니다. 손중산 선생이 주장한 삼민주의 사상이 바로 이 원칙과 대단히 밀접한 관계가 있습니다.

둘째 "사직이 그다음이다[社稷次之]"입니다. '사직(社稷)'이 무엇입니까? 이것은 추상 명사이며 국가의 상징입니다. 상고 시대 요순우(堯舜禹)는 공천하(公天下)였으며, 하상주(夏商周)의 가천하(家天下)로부터 시작하여 중국 고대의 정치는 군주 제도로서 군권(君權)이 지극히 높았습니다. 그러나 제왕 위에 하나의 정신적 제약이 존재했는데, 하늘이라고 부를 수도 있고 도라고 부를 수도 있으며 신이라고 부를 수도 있고 조상이라고 부를 수도 있는 종법 사회의 중심 정신입니다. 그 모든 것을 통칭해서 '사직'이라고 불렀습니다. 이 추상 명사는 실물을 상징으로 삼기도 해서 북경에는 사직단(社稷壇)이라는 것이 있었는데, 이 단을 대단히 중시하고 숭상해서 황제라 할지라도 여기에 무릎을 꿇고 절을 했습니다. 그것이 국가를 대표하기 때문이었습니다.

지금은 외국의 원수가 대만을 방문하면 원산(圓山) 충렬사에 가서 헌화하고 경례하는데, 충렬사는 과거 제왕 정치 시대의 사직단과 제왕의 종묘를 대신합니다. 제왕 시대에는 외국의 원수나 사신이 방문하면 국가 원수를 알현하는 것 외에도 종묘에 절해야 했습니다. 왜냐하면 가천하(家天下)였기 때문입니다. 예를 들어 송조(宋朝)의 황제는 성이 조(趙)이기 때문에 그 종묘는 조씨 집안의 조상들을 모셔 두었습니다. 사직은 마찬가지로 상징적인 것입니다. 바꾸어 말하면 사직의 관념은 종법 사회 정신의 민족주의이며 국가를 대표하는 관념입니다. 하나의 국가가 성립하기 위해서는 세 가지 조건이 있는데 국민, 토지, 정권입니다. 정권은 허구이고 앞의 두 가지가 국가를 떠받칩니다.

우리는 해외를 여행하다가 자기 나라의 국기가 눈에 띄면 무한한 애정을 느낍니다. 국기가 자기 조국을 대표하기 때문인데 고대 사직의 정신을 대신하기도 합니다. 하지만 이 또한 억지스러운 비유일 뿐입니다. 현대의 사물이나 명칭으로 사직에 완전히 부합하는 해석을 하기가 어렵기 때문입니다. "사직이 바로 국가이다"라고 말한다면 이 또한 사직의 원래 의미에 부합하지 않습니다. 국가 역시 "그다음〔次之〕"일 수 없기 때문입니다. 항전 시기에 중앙 정부의 소재지였던 제2의 수도 중경(重慶)에 사직과 유사한 의미를 지닌 정신적 보루를 설치한 적이 있었습니다. 하지만 승리한 후에는 어느 틈엔가 사라져 버리고 제도로 정해지지 못했습니다. 그러므로 사직의 정확한 의미를 설명할 수 있는 현대 명사는 사실상 없습니다.

셋째 "군주는 가벼운 것이다〔君爲輕〕"입니다. 여기에서는 이 '군(君)' 자에 특별히 주의해야 하는데, 반드시 중앙 정부의 천자 혹은 제왕을 나타내는 것은 아닙니다. '군'은 중국 문화의 옛 뜻 가운데 '연장자'를 의미합니다. 나이가 많고 덕이 높아 무리를 이끌 수 있는 사람을 '군'이라 칭했습니다. 제왕 제도에서는 제왕이 큰 가장이기에 자연스럽게 '군'이라 칭한 것입니다. 가령 자신의 아버지는 '가군(家君)'이라 했는데 지금의 '가장(家長)' 혹은 '호장(戶長)' 등과 같습니다. 돌아가신 아버지는 '선군(先君)'이라 일컬었습니다.

여러분은 왕발(王勃)이 쓴 『등왕각서(滕王閣序)』를 읽어 보았을 것입니다. 그 가운데 "부친께서 수령으로 계셔 가는 길에 명소를 지나네〔家君作宰, 路出名區〕"라는 구절이 있는데, 내 아버지께서 모 지역에서 현장(縣長)

을 지내고 계신데 찾아뵈러 가는 길에 당신네 이 유명한 곳을 들르게 되었다는 뜻입니다.

왕발이 이 서문을 쓸 때에는 스물 몇 살에 불과했습니다. 원래는 남창(南昌)에 갈 예정이 아니었는데, 도중에 예기치 않은 큰 바람을 만나 항로가 여의치 않자 배를 남창에 정박하고 바람을 피했습니다. 기슭에 배를 댄 후에 보니 강변에 새로 지은 누각이 있는데, 우뚝 솟아 있는 모습이 대단히 아름다워 발길 가는 대로 나아가서 참관하게 되었습니다. 들어가서 보니 마침 강서(江西)의 도독(都督)이 손님을 모시고 연회를 베풀고 있었습니다. 그 누각은 바로 그 도독이 지은 것으로 때마침 그날이 낙성식이라 등왕각이라 이름 짓고 연회를 베풀고 있었던 것입니다. 게다가 도독의 자랑스러운 사위가 그 자리에서 서문을 지어 문무(文武) 부하들 면전에서 문재(文才)를 뽐낼 준비가 되어 있었습니다.

왕발이 보니 누각 안은 관복을 입은 각지의 관청 수장(首長)들로 가득 차 있었습니다. 권문세가 출신이었던 왕발은 당연히 개의치 않고 빈자리를 발견하자 곧 앉았습니다. 그런데 뜻하지 않게 그 자리는 바로 도독의 사위가 앉을 자리였습니다. 주인과 그의 사위가 도착했을 때 어떤 사람이 왕발에게 그 자리에 앉는 사람은 즉석에서 서문을 지어야 한다고 말했습니다. 그렇게 말한 본의는 왕발이 어려워하면서 그 자리에서 물러나기를 바랐던 것이지요. 그러자 왕발은 "서문을 쓰라면 쓰지요. 그게 뭐 어려운 일이라고요" 하더니, 붓을 들어 "남창은 옛 군이요, 홍도는 새 고을이라…〔南昌故郡, 洪都新府…〕"라고 하며 한 편의 『등왕각서』를 단숨에 지었습니다. 자리에 있던 문무백관이 그 서문을 읽은 후 칭찬하지 않는 이가 없었지요. 도독은 왕발의 나이가 아직 젊은데도 그토록 훌륭한 문장을 단숨에 써내는 것을 보고 속으로 탄복했습니다. 자기 사위는 그보다 더 잘 지을 수 없음을 알았지요. 왕발은 그 일로 단번에 명성을 얻었습니다.

왕발의 문장이 훌륭했는지 아닌지는 차치하고, 여러분이 모두 잘 아는 그 문장 가운데서 "부친께서 수령으로 계셔, 가는 길에 명소를 지나네"라는 두 구절을 들어서 '군(君)' 자의 의미를 설명해 보았습니다.

맹자가 여기에서 말한 "군주는 가벼운 것이다[君爲輕]"의 '군(君)'은 각국의 제후를 가리킵니다. 춘추 전국 시기에는 각국의 제후들도 '국군(國君)' '군주(君主)'라고 불리는 한 나라[國]의 군주였기 때문입니다. 다만 당시의 '나라[國]'는 정치 체제상 여전히 중앙 정부인 천자의 신하였고 천자가 책봉했으며 천자의 관리 감독을 받았으니, 현대 중국의 성(省)이나 미국의 주(州)에 가까웠습니다.

세 가지 관념, 세 개의 단계

맹자의 이 세 가지 관념에는 단계가 있는데, 제후국의 영수는 세 번째로 중요하고 일반 백성이 가장 중요합니다. 하나의 국가가 구성되기 위해서 가장 중요한 것은 국민과 토지이니, 국민이 없고 토지가 없으면 국가를 건립할 수 없습니다. 단지 토지만 있고 국민이 없어서도 안 되는데, 그렇기 때문에 국민이 가장 중요하고 그다음이 '사직'입니다. 사직은 국가의 지역 경계이니 그다음으로 중요하고, 지도자는 세 번째로 중요합니다. 이른바 '가볍다[輕]'란 앞의 두 가지와 비교했을 때 가볍다는 의미이지 결코 중요하지 않다는 말이 아닙니다. '백성' '사직' '군주'의 순서에는 논리성이 있습니다. 고문(古文)은 그냥 보기에는 간단해도 사실은 치밀한 논리적 내포(內包)를 지니고 있기 때문입니다.

맹자는 이 세 단계를 좇아 차례대로 해석했습니다. "구민의 마음을 얻은 이는 천자가 된다[得乎丘民而爲天子]." 산림 속에 사는 백성들의 지지를 얻으면 천자가 될 수 있습니다. '구민(丘民)'은 농림이나 목축 등의 업종에 종사하는 백성이니 바로 전국의 백성이기도 합니다. 다음으로 지식인이 천자의 인정을 받으면 천자가 그를 제후에 봉할 수 있습니다. 오직 천자 한 사람이 동의하면 왕이 될 수 있는 것입니다. 앞에서 인용했던 당 태종의 "내 마음이 내키는 날이 네 운이 통할 때이다[待予心肯日, 是汝運通時]"라는 말과 같습니다. 이것이 가천하의 제도이니 천자는 이처럼 큰 권력을 지니고 있었습니다.

개인이 천자의 인정을 얻으면 제후가 될 수도 있지만 반대로 천자의 인정을 얻지 못하면 방법이 없습니다. 가령 당나라는 시의 시대라고 말할 수 있습니다. 당나라의 역대 황제들이 모두 시를 잘 지었을 뿐 아니라 나라 안의 시작(詩作)이 대단히 훌륭하고 또 대단히 많았습니다. 그 시인들 가운데는 운이 좋은 사람도 있고 그러지 못한 사람도 있었습니다. 그런데 그들의 운과 불운은 알게 모르게 주관적이든 객관적이든 황제에 의해 결정되었습니다. 앞에서 말한 이백(李白) 같은 인물은 황제의 총애를 받아서 『청평조(淸平調)』네 수를 쓸 때에는 양귀비에게 먹을 갈게 하고 가까운 신하들은 신발을 벗었습니다. 하지만 맹호연(孟浩然)의 경우는 반대였습니다. 그 역시 명성이 천자를 움직였지만, "재주 없어 군주에게 버림받고 병이 많아 옛 친구가 멀리하네[不才明主棄, 多病故人疏]"라는 두 구절 때문에 당 명황의 환심을 잃고 불우한 일생을 보냈습니다. 당나라에는 이런 명사(名士)도 있었습니다. 재상의 추천으로 조정에 나아갔지만, "기나긴 날을 바둑으로 소일하네[長日惟消一局棋]"라는 시구 때문에 벼슬길이 끊어져 버렸습니다. 너무 게을러서 기용할 수 없다고 여겼기 때문입니다. 이런 고사들은 과거의 제왕 정치 '가천하'의 시대에는 "천자에게 신임을 얻은 이가 제후가 되는[得乎天子爲諸侯]" 즉 황제가 좋아하기만 하면 제후 왕에 봉해지는 것도 쉬웠던 상황을 대변합니다.

"제후에게 신임을 얻은 이는 대부가 된다〔得乎諸侯爲大夫〕." 이것은 한 등급 아래에 해당합니다. 천자를 만나지 못하고 만약 제후 혹은 후세의 순무(巡撫)나 어사(御史)를 만나 그들의 인정을 얻으면 그들 빈객이나 비서가 되어 일생을 지낼 수도 있었습니다.

이 세 단계를 비교해 보면 가장 어렵고 성취가 가장 큰 것은 전국 백성들의 지지를 얻어 천자가 되는 것입니다. 한 사람의 호감을 얻으면 제후가 될 수 있을 뿐이고, 한 등급 내려가서 장관의 호감을 얻으면 비서나 과장이 되어 부하직원 노릇을 할 수 있을 뿐입니다. 이러한 세 단계는 인심의 향배(向背)가 얼마나 중요한지를 알려 주는 것이기도 합니다. 맹자가 이런 말을 한 것은 전국 시대 당시 제후들의 행태를 보았기 때문입니다. 그들은 위로 천자도 안중에 없었고 제후들끼리도 서로 관여하지 않고 상대하지 않았습니다. 자기 백성들에게는 순전히 개인의 감정에 따라 생사여탈권을 행사하면서 법제(法制)라고는 없었습니다. 어쩌다 누가 마음에 들지 않으면 곧바로 삶아 죽이고, 기분을 건드리면 끓는 기름 솥에 던져 넣었습니다. 맹자가 이런 말을 한 것은 죽음을 두려워하지 않았음이니, 그가 얼마나 큰 용기와 정의감을 많이 지니고 있었는지 알 수 있습니다.

어떤 측면에서 생각하면 맹자의 학설과 도덕적 수양이 만년에 이르러서는 그 명성이 너무 높았기에 제후 가운데 어느 누구도 감히 그를 삶아 죽이지 못했을 수도 있습니다. 만약 아직 명성을 날리기 이전이었다면 삶겨 죽었을 수도 있습니다. 그 시대에는 법률이라고 부를 만한 것도 없이 오로지 권력이 바로 법률이었습니다. 권력이 있으면 누구를 삶아 죽이라고 말하면 삶아 죽이고 능지처참 하라고 하면 능지처참 하고 또 관직을 주라고 하면 관직을 주고 아무튼 어떻게 하라고 하면 그대로 행해졌습니다. 맹자는 그런 시대에 살면서도 감히 이런 말을 했으니, 오늘날 공자의 사당에 모셔진 데에는 확실히 그 나름의 이유와 가치가 있습니다.

맹자는 이어서 말했습니다. "제후가 사직을 위태롭게 하면 바꾸어 둔다〔諸侯危社稷, 則變置〕." 어떤 제후가 만약 정치 행위와 정치 도덕이 충분하지 못해 나라를 불안하게 하고 백성들을 괴롭혀 사직이 위태롭고 망국의 위험이 있으면, 당연히 변란이 일어나고 백성들이 혁명을 일으킵니다. 오늘날 어떤 국가는 국민의 생활이 마치 지옥에 있는 것 같은데, 그런 나라의 국민은 자연히 혁명을 일으키려고 하고 곳곳에서 반란이 발생합니다. 이것은 천하를 영도하는 문제를 설명한 것으로 동서고금의 역사를 보면 모두 이 원칙에서 벗어나지 않습니다. 이것이 천도(天道)이자 인도(人道)입니다. 하나의 국가가 그러하며 기구 또한 그러합니다. 그러므로 여러분은 책을 읽을 때 정치상의 일을 보면 그것이 정부 기관이나 정치 기구의 일일 뿐이라고 여겨서는 안 됩니다. 개인의 처세와 일 처리가 바로 정치의 기초이기 때문입니다. 회사를 창립하든 공장을 세우든 학교를 설립하든 어떤 업종에 종사하든 간에 모두 정치 원리 가운데 있습니다. 그러므로 바깥을 향해 요구하지만 말고 자신의 사상과 인격이 군자의 수양에 이르기를 요구해야 합니다. 그런 다음에 사업을 이야기해야 합니다.

그는 또 말했습니다. "희생이 이미 이루어지며 자성이 이미 정결하여 제사를 제때에 지내되, 그런데도 가뭄이 들고 홍수가 넘치면 사직을 바꾸어 설치한다〔犧牲旣成, 粢盛旣潔, 祭祀以時; 然而旱乾水溢, 則變置社稷〕." 상고 시대의 정치는 황제라 할지라도 하늘의 간섭을 두려워하고 염라대왕을 두려워하고 사직단의 신을 두려워했습니다. 내궁에 돌아오면 태상황과 황태후를 두려워했으니 부모를 만나면 여전히 가법(家法)에 따라 무릎 꿇고 스스로를 아신(兒臣)이라 했습니다. 어떤 소설에서는 그렇게 사나웠던 당 태종도 병이 나서 귀신이 보이자 네 명의 장수에게 밤새도록 보초를 서게 한 후에야 잠이 들었다고 묘사했습니다. 꿈에 염라대왕이 보이면 그역시 무서웠던 겁니다. 하지만 그 염라대왕 역시 대정치가였는지도 모르겠습니다. 그는 당 태종을 동등한 자격으로 대단히 깍듯하게 대했습니다. 염라대왕도 인간세계의 제왕을 심문할 권리는 없었기에 당 태종을 천상으로 보내 옥황상제에게 법정을 열게 하고 염라대왕은 그저 검찰관처럼 한쪽에 앉아서 대질만 할 수 있었습니다. 그 염라대왕은 당 태종과 반나절을 함께 지내면서 연회를 베풀어 대접했습니다. 당 태종은 지옥에 호박이 없다는 것을 알고 염라대왕의 비위를 맞추려고 호박을 보내 주겠노라 말했습니다. 잠에서 깬 당 태종은 호박은 쉽게 찾아냈지만 배달부를 찾아 보낼 방법이 없었지요. 그리하여 지옥으로 내려가서 호박을 전해 줄 사람을 찾는다는 명을 전국에 내렸습니다. 결국에는 유전(劉全)이라는 이름의 백성이 그 임무를 맡겠노라 자원하여 큰 호박을 머리에 이고 죽었습니다. 전해지는 말로는 지금 지옥에 있는 호박은 유전이 전해 준 호박의 종류라고 합니다.

물론 이것은 소설에서 지어낸 재미있는 이야기입니다. 하지만 소설의 이면에 민족의 문화 사상이 반영되어 있으니 중국의 제왕은 신권(神權) 앞에서는 그 자신도 여전히 일반 백성입니다. 신권은 왜 그처럼 두려운 권력을 지닐까요? 서양 문화에서 말하는 하느님이 모든 것을 통치한다는 종교 관념은, 동양과 중국에서는 그것이 인과율입니다. 비록 제왕이라 할지라도 인과응보의 규율에서 달아날 수 없습니다. 인과는 불교만의 교리가 아닙니다. 불교가 아직 중국에 들어오기 전에『역경』은 전부 인과의 이치를 말하고 있습니다. 불교가 중국에 들어온 후 인과의 설법은 분량이 더 늘었고 더 보편화되었습니다. 따라서 유전이 지옥에 호박을 전해 준 이야기나 훗날 삼장법사가 천축에서 불경을 가져오는 이야기는 모두 인과의 관념에 기초해 발전한 것입니다.

『맹자』의 이 단락도 그런 관념에 기반을 두고 나왔습니다. 만약 그 철학을 이해하지 못한다면 맹자가 여기에서 무엇을 이야기하는지 알아차리지 못할 것입니다. 어쩌면 그가 제사를 '맹신한다[迷信]'고 말할지도 모르겠지만 사실은 그렇지 않습니다.

그가 말했습니다. 고대의 제사는 식량, 돼지, 양, 소 같은 것을 오곡과 희생의 제물로 삼았는데, 그런 것은 이미 완전하게 준비되었습니다. '자(粢)'는 사월과 오월 사이에 수확한 햅쌀로 지은 밥입니다. 오늘날 장례식장에서 행하는 제례를 보면 꽃을 바치고 술을 올린 후에는 더 이상 아무것도 바치지 않는데, 과거에는 적어도 세 번 술잔을 바치고 거기에다 셋 혹은 다섯 가지 희생을 바쳐야 했습니다. 더 성대한 경우에는 열 가지 음식을 더 바치고 차, 밥, 탕국, 비단도 반드시 바쳐야 했습니다. 밥을 바칠 때에는 의식을 진행하는 사람(현대의 사회자)이 '헌자성(獻粢盛)'을 소리 높이 외쳤습니다. "자성이 이미 정결하다[粢盛旣潔]"란 제삿밥이 아주 정결하게 준비되었다는 말입니다. 그런데 아무리 절을 하고 또 절을 해도 논에 물이 필요할 때면 하필 가물어서 모종이 말라 죽고, 태양이 벼에 내리쪼여야 할 때면 하필 태풍이 불고 장마가 와서 거두어들인 낟알에 싹이 납니다. 신이 돌보지 않는다는 것이 증명되면 원래의 사직신을 내려오게 하고 위치를 바꿉니다. 이것을 보더라도 인권이 얼마나 큰 것인지 알 수 있습니다. 설사 사직이 군주보다 중요하다 할지라도 백성의 생활과 생명이 더 중요합니다. 그래서 "백성이 가장 귀하다"라고 했습니다. 백성이 가장 중요하기 때문에 백성을 위해 사직을 바꾸어 설치할 수도 있는 것입니다. 그래서 이 단락을 설명할 때부터 여러분에게 "백성이 가장 귀하다[民爲貴]"의 '귀(貴)' 자는 '중요하다'는 의미라고 말씀드렸던 것입니다. 백성들이 '진귀하기' 때문에 보물처럼 보안 금고에 넣어 두거나 고가에 팔라는 말이 아닙니다.

"사직을 바꾸어 설치한다[變置社稷]"라는 말을 통해 보더라도, 중국의 문화는 신권이 군주의 권한보다 우위에 있기는 하지만 사람들이 공경하고 절해도 영험하지 않으면 예전대로 내려오게 하고 위치를 바꾸어 놓습니다. 중국인의 옥황대제는 삼십삼천 위에 높이 있어서 서양인의 하느님과 같은데, 우리는 옥황대제와 하느님이 하늘에서 서로 만나서 교제한 적이 있는지는 알지 못합니다. 이 옥황대제는 강태공이 신에 봉해질 때 옥황대제에 봉해졌는데 본래 성은 장(張)입니다. 최근에 누군지는 모르겠지만 삼십삼천의 전보를 받았는데 그 사람 말이 이미 옥황대제가 바뀌었다고 했습니다. 아마도 문곡성(文曲星)[67]과 무곡성(武曲星)[68]을 내려 보내 일을 처리하게 하는 것을 잊었거나, 흉신(凶神)을 세상으로 잘못 유배 보내어 온 세상을 난장판을 만들게 했을 것입니다. 소임을 다하지 못했기 때문에 자리에서 내려올 수밖에 없었는데, 성이 관(關)인 관우(關羽)가 제위를 물려받았습니다. 그래서 지금은 '옥황대제관(玉皇大帝關)'이며 관 대제는 인기가 아주 좋습니다.

사실 중국의 종교를 연구해 보면 서양인들이 중국에는 종교가 없다고 말하는 것과는 다릅니다. 그렇다고 해서 다신교 혹은 일신교도 아니니, 중국은 민주적 종교 혹은 종교 민주라고 말할 수 있습니다. 어떤 신에 대해서도 호의적입니다. 예수가 와도 앉으십시오! 석가모니가 와도 앉으십시오! 마호메트가 와도 역시 앉으십시오! 이처럼 누가 오든지 다 좋고 다 앉으라고 합니다. 결국 다같이 "둘러앉아 과일을 먹으며" 오교합일(五教合一)[69]을 이야기합니다. 무릇 좋은 사람이 되고 좋은 일을 하면 모두 공경할 만하고 절할 만합니다. 나쁜 일을 한다면 민권(民權)을 사용해서 바꿔치우고 더 이상 절하지 않습니다. 이것이 중국 문화 가운데 종교의 특징입

---

67 문곡성은 북두칠성 가운데 넷째 별이다. 하늘의 권력을 거머쥔 별로 살기를 띤 나쁜 별들의 정기를 모아 땅으로 내려 보내는 별이다.

68 무곡성은 북두칠성 가운데 여섯째 별이다. 일곱 별 가운데 힘이 가장 세며 검은 구름을 일으켜 벼락이 치도록 명한다.

69 불교, 도교, 유교, 기독교, 이슬람교 등 다섯 가지 종교의 교리 합일을 말한다.

니다. 이런 방면을 연구한다면 중국의 정치 철학은 인도(人道)가 첫째임을 알게 됩니다.

서양의 종교는 하느님은 영원히 하느님이며 불로장생한다고 말합니다. 이른바 영생은 사람이 죽은 후 세상의 끝이 오면 그 영혼들이 모두 부활하여 신의 심판을 받는다는 것입니다. 하지만 사람은 영원히 하느님이 될 수 없습니다. 중국이 서양과 다른 점은 옥황대제가 만약 잘못을 범하고 타락하면 마찬가지로 지옥에 떨어진다는 것입니다. 사람의 도덕이 충분하면 부처가 될 수도 있고 옥황대제가 될 수도 있습니다. 비교 종교학을 연구해 본다면 그것은 하나의 큰 학문으로서 그 오묘함을 말로 할 수 없습니다.

맹자의 이 구절이 말하는 바는 이러합니다. 신은 무한한 권위를 지니고 있지만 만약 충분히 도덕적이지 않으면 마찬가지로 그에게 내려오라고 할 수 있다는 것입니다. 보살은 사람이 만든 것인데 사람이 그에게 절하지 않는다면 그가 어떻게 보살이 되겠습니까! 하느님이라고 말하면서도 믿지 않으니, 당신이 제왕 자리에 올라가고 나는 그 자리에서 내려오더라도 안 될 것이 없습니다. 이는 인도(人道)의 중요함을 말하는 것입니다. 그렇다면 유가의 인도(人道)는 무엇을 중심으로 할까요? '심성덕행(心性德行)'을 중심으로 합니다. 어떤 사람의 마음씨가 좋지 않다면 그것으로 모든 것이 다 끝났습니다.

다시 돌아가서 "민위귀(民爲貴)"라는 세 글자를 보면, 민(民)이 바로 사람 혹은 사람들이며 사람의 의지(意志)로 모든 것을 결정한다는 뜻입니다. 의지에서 더 나아가면 바로 '심성덕행'이 모든 것을 결정한다는 것이니, 이것이 중국 고유의 문화 가운데 하나의 심오한 정치 철학 사상입니다. 다음 단락을 보면 그 이치를 더욱 잘 알 수 있습니다.

성인은 백세의 스승이다

맹자께서 말씀하셨다. "성인은 백세의 스승이니 백이와 유하혜가 이것이다. 그러므로 백이의 풍도를 들은 자는 완고한 자가 청렴해지고 나약한 자가 뜻을 세우며, 유하혜의 풍도를 들은 자는 경박한 자가 돈후해지고 비루한 자가 너그러워진다. 백세의 위에서 분발하는데 백세의 아래에서 그 풍도를 들은 자가 흥기하지 않는 이가 없으니, 성인이 아니고서 이와 같을 수 있겠는가. 더구나 그들을 직접 가까이 하여 배운 자에 있어서랴!"

맹자께서 말씀하셨다. "인은 사람이라는 뜻이니 합하여 말하면 도이다."

맹자께서 말씀하셨다. "공자께서 노나라를 떠나실 때에는 '더디고 더디다, 내 걸음이여!' 하셨으니, 이는 부모의 나라를 떠나는 도리이다. 제나라를 떠나실 때에는 밥을 지으려던 쌀을 건져 가지고 떠나셨으니, 이는 타국을 떠나는 도리이다."

孟子曰: "聖人, 百世之師也; 伯夷·柳下惠是也. 故聞伯夷之風者, 頑夫廉, 懦夫有立志; 聞柳下惠之風者, 薄夫敦, 鄙夫寬. 奮乎百世之上, 百世之下, 聞者莫不興起也. 非聖人而能若是乎? 而況於親炙之者乎?"

孟子曰: "仁也者, 人也. 合而言之, 道也."

孟子曰: "孔子之去魯, 曰: '遲遲吾行也!' 去父母國之道也. 去齊, 接淅而行. 去他國之道也."

맹자는 여기에서 인도(人道)를 말하고 있는데 인문 문화 수양의 중요성을 말하는 것이기도 합니다. 인문 문화 방면에서 성취가 가장 큰 사람을 중국인들은 성인이라고 부르는데 '도를 지닌 선비'를 의미합니다. 하지만

요, 순, 우, 탕, 문, 무, 주공, 공자 같은 여러 성인 가운데 한 사람을 지칭하는 것은 아닙니다. 성인은 아주 많으며 도를 지닌 선비는 모두 성인이라 부를 수 있습니다. 도가의 장자는 진인(眞人)이라고 부르기도 합니다.

성인은 천추만대의 사표(師表)인데 가령 석가모니는 종교적 입장에서 '교주(教主)'입니다. 이 '교주'라는 말은 서양 문화의 명사로서 그 권위를 나타냅니다. 그러나 동양의 종교는 그런 군권(君權)의 권위를 지니지 않기 때문에 석가모니는 '본사(本師)'라는 존칭으로 불립니다. 바로 사도(師道)의 의미를 지니는 것입니다. 석가모니는 인간계와 천계의 스승이며 모든 중생의 큰 스승입니다. 그래서 불교가 중국에 들어온 이후에 사도를 중시하는 중국 문화와 맞아떨어졌던 것입니다. 중국 문화의 '군도(君道)'는 여전히 '사도(師道)' 아래에 있습니다. 과거 제왕 시대에 황제는 대신(大臣)에게 황태자를 가르치게 했는데, 황제라 할지라도 스승에게 예를 갖춘 후에 황태자를 스승에게 넘겨주어 교육시켰습니다. 스승이 황태자를 가르치는 일도 간단치는 않았습니다. 먼저 황제에게 절을 하고 나서 자리에 앉으면 황제나 황태자가 스승에게 절을 한 후에 공부를 시작했습니다. 만약 그 황태자 학생이 틀리기라도 하면 스승 된 대신은 개의치 않고 훈계할 수 있었습니다.

송대와 청대에 이런 고사가 있었습니다. 어린 태자가 공부를 열심히 하지 않자 태부(太傅)가 아주 엄하게 훈계하고 거기에다 벌까지 주었습니다. 그 어린 태자는 후궁으로 돌아간 후 황태후에게 울면서 하소연했지요. 그 말을 들은 황태후는 심히 불쾌했습니다. "됐다. 그 사람에게 그만두라고 하면 되지 무엇 때문에 욕을 얻어먹겠느냐? 그 늙은이가 정말 고약하구나." 다음날 태자가 공부방에 오지 않자 태부는 황태후에게 달려가 물었습니다. 그러자 황태후가 말했습니다. "어차피 내 아들은 공부를 해도 황제가 되고 공부를 안 해도 황제가 될 것이오." 그 태부는 조금도 물러서지 않고 이렇게 말했습니다. "황태후께서 한 말은 과연 틀리지 않습니다. 그러나 공부를 하면 성군(聖君)이 될 수 있지만 공부하지 않으면 혼군(昏君)이 될 것입니다." 그 말을 들은 황태후는 얼른 말했습니다. "맞소, 태부가 한 말이 맞소이다. 내가 틀렸소." 그러고는 어린 태자를 보내 스승의 가르침을 듣게 했습니다. 이것이 바로 사도의 존엄성입니다.

사도의 존엄성 이야기가 나와서 하는 말인데, 스승의 날에 어떤 동학이 이런 말을 꺼냈습니다. 요 몇 년 사이 공자 탄생일 즉 스승의 날이 되면 신문, 잡지, 텔레비전에서는 "스승을 존경하고 도를 중시〔尊師重道〕"하자고 말하는데, 어떻게 스승을 존경할 것인가만 이야기하고 어떻게 '도를 중시'할 것인가는 이야기하지 않습니다. 하물며 스승도 존경하지 못하는데 무슨 도를 중시하겠습니까? 무엇이 도인지조차 설명하지 못하는 것이 하나의 이유라고 했습니다. 그 동학이 한 말은 사실이 아니라고 말할 수도 없고 일리가 없다고 말할 수도 없습니다.

맹자가 성인이 "백세의 스승〔百世之師〕"이라고 말한 것은 인도(人道)의 정신을 말한 것입니다. 게다가 예를 틀기까지 했습니다. 이른바 옛 성현은 역사상 아주 많습니다. 그래서 사람은 역사를 많이 읽어야 합니다. 하지만 오늘날 대학에서 역사를 공부하는 태도와 방법은 아닙니다. 요즘 대학에서 역사를 공부하는 방식은 서양의 교학 방식 이른바 '객관'적 관습을 채택합니다. 특정 시기의 경제가 옳은지 아닌지 혹은 교육이 옳은지 아닌지 등을 연구할 때, 먼저 주관적 관념으로 연구하고 함부로 비평하는 것은 마치 자신의 학문이 역사보다 더 위대하다는 식이라고 말합니다. 그러나 스스로 고금의 변화에 통하고 천인(天人)의 경계를 궁구해야만 비로소 역사를 비평할 수 있습니다. 또 무엇이 객관이라는 말입니까? 사람은 본래 역사 가운데 있고 역사의 한 구성원인데 어떻게 객관적일 수 있습니까? 그러므로 역사를 공부할 때에는 역사학자가 되기 위해서가 아니라 역사를 이해하고 역사를 통해 사람 노릇 하고 일 처리 하는 경험을 받아들임으로써 사람 노릇 하고 일 처리 하는 데 더 원만해지도록 해야 합니다.

맹자는 여기에서 백이와 유하혜 두 명의 성인을 예로 들었습니다. 백이는 제왕의 자리를 가벼이 여겨 마다했는데, 중국 문화의 정신을 보존하는 임무를 짊어지기 위해 제왕이 될 수 있었는데도 하지 않았습니다. 유하혜 역시 그 나름의 독립적인 인격과 포부를 지니고 있었습니다. 이 두 사람은 앞에서 이미 여러 차례 언급했는데, 그들의 정신은 인품에서 드러나 후세를 위해 사람 노릇 하고 일 처리 하는 모범을 세웠습니다. 백이 숙제 두 형제는 뜻을 굽히지 않고 산속에서 굶어 죽었습니다. 그래서 맹자는 말합니다. 백이의 일생과 그의 이러한 기풍의 영향은 "완고한 자를 청렴하게〔頑夫廉〕"할 수 있습니다. 우둔하고 완고하여 융통성이 없고 두뇌가 명석하지 못한 사람들이 '청렴'하게 변해서 두뇌가 명석하고 인격이 한층 승화된 사람이 될 수 있습니다. 또 "나약한 자가 뜻을 세우게〔懦夫有立志〕"할 수 있습니다. 나약해서 일어서지 못하고 생활이 산만하고 나태한 사람이 뜻을 세우며 하늘을 머리에 이고 땅을 딛고 당당하게 일어설 수 있습니다.

백이의 풍모는 홀로 높이 우뚝 서 있으니, 선종의 말을 빌려 표현하면 그는 "높디높은 산꼭대기에 서〔高高山頂〕" 있습니다. 반면에 유하혜의 풍모는 "깊디깊은 바다 밑을 걸어〔深深海底行〕" 갑니다. 유하혜는 모든 일에 순응하지만 자신의 인격은 그 영향을 받지 않으며 사도(師道)의 입장에 서서 기풍을 열었습니다. 그래서 맹자는 말하기를 그가 "더러운 군주도 부끄러워하지 않고〔不羞汚君〕" 어떤 지도자든지 모두 뒤따를 수 있다고 했습니다. 바꾸어 말하면 백이는 나한도이고 유하혜는 보살도라고 할 수 있습니다. 유하혜는 "경박한 자〔薄夫〕"와 "비루한 자〔鄙夫〕" 즉 가볍고 천박한 사람, 문화·교육·사상에 깊이가 없는 사람이 돈후하고 너그럽게 변하도록 합니다. 유하혜는 어지러운 난세에 살아가면서도 흠잡을 곳이 없었으니, 그의 고상한 도덕은 다른 사람을 감화시킬 수 있었습니다. 그의 영향을 받은 "비루한 자"는 모두 마음이 넓은 사람으로 변했습니다.

이른바 "비루한 자〔鄙夫〕"의 '비(鄙)'가 어떤 것인지는, 그저께 한 친구가 이런 이야기를 했습니다. 어느 돈 많은 젊은 부인이 자가용을 운전하고 가다가 길에서 오토바이와 부딪치게 되어 서로 잘잘못을 따졌습니다. 옥신각신하던 중에 그 젊은 부인이 손을 내밀어 손가락에 낀 큰 다이아몬드 반지를 보여 주면서 상대방에게 큰소리쳤습니다. "눈 크게 뜨고 보세요. 나는 이 정도의 몸값을 지닌 사람인데도 당신 차에 부딪치겠어요?" 그녀의 주장이 무슨 논리에서 온 것인지는 모르겠지만 인격을 다이아몬드로 계산할 수 있겠습니까? 그런 사람이 바로 "비루한 자"이니 그 비속함을 견딜 수가 없습니다. 재산은 결코 인격을 표현할 수 없으니 인격은 가격을 매길 수 없는 보물입니다. 설사 가난해서 의식(衣食)이 모두 없다 해도 하늘을 머리에 이고 당당히 땅을 딛고 서는 정신을 지닌 사람은 탄복할 만합니다. 그렇지 않은 경우가 바로 "비루한 자"입니다. '비(鄙)'는 평소 인(吝)자와 함께 쓰는데, 이른바 '비린(鄙吝)'은 마음이 좁고 도량이 작으며 시야도 좁은 것을 말합니다. 하지만 유하혜의 그런 풍모의 영향을 받으면 가슴이 넓게 열리면서 돈만 보이던 눈에 광대한 천지가 보이게 됩니다.

맹자가 든 두 가지 예에는 네 종류의 사람이 포함되는데, "완고한 자", "나약한 자", "경박한 자", "비루한 자"는 이 사회에 보편적으로 존재하는 사람들입니다. 교육의 목적은 이러한 사람들을 변화시키는 데 있습니다. 말하자면 학문의 도는 기질을 변화시키는 도리에 있습니다. 수행은 심리 행위를 수정하는 것입니다. 그런 후에 한 걸음 더 나아가 성인이 되는 길을 향해 매진합니다. 그러므로 '청렴해지고' '뜻을 세우고' '돈후하고' 너그러운 것'이 바로 성인의 도입니다. 사람의 수양은 마땅히 그와 같아야 합니다.

뜻을 성실하게 하고〔誠意〕 마음을 바로 하여〔正心〕 몸을 닦고〔修身〕 본성을 기르는〔養性〕 것은 본디 고상한 인격을 세우기 위한 가장 초보적인 수양이자 기초입니다. 초보적인 기초를 잘 다져놓은 다음에 비로소 수행을 이야기할 수 있는 것입니다. 성인의 경지는 수행 이후에 또다시 긴 노정을 거쳐야 비로소 도달할 수 있습니다. 가령 일반인들이 말하는 '수행(修行)'에서 '행(行)'자는 언제 어디서나 자기 자신을 되돌아보고 자신의 생리적 심리적 행위를 수정한다는 의미입니다. 행이 바로 공덕이고, 대승 보살이 바로 그 노선을 걷습니다.

유가와 불가가 모두 그러하여 "백세의 위에서 분발하는데, 백세의 아래에서 그 풍도를 들은 자가 흥기하지 않는 이가 없습니다〔奮乎百世之上, 百世之下, 聞者莫不興起也〕." 이 구절은 오직 세상에 몇 분의 교주와 성인들에게만 해당될 수 있습니다. 가령 공자·노자·석가모니가 해당될 수 있는데, 분연히 하늘을 머리에 이고 땅에 발을 딛고 서니 그 이전에는 그런 사람이 없었습니다. 게다가 시간과 공간의 제약 없이 그 정신과 뜻이 우주에 충만하고 영원히 새롭습니다. 불법에서 말하는 "부처님 정수리의 상을 볼 수 없음〔無見頂相〕"이 바로 "백세의 위에서 분발하는〔奮乎百世之上〕" 정신입니다. 너무 너무 높아서 정수리를 볼 수 없는, 인격의 수양이 그런 높이에 도달해야 합니다. 그러면 천추만대에 그런 문화의 세례와 인격의 훈도를 받아서 모든 사람이 소문을 듣고 벌떡 일어나서 성인이 되려고 배울 것입니다.

맹자가 말했습니다. "만약 성인이 아니라면 그런 경지에 도달할 수 있겠는가?" 성인의 교화의 영향을 받은 사람들은 백 년 후라 할지라도 모두 위를 향해 분발할 수 있습니다. "더구나 그들을 직접 가까이 하여 배운 자에 있어서랴!〔而況於親炙之者乎〕"는 하물며 직접 성인의 훈도와 교육을 받은 사람이겠는가 하는 맹자의 이 말은 아주 오묘합니다. 은연중에 자기 자신을 가리키는 듯합니다. 맹자는 비록 공자를 "직접 가까이 하여 배우지〔親炙〕"는 못했지만 자사의 학생이었기 때문에 재전(再傳) 제자나 마찬가지였습니다.

맹자의 "더구나 그들을 직접 가까이 하여 배운 자에 있어서랴"라는 구절을 윗 문장과 연결시켜 보면 이런 말입니다. 성인의 풍모의 영향 하에 멀리 백세 이후의 사람이라 할지라도 일어서지 않는 사람이 없는데, 하물며 직접 그런 교육을 받은 적이 있는 사람이라면 틀림없이 홀로 우뚝 서서 동요하지 않는 초월적 인격을 지니고 일어설 수 있을 것입니다.

그리하여 그는 성인의 도인 '인(仁)'에 이런 정의를 내렸습니다. "인은 사람이라는 뜻이니 합하여 말하면 도이다〔仁也者, 人也. 合而言之, 道也〕."

무엇이 인(仁)입니까? 공자의 학생부터 시작해서 모두가 그토록 찾았는데, 후세 사람들은 한유의 "널리 사랑하는 것을 인이라고 한다〔博愛之謂仁〕"라는 그 말에 근거하여 인은 바로 박애라고 생각했습니다. 하지만 이것은 오해입니다. 한유는 묵자를 연구한 전문가였는데 묵자가 '겸애(兼愛)'를 주장했기 때문에 그의 '겸애'를 그대로 가져다가 "널리 사랑하는 것을 인이라고 한다"라고 바꾸어 버린 것입니다. 사실 그것은 결코 공자의 본의가 아닙니다. 맹자가 여기에서 아주 정확하게 해석했는데, 인도(仁道)는 바로 인도(人道)이며 합하여 말하면 도(道)입니다. 인도(人道)는 마음을 중심으로 하는데, 맹자의 본편인 '진심(盡心)'이 바로 도이며 불가에서 말하는 명심견성이 바로 도입니다. 그 마음을 다하는 것이 바로 도이니 인(仁)이 바로 그 도입니다.

도는 바로 행(行)이기도 하므로, 인도(仁道)는 인이 행위로 드러나는 것입니다. 그리하여 맹자는 공자의 행위를 언급했습니다. "공자께서 노나라를 떠나실 때에는 '더디고 더디다, 내 걸음이여!' 하셨으니, 이는 부모의 나라를 떠나는 도리이다. 제나라를 떠나실 때에는 밥을 지으려던 쌀을 건져 가지고 떠나셨으니, 이는 타국을 떠나는 도리이다〔孔子之去魯, 曰: '遲遲吾行也!' 去父母國之道也. 去齊, 接淅而行. 去他國之道也〕." 공자가 열국을 두루 돌아다니기 위해 부모의 나라를 떠난 것은 부득이한 일이었습니다. 당연히 매우 힘들었고 날마다 가야지 하고 말하면서도 떠나지 못하고 느릿느릿 오래 지체하다가 겨우 떠났습니다. 왜냐하면 자신의 국가와 자신의 문화 풍조에 대해 무한한 애정을 지니고 있었기에 사람의 감정이 자연히 그러했던 것입니다.

하지만 공자가 제나라를 떠나는 것은 다른 사람의 나라를 떠나는 것이었기에 옳지 않다 생각되면 즉시 떠났습니다. 심지어 쌀을 씻어 밥을 하려다가 밥을 먹고 떠나기는커녕 씻어 둔 쌀을 건져 가지고 떠날 정도로 잠시라도 지체하지 않았습니다. 그것이 타국을 떠나는 도입니다. 다른 사람의 국토에는 뜻이 맞으면 머물고 맞지 않으면 떠나니, 그런 정신은 마땅히 존경하고 본받아야 합니다. 특히 현대의 청년들이 외국에 있는 경우에는 만약 자신의 문화에 대해 깊은 이해를 지녔다면 국가와 민족에 관련된 문제를 만나거나 그 나라의 정책에 불합리한 곳이 있다면 이런 정신을 지녀야 합니다. 어떤 경우를 막론하고 그래도 자기 조상의 나라, 부모의 나라가 좋다는 것을 잊어서는 안 됩니다.

이 단락은 앞에서 이미 말한 적이 있는데 지금 또다시 여기에 둔 것은, 첫째로 맹자가 곧 제나라를 떠나려고 하기 때문입니다. 다음은 우리에게 성인의 풍모를 이야기하기 위함이니 자기 조상의 나라, 부모의 나라에 대한 숭고한 감정을 천하의 후인들에게 보여 주기 위해서였습니다. 그리하여 맹자는 공자의 고사를 하나 더 말합니다.

맹자께서 말씀하셨다. "군자가 진나라와 채나라의 사이에서 곤액을 당하신 것은 상하의 사귐이 없었기 때문이었다."

孟子曰: "君子之戹於陳·蔡之間, 無上下之交也."

___

맹자가 말하기를, 공자는 그 해 위나라를 떠난 후 진나라와 채나라의 사이에서 학생들을 데리고 며칠씩이나 밥을 먹지 못했으며, 밖에는 어떤 사람들이 포위하고 공자를 죽이려고 했다고 말했습니다. 공자는 당시 가난하고 위험했지만 여전히 그 자리에서 거문고를 타고 있었습니다. 견디다 못해 자로가 달려가서 공자에게 물었습니다. "성인도 굶주릴 수 있습니까?" 그러자 공자는 "군자는 본디 곤궁하지만 소인은 곤궁하면 이에 탈선한다"라는 말로 그를 일깨웠습니다. 여기에서 맹자는 말합니다. 공자는 열국을 두루 돌아다니며 가는 곳마다 존경을 받았는데, 왜 진나라와 채나라 사이의 그 방치된 지역에서는 그러한 어려움을 겪었을까요? 그것은 그 두 나라 정부의 상층에 친구가 없었기 때문입니다. 그 두 나라의 사회에도 공자는 친구가 없었습니다.

맹자의 "상하의 사귐이 없었다〔無上下之交也〕"라는 말은 두 가지 일을 설명합니다. 하나는 사람됨의 도이니 사람은 사회 속에 살면서 친구를 사귀어야 합니다. 친구가 없으면 끌어당겨 주는 사람 하나 없이 외로워서 안 됩니다. 맹자가 제나라를 떠나려고 할 때에도 그런 처지였습니다. 떠나지 않으면 안 되었습니다. 둘째는 그 도를 행하고자 하면 상하 모두에 사귐이 있어야 하니 이것이 바로 외무(外務)의 중요성입니다. 한 사람이 사업에 성공하려면 상하좌우에 관계를 맺는 것이 상당히 중요합니다.

청년들은 일생의 어떠한 경우에도 반드시 "상하의 사귐"이 있어야 한다는 사실을 알아야 합니다. 그런데 어떻게 사귑니까? 친구를 사귐에는 도가 있는데, 그것은 사서(四書)에 아주 많이 말해 놓았습니다. 자신의 인격을 세우고 우도(友道)의 정신을 이해해야 비로소 사업을 할 수 있습니다.

그 누가 내 등 뒤에서 내 말을 하지 않겠는가

맥계가 말하였다. "저는 크게 입에 덕을 보지 못합니다."

맹자께서 말씀하셨다. "나쁠 것 없으니 선비는 더욱 구설이 많은 것이다. 『시경』에 말하기를 '근심스러운 마음으로 초조해하여도 여러 소인들에게 노여움을 받는다' 하였으니 공자이시고, '그들의 노여움을 없애지는 못했으나 또한 그 명성을 잃지 않았다' 하였으니 문왕이시다."

맹자께서 말씀하셨다. "현자는 그 밝음으로써 남을 밝게 하는데, 지금은 그 어둠으로써 남을 밝게 하려 한다."

貉稽曰: "稽大不理於口."

孟子曰: "無傷也, 士憎玆多口. 『詩』云: '憂心悄悄, 慍于群小.' 孔子也. '肆不殄厥慍, 亦不隕厥問.' 文王也."

孟子曰: "賢者以其昭昭, 使人昭昭; 今以其昏昏, 使人昭昭."

맥계가 맹자에게 말했습니다. "저는 크게 입에 덕을 보지 못합니다〔稽大不理於口〕." 여기에서 '이(理)' 자를 옛사람들은 '뇌(賴)' 자로 생각했는데, 마치 요즘 청년들이 노상 입버릇처럼 "그 일은 '의지할〔賴〕' 만하지 않아"라고 말하는 식입니다. 이 '뇌' 자도 어쩌면 이 구절에서 왔는지도 모릅니다. 우리의 언어 문화에는 이미 수천 년의 역사가 있기 때문에 훗날 당이나 송의 누군가가 '이(理)' 자로 고쳤을 수도 있습니다. 맥계는 제나라 사람으로 인품이 훌륭하고 벼슬살이도 잘 했지만 그를 공격하고 비난하는 사람이 너무 많았습니다.

맹자가 말했습니다. 상관없다. "선비는 더욱 구설이 많은 것이다〔士憎玆多口〕." '증(憎)'은 미워한다는 뜻인데, 옛사람의 고증에 의하면 고서에는

'증(增)' 자이고 훗날 당송 사이에 어떤 사람이 증(增) 자가 해석이 어렵다고 생각해서 '증(憎)' 자로 고쳤다고 합니다. 뜻도 '미워하다'입니다. 이 구절의 뜻은 이러합니다. "지식인은 사회에서 비평을 당하지 않는 이가 없다. 한 사람으로서 남의 비평을 두려워해서는 안 된다." 흔히 밉살스러운 사람은 입만 열었다 하면 다른 사람의 시비를 들먹입니다. 중국인들은 수양을 중시해서 어린이 도서 목록 가운데 『석시현문(昔時賢文)』이라는 책이 있는데, 많은 시구와 격언을 운문으로 엮어 놓았습니다. 그 가운데 이런 두 구절이 있습니다. "그 누가 내 등 뒤에서 내 말을 하지 않으며, 나는 어느 사람 앞에서 남 말을 하지 않을까〔誰人背後無人說, 哪個人前不說人〕." 사람과 사람이 만나면 틀림없이 제삼자의 얘기를 하게 되는데, 그 사람이 맞네 틀리네 말하면 그것이 바로 시비를 논하는 것이 됩니다. 오직 두 사람만 아무도 그 등 뒤에서 비평하지 않으니, 하나는 이미 죽은 무명의 고인이고 또 하나는 아직 태어나지 않은 사람입니다. 맹자가 맥계에게 대답한 말은 비록 그렇게 말한 것은 아니었지만 그런 의미를 지니고 있습니다. 말하자면 "자네는 벼슬을 하고 있고 자신의 인격을 지니고 있으니 사회에서의 시비는 언제든 있기 마련이지"라는 뜻입니다. 옛사람이 말하기를 "시비는 늘 있지만 듣지 않으면 자연히 사라진다〔是非終日有, 不聽自然無〕"라고 했습니다. 여러분이 상관하지 않으면 자연히 사라질 것입니다.

맹자는 한 걸음 더 나아가 이렇게 해석했습니다. "'근심스러운 마음으로 초조해하여도 여러 소인들에게 노여움을 받는다' 하였으니 공자이시다〔'憂心悄悄, 慍于群小.' 孔子也〕." 공자는 만년까지도 그에 대해 불만스러워하는 사람들이 있었습니다. 수천 년 이래로 공자를 욕하는 사람은 늘 있었지요. 불과 몇 년 전에도 모택동이 공자를 비평하고 진시황을 기려야 한다고 극력 제창했습니다. 공자가 열국을 두루 돌아다닐 당시는 지금 우리가 관광을 위해 출국하는 것처럼 편안하지 못했습니다. 그는 어떤 국가에 가든 그곳의 소인들에게 욕을 먹었습니다. 공자는 한평생 소인의 질투를 받았고 머리끝까지 재수가 없었습니다. 오직 십자가에 못 박힌 예수에 비해서만 운이 좋았습니다. 물론 운이 가장 좋은 사람도 있었습니다. 석가모니 불은 두 손을 벌리기만 하면 사람들이 꿇어앉았습니다. 공자 당시의 상황은『시경』「패풍(邶風)」'백주(柏舟)'에서 탄식한 "근심스러운 마음으로 초조해한다〔憂心悄悄〕"에 비유할 만했습니다. 마음속으로는 천하 국가의 일을 근심하지만 그저 마음속으로만 초조해할 뿐 그런 우려를 말로 표현하지 못합니다. 사람들에게 솔직히 말할 수가 없는 것입니다. 그뿐 아니라 자신을 반대하고 여러 각도에서 자신을 비판하는 소인들을 항상 만났습니다. 바로 "여러 소인들에게 노여움을 받는다〔慍于群小〕"라는 것입니다.

옛사람은 인생을 한탄하여 이러한 명언을 남겼습니다. "인생의 기나긴 길을 지나느라 늙은 눈 피곤하고, 실의한 일 많아 깊은 이야기 두렵구나〔人歷長途倦老眼, 事多失意怕深談〕." 한 사람이 수십 년을 살다 보면 확실히 기나긴 길이며, 인생의 그 길에서 사람 노릇 하고 일 처리 하는 것들을 너무도 많이 보았고 또 두렵기도 합니다. 흘러간 일은 대부분 실의한 일이라 친구가 이야기를 꺼내도 깊이 이야기하고 싶지 않습니다. 왜냐하면 이야기하면 할수록 더욱 골치 아프고 고통스럽기 때문입니다. 이 두 구의 시는 그 의미가 아주 심각합니다. 수십 년 인생의 경험을 써 냈으면서 또 그때 공자가 "근심스러운 마음으로 초조해하던" 정황이기도 합니다. 한 사람이 국가 천하의 대사에 대해 비록 명확하게 보았으면서도 말할 수가 없습니다. 누구에게 말할 수 있으며 누구에게 진언을 올릴 수 있겠습니까? 공자도 그런 경우를 당했는데 너 맥계가 사람들에게 비난을 당하는 것이 뭐 이상한 일이겠는가, 또 뭐 두려울 게 있겠는가 하는 말입니다.

또『시경』「대아(大雅)」'면(緜)'에는 이렇게 말했습니다. "그들의 노여움을 없애지는 못했으나 또한 그 명성을 잃지 않았다〔肆不殄厥慍, 亦不隕厥

間)." 이것은 문왕의 경우입니다. 문왕이 흥기했던 그때 변경에 있던 민족들은 그처럼 대단한 성인인 데다 도덕성도 훌륭했던 사람에 대해 여전히 불만이었습니다. 다만 감히 행동하지 못하고 마음속으로만 반감을 지녔습니다. 그러나 문왕은 개의치 않았습니다. 그 사람들이 불만스러워 하면서도 그의 교화를 들으러 오려고 하자 문왕은 똑같이 그들을 교육했습니다. 문왕은 바로 그런 사람이었습니다.

이러한 것은 모두 사람이 세상을 살면서 비평을 받는 것은 뭐 그리 대단한 일이 아니라는 것을 설명합니다. 만약 다른 사람의 비평을 지나치게 곧이듣고 진지하면 하루도 살아가지 못할 것입니다. 우리는 비평에 대해 "있으면 고치고(有則改之)" 즉 다른 사람의 비평이 옳으면 고쳐야 하고, "없으면 더욱 힘써야(無則加勉)" 즉 자신에게 잘못이 없으면 스스로를 채찍질하여 그러한 잘못을 범하지 않도록 하면 됩니다.

이 단락은 맹자가 다른 사람에게 대답한 것으로 인생의 수양을 이야기했습니다. 청년들은 그다지 큰 감명이 없겠지만 나이가 들면 "명성이 높아지면 비방이 따르는(謗隨名高)" 이치를 알게 될 것입니다. 한 사람의 명성이 커지면 욕먹을 기회도 더 잦아지고 욕하는 사람도 더 많아집니다. 어떤 사람들은 자신의 재능을 드러내고 싶어서 명성이 높은 사람을 골라내어 공격하고 비난하기도 합니다. 이때 명성이 있는 사람은 반드시 참는 것을 배워야 합니다. 그러지 않고 상대에게 맞대응했다가는 그 사람은 자신의 목적을 달성하고 가는 곳마다 "아무개가 나와 변론을 했는데 이러쿵저러쿵……" 하면서 떠들어 댈 것입니다. 이것은 일종의 비속한 수단입니다.

하지만 기왕 부정적인 비방을 들었다면 가볍게 생각해서도 안 됩니다. 스스로를 반성하고 엄격하게 점검해서 자신의 심리, 행위, 도덕상에 잘못이 있으면 바로 고쳐야 합니다. 다른 사람의 말이 때로는 반드시 비방인 것만은 아니기 때문입니다. 스스로 자기 마음에 부끄러움이 없는지를 물었는데, 우러러 하늘에 부끄럽지 않고 구부려 사람에게 부끄럽지 않다면, 또 마음이 떳떳하고 얼굴에 부끄러운 기색이 없다면 비방하는 말을 들어도 괜찮습니다. 오로지 불가의 '인욕(忍辱)'을 배우기만 하면 됩니다.

영가(永嘉) 대사의 『증도가(證道歌)』에서는 "타인의 비방을 좇고 타인의 비방에 내맡겨 불을 하늘까지 태우면 스스로 피곤할 뿐이니, 나는 비방을 들으면 감로를 마신 듯 헤아릴 수 없는 지혜 속으로 녹여 넣노라〔從他謗, 任他誹, 把火燒天徒自疲, 我聞恰似飮甘露, 銷融頓人不思議〕"라고 말했습니다. 사람은 이렇게 할 수 있어야 합니다. 한 사람의 명성이 높아지면 그에 따라 받게 되는 반대와 공격은 더욱 격렬해집니다. 후세에 존경받는 성인들은 하나같이 당시에는 엄청난 고통에 맞닥뜨렸습니다. 역사에서 우리는 하나의 교훈을 얻을 수 있는데, 성인이 되려고 하면 반드시 지극한 고통 가운데에서 일어서야 합니다. 문제는 그런 고통을 견뎌낼 수 있느냐 없느냐에 달렸습니다.

지식인이라면 사람됨, 일 처리, 벼슬살이에서 기본적으로 그러한 수양을 지녀야 하는데, 비평을 견뎌내고 아프게 반성하여 자신을 바로잡아야 합니다. 그것이 유가이고 불가이며 수도(修道)이기도 합니다. 정좌 수련을 해야만 수도라고 생각해서는 안 됩니다. 정좌 수련을 한 사람에게 만약 뺨을 두 대 때리고 욕을 한다면 그의 수련이 그대로 있을까요? 본래 청정한 수행을 '범행(梵行)'이라고 하는데, 이때의 그는 '분행(焚行)'으로 변해서 자신의 모든 수련을 단번에 태워 버릴 것입니다. 그건 자극을 받아서 그랬다 치더라도 만약 좋은 말이 나오고 치켜세우는 말이 나오면 그것은 뺨을 두 대 때리는 것보다 더 무섭습니다. 정말 그 사람을 산 채로 깊이 묻어 버릴 수 있습니다. 비평을 무서워하지 마십시오. 더 무서운 것은 아첨입니다. 아첨을 받아들인다는 것은 마음속으로 다른 사람보다 뛰어나고 싶어 한다는 뜻입니다. 듣기 좋게 말해서 자존심이지 실제로는 자만이며 자기 자신을 드러내는 것입니다. 그러므로 모든 면에 주의를 기울여야 비로소 수행이라고 할 수 있습니다.

맹자는 결론적으로 말합니다. "현자는 그 밝음으로써 남을 밝게 하는데, 지금은 그 어둠으로써 남을 밝게 하려 한다〔賢者以其昭昭, 使人昭昭; 今以其昏昏, 使人昭昭〕." '현자(賢者)'는 훌륭한 사람이며 불가에서 말하는 깨달은 사람입니다. '소소(昭昭)'는 밝히 안다는 뜻으로, 자기 자신이 밝히 알고 있고 다른 사람도 밝히 알게 한다는 말입니다. 즉 스스로 깨닫고 다른 사람도 깨우치게 한다는 말입니다. 그런데 요즘 사람들은 자기 자신이 '어두우면서〔昏昏〕' 남에게 자신의 모습을 좇아 깨달으라고 합니다. 그런 '잘못된 것〔誤〕'으로 남에게 '깨달으라〔悟〕'고 한다면 그것이 가능하겠습니까? 가르침을 받는 사람도 '잘못된 것'을 '깨달음'으로 오해할 것이니, 그렇게 되면 그야말로 설상가상인 셈입니다.

수천 년 전 맹자 시대 사람들이 그러했고, 수천 년 후 지금 사람들도 여전히 그러합니다. 그래서 저는 동서고금을 막론하고 인류는 그러한 한 가지 모습뿐이라고 말합니다. 훌륭한 사람은 다 어디로 가고 시대가 흘러도 무슨 큰 변화가 없습니다.

"지금은 그 어둠으로써 남을 밝게 하려 한다〔今以其昏昏, 使人昭昭〕"라는 말의 전형이 『서유기(西游記)』에 나오는데, 바로 손오공의 의형제인 우마왕입니다. 손오공은 사람의 마음을 나타내는데, 멍청하고 감정적인 마음을 지닌 이가 바로 그의 형인 우마왕이며 자신의 '어둠〔昏昏〕'으로 "남을 밝게 하려〔使人昭昭〕" 합니다. 거기다 우마왕의 부인인 철선공주가 커다란 파초선으로 옆에서 부채질을 하고 있으니, 이 세상이 혼란하지 않을 수 없습니다.

길은 걸어서 생겨난다

맹자께서 고자에게 이르셨다. "산길에 사람들이 다니는 곳이 잠깐이라도 사용하면 길이 되고, 한동안 사용하지 않으면 풀이 자라 길을 막는다. 지금 띠풀이 그대의 마음을 꽉 막고 있구나."

고자가 말하였다. "우 임금의 음악이 문왕의 음악보다 낫습니다."

맹자께서 말씀하셨다. "무엇을 가지고 그렇게 말하는가?"

"퇴려 때문입니다."

맹자께서 말씀하셨다. "이것이 어찌 족하겠는가. 성문의 수레바퀴 자국이 두 말의 힘이겠는가."

孟子謂高子曰: "山徑之蹊間, 介然用之而成路; 爲間不用, 則茅塞之矣. 今茅塞子之心矣."

高子曰: "禹之聲, 尙文王之聲."

孟子曰: "何以言之?"

曰: "以追蠡."

曰: "是奚足哉! 城門之軌, 兩馬之力與?"

이것은 아주 재미있는 대화인데 마음의 응용에 관한 내용이기도 합니다.

맹자가 고자에게 말했습니다. "산길에 사람들이 다니는 곳(山徑之蹊間)" 즉 산 위에 사람이 겨우 다닐 만한 좁은 길은, 처음에는 어떤 사람이 풀을 베거나 장작을 하기 위해 원래 길도 없는 거친 산에 딛기 좋고 더 가깝고 편한 곳을 골라 걸어가고, 그다음 두 번째 사람이 그의 발자국을 따라 걸어가고, 차츰 다른 사람들도 따라서 걸어감으로써 만들어집니다. 항전 시기에 사람들이 대후방에 몸을 의탁하러 내려갈 때 일본인의 봉쇄를 피해 산을 넘어갔는데, 발 앞에 길이 없어지면 스스로 길을 찾아야 했습니다. 길을 찾지 못하면 방향을 잘 살펴본 후 가야 했는데 그런 식으로 한 사람 한 사람 걸어가서 길이 났습니다. 그래서 당시에 이런 말이 유행했습니다. "길은 사람이 걸어서 생겨난다." 나중에는 이 말이 생활, 일, 사업에까지 확대 응용되기도 했습니다. 어려운 일을 만나거나 막다른 길에 다다르면 이 말을 빌려 자기 자신이나 다른 사람을 고무시켰는데, 용감하게 앞으로 나아가 난관을 극복하라고 격려했습니다. 이것이 바로 "잠깐이라도 사용하면 길이 되는[介然用之而成路]" 경우입니다.

그러나 그 길은 한동안 사람이 다니지 않으면 곧 풀이 자라서 길을 메워버려 보이지도 않게 됩니다. 맹자가 고자에게 말하기를 "지금 자네는 명심(明心)도 못한 데다가 견성(見性)도 못했네. 자네 마음속에 풀이 자랐고 그로 인해 생각이 풀에 막혀 출로가 없어졌기 때문이지."

장자도 어떤 사람과 변론하면서 이런 말을 했습니다. "선생은 마음이 꽉 막힌 사람이로다[夫子猶有蓬之心也夫]." 고대에는 성인의 마음에는 아홉 개의 구멍이 있어서 대단히 민감하다고 했습니다. 보통 사람은 단지 일곱 개의 구멍만 있고, 어리석은 사람은 그 일곱 개의 구멍마저 마치 풀로 꽉 막힌 것처럼 민감하지 못하다고 합니다. 후세에 세상일을 모른다고 욕할 때 '가마니때기[草包]'나 '꽉 막혔다[不開竅]'라고 하는 것이 바로 맹자나 장자의 이런 전고(典故)에서 나왔습니다. 다른 사람의 말을 듣고 사정을 알게 되면 "마음이 탁 트인다[茅塞頓開]"라고 말하는데, 이 말도 『맹자』의 이 단락에서 나왔습니다. 당신의 가르침을 받고 내 마음을 틀어막고 있던 풀 무더기가 단번에 사라져 마음이 탁 트이고 밝아지면서 민감해졌다는 의미입니다.

맹자가 여기에서 말하는 바는, 마음은 써야 하며 마음을 쓰지 않으면 막혀 버린다는 것입니다. 증국번도 말하기를 머리는 쓰면 쓸수록 더 좋아지고 쓰지 않으면 꽉 막혀 버린다고 했습니다. 많은 사람들이 불학을 배우고 정좌 수련을 하면서 필사적으로 "망념을 제거하려고〔除妄念〕" 애쓰는데, 그러다가 나중에는 마음을 쓰지 않아서 마음이 움직이려 들지 않습니다. 부동심(不動心)은커녕 자리에 앉아 있는 내내 내재된 망념과 의식이 더 심하게 움직이는 것이 운동장에 있는 것보다 더 힘이 듭니다. 이 생각을 막 누르고 나면 저 생각이 올라오고, 저것을 누르면 이것이 올라오고, 정신없이 누르고 올라오는 사이에 결국 신경은 온통 뒤죽박죽이 되고 맙니다. 마음속에서 "물에 떠오르는 조롱박 누르는" 운동회가 열리고 있는 것입니다. 요즘 심성 수양을 배우는 사람들은 먼저 "망념이 일어나지 않기를" 구하면서 생각이 없는 것을 선(禪)으로 여기는데, 그것은 아주 잘못된 것입니다. 선(禪)을 배우기는커녕 매미〔蟬〕도 배우지 못합니다.

　불법에 따르면 수행의 결과 한 생각도 일어나지 않는다면 그것은 큰 몽롱함과 어두움입니다. 얻은 과보가 축생도와 같습니다. 축생도의 대표가 바로 돼지인데, 아침부터 밤까지 배불리 먹는 것 외에는 아무 일이 없고 혼미합니다. 그러나 사실은 돼지에게 억울한 누명입니다. 생물학자의 연구에 의하면 돼지는 정말 총명하고 거기다 깨끗한 것을 좋아한다고 합니다. 더러운 곳을 보면 입으로 깨끗하게 닦기 때문입니다. 고대에도 이와 유사한 견해가 있었습니다. 『서유기』를 보면 삼장법사가 불경을 가지러 가는 길에 희시동(稀枾衕)이라는 거리를 지났는데, 수백 리에 달하는 길이 너무 더럽고 악취가 심해서 통과할 수가 없었습니다. 삼장법사는 손오공을 찾았지만 손오공에게도 달리 해결 방법이 없자 저팔계를 찾았습니다. 저팔계는 한 끼 배불리 먹더니 몸을 흔들어 돼지 모습으로 돌아가서 그 길을 깨끗이 치웠습니다.

　이 이야기에는 아주 많은 의미가 포함되어 있는데 바로 수도의 이치가 담겨 있습니다. 수도하는 사람이 소화 불량에다 위장이 깨끗하지 못하면

위로는 트림을 하고 아래로는 방귀를 뀌게 되는데, 이는 저팔계가 그 희시 동 거리를 청소하는 것에 해당합니다. 위장이 완전하게 잘 통해야 기맥이 통할 수 있기 때문입니다. 또 다른 측면에서 보면 그 소설은 명나라 사람이 쓴 것인데 그것을 통해 중국의 고대 사람들은 이미 돼지가 깨끗한 것을 좋아한다고 생각했음을 알 수 있습니다.

선종에서 우리에게 수도하라고 하는 팔정도(八正道) 안에는 '정사(正思)'가 있습니다. 선종의 '참(參)'은 정사유(正思維) 즉 정사(正思)입니다. 가령 지관(止觀)은 삼매(定) 가운데서 관(觀)을 일으키는 것으로 그것이 바로 정사유입니다. 그렇기 때문에 마음을 쓰지 않으면 안 됩니다. 수많은 사람들이 가부좌를 하고서 마음속 의식의 청정함이 바로 도라고 생각합니다. 만약 그런 식으로 계속해서 마음을 쓰지 않으면 "띠풀이 그대의 마음을 꽉 막았구나〔茅塞子之心矣〕"라는 것이 되고, 마음이 작용하지 않아 더 이상 쓸 수 없게 됩니다.

그러므로 유가의 이치는 불가의 대승도 및 불가의 계율과 똑같습니다. 먼저 행위에 주의하지만 지혜로부터 시작해야 합니다. 만약 수양의 길을 향해 걸어가는데도 선정을 얻지 못했다면 마음을 사용해 정사유를 하는 쪽으로 바꾸어야 합니다.

명나라 사람이 쓴 『소선록(笑禪錄)』이라는 책이 있습니다. 이 책은 선을 배우는 사람들을 공격하거나 비웃는 내용이 아니라, 선을 배우는 사람들이 잘못된 길을 가면서 부정확한 수행을 하고 있음을 기술한 재미있는 이야기들입니다. 그 중에 이런 이야기가 있습니다. 어떤 사람이 선을 배우며 정좌 수련을 했는데, 한번은 밤새도록 앉아 있다가 아무개가 어느 날짜에 보리 한 말을 빌려 가고 안 갚은 것이 갑자기 생각났습니다. 그러자 마누라를 불러 이렇게 말했습니다. "정좌 수련을 하니 정말 좋군. 안 그랬으면 보리 한 말을 사기당할 뻔했어."

『소선록』에는 이런 이야기도 있습니다. 어떤 스님이 탁발을 나갔다가 날이 저물었는데 하룻밤 묵을 절을 찾지 못했습니다. 그 시골에는 집이 한 채 뿐이라 그 집 문을 두드리며 하룻밤 재워 달라고 청하는 수밖에 없었습니다. 문을 연 사람은 여인이었습니다. 스님이 그 집에 오게 된 사연을 말하자 부인이 말했습니다. "저희 집에는 사람이 없습니다." 그러자 스님이 말했습니다. "당신이 있지요." 그 의미인즉 당신은 사람이 아닙니까 하는 것이었습니다. 부인이 또다시 말했습니다. "저희 집에는 남자가 없습니다." 그러자 스님이 말했습니다. "제가 있지요." 저는 남자가 아닙니까 하는 뜻이지요.

이 우스갯소리는 물론 큰 웃음을 자아내지만 웃고 난 후 다시 생각해 보면 깊은 의미가 있습니다. 간단히 말하면 바로 그런 것이 사람이고 사람은 아무리 해도 여전히 사람일 뿐입니다. 한층 깊은 이치는 바로 선을 배우는 속셈에 대해 이야기하고 있습니다. 선정의 경계에 이르지 못하고 '깨달음'의 경계에 다가가지 못한 채 단지 속셈만 가지고 배운다면 『소선록』의 상황으로 변하고 말 것이며 그러한 수행은 정확한 것도 아닙니다.

이어서 고자는 맹자에게 하나의 문제에 대해 가르침을 청합니다.

상고 시대에 음악이 가장 발달하고 수준이 가장 높았던 때는 순 임금 시대였습니다. 당시에는 음악을 대단히 중시했지요. 나중에 순 임금이 우 임금에게 선위했고 우 임금 역시 음악을 아주 중시했습니다. 하지만 후세의 음악은 시대가 갈수록 그만 못했습니다. 그래서 공자가 이를 탄식했는데, 제나라에서 순 임금의 음악인 소(韶)를 듣고는 삼 개월 동안 고기 맛을 잊어버렸습니다. 그는 "음악이 이런 경지에 이를 줄은 생각지도 못했다"라고 추앙했습니다. 맹자는 공자보다 백여 년 늦었으니, 문왕으로부터 이미 육칠백 년이나 지난 후였습니다.

고자가 맹자에게 물었습니다. "우 임금의 음악이 문왕의 음악보다 낫습니다[禹之聲, 尙文王之聲]." 이런 말입니다. "제가 전통문화의 역사를 연구해 보니, 우 임금 시대에 음악이 대단히 발달한 것이 주 문왕 시대보다 더 중시하고 더 발달한 것 같습니다."

맹자가 말했습니다. "너의 그 말은 무엇을 근거로 한 것이냐?" 고자가 말했습니다. "퇴려 때문입니다[以追蠡]." 고자의 고증에 따르면 우 임금 시대의 악기인 종(鐘)의 꼭지[追] 즉 그 종을 매단 끈이 종을 칠 때마다 너무 많이 흔들렸기 때문에 닳아서[蠡] 조금밖에 안 남았음을 발견했는데, 그것을 통해 당시에는 날마다 음악을 연주했음을 알 수 있었다고 했습니다.

맹자가 말했습니다. "이것이 어찌 족하겠는가. 성문의 수레바퀴 자국이 두 말의 힘이겠는가[是奚足哉! 城門之軌, 兩馬之力與]." 이런 말입니다. "네가 그렇게 연구해서 제시한 이유는 충분하지 않다. 설마하니 너는 두 필의 말이 끄는 마차가 성문 입구에 그렇게 깊은 차도를 만들었다고 보느냐? 그것은 오랜 시간에 걸쳐 수많은 마차가 지나다니면서 내리눌렀기에 비로소 그렇게 깊은 차도를 만들 수 있었던 것이다." 그 말은 우 임금 시대의 종의 끈이 그 정도까지 닳았던 까닭도 바로 성문 입구의 수레바퀴 자국과 마찬가지로 아주 오랜 시간에 걸쳐 수많은 사람이 무수하게 흔들었기 때문이지 결코 단시간에 이루어진 것이 아니라는 뜻입니다.

그런데 맹자는 왜 여기에 조금도 상관없어 보이는 이 단락을 끼워 넣어서 악기와 수레바퀴 자국의 일을 토론했을까요? 우리는 송유(宋儒)들의 틀에 의거해서 보면 안 됩니다. 이제 위 문장과 연결해서 보면 분명하게 알 수 있습니다.

위에서 마음을 쓰지 않으면 안 된다고 말했는데, 이 단락에서 마음을 쓰는 도를 이야기하고 있는 것입니다. 학문은 마음을 써서 연구하지 않으면 성취가 없습니다. 오늘 막 배웠는데 내일 곧바로 하려고 하면 그것은 불가능합니다. 특히 불법을 배우고 정좌 수련을 하는 사람이 매일 몇 시간씩 가부좌를 하면서 마음을 지킨답시고 정사유(正思惟)를 하지 않는다면, 그 것은 자기 스스로 띠풀을 가져다 마음을 막는 것과 같습니다. 그러고도 깨 달음을 얻고자 한다면 가능하겠습니까? 그것이 바로 "성문의 수레바퀴 자국이 두 말의 힘이겠는가"라는 말이니, 결코 단시간의 수련으로 이룰 수 있는 바가 아닙니다.

풍부의 고사, 정반 양면의 이치

제나라에 흉년이 들자 진진이 말하였다. "나라 사람들이 모두 선생님께서 장차 다시 당읍의 창고를 열어 주게 하실 것이라고 기대하는데, 아마도 다 시 할 수는 없겠지요?"

맹자께서 말씀하셨다. "이는 풍부가 되는 것이다. 진나라 사람 중에 풍부라 는 자가 호랑이를 잘 잡다가 마침내 훌륭한 선비가 되었다. 들에 가는데 사 람들이 호랑이를 쫓고 있었다. 호랑이가 산모퉁이를 의지하자 사람들이 감 히 달려들지 못하다가, 멀리서 풍부를 바라보고는 달려가 맞이하였다. 풍부 가 팔뚝을 걷어붙이고 수레에서 내려오니 여러 사람들이 모두 이를 좋아하 였다. 선비 된 자들은 이를 비웃었다."

齊饑, 陳臻曰: "國人皆以夫子將復爲發棠, 殆不可復?"

孟子曰: "是爲馮婦也. 晉人有馮婦者, 善搏虎; 卒爲善士. 則之野, 有衆逐 虎, 虎負嵎, 莫之敢攖. 望見馮婦, 趨而迎之. 馮婦攘臂下車, 衆皆悅之. 其爲 士者笑之."

여기에서 먼저 문자상 몇 가지 문제를 해결해야 합니다. 첫째, '풍부(馮

婦)'는 사람의 이름입니다. 요즘 사람들과 일부 옛사람들은 '풍부'를 성이 풍씨인 부인이라고 해석하는데, '중작풍부(重作馮婦)'[70]라는 고사성어를 어떤 사람은 "성이 풍씨인 부인이 재가(再嫁)하였다"라고 해석합니다. 이런 해석은 오해가 낳은 우스갯소리입니다. 왜냐하면 풍부는 남자 이름으로 성이 풍이고 이름이 부이기 때문입니다. 고대에는 '부(婦)'라는 이름을 붙인 사람이 꽤 있었습니다. 둘째, "마침내 선하게 되었는데 선비가 들에 갔다[卒爲善, 士則之野]"라는 문제가 있습니다. 옛사람들은 "마침내 훌륭한 선비가 되었다. 들에 갔다[卒爲善士. 則之野]"라고 구를 끊었습니다. 셋째, "여러 사람들이 모두 이를 좋아하였다. 그 행위를 선비는 비웃었다[衆皆悅之. 其爲, 士者笑之]"인데, 이렇게 구를 끊는 것도 문제가 있습니다. 옛사람들의 구두법은 "여러 사람들이 모두 이를 좋아하였다. 선비 된 자들은 이를 비웃었다[衆皆悅之. 其爲士者笑之]"라는 것입니다. 이 두 곳은 고금의 표점이 서로 다릅니다. 저는 지금 사람들이 틀렸다고 생각하는데, 처음에는 제 의견이 저만의 '전매특허'인 줄 알았는데 얼마 전에 명대 사람의 책을 봤더니 그의 견해가 저와 똑같았습니다. 이런 것을 보더라도 사람은 세상 사람들과 세상일을 무시해서는 안 됩니다. 예전 사람도 저와 똑같은 주장을 한 적이 있었으므로, 마땅히 독서를 많이 해야 함을 이것으로도 증명할 수 있습니다.

제나라에 어느 해 대기근이 발생해서 백성들이 굶어 죽게 되었습니다. 당시 맹자가 제나라에서 객경(客卿)이 되었지만 제 선왕은 여전히 맹자의 말을 들으려고 하지 않았습니다. 맹자는 이런 상황이 계속된다면 큰일이 나겠다고 생각하여 제 선왕에게 '당(棠)'이라는 지방의 국가 창고를 열어

---

70 "풍부가 다시 하다"라는 뜻으로, 그만두었던 일을 다시 하는 것을 비유하는 고사성어이다. 『맹자』에서 유래되었다.

서 양식을 풀고 흉년을 구제할 것을 권했습니다. 맹자의 그 말 때문에 제나라의 무수한 백성들이 목숨을 건졌습니다.

훗날 맹자가 제나라를 떠나려고 했던 시기인 것 같은데, 제나라에 또다시 대기근이 들자 맹자의 학생인 진진이 스승에게 말했습니다. "제나라의 백성들은 마음속으로 맹 선생님께서 아직 우리 제나라에 계시니 혹 또다시 제왕에게 창고를 열어 재난에서 구해 줄 것을 권하시리라 생각하고 있습니다! 그러나 선생님께서는 지금 제나라의 손님일 뿐이니, 아마도 또다시 말하고 싶지 않으시겠지요!"

맹자가 말했습니다. "이는 풍부가 되는 것이다〔是爲馮婦也〕." 만약 내가 또다시 가서 말한다면 바로 '풍부'와 똑같이 되는 것이다. 진나라에 풍부라는 이름의 사람이 있었는데, "호랑이를 잘 잡았습니다〔善搏虎〕." 풍부도 진나라의 유명한 주처(周處)[71]와 마찬가지로 끝내는 손을 씻고 더 이상 호랑이를 잡지 않았습니다. 어느 날 풍부는 바람에 날려갈 것같이 약한 사람 몇 명과 야외로 놀러 나갔다가 호랑이를 뒤쫓는 한 무리의 사람들과 만나게 되었습니다. 쫓기던 호랑이는 마침내 산모퉁이까지 달아났는데, 바로 현대의 전술에서 사각(死角)이라고 불리는 곳에서 "산모퉁이를 의지하고〔負嵎〕" 저항하는 형세를 취했습니다. 뒤쫓던 사람들 모두 감히 가까이 다가가 붙잡지 못했습니다. 그때 돌연 이미 개과천선한 풍부가 몇 명의 지식인들과 놀러 나온 것을 본 사람들이 그에게 달려가서 반갑게 맞았습니다. "풍부는 팔뚝을 걷어붙이고 수레에서 내려왔습니다〔馮婦攘臂下車〕." 풍부는 그토록 많은 사람들이 앞으로 달려 나와 자신을 환영하며 호랑이를 잡아주기를 바라는 모습을 보자, 팔뚝을 걷어붙이고 수레에서 내려 호랑이

---

71 동진(東晉) 때 사람으로 어릴 때 고향에서 난폭하게 행동해 호랑이, 교룡(蛟龍)과 함께 삼해(三害)로 불렸다. 나중에 잘못을 깨닫고 호랑이와 교룡을 없앤 뒤 뜻을 세워 배움에 힘썼다고 한다.

를 잡으러 갔습니다. 그러자 사람들이 모두 박수를 치며 환호했습니다.

그러나 그의 이런 행위를 나중에 일반인들이 알게 되자 모두들 그가 여전히 습관을 고치지 못했다고 비웃었습니다. 도박을 좋아하는 사람이 도박을 끊겠노라 선언한 후에 또다시 몰래 도박을 하다가 사람들에게 비웃음을 사는 것과 똑같습니다.

맹자가 풍부의 고사를 이야기한 것은 바로 진진에게 이렇게 말한 것입니다. "나는 더 이상 그런 어리석은 일을 하지 않을 것이니, 풍부처럼 그렇게 되지는 않을 것이다."

보아하니 맹자의 그런 방법은 문제가 있어 보이는 것이, 다른 사람이 이해하기가 쉽지 않습니다. 진진의 말은 "사람들이 굶어서 곧 죽을 것 같으니 선생님이 가서 제왕에게 한 마디 해 주면 효과가 있을지도 모르겠습니다"라는 것이었습니다. 하지만 맹자는 당시의 제나라 왕이 더 이상은 자신의 권고를 듣지 않으리라는 것을 알았습니다. 만약 맹자가 또다시 손을 내밀었으면 아마도 그 '호랑이'는 그를 물려고 했을 것입니다. 지금의 '풍부'는 이미 늙어서 더는 해 볼 수가 없었습니다.

이 일을 통해 우리는 맹자가 세상일에 대처한 수많은 도리를 볼 수 있습니다. 첫 번째 도리는 사람이 말을 할 때에는 시간과 공간을 생각해야 합니다. 맹자는 '때(시간)'와 '위치(입장)'의 중요성을 깊이 알고 있었습니다. 법가 한비자의 문장 '세난(說難)'처럼 두 가지 의미를 지니고 있습니다. 하나는 말을 하는 것이 어렵다는 것이니 공자는 이렇게 말했습니다. 마땅히 말해서는 안 될 때 말하는 것은 실언(失言)이고, 마땅히 말해야 될 때 말하지 않으면 사람을 잃게(失人) 될 것이라고요. 또 하나의 의미는 '질난(質難)'이니 바로 질문이 쉽지 않다는 뜻입니다.

두 번째 도리는 풍부라는 사람은 비록 용맹하고 사나웠지만 의협심이 강했습니다. 마치 사마천이 『사기』를 쓰면서 특별히 『유협열전』 안에 썼던 사람들과 똑같습니다. 그러나 유협과 자객을 동일시해서는 안 됩니다. 사마천은 『자객열전』도 썼습니다. 유협은 천하를 구름처럼 떠돌며 의협심을 발휘하여 의로운 일을 하는 인물로서 그 나름의 정신을 지니고 있습니다. 자객은 암살을 전문으로 하는 인물로서 그 나름의 동기는 지니고 있습니다. 일부 무협소설은 유협과 자객을 동일시하는데 그것은 잘못된 것입니다. 유협 정신은 중화민족 특유의 것으로 나쁜 것이 아닙니다. 오히려 "길에서 불공평한 일을 보면 칼을 빼어 돕고 의로운 일을 보면 용감하게 나섭니다." 이런 정신은 중화민족 사회에서 사람들에게 사랑받고 숭배와 존경을 받습니다. 하지만 다른 사람이 그런 정신을 지닌 것을 좋아할 뿐, 자신은 숨어서 피하고 그런 일을 하려고 하지 않습니다. 그것이 인성의 약점입니다.

다시 풍부를 보면, 풍부는 원래 협객이었습니다. 방금 말했듯이 협객은 나쁜 것이 아니지만 의협심이 너무 지나치면 용맹하고 사납게 변합니다. 그래서 한비자는 법가의 정신으로 그들을 보고, 협객 같은 인물은 다루기가 아주 어렵다고 생각했습니다. 그는 "협객은 무로써 규칙을 범한다〔俠以武犯禁〕"라고 했는데, 사회에서도 주먹이 단단하고 힘이 센 사람은 처음부터 머릿속에 법령이 없습니다. 내 주먹이 바로 법령이고 내가 힘이 세니 너는 내 말을 들어야 한다고 생각합니다. 그래서 무인(武人)들은 법을 범하는 경우가 많고 다루기가 아주 어렵습니다. 유가와 지식인에 대해서도 한비자는 다루기가 아주 어렵다고 생각해서 "유생은 문으로써 법을 어지럽힌다〔儒以文亂法〕"라고 말했습니다. 지식인들은 공부를 너무 많이 해서 머리가 아주 잘 돌아가기 때문에, 하나의 법령을 그들 앞에 갖다 대면 자신의 이해를 바탕으로 변론하고 해석하는 데 나름대로 일리가 있어서 다루기가 아주 어렵습니다. 한비자의 마음에서는 '협객〔俠〕'과 '유생〔儒〕'이 똑같이 다루기 어렵고 법치를 시행하는 데 최대의 장애였으므로 제거해야 했습니다.

물론 여기서 '유생〔儒〕'은 공맹의 도를 배운 유(儒)를 가리키는 것이 아니라, 지나치게 사변(思辨)을 좋아하는 일반 지식인을 가리킵니다. 그래서 진시황은 그런 사람들을 생매장했습니다. 처음에는 진시황도 그 사람들에게 잘해 주었습니다. 그들에게 '박사(博士)'라는 관직을 주었는데 청나라 때 한림원의 자리와 비슷한 것이었습니다. 나중에 진시황이 그들에게 자문을 구할 일이 있어서 그들의 의견을 묻거나 그들에게 건의를 올리라고 했는데, 면전에서는 "네, 네" 하고서 등 뒤에서는 함부로 비평했습니다. '복비(腹誹)' 즉 뱃속으로 반대했으니, 앞에서는 받들고 뒤에서는 거슬렀습니다. 게다가 "처사들은 제멋대로 의론하였습니다〔處士橫議〕." 이 사람들은 스스로 똑바른 길을 걸어가지도 않고 바른 말을 하지도 않으면서 일만 생기면 꼬투리를 잡고 자신들의 세력을 믿고 제멋대로 행동했습니다. 그래서 화가 난 진시황이 그들을 몽땅 생매장한 것입니다. '뱃속으로 반대하고' '제멋대로 의론하던' 사람들을 생매장한 것이지 모든 지식인을 다 생매장한 것은 결코 아니었습니다.

이 고사에서는 풍부가 "마침내 훌륭한 선비가 되었다〔卒爲善士〕"라고 했는데, 주처(周處)가 세 가지 해악〔三害〕을 제거했던 것과 똑같이 그도 개과천선하고 공부를 했습니다. 그런데 바람만 불어도 날아갈 것같이 약한 그 서생들은 호랑이를 보자 속수무책이었습니다. 그런 그들이 국가 사회에 무슨 쓸모가 있겠습니까? 그러므로 이 고사는 정반(正反) 양면의 도리를 말하고 있습니다. 호랑이가 무서워서 꼼짝도 못하는 동학들의 모습을 본 풍부는 마음속으로 중얼거렸을 것입니다. '이런 칠칠치 못한 녀석들!' 걸어가면서 틀림없이 이렇게 말했을 것입니다. "호랑이가 뭐 그리 대단하다고, 한 마리 큰 고양이일 뿐인데 뭘 그리 허둥대고 있어! 호랑이가 입을 쩍 벌릴 때 손을 뻗어 혀를 잡고 비틀면 물지도 못하는데 그게 뭐 어렵다고!" 이것이 바로 진짜 용맹입니다. 사람을 구해 내는 풍부의 이러한 의협심 있는 행위는 오히려 일부 지식인들에게 옛날 습성을 고치지 못하고 여전히 참견하기 좋아한다며 비웃음을 샀습니다. 바로 앞에서 말한 "처사들은 제멋대로 의론한다"라는 것입니다. 여러분이 나쁜 일을 하면 그들은 비웃습니다. 여러분이 좋은 일을 해도 그들은 비웃습니다. 지식인들은 바로 그렇게 다른 사람을 비평하기 좋아합니다.

앞에서 맹자가 "선비는 더욱 구설이 많다"라고 말했듯이 지식인은 시비가 특별히 많습니다. 자기 뜻에 맞지 않는 부분에 대해서는 비평하고 자기 뜻에 맞는 부분에 대해서는 말하지 않습니다. 여러분이 다른 사람에게 잘 대해 주면 시비와 흑백을 가리지 않으면 안 된다고 말합니다. 여러분이 다른 사람에게 잘 대해 주지 않으면 이번에는 여러분이 자비롭지 못하다고 말합니다. 어쨌든 그가 옳습니다. 공부를 많이 하면 생억지를 쓰는 것도 가지가지라서 말로는 그를 상대할 수가 없습니다. 그런 상황에 맞닥뜨리면 오로지 '주먹'으로 대응해서 그의 앞니를 부러뜨리고 그와 이유를 따지지 않는 것이 좋습니다. 그러면 그도 더는 강변하지 못할 것입니다.

제가 이렇게 『맹자』를 해석하는 것은 옛사람들의 구두(句讀)를 뒤집는 것이라서 "대담하고 망령된 행위"인 것 같습니다. 하지만 사실상 책은 그렇게 정반 양면과 상하 각 방면으로 읽어야 합니다. 여러 각도에서 이리저리 연구해야 자연스럽게 이치가 통하게 됩니다.

맹자가 "선비 된 자들은 이를 비웃었다〔其爲士者笑之〕"라는 말에는 제나라의 "제멋대로 의론하는 선비"들을 비난하는 의미가 함축되어 있습니다. 그들의 비평이 옳지 않다고 말하는 것입니다. 이것을 통해서도 맹자가 제나라를 떠나려고 했던 이유를 알 수 있습니다. 아마도 제나라에는 그를 비평하는 사람들이 아주 많았을 것입니다.

이제부터 풍부의 고사와 연관된 청조 말의 몇몇 문학가의 시를 인용해서 살펴보겠습니다. 지식인에 대한 관점을 볼 수 있는데, 비록 수천 년의 거리가 있지만 서로 비슷한 곳이 있습니다.

(1) 이성원(李星沅)의 대주시(對酒詩)

눈앞에 여러 사람들을 오만하게 흘겨보지만	眼前睥睨傲群公
지난밤 꿈에는 바다 위 붉은 해에 놀랐다네	昨夢驚看海日紅
세상사 원래 무대에 선 꼭두각시이고	世事登場原傀儡
서생이 걸음 내딛으면 영웅인 법이지	書生放步卽英雄
교룡은 비늘을 접은 채 장맛비에 숨어 있고	蛟龍卷甲藏霖雨
독수리는 깃털을 정리하며 삭풍을 기다리네	雕鶚梳翎待朔風
끝내 당구^{72}는 걸출한 인물이 아니었구나	畢竟唐衢非俊物
사람 붙들고 눈물 흘리며 처지를 통곡했네	向人垂涕哭途窮

맹자가 말한 풍부의 고사는 시에서 "세상사 원래 무대에 선 꼭두각시이고, 서생이 걸음 내딛으면 영웅인 법이지"라고 말한 것과도 같습니다. 이십사사(二十四史)는 이십사 막(幕)의 각본에 불과할 뿐입니다. 맹자는 더 이상 그 연극에 출연해서 주인공을 맡고 싶지 않다고 했습니다. 그런데 "서생이 걸음 내딛으면 영웅인 법이지"는 바로 풍부의 모습입니다. 사람은 때때로 서생이 되고 싶어 하지만 때로는 영웅이 되고 싶어 합니다. 지식인은 공부는 많이 했지만 용기가 없습니다. 만약 풍부한 지식을 지녔고 거기에다 용기도 장하고 기백도 세다면 그것이 바로 "서생이 걸음 내딛으

---

72 당나라 때의 시인으로 과거 시험에서 계속 낙방했던 불우한 인물이다. 끝내 급제의 기쁨을 누리지는 못했으나 백거이가 그의 불우를 슬퍼하는 시를 남길 정도로 당대에 이름이 높았다.

면 영웅인 법"이라는 말입니다. 옛사람은 "영웅이 한 걸음 물러나면 신선이 되네〔英雄退步作神仙〕"라는 시도 지었는데, 영웅이 은퇴한 후에는 몸을 닦아 양성(養性)할 수도 있다는 말입니다.

(2) 맹자가 풍부의 고사를 이야기한 것은, 어떤 국가 어떤 정권이든 진정으로 나라의 안위와 백성의 복지에 관심을 두는 이는 과연 얼마나 되는가를 말한 것이기도 합니다. 이것이 두 번째 시에서 탄식하는 바입니다. 이 시는 청나라 광서(光緖) 연간에 이홍장(李鴻章)이 러시아와 교섭에서 실패했던 시대적 배경에서 지어졌으며, 「분언(憤言)」이라는 제목에 모두 여덟 수입니다. 대단히 잘 쓴 시지만 작가가 '미치광이〔癡人〕'라고만 서명해 놓아서 진짜 이름은 이미 찾기 어렵습니다. 그 가운데 한 수입니다.

모두가 우맹[73]이 의관을 차려입은 꼴이니	盡多優孟襲衣冠
고반[74] 시를 읊조리는 현자들이 적지 않구나	不少遺賢咏考盤
만 리에 출정한 군사가 도박세에 급급하니	萬里行師籌餉急
십 년 된 수목이 재주 탄식하기도 어렵네	十年樹木嘆才難
누가 나랏일을 집안일처럼 할 수 있으랴	誰能國事如家事
일시적 안일을 안정으로 여기지 마시게	莫便偸安作治安
한밤중 닭울음소리 진정 나쁘지만 않으니	夜半鷄聲眞不惡
창 너머 불빛에 칼날이 차갑게 빛나네	隔窓燈逼劍光寒

누가 나랏일을 집안일과 똑같이 여겨 처리할 수 있는가? 그것이야말로

---

73 "우맹이 의관을 차려 입다"라는 뜻의 우맹의관(優孟衣冠)은 사이비(似而非)한 것, 곧 그럴듯하게 꾸며 진짜인 것처럼 행세하는 경우를 비유하는 고사성어이다. 춘추 시대 초(楚)나라의 악인(樂人) 우맹(優孟)의 고사에서 유래되었다.

74 『시경』「위풍(衛風)」의 시로 은거하여 산수를 즐긴다는 내용이다.

국가 민족에 대한 무한한 충성일 것입니다. 우리는 일시적인 안일만 도모한 것을 가지고 천하를 태평하게 만든 것처럼 여겨서는 절대로 안 됩니다. 시에서 "누가 나랏일을 집안일처럼 할 수 있으랴, 일시적 안일을 안정으로 여기지 마시게"라고 한 것은 당시의 국정을 말하면서 역사상 수많은 사건을 신랄하게 말한 것이었습니다.

(3) 풍부의 고사는 또 한 수의 시를 이끌어 냅니다. 이 시는 광서 이후에 오한도(吳瀚濤)라는 명유(名儒)가 쓴 것입니다. 오한도는 학문도 훌륭하고 국내외에 명성이 높았던 유학생이었는데 고홍명(辜鴻銘)[75]보다 더 이른 시기에 유학했습니다. 북경의 광서제가 옛 황궁인 영대(瀛臺)에 유폐되는 사건이 발생할 당시 그는 워싱턴에 있었는데, 그때 쓴 여덟 수의 시 가운데 한 수입니다.

돌아온 후 오랫동안 사립문 닫아걸었다가	歸來久分閉柴關
바람이 한가한 구름 걷어내자 또 산을 나서네	風卷閑雲又出山
뜻을 얻음은 모름지기 젊은이에게도 미쳐야 하니	得意要須及年少
어찌 시대의 어려움을 피하려 하는가 마음을 다잡네	撫心詎肯避時艱
영웅의 간담은 천추에 강건하여	英雄肝膽千秋壯
아녀자의 정일랑 단번에 베어 버리지	兒女情懷一例刪
푸른 바다는 무정하고 천지는 좁거늘	滄海無情天地窄
바삐 돌아다니다 젊은 시절을 그르치겠네	馳驅容易誤朱顔

풍부가 다시 호랑이를 잡으려고 나서고 사람들을 구해 내기 위해 호랑

---

[75] 청말 민초 시기의 관리이자 학자로, 어렸을 때에 영국에 유학하여 유럽의 각국 언어에 능통했다. 1878년에 말레이시아로 귀국하여 싱가포르 해협식민정부에 근무했다. 1885년 양광(兩廣) 총독 장지동(張之洞)의 막료 생활을 했고 신해혁명 후 북경대학 교수를 지냈다.

이 입에 죽는 것도 두려워하지 않는 것 같은 그런 정신이 바로 "영웅의 간담은 천추에 강건하여"입니다. 그때에는 "아녀자의 정일랑 단번에 베어버립니다." 한가하게 경치를 노래하고 사랑 타령 하는 마음일랑 단칼에 잘라서 통째로 내던져 버리는 것입니다. 바로 위 구절의 "어찌 시대의 어려움을 피하려 하는가 마음을 다잡네"라는 정신이기도 합니다. 국가와 민족이 어려운 시절을 만나면 결코 물러나 피하지 않고 차라리 또다시 풍부가 되리라 스스로에게 묻고 마음을 다잡습니다. 그러고 일어서기로 결정합니다.

『맹자』가 풍부의 고사를, 사람은 마음을 써야 한다는 단락 뒤에 둔 것은 대단히 깊은 의미를 지닙니다.

이치를 궁구하고 본성을 다하여 천명에 이른다

맹자께서 말씀하셨다. "입이 맛에 있어서와 눈이 색깔에 있어서와 귀가 음악에 있어서와 코가 냄새에 있어서와 사지가 편안함에 있어서는 본성이지만 거기에 명이 있다. 그러므로 군자는 본성이라 말하지 않는다. 인이 부자간에 있어서와 의가 군신간에 있어서와 예가 빈주간에 있어서와 지가 현자에 있어서와 성인이 천도에 있어서는 명이지만 거기에 본성이 있다. 그러므로 군자는 명이라 말하지 않는다."

孟子曰: "口之於味也, 目之於色也, 耳之於聲也, 鼻之於臭也, 四肢之於安佚也, 性也, 有命焉; 君子不謂性也. 仁之於父子也, 義之於君臣也, 禮之於賓主也, 智之於賢者也, 聖人之於天道也, 命也, 有性焉; 君子不謂命也."

여기에서는 처음부터 내재적 수양의 도리를 말합니다.

앞 단락은 인지상정을 이야기하고 있습니다. 사람의 입과 혀는 맛을 구분하여 맛있는 음식을 먹으려고 합니다. 눈은 아름다운 것을 보려 하고 귀는 아름다운 소리를 들으려 하며 코는 향기로운 냄새를 맡으려 합니다. 사지와 육체는 편안함을 좋아하고 노동을 싫어하는데 이것이 바로 사람의 천성입니다. 사실 사람의 일생이 육십 년을 살아도 그 중에 삼십 년은 침상에 누워 지냅니다. 거기에다 유아 시절에 온 종일 누워 있는 것이 일이 년이고, 노년에는 만약 건강에 문제가 있으면 십 몇 년을 자리에 누워 있기도 합니다. 그러므로 서 있는 것이 몇 년 되지도 않지만 사지는 편안함만을 탐합니다. 그런 것이 모두 "본성이니〔性也〕" 천성이 본래 그러합니다. 하지만 그 가운데 "명이 있습니다〔有命〕." 중국에서는 '성(性)'과 '명(命)'이 분리되는데, '명'은 바로 우리의 생명입니다. 우리가 살아 있기만 하면, 불가에서 말했듯이 눈·귀·코·혀·몸·뜻이라는 육근(六根)의 본능적 작용이 존재합니다. 이러한 작용들 사이에 '명(命)'의 기능이 있는데, 이것은 아주 큰 문제입니다. 어떤 사람들은 이삼십 세에 '명'의 기능이 끝나고, 어떤 사람들은 칠팔십 세 혹은 백 세가 되어야 비로소 끝납니다.

'성(性)'은 본체이며 심물일원(心物一元)이니 모든 사람이 똑같습니다. 그러나 '명(命)'은 각자 다릅니다. 이 육근의 작용에서는 단지 '명'만 이야기하고 '성'은 이야기하지 않습니다. 성(聲)과 색(色) 두 글자로 이야기하자면 수천 년 이래로 세 가지 즉 먹는 것, 쓰는 것, 입는 것을 벗어나지 않습니다. 이 세 가지를 제외하면 동서고금에 다른 것은 더 이상 없습니다. 하지만 육근은 수시로 변하고 있으며 특히 소년과 노년은 같지 않은데 그 작용이 '명'의 기능입니다.

'명'의 기능은 사람이 노쇠하면서 점차 사라져 건장한 시기와는 딴판이 됩니다. 요즘 어떤 사람은 윗대와 아랫대에 세대차가 있다고 말합니다. 제 생각에는 세대차라는 것은 없습니다. 수천 년 이래로 어느 시대에나 다 그러했습니다. 이른바 "해마다 꽃은 서로 비슷하건만, 해마다 사람은 같지 않구나[年年歲歲花相似, 歲歲年年人不同]"라고 했듯이, 나이 든 사람과 젊은 사람의 감상은 늘 다르기 마련입니다. 어떤 사람은 언제나 청소년 문제를 들먹이면서 세대차이가 문제라고 말합니다. 사실 청소년은 문제가 없습니다. 당대의 이름난 시인 유우석(劉禹錫)의 시에 "근래에 젊은이들이 선배를 업신여기니, 수염을 물들여 후생에게 배운다[近來年少欺前輩, 好染髭鬚學後生]"라는 구절을 보면, 고대에도 그러했음을 알 수 있습니다. 지금이야 많은 사람들이 백발을 검게 염색하므로 하나도 신선할 게 없지만, 옛사람도 "수염을 물들여 후생에게 배웠으니" 젊은이들을 뒤따라가면서 스스로 낙오되지 않고 세대차를 만들지 않으려 애썼습니다.

이것이 바로 '명'입니다. 사람의 생명은 한해 한해가 지나가면 당연히 색깔, 소리, 향기, 맛, 촉감에 대한 기호도 달라집니다. 그래서 맹자는 "도를 지닌 선비는 이런 면에서는 성리(性理)를 이야기하지 않고 오직 후천적 작용만을 이야기한다"라고 했습니다. 후천적 생리의 변화를 중시하면 도가 혹은 밀종의 노선을 걷게 되는데, 먼저 이 사대(四大)의 몸을 잘 조정하고 형태를 보존하여 불로장생하는 그것이 '명'의 일입니다. 반면에 도를 깨닫고 명심견성하는 것은 '성'이며 형이상의 일입니다.

두 번째 단락에서 맹자는 인·의·예·지·신을 이야기합니다. 이런 종류의 도덕적 작용은 '성(性)'의 성과이지 명(命)의 성과가 아닙니다. 그렇기 때문에 학문과 수도는 수행을 중시합니다. 만약 개성에 아무런 변화가 없는데도 자신이 도를 깨달았다고 말한다면 기껏 도리를 알았다 해도 아무런 쓸모가 없습니다. 성(性)의 성과는 행위에서 자신도 모르는 사이에 자연스럽게 이루어지며, 이전과는 다른 심성으로 표현됩니다. 그렇기 때문에 군자는 이 방면에서는 '명'을 이야기하지 않고 '성'을 이야기합니다. 명심견성한 후에 행위로 나타나야 합니다. 그러므로 선종의 위산(潙山) 선사가 앙산(仰山)에게 말한 "오직 그대의 눈이 바름을 귀하게 여기고 그대의 행위를 말하지 마라[只貴子眼正, 不說子行履]"라는 것이 바로 '성(性)'을 말하고 있습니다. 오로지 견지(見地)와 견해(見解)에서 명확히 하고 그에 의거해 수도하는 것이 바로 수성(修性) 즉 본성을 닦는 것입니다.

후인들이 이 두 구를 해석하기를, 선종에서는 행위는 아무렇게나 해도 좋고 오로지 견지(見地)만 지니면 된다고 말한다는 것은 곡해입니다. 사실 진정으로 정견(正見)을 지녔다면 명심견성한 이후 심리에 자연스럽게 변화가 생기고 행위도 저절로 변합니다. 만약 행위와 습관에 변화가 없다면 이는 견지가 맑지 못함을 보여 주는 것이니 그렇기 때문에 진보가 없습니다. 명(命)의 성과는 '행위를 닦는[修爲]' 것에서 오기 때문에 불가에서는 계정혜(戒定慧)를 닦아야 하고 사선팔정(四禪八定)을 떠날 수 없습니다. 반면에 성(性)의 성과는 '정을 닦는[修定]' 노선을 걷지 않으면서도 '반야'를 성취하고 '식견'이 확실하고자 합니다.

그래서 훗날의 도가는 성명쌍수(性命雙修)를 주장했습니다. 성(性)만 닦고 명(命)은 닦지 않으면 선정의 성과가 없습니다. 선정의 성과가 기맥의 변화를 일으키는 데까지 이르러야 됩니다. 하지만 기맥이 변화를 일으켜서 출음신(出陰神)과 출양신(出陽神)을 해낼 수 있다 할지라도 심성(心性)의 법문이 통하지 않으면 안 됩니다. 그 역시 "마음 바깥에서 법을 구하는" 외도(外道)에 속하기 때문입니다. 따라서 '명'의 수양이 출음신과 출양신의 경지에 이르면 얼른 방향을 바꾸어 형이상적 '성'의 이치를 참구해야 합니다.

여기에서 맹자는 '성'과 '명' 두 글자를 언급하면서 두 가지를 함께 수양하는 도리를 대단히 구체적이고 적극적으로 설명했습니다. 특히 뒷부분의 설명이 더 적극적입니다.

호생불해가 물었다. "악정자는 어떤 사람입니까?"

맹자께서 말씀하셨다. "선인이며 신인이다."

"무엇을 선이라 하며 무엇을 신이라 합니까?"

"누구나 하고자 할 만한 것을 선이라 하고, 선을 자기에게 소유함을 신이라 하고, 충실함을 미라 하고, 충실하여 빛남이 있음을 대라 하고, 커서 주위 만물을 화하는 것을 성이라 하고, 성스러워 알 수 없는 것을 신이라 한다. 악정자는 두 가지의 중간이요, 네 가지의 아래이다."

浩生不害問曰: "樂正子, 何人也?"

孟子曰: "善人也, 信人也."

"何謂善? 何謂信?"

曰: "可欲之謂善, 有諸己之謂信, 充實之謂美, 充實而有光輝之謂大, 大而化之之謂聖, 聖而不可知之之謂神. 樂正子, 二之中, 四之下也."

악정자는 맹자의 학생으로 앞에서 이미 여러 차례 맹자에게 질문을 했고 맹자도 그에게 가르침을 주었습니다. 최근에 언급된 것은 악정자가 세상에 나와서 정치를 할 것이라는 말을 듣고 맹자가 대단히 기뻐했다는 내용입니다. 자기 학생이 정치를 맡았다고 해서 기뻐하는 것은 편애가 아니냐고 누군가가 맹자에게 물었습니다. 그러자 맹자가 말했습니다. 악정자는 선인(善人)이며 선인이 정치를 맡는 것이 나쁜 사람이 정치를 맡는 것보다 당연히 낫기 때문이라고 했습니다. 송조(宋朝)에서도 유사한 상황이 있었습니다. 어떤 재상의 학생이 세상에 나가 벼슬을 하려고 스승에게 작별 인사를 했습니다. 그러자 그 재상이 말했습니다. "세상에 나가서 관리 노릇을 잘 하여라. 절대로 나쁜 영향을 끼쳐서는 안 된다. 해를 끼치면 좋은 관리가 아니니라." 그 학생에게 자신의 작은 총명을 믿고 수단을 부려서는 안 된다는 가르침이었습니다. 그러지 않고 교묘한 수단을 부렸다가는 위아래에서 모두 그 영향을 받아 변화가 생길 것입니다. 본래 인사와 사물의 변화는 점진적이어야 합니다. 만약 갑자기 변했다가는 모든 사람과 일이 조화롭게 협조하지 못하고 제각기 심각한 손해를 입게 됩니다. 여기에서 '선인'이 정치를 맡는다고 한 것과 좋은 관리가 되어야 한다는 것은 서로 유사한 상황입니다.

맹자의 또 다른 학생인 호생불해가 맹자에게 물었습니다. "악정자라는 이 동학은 어떤 인물입니까? 학문과 수양이 어느 정도에 이르렀습니까?"

맹자가 말했습니다. "그는 '선인(善人)'이니, 불경에서 말하는 '선남자, 선여인' 같은 좋은 사람이다." 맹자는 이어서 말합니다. "그는 호인(好人)보다도 더 높은 '신인(信人)'이다."

표면적인 문자만으로 해석하면 '선인'은 바로 선량한 사람이며, '신인'은 신용 있는 사람입니다. 사실 세상 사람들은 누구나 신용이 있습니다. 가장 나쁜 사람에게도 신용이 있으며, 그 행위가 신용과 거리가 먼 사기꾼에게도 신용이 있습니다. 그가 비록 일반인들을 속이기는 해도 자기가 진정으로 사랑하는 사람은 속이지 않습니다. 마음으로 사랑하는 사람들에게는 그래도 신용이 있습니다. 그래서 '신인(信人)'의 '신(信)'에는 신용이라는 의미뿐 아니라 '정보〔信息〕'라는 의미도 있습니다. 구체적으로 말하면 수지(修持)하는 사람은 수련을 해서 모두 파악했음을 가리키는데, 이미 어떤 징후를 드러내는 사람을 일러 '신인'이라고 합니다.

호생불해가 다시 물었습니다. "무엇을 선이라고 합니까? 무엇을 신이라고 합니까?〔何謂善? 何謂信?〕" 어느 정도에 이르러야 비로소 선이라고 할 수 있습니까? 어느 정도에 도달해야 비로소 '정신(正信)'이라고 할 수 있습니까?

맹자가 말했습니다. "누구나 하고자 할 만한 것을 선이라 하고, 선을 자기에게 소유함을 신이라 한다〔可欲之謂善, 有諸己之謂信〕."

먼저 "누구나 하고자 할 만함〔可欲〕"에 대해 말하겠습니다. 도를 닦고 불법을 배우는 수련으로 말한다면, "누구나 하고자 할 만함"에 도달했는가의 여부는 바로 신체 내부에 즐거움이 일어났느냐 아니냐를 말합니다. 수련을 한다는 것은 수련이 여러분을 찾아오게 해야지 여러분이 수련을 찾아가서는 안 됩니다. 이는 불학의 사가행(四加行)[76] 가운데 따뜻해지는〔暖〕 수행이니 바로 즐거워지는 것입니다. 그 경지에 이르면 언제든지 따뜻해져서 즐거움의 경계를 얻게 되는데, 그런 것을 "누구나 하고자 할 만함"이라고 부릅니다. 그것이야말로 '선인(善人)'이 되기 위한 첫걸음이며, 그래야 비로소 불경에서 일컫는 '선남자, 선여인'이 될 자격을 얻습니다. 안타깝게도 우리는 도를 닦고 불법을 배우는 수련을 하면서도 '선인'의 자격조차 얻지 못했습니다.

두 번째 단계는 "선을 자기에게 소유함을 신이라 한다〔有諸己之謂信〕"라는 것입니다. 수련이 심신과 하나가 되어, 이른바 사대(四大)가 모여서 된 이 몸의 영향을 더 이상 받지 않는 것이 바로 '신인(信人)'입니다. 이 단계는 바로 사가행(四加行)의 "난(暖), 정(頂), 인(忍), 세제일법(世第一法)"이니 세상에서는 최고의 법입니다.

공자와 맹자의 수양이 불가와 도가와 다르다고 생각해서는 안 됩니다. 사실 그 이치는 불가와 도가와 상통하며 이른바 '내성외왕(內聖外王)'의 학문입니다.

자신이 "누구나 하고자 할 만한" 경계에 도달했는지 절실하게 반성해

---

76 유식불교에서 보살의 수행 과정을 다섯 단계로 나누는데, 그중 제2위인 가행위(加行位) 안에 범부중생이 해탈하기 위해 수행해야 할 네 단계를 사선근(四善根) 혹은 사가행(四加行)이라고 한다. 난위(暖位), 정위(頂位), 인위(忍位), 세제일위(世第一位)를 말한다.

봐야 합니다. 특히 일반인들은 쫓기듯이 며칠씩 가부좌를 하고 며칠씩 수양을 합니다. 하지만 "새로 변소를 지으면 사흘만 새것이다"라는 식으로, 한두 달 열심히 하다가 서서히 식습니다. 어느 정도 시간이 지나면 사흘 동안 물고기를 잡고 이틀 동안 그물을 말립니다. 나중에는 사흘 동안 물고기를 잡고 한 달 동안 그물을 말리고, 그렇게 그물을 말리는 날짜가 갈수록 길어집니다. "누구나 하고자 할 만함"에도 도달하지 못했으니 "자기에게 소유함〔有諸己〕"은 더더욱 말할 것도 없습니다.

"자기에게 소유함"에 도달한 이후에는 한 걸음 더 나아가 "충실함을 미라 한다〔充實之謂美〕"에 도달해야 합니다. 이 '충실함'은 자기 내부의 충실함이 아니라, 맹자가 다른 장에서 말했던 "호연지기가 천지지간에 가득 차다〔浩然之氣, 充塞於天地之間〕"라는 것을 말합니다. 그때를 '미(美)'라고 부르는데, 불학의 "오묘함을 말로 할 수 없는" 경계이기도 합니다.

이 단계에 도달했어도 아직은 최후 단계인 성(聖)의 경계에는 이르지 못했으며, 그보다 먼저 "충실하여 빛남이 있음을 대라 한다〔充實而有光輝之謂大〕"라는 단계에 도달해야 합니다. '충실'할 뿐 아니라 원만하고 청정한 광명의 경계로까지 발전해야 합니다. 선종에서 말하는 "광명이 고요하게 비치어 항하사에 두루 미치는〔光明寂照徧河沙〕" 경계이기도 하며, 『화엄경(華嚴經)』의 본래 이름인 '대방광(大方廣)'[77]의 의미이기도 합니다.

이때가 되면 비록 크기는 하지만 아직도 성의 경계에는 도달하지 못했습니다. "커서 주위 만물을 화하는 것을 성이라 한다〔大而化之之謂聖〕." 커진 후에 신통한 변화의 작용, 성지(聖智)의 오묘한 작용이 일어날 수 있어야 비로소 성인의 경계에 도달합니다. 맹자는 "성스러워 알 수 없는 것을

---

77 부처가 깨달은 진리를 이르는 말. 이 진리는 온갖 것을 포함하여 한량없이 큰 것이므로 대(大), 만법의 모범이 되어 변치 않는 체성(體性)이므로 방(方), 그 덕이 널리 우주에 관통하므로 광(廣)이라 한다.

신이라 한다〔聖而不可知之之謂神〕"라고 말했습니다. 성스러움이 알 수도 없고 말로 할 수도 없는 경계에 이르면 '신(神)'이라고 하는데, 수양은 이 정도에까지 도달해야 합니다. 마지막으로 "신묘한 경지에 이르러〔出神入化〕" 자신이 도달한 성인의 경계까지도 버려서 성인의 형상도 없고 나의 형상도 없고 법상(法相)도 없는 경지에 이르러야 비로소 궁극입니다.

맹자는 여기에서 성인이 되는 수양의 참학문, 참방법, 참수련을 모두 공개했습니다. 이것이 바로 중국 상고 시대 전통문화의 "이치를 궁구하고 본성을 다함으로써 천명에 이르는〔窮理盡性以至於命〕" 원리 체계입니다.

호생불해가 악정자의 수양 문제를 질문한 것에 대해 맹자는 이렇게 대답했습니다. "악정자는 '선인'과 '신인'의 사이에 있다. 나머지 네 단계의 수양, 즉 '충실함을 미라 한다' '충실하여 빛남이 있음을 대라 한다' '커서 주위 만물을 화하는 것을 성이라 한다' '성스러워 알 수 없는 것을 신이라 한다'에는 아직 도달하지 못했다."

맹자의 「진심」편은 여기에 이르러 내성외왕의 학문을 명확하게 표현해 냈습니다. 일부러 뭐가 뭔지 알 수 없게 한다거나 혹은 일부러 깊고 신비하고 오묘한 태도를 취하지 않았습니다. 도가의 노선을 걷든 불가의 노선을 걷든 상관없이 이 원칙은 거의 완전히 상통합니다.

맹자의 내성외왕의 도는 여기에서 절정에 이르렀습니다. 맹자가 자기 평생의 수양의 실증 경험에 대해 대결론을 내렸다고도 말할 수 있습니다. 아래는 맹자의 탄식입니다.

인성과 세태를 꿰뚫어서 아는 교육의 방법

맹자께서 말씀하셨다. "묵적에게서 달아나면 반드시 양주에게로 돌아가고,

양주에게서 달아나면 반드시 유가로 돌아온다. 돌아오면 받아줄 따름이다. 지금 양주 묵적의 학자들과 변론하는 것은 마치 뛰쳐나간 돼지를 뒤쫓는 것과 같으니, 이미 그 우리로 돌아왔거늘 또다시 따라서 발을 묶어 놓는구나."

孟子曰: "逃墨必歸於楊, 逃楊必歸於儒. 歸, 斯受之而已矣. 今之與楊·墨辯者, 如追放豚, 旣入其苙, 又從而招之."

맹자가 말하기를 당시의 문화사상은 양주와 묵적의 학설에 중점이 있었다고 했습니다. 양주는 개인주의를 중시했기 때문에 한 오라기의 털을 뽑아 천하를 이롭게 한다 해도 하려 들지 않았습니다. 묵자의 학설은 대중의 복지를 중시했는데, 천하가 모든 사람의 것임〔天下爲公〕을 중시했다고도 말할 수 있습니다. 그는 정수리부터 갈아 닳아져서 발꿈치까지 이르더라도〔摩頂放踵〕 천하를 이롭게 할 것을 주장했습니다. 당시 사상계는 이 두 종류의 대철학이 유행하고 있었고 유가는 그 둘의 사이에 있었습니다. 그래서 맹자는 "묵적에게서 달아나면 반드시 양주에게로 돌아간다〔逃墨必歸於楊〕"라고 말했던 것입니다. 원래 묵가의 사상을 숭배하는 사람들은 천하위공(天下爲公)의 길을 걸으면서 자기 자신을 버려 다른 사람을 이롭게 하고 세상을 이롭게 하고자 했지만 결국에는 해내지 못합니다. 그러면 틀림없이 물러나와 양가의 개인주의 노선 즉 자기 자신만 위하는 방향으로 전환합니다. 하지만 개개인이 모두 자신만 위하는 노선 역시 마찬가지로 걸어가지 못합니다. 두 가지를 비교하다가 결국은 중용의 길을 택하게 되는데, 일부분을 보류하여 적절히 자기 자신을 위하고 적절히 다른 사람을 위합니다. 그런 까닭에 "양주에게서 달아난〔逃楊〕" 사람은 "반드시 유가로 돌아옵니다〔必歸於儒〕."

가령 어떤 사람이 처음에는 도량이 크고 넓으며 오만한 젊은이의 안하무인 하던 모습이다가, 나중에는 묵적에게서 달아나 양주에게로 돌아가 오로지 자신만을 위해 정좌 수련을 하면서 어느 누구도 돌아보지 않게 되었습니다. 그러다가 지금은 또다시 양주에게서 달아나 '부인〔妻〕'에게 돌아가 결혼을 했습니다. 원래 젊은이들은 자기 자신에게 속아 넘어가기가 제일 쉽습니다. 인생은 세 갈래 길을 벗어나지 않으니 그 하나가 스스로를 속이는 것입니다. 스스로를 속이지 않으면 다른 사람을 속이고, 그것도 아니면 다른 사람에게 속아 넘어갑니다.

맹자가 말하기를 달아나서 유가로 오는 사람에 대해서는 "받아줄 따름이다〔斯受之而已矣〕"라고 했는데, 그 의미는 "집으로 돌아와라. 먼저 평온하게 자기 집에 앉아서 천천히 해라. 인생의 수양은 그렇게 간단한 것이 아니며, 학설 사상의 연구도 그렇게 쉬운 것이 아니다"라는 뜻입니다. 요즘으로 말하자면 대학의 교재는 단지 지식을 전달하는 도구일 뿐 책이라고 할 수 없습니다. 진정한 책은 고작 이십 몇 년 살았을 뿐인 대학원생이라면 몇 권도 보지 못했습니다. 스스로는 대단하며 사상 학설을 이해했노라고 생각해서는 안 됩니다. 이 나이가 되도록 그렇게 많은 책을 본 우리 같은 사람도 아직 책을 펼치면 늘 부끄러움에 얼굴이 붉어집니다. 평소에 스스로 대단한 식견이요 사상이라고 생각해 왔는데, 책을 읽다가 일이천 년 전의 옛사람이 그런 생각을 지녔고 그런 말을 했다는 사실을 발견하기 때문입니다.

맹자는 말했습니다. "양주 묵적의 무리와 굳이 변론하지 마라. 만약 변론한다면 그것은 마치 우리에서 달아난 돼지를 결사적으로 뒤쫓는 것과 같다. 결국 돼지는 우리 안으로 되돌아올 것인데 계속 뒤따라가면서 돌아오게 하려고 애쓰는 꼴이다."

이것은 교육 사상과 방법의 문제를 이야기하는 것이기도 합니다. 일반적인 가장이나 교사가 아이를 교육하는 것을 보면, 마치 돼지를 뒤쫓는 것처럼 몽둥이를 들고 뒤에서 사납게 쫓아갑니다. 아이가 문제가 있으면 몽둥이를 들고 뒤에서 쫓아가서는 안 됩니다. 바싹 뒤쫓을수록 아이는 더 빨리 더 멀리 달아나며 어쩌면 달아나다가 넘어져서 죽을지도 모릅니다. 그냥 달아나게 내버려 두십시오! 아이가 어디로 달아나든 여러분은 다 알 수 있습니다.

대륙에서 농촌의 변소는 똥오줌을 이용하여 비료를 만들기 위해 대부분 집 밖의 논밭이나 곡식 건조장 부근에 있습니다. 시골 아이들은 논밭이나 건조장에서 놀기 좋아하는데, 자칫하다가 분뇨 구덩이에 빠지면 대단히 위험합니다. 가장들은 아이들이 그곳에서 노는 것을 허락하지 않지만 아이들은 기어코 가서 놉니다. 어떤 가장이 아이를 뒤쫓아 가는 대신에 긴 대나무 장대를 슬그머니 변소 옆에 놓아두었습니다. 어느 날 한 아이가 과연 넘어져 빠졌는데 그는 얼른 달려가서 대나무 장대를 들어 분뇨 구덩이에 빠진 아이 앞으로 내밀면서 꽉 잡으라고 하더니 단번에 아이를 건져냈습니다. 그 아이는 그 후 다시는 그곳에서 놀지 않았습니다.

이것이 바로 교육의 이치입니다. 한번 속임수에 걸려도 보고 고생도 해 보고 사지에 빠졌다가 살아나기도 해 봐야 합니다. 그냥 뒤쫓아 가고 다그치고 하는 것은 효과가 없습니다. 그래서 맹자는 말했습니다. 양주 묵적의 무리와 변론하는 것은 돼지를 뒤쫓아 가는 것과 똑같고, 어린아이가 변소 옆에서 놀지 못하게 하는 것과도 같아서 역효과만 납니다.

그 외에 두 번째 상황도 있습니다. "이미 그 우리로 돌아왔거늘 또다시 따라서 발을 묶어 놓는구나(旣入其苙, 又從而招之)." 아이가 너무 말을 잘 들어서 늘 정한 범위 내에서만 행동하고 활동성이 없으면 또다시 아이를 원망합니다. 사람은 언제나 이렇게 모순됩니다. 너무 착실한 사람에게는 한사코 자신의 사상을 계발하라고 교육합니다. 그런데 그의 사상이 계발

되면 이번에는 또 다른 문제를 일으킵니다. 그렇게 되면 또다시 그를 원망하지요. 이것이 상대를 원망할 수 있는 일입니까? 그의 사상을 계발하라고 교육했기에 그렇게 된 것이 아닌가요?

이 몇 구절만으로도 맹자는 교육의 맛, 세태의 맛, 사회의 맛을 다 이야기했습니다. 그러므로 앞에서 "묵적에게서 달아나면 반드시 양주에게로 돌아가고, 양주에게서 달아나면 반드시 유가로 돌아온다"라는 말은 바로 맹자의 교육 사상입니다. 맹자는 앞에서 기다리고 있습니다. 여러분이 동쪽으로 가다가 벽에 부딪치고 서쪽으로 가다가 담에 부딪쳐서 출로가 막히고 나아갈 길이 없어지면, 자연스럽게 맹자 앞으로 가서 이렇게 말하기를 기다리고 있습니다. "선생님, 저를 좀 구해 주십시오!" 그러면 그는 대나무 장대를 들고 말합니다. "꽉 잡아라! 너를 건져낼 터이니." 바로 이런 것이 교육의 맛입니다. 수련을 하는 것도 그렇습니다. 많은 젊은이들이 도를 배우고 불법을 배우겠다고 수련을 하지만 저는 찬성하지 않습니다. 그들이 바깥에서 각종 수양을 다 배우고 전 세계의 수양과 수련을 다 배우고 나서 더 좋은 것을 배우지 못할 때에 돌아와서 도를 배우고 불법을 배우고 수련을 하기를 바랍니다.

맹자의 이 말은 그저 화두일 뿐입니다. 단지 교육 사상과만 연관이 있는 것이 아니라 심지어 정치 철학과 경제 사상 등과도 모두 관련이 있습니다. 여러분은 이것이 하나의 대원칙이라는 것에 주의해야 합니다. 그가 제창한 요순의 영도와 교화가 바로 이런 것입니다. 바른 길의 입구에 서서 여러분을 기다리면서 여러분이 잘못된 길로 가더라도 걱정하지 않습니다. 여러분이 갈림길에서 손해를 보게 되면 여러분을 끌어당겨 구해 냅니다. 요순의 도가 바로 이런 방식입니다.

재물이 모이면 사람이 흩어진다

맹자께서 말씀하셨다. "삼베와 실의 징세와 곡식의 징세와 힘으로 부역하는 징세가 있다. 군자는 이 중에 한 가지만 쓰고 두 가지는 늦춘다. 두 가지를 함께 쓰면 백성들이 굶어 죽고, 세 가지를 함께 쓰면 아버지와 아들이 헤어진다."

孟子曰: "有布縷之征, 粟米之征, 力役之征. 君子用其一, 緩其二. 用其二而民有殍, 用其三而父子離."

여기에서는 고대의 재세(財稅)에 대해 이야기합니다. 중국은 농업으로 나라를 세워서 국가에 큰일이 생겨 돈이 필요하면 토지에 의거해 세금을 거두었습니다. 만약 동란이 일어나면 각종 세금을 모두 거두어들였지요. 춘추 전국 시대에는 통상 세 종류의 세법이 있었는데 그중 하나가 "삼베와 실의 징세〔布縷之征〕"였습니다. 고대에는 남자는 농사를 짓고 여자는 베를 짰기 때문에 집집마다 베를 짰습니다. 현대에 대규모 방직 공장이 있는 것과는 달랐습니다. 그래서 그때에는 "삼베와 실의 징세"가 있었는데, 집에서 베를 한 필 짜면 약간의 세를 내야 했습니다. 두 번째는 "곡식의 징세〔粟米之征〕"였는데, 곡식을 수확하는 시기가 되면 경작 면적에 따라 약간의 세를 거두었습니다. 세 번째 항목은 "힘으로 부역하는 징세〔力役之征〕"로서 노동력을 거두는 것입니다. 일 년 중에 약간의 시간을 들여 정부를 위해 복무하는 것이지요. 후방에서 노역(勞役)을 하거나 전방에서 병역(兵役)을 하는 것이 모두 힘으로 부역하는 것 가운데 하나였습니다.

맹자가 말했습니다. "정치를 하는 사람은 이 세 가지 세금 가운데 '한 가지만 써야' 비로소 훌륭한 치리(治理)의 도라는 사실에 유의해야 한다."

그렇지 않다면 백성을 상대로 수단을 부리는 것이니, 대정치가의 방식이 아닌 그저 작은 정객의 수법에 지나지 않습니다.

그는 "한 가지만 쓰고〔用其一〕" "두 가지는 늦추는〔緩其二〕" 것이 치도(治道)의 원칙이라고 말했습니다. 가령 백성의 노동력을 동원하려고 한다면 그들의 세금을 경감해 주어야 하고, 그들에게 재물로 부담을 지우려면 반드시 부역에서 적당한 휴식을 취하도록 해야 새로이 생산을 할 수가 있습니다. "두 가지를 함께 쓰면 백성들이 굶어 죽고〔用其二而民有殍〕", 만약 두 항목의 세금을 동시에 거두어들이면 백성들은 굶어 죽는 사람이 생길 것이고 사회 경제는 고갈될 것입니다. 동란의 때를 만나 세 가지를 모두 쓴다면, 즉 베를 징수하고 곡식을 징수한 데다 부역까지 동원한다면 가정에서 부자, 형제, 부부가 헤어지게 되고 사회 전체가 무너질 수 있습니다.

천하에는 수많은 이론이 있어서 어떤 것은 들어보면 대단히 감동적이지만 실행해 보면 완전히 잘못된 것이 있습니다. 반면에 어떤 이론은 들어보면 대단히 밋밋하지만 실제로 시행해 보면 나무랄 데 없이 훌륭합니다. 안타깝게도 정치 철학을 연구하는 많은 사상가들이 이 교묘함을 알지 못합니다.

사실 국가의 재세(財稅) 문제만 그런 것이 아니라 개인의 사업도 마찬가지입니다. 지도자가 되어 사업체 안의 인재를 운용함에 있어서도 반드시 한 가지만 쓰고 두 가지는 늦추어야 합니다. 한 명의 인재에게 한 가지 일을 맡기려고 하면 나머지 일은 다른 사람에게 분담시켜야 합니다. 어떤 지도자는 부하들 가운데 인재 하나가 눈에 띄면 무슨 일이든 그 사람에게만 시킵니다. 가령 총무처의 업무 효율이 높다고 해서 일을 총무처에만 넘겨 처리하는 것은 옳지 않습니다.

살아 있는 독서는 "한 가지만 쓰고 두 가지는 늦추는" 이치를 꿰뚫어 아는 것이니, 이러한 말은 여러 방면에 자유자재로 응용할 수 있습니다.

맹자께서 말씀하셨다. "제후의 보배가 세 가지이니 토지와 인민과 정사이다. 주옥을 보배로 여기는 자는 재앙이 반드시 몸에 미친다."

孟子曰: "諸侯之寶三: 土地, 人民, 政事. 寶珠玉者, 殃必及身."

이것은 맹자가 제기한 하나의 정치 대원칙입니다. 한 국가의 지도자가 정치가라면 그가 이끌어야 할 대상은 바로 "토지와 인민과 정사〔土地, 人民, 政事〕"라는 세 가지 보배이니, 이 세 가지가 진정한 자산입니다. 만약 한 국가의 영수가 중시하고 아끼는 것이 주옥이나 진기한 물건이라면 틀림없이 재난이 곧 그의 몸에 찾아올 것입니다. 이런 사실은 동서고금을 막론하고 존재했는데, 제왕 자신에게 들어맞는 경우가 아주 많았습니다. 가장 유명한 경우가 명 말의 숭정제(崇禎帝)입니다. 이자성(李自成)이 북경으로 공격해 들어오자 매산(煤山)에서 목을 맸던 바로 그 황제입니다. 실제로 그는 훌륭한 황제였고 품성도 아주 좋았습니다. 하지만 고질병이 하나 있었으니 재화(財貨)를 움켜쥐고 놓지 못하는 것이었습니다. 도적떼가 난을 일으키면 군사를 준비해야 하는데, 숭정제는 계속해서 돈이 없다고 하면서 죽어라 백성들의 세금을 늘렸습니다. 재정을 관리하는 대신이 그에게 보고하기를, 더는 세금을 늘릴 수 없고 백성들은 이미 세금을 낼 능력도 없으니 황실 내탕고의 돈을 쓰자고 건의했습니다. 그래도 그는 허락하지 않으면서 그 돈은 쓸 수 없다고 했습니다. 숭정제가 매산에서 목매달아 죽은 후 도적떼가 내탕고를 열어 보니 그 안을 가득 채운 황금, 백은, 재물이 족히 백만의 부대를 먹일 수 있을 정도였습니다. 바로 "주옥을 보배로 여기는 자는 재앙이 반드시 그 몸에 미친다〔寶珠玉者, 殃必及身〕"라는 것입니다.

청년들이 주의해야 할 점이 있습니다. 사업을 하려면 "재물이 모이면 사람이 흩어진다[財聚人散]"라는 이치를 알아야 합니다. 돈이 여러분 호주머니 속으로 들어오면 사회의 인간관계는 적어지고 '진짜 친구'가 없어질 것입니다. 반면에 "재물이 흩어지면 사람이 모입니다." 맹상군이 바로 그런 경우였습니다. 돈을 뿌려 다른 사람의 어려움을 해결해 주면 수중에 돈은 없어지지만 친구가 많아지고 인간관계가 넓어져서 어려움이 생기면 친구가 도와줍니다. 맹자가 말한 것은 정치 원칙이지만 인생에 적용시켜도 마찬가지입니다. 유형의 재산이라고는 위로는 기와 조각도 없고 아래로는 송곳 꽂을 땅도 없지만 그래도 무형의 재산인 토지와 자신의 학문, 사상, 인품, 진리 등이 있습니다. 인생관이 확고히 서면 '토지(土地)'가 생깁니다. 인격이 있으면 도를 같이 하는 친구가 생기고 그것이 바로 '인민(人民)'입니다. 그런 후에 도덕에 합치되는 행위의 표준이 생기니 바로 '정사(政事)'입니다. 국가가 그러하고 개인도 마찬가지입니다. "토지, 인민, 정사" 이 세 가지가 큰 보배입니다. 오로지 돈만 중시했다가는 당연히 "재앙이 반드시 몸에 미칠 것입니다[殃必及身]."

분성괄이 제나라에서 벼슬하였다. 맹자께서 말하기를 "죽겠구나, 분성괄이여!" 하셨다.

분성괄이 죽임을 당하자 문인이 물었다. "선생님께서는 어떻게 그가 장차 죽임을 당할 것을 아셨습니까?"

맹자께서 대답하셨다. "그 사람됨이 조금 재주가 있고 군자의 대도를 듣지 못했으니, 그 몸을 죽이기 족할 따름이다."

盆成括仕於齊. 孟子曰: "死矣盆成括!"

盆成括見殺, 門人問曰: "夫子何以知其將見殺?"

曰: "其爲人也小有才, 未聞君子之大道也, 則足以殺其軀而已矣!"

조금 재주 있음의 위험

이 단락의 요점은 "소유재, 미문군자지대도야(小有才, 未聞君子之大道也)"라는 이 구절에 있습니다. 사람들은 흔히 역사의 인물이 되었든 눈앞의 인물이 되었든 다른 사람을 비평할 때 이 말을 자주 인용합니다. 예를 들어 어떤 사람이 갑을 언급하면 또 다른 사람이 "갑은 조금 재주가 있지"라고 말합니다. 언뜻 들으면 칭찬하는 말 같지만 사실은 비평하는 사람의 태도가 함축적입니다. "군자의 대도를 듣지 못했다[未聞君子之大道也]"라는 이 말을 하지 않은 것입니다. 이 두 구절의 의미를 좀 더 깊게 연구한다면 토론할 만한 부분이 아주 많습니다. 하지만 우리가 먼저 유의해야 할 점은, 『맹자』를 연구하거나 혹은 학문을 한 지식인이라면 자기 자신을 "조금 재주가 있고 군자의 대도를 듣지 못한" 사람으로 만들어서는 안 된다는 사실입니다. 이제 먼저 원문을 설명하겠습니다.

분성괄(盆成括)이라는 사람이 한번은 제나라로 가서 정치에 참여했는데 중요한 자리를 맡았습니다. 맹자가 그 소식을 듣자 말했습니다. "분성괄은 이제 끝났다. 틀림없이 죽임을 당하게 될 것이다." 결국 맹자의 예상대로 분성괄은 죽임을 당했습니다. 도대체 무엇 때문에 죽임을 당했는지는 역사에서 상세한 기록을 찾을 수 없습니다. 과거의 역사 특히 진한(秦漢) 이전 죽간을 사용한 시대에는 책을 쓰는 것이 매우 힘들어서 그런 일은 아주 간단하게, 그저 그가 죽임을 당했다고만 기록했습니다.

나중에 맹자의 학생이 스승에게 어떻게 분성괄이 죽임을 당할 것을 미리 판단할 수 있었는지 물었습니다.

맹자의 결론은, 분성괄은 "조금 재주가 있고 군자의 대도를 듣지 못했다(小有才, 未聞君子之大道也)"라는 것입니다. 이런 부류의 사람들이 나서서 큰일을 맡으면 죽임을 당하는 화를 피하기 힘듭니다. 그것은 역사 속 인간사에서 거의 정례화되었습니다. 위로는 제왕에서부터 아래로는 일반 백성에 이르기까지 "조금 재주가 있고 군자의 대도를 듣지 못한" 유형에 속한 사람들이 아주 많았는데, 그들은 대부분 좋은 결과를 보지 못했습니다.

사람들이 익히 잘 아는 『삼국연의』를 보면 제갈량이 평소 가장 아끼던 청년 마속(馬謖)은 다섯 형제 가운데 막내였습니다. 총명하고 재주가 많고 능력이 있었지요. 제갈량은 마속을 대단히 좋아해서 줄곧 등용했습니다. 유비가 보니 제갈량이 이 청년을 양성하는 것이 마치 그를 가르쳐서 훌륭한 사람으로 만들려고 준비하는 것 같았습니다. 하지만 유비는 마속의 단점을 알아보았기에 제갈량에게 말했습니다. "마속이라는 사람은 크게 써서는 안 됩니다. 그는 '말이 그 실제를 앞서기(言過其實)' 때문입니다." 마속은 허풍이 심해서 무슨 일이 되었든 해결 방법이 있다고 큰소리쳤지만, 실제로는 일이 중요한 대목에 이르렀을 때 그의 고집 세고 제멋대로인 성정으로 인해 도리어 일을 그르쳤습니다.

제갈량은 유비의 말을 선입견이라고 여겼기 때문에 마음으로 그다지 동의하지 않았습니다. 다만 유비가 워낙 고지식한 사람이라 더는 변론하지 않았습니다. 유비가 죽은 후 제갈량은 그래도 마속을 중용했습니다. 제갈량은 모두 여섯 번 기산(祁山)을 나섰는데, 처음 기산을 나와 중원 북벌의 전투에서 마속에게 선봉을 맡기며 전선의 가장 중요한 거점인 가정(街亭)을 지키게 했습니다. 그런데 가정에 도착하자마자 '길목을 지키고(當道)' 주둔하라던 제갈량의 명령을 따르지 않고 마음대로 산위에 영채(營寨)를 세웠습니다. 부하의 권고도 듣지 않았지요. 그로 인해 전선의 첫 번째 방어선이 뚫리고 전군(全軍)이 궤멸하여 제갈량의 첫 번째 출정 계획은 전반적으로 실패로 돌아갔습니다. 제갈량은 비록 그의 재주를 아꼈지만 군법에 따라 눈물을 흘리며 그를 벨 수밖에 없었습니다. 그때 제갈량이 말했습니다. "선주(유비)의 말을 듣지 않은 것을 후회한다."

이 역사적 사건을 통해 몇 가지 문제를 생각해 볼 수 있습니다.

먼저 제갈량은 대단한 인물이었지만 그의 뛰어난 점이 유비의 뛰어남보다는 못했습니다. 유비는 사람을 알아보고 기용하는 데 뛰어났기 때문에 제갈량을 등용할 수 있었습니다. 조조와 손권 두 사람도 제갈량을 끌어들이고 싶었지만 그들은 성공하지 못했습니다. 제갈량은 오직 유비를 돕기 원했습니다. 그것을 보더라도 유비가 확실히 남다른 점이 있었음을 알 수 있습니다. 물론 유비에게도 제갈량에 미치지 못하는 부분이 있습니다. 하지만 지도자의 역할을 맡은 사람이라면 사람을 잘 보고 일을 맡길 줄 아는 것이 무엇보다 먼저 갖추어야 할 조건입니다. 국가 지도자에서부터 잡화점 주인에 이르기까지 마땅히 그래야 합니다.

다음으로 마속이라는 사람은 총명하고 능력 있고 또 결단력도 있었습니다. 하지만 식견이 원대하지 않고 거기에다 '내 생각'이 너무 강했으니, 바로 "조금 재주가 있고 군자의 대도를 듣지 못한" 전형이었습니다.

더 확대해서 말한다면 남당(南唐)의 이후주(李後主) 역시 그러했습니다. 그의 사(詞)는 훌륭했습니다. "수레는 흐르는 물 같고 말은 용 같으니, 달빛 아래 꽃에 때마침 봄바람 부네〔車如流水馬如龍, 花月正春風〕"라는 구절은 확실히 멋들어집니다. 하지만 이 역시 "조금 재주가 있음"이며 문학적 재주일 뿐입니다. 만약 황제가 되지 않았다면 문학사에서 천고에 이름을 남길 사(詞) 작가가 되었을 것입니다. 하지만 안타깝게도 운수가 사나워 불행히 황제가 되었고 결국 망국의 군주가 되고 말았습니다. 황제가 되는 사람은 분명 좋은 운명을 타고난 것이라고 생각해서는 안 됩니다. 요즘은 운수를 점치는 것이 유행인데 이 또한 점치는 데 있어서 원칙입니다. 만약 어떤 사람의 운명은 좋은데 재주가 그 덕을 성취하지 못하고 재주가 그 지위를 성취하지 못한다면 마찬가지로 실패합니다. 북송의 휘종 역시 그러했지요. 이와 같은 일은 대단히 많습니다.

맹자의 이 두 구절로 역사적 인물을 살펴보거나 스스로를 반성해 보면, 자신도 "조금 재주가 있고 군자의 대도를 듣지 못한" 그런 잘못을 종종 범한다는 사실을 발견할 것입니다.

그렇다면 "군자의 대도(君子之大道)"란 또 무엇입니까? 맹자는 이 두 구절 뒤에 상세한 설명을 덧붙이지 않았습니다. 하지만 『맹자』 전체에서 말하는 바가 바로 "군자의 대도"입니다. 사람들이 『논어』, 『대학』, 『중용』, 『맹자』를 철저하게 연구한다면 무엇이 "군자의 대도"인지 알 수 있을 것입니다. 인생의 대로를 어떻게 걸어가야 할까요? 가장 훌륭한 본보기가 바로 공자와 맹자입니다.

아래에서는 "조금 재주가 있고 군자의 대도를 듣지 못하다"의 도리를 설명하고 있습니다.

맹자께서 등나라에 가서 상궁에 머무르셨다. 작업하던 신이 창문 위에 있었는데, 여관 주인이 찾아도 얻지 못했다. 혹자가 물었다. "이와 같이 종자들이 숨기고 있습니다."

"그대는 이 때문에 신을 훔치러 왔다고 여기는가?"

"아닙니다. 선생님께서는 교과를 설치하시면 가는 자를 붙잡지 않고 오는 자를 막지 않습니다. 만일 이 마음을 가지고 오면 받아주실 따름입니다."

孟子之滕, 館於上宮. 有業屨於牖上, 館人求之弗得. 或問之曰: "若是乎, 從者之廋也!"

曰: "子以是爲竊屨來與?"

曰: "殆非也. 夫子之設科也, 往者不追, 來者不拒; 苟以是心至, 斯受之而已矣."

이것은 맹자가 직접 겪은 일입니다. 한번은 맹자가 등나라에 갔는데, 등문공(滕文公)이 맹자를 대단히 공경해서 자기 별장에 초대하고 그곳을 맹자가 임시 머무는 여관으로 삼았습니다. 그 별장에는 관리인이 한 명 있었는데, 맹자가 들어온 후 관리인이 창문 위에 놓아둔 신발이 없어졌습니다.

'구(屨)'는 고대에 신던 신발입니다. 당시에는 모두 바닥에 앉았는데 일본인의 다다미가 바로 고대에 중국에서 실내에 깔았던 것입니다. 그것이 나중에 일본에 전해졌지요. 일단 대문을 들어서면 신발을 벗고 맨발로 실내에 들어가야 합니다. 그래서 당시의 신발은 가죽신도 아니고 베[布] 신발도 아닌, 일본인이 신는 게다 같은 것이었습니다. 대만이 수복된 초기에 일부 사람들은 그런 게다를 신었습니다. 수십 년 전 호남에서도 어떤 사람이 그런 게다를 신었는데 바닥에 쇠못을 박아 신기도 했습니다. 광동과 광서의 사람들도 처음에는 게다를 신는 것이 유행했는데 더 연구해서 나무판에 꽃무늬를 새겨 넣었습니다. 게다를 신을 때에는 양말을 신지 않은 맨발이었기 때문입니다. 그래서 여자아이들은 발톱에 색을 칠하기도 했지요. 게다의 위쪽은 굵은 실로 짜거나 혹은 천으로 된 발등을 달았는데, 그렇게 하고서 '구'라고 불렀습니다.

'업구(業屨)'는 옛사람의 해석에 따르면, 지금 신발을 만들고 있어서 곧 완성되려고 하는 것을 '업구'라고 불렀습니다. 예전에 공문(公文)에서 어떤 일이 이미 잘 처리되었다고 말할 때 '업이(業已)' 두 글자를 썼는데, 이 '업' 자는 사업(事業)의 의미가 아니라 허자(虛字)입니다. 글자 그대로 보면 '업구'는 신발을 만드는 사람입니다. 신발을 파는 사람이라고 해석할 수도 있습니다. 그렇지만 옛사람이 변론하기를, 신발을 파는 사람이라면 절대 신발을 창문 위에 놓아두지 않는다고 했습니다. 옛사람의 그런 말은 사실 두 개의 북채로 북을 치는 격이라 '통하지 않는' 논리입니다. 이런 것은 모두 문자상의 작은 문제이므로 더는 토론하지 않겠습니다.

글자로 보면 이런 말입니다. 상궁의 한 관리인이 본래는 신발 만드는 일을 겸업하고 있었습니다. 그날 맹자가 사람들을 한 무리 데리고 왔고, 그 관리인은 맹자 일행을 접대하느라 바빠서 미처 완성하지 못한 신발을 손가는 대로 창문 위에 놓아두었습니다. 접대를 다한 후에 다시 그 신발을 가지러 갔는데 보이지 않았습니다. 마침내 어떤 사람이 의심스러운 듯이 말했습니다. "맹자가 데리고 온 그 학생들 가운데 어떤 사람이 '좀도둑'이 아닐까요? 자기 신발이 낡아서 구멍이 나니까 창문 위에 놓인 신발을 가져갔을 것입니다." 물론 얼마든지 가능한 상황입니다. 대만이 수복된 초기에는 전부 일본식 가옥이어서 대문을 들어가면 반드시 신발을 벗어야 했습니다. 그래서 구두를 도둑맞는 일이 잦았는데, 심지어 도둑이 열 몇 켤레의 신발을 몽땅 자루에 넣어 도망간 일도 있었지요. 그러므로 다른 사람이 의심하는 것도 아주 흔한 일입니다.

어떤 사람이 말했습니다. "그대는 이 때문에 신을 훔치러 왔다고 여기는가〔子以是爲竊屨來與〕." 이 말은 이런 뜻입니다. "당신은 맹자가 데리고 온 이 학생들이 신발을 훔치기 위해 왔다고 생각합니까? 당신의 그 말은 이 사람들을 모욕하는 것이 아닙니까?" 이 말을 옛사람들 가운데 어떤 사람은 맹자의 말로 해석하고, 또 어떤 사람은 맹자의 학생이나 다른 사람의 말로 해석했습니다. 하지만 누가 말했는지는 중요하지 않습니다. 어쨌든 누군가가 그런 의견을 냈습니다.

그러자 또 어떤 사람이 말했습니다. "맹자의 학생이 분명히 신발을 훔쳤다고 말한 것이 결코 아닙니다." 우리는 맹자의 교육 태도가 때로는 공자의 "가르침에는 차별이 없다(有敎無類)"라는 말과 마찬가지로 대단히 관대하다는 것을 알고 있습니다. 맹자는 가르침을 베푸는 데 있어서 설사 강도짓을 했든 도둑질을 했든 학생의 과거를 추궁하거나 따지지 않았습니다. 과거의 일은 이미 흘러갔기 때문에 개과천선하고 그에게 가르침을 구하기만 하면 이전에 좋은 사람이었든 나쁜 사람이었든 상관없이 거절하지 않았습니다. 어쩌면 어떤 학생이 과거에 도둑질하던 습관을 못 버리고 있다가 마침 길에서 신발이 낡자 그 신발로 바꿔 신었을 수도 있습니다. 맹자로서는 그 학생의 과거를 모르는 데다 그 일도 몰랐기에 추궁하지 않았을 테고, 신발을 잃어버린 사람도 단념하는 수밖에 없었을 것입니다.

이것은 맹자가 학생들을 데리고 등나라에 머물렀을 때 생긴 작은 일에 지나지 않습니다. 원래 뭐 그리 대단한 일도 아니었는데 그 고사와 대화를 여기에 집어넣은 것은 무엇 때문일까요? 옛사람들의 관점에서 핵심은 "가는 자를 붙잡지 않고 오는 자를 막지 않는다(往者不追, 來者不拒)"라는 두 구절에 있습니다. 요즘 말로 하면 유가는 선(善)을 향해 뜻을 세우고 훌륭한 사람이 되겠다는 마음만 있다면, 불가는 발심하고 뉘우쳐서 악을 제거하고 선을 따르겠다고만 한다면 지난 일은 탓하지 않겠다는 말입니다. 모든 사람은 허물이 있기 때문에 고치겠다고만 하면 됩니다. 물론 고친 후에 나쁜 습관이 도지는 문제는 장담하기 어려운 일입니다. 고친 이후의 행위가 어떠한지를 계속해서 지켜봐야 합니다.

이것이 옛사람들의 견해입니다. 이 대목의 핵심은 "가는 자를 붙잡지 않고 오는 자를 막지 않는다"라는 두 구절에 있으며, 그것으로써 맹자의 교육 정신의 뛰어남을 설명했다고 여겼습니다.

하지만 전편을 놓고 봤을 때 이 단락은 "조금 재주가 있고 군자의 대도를 듣지 못했다"라는 구절에 이어지는 서술입니다. 옛사람들의 견해는 물론 틀리지 않았습니다. 하지만 우리는 한 걸음 더 깊이 들어가서 토론해 볼 수 있습니다. 옛사람들의 해석을 선종의 용어로 표현해 본다면, 그것은 단지 "나무판을 짊어진 사람"의 견해일 뿐입니다. 어깨에 나무판을 짊어지고 길을 가면 그 사람은 오로지 앞만 볼 수 있고 다른 면은 보이지 않습니다. 그 나무판을 내려놓아야 비로소 전면(全面)을 또렷이 볼 수 있습니다. 이것이 바로 "조금 재주가 있고 군자의 대도를 듣지 못했다"의 도리입니다.

『맹자』의 이 단락을 보면 도가의 『열자(列子)』가 생각납니다. 이 책은 마지막에 하나의 고사로 결론을 삼는데, 바로 "대낮에 금을 훔쳐 간 사람[正畫攫金人]"이라는 유명한 고사입니다. 앞에서 이미 이야기한 적이 있는데 어떤 사람이 백주대낮에 모두가 보고 있는데 다른 사람의 황금을 들고 도망갔습니다. 『열자』는 이 고사를 이야기한 후에 끝이 납니다. 나중에 어떤 사람이 고증하기를, 그 뒤에 문장이 더 있었는데 없어졌다고 했습니다. 그런 학설이 역대로 전해지고 있지요. 하지만 제가 볼 때에는 그 뒤에 어떤 글도 없습니다. 열자와 장자라는 도가 인물은 바로 그처럼 오묘합니다. 말하는 것이 선종의 화두와 똑같은데, 헐후어(歇後語)[78]처럼 절반만 말하고 나머지 절반은 여러분 스스로 참구하게 합니다. 앞에서 말했던 '은신법(隱身法)'을 배우는 고사도 똑같습니다. 세상의 수많은 사람들이 "조금 재주가 있음"에 스스로 속거나 혹은 멍청함에 스스로 속아서 다른 사람들은 자신이 감추려는 일면을 보지 못한다고 생각합니다. 이 이야기가 말하는 바는, 수많은 사람에게는 자기 귀를 막고서 방울을 훔치는 심리와 행위가 있다는 것입니다. 자기가 행하는 바를 다른 사람이 모르고 있다고 생각하지만 사실은 모두 다 알고 있습니다.

이러한 기괴한 심리와 행위는 사실 별 것 아닌 그저 좀도둑의 행실과 소

---

[78] 말의 후반을 생략하고 앞부분의 수식어만 말해 뜻을 암시하는 것을 헐후어라 한다.

장부에 불과할 뿐입니다. 자칭 대장부라고 하면서 은신법도 쓸 줄 모르고 귀도 가리지 않습니다. 네 것은 다 내 것이니 가져가고 싶으면 바로 가져가고, 다른 사람은 감히 나를 건드리지 못한다고 생각합니다. 이것이 바로 "대낮에 금을 훔쳐간 사람"이니, 벌건 대낮에 당당하게 다른 사람의 물건을 가져가 버렸습니다. 역사상 국가 정권을 통째로 손아귀에 넣는 사람 역시 "대낮에 금을 훔쳐간 사람"인데, 그러면서 한편으로는 듣기 좋은 '이유', 듣기 좋은 '이름'을 갖다 붙이려고 합니다. 역사에는 그런 종류의 이야기가 아주 많습니다. 『열자』 마지막 부분의 이 고사 역시 역사를 비평하면서 내린 하나의 결론인 셈입니다.

만약 열자가 "대낮에 금을 훔쳐간 사람"의 고사로 전서의 결론으로 삼은 까닭을 이해한다면, 맹자가 '신발을 잃어버린' 고사를 "조금 재주가 있고 군자의 대도를 듣지 못하다"라는 구절 뒤에 둔 것이 문장의 일관성을 위해서임을 알게 될 것입니다. 도대체 맹자의 학생들 가운데 신발을 훔친 사람이 있었을까요? 단정 짓기 어렵습니다. 혹자는 말하기를 맹자의 학생들은 모두 현인(賢人)이라 신발을 훔친 사람이 없었을 것이라고 합니다. 그 또한 말하기 어렵습니다. 현인의 도는 아직 수양이 그렇게 높은 경지에 이르지 못했기 때문에, 때때로 습관적으로 "손 가는 대로 양을 끌어오는 것은 도둑질이 아니다"라고 할 수도 있습니다. 선종에는 '약삭빠른 마음〔偸巧心〕'이라는 말이 있습니다. 착실하게 하고 싶지 않고 고생스럽게 하고 싶지 않다는 도둑 심보로 발심하면 그런 행위를 하게 됩니다. 그래서 『맹자』에서도 신발의 일을 인용해서 설명했습니다.

더 깊은 의미가 또 있으니 이 고사는 이쯤에서 더 거론하지 말고, "가는 자를 붙잡지 않고 오는 자를 막지 않습니다. 만일 이 마음을 가지고 오면 받아주실 따름입니다〔往者不追, 來者不拒; 苟以是心至, 斯受之而已矣〕"라는 구절을 토론하도록 하겠습니다. 이 구절은 부처님이 『금강경』을 설하는 맛을 지니고 있습니다. 이 편의 편명이 「진심」이라는 것을 잊지 마십시오. 『금강경』에서는 "과거의 마음도 얻을 수 없고, 미래의 마음도 얻을 수 없고, 현재의 마음도 얻을 수 없다〔過去心不可得, 現在心不可得, 未來心不可得〕"라고 했는데, 『맹자』에서는 "가는 자를 붙잡지 않고〔往者不追〕" 즉 흘러간 것은 이미 흘러가 버렸고, "오는 자를 막지 않으니〔來者不拒〕" 즉 미래는 아직 오지 않았다고 했습니다. 그렇다면 현재의 마음은요? "받아주실 따름입니다〔斯受之而已矣〕." 지금 바로 이 마음입니다. 이것은 신발이 없어진 것과 아무런 관계가 없습니다. 이는 맹자의 교육을 설명하고 있습니다. 맹자는 우리에게 사람의 마음을 이해하라고 가르칩니다. 설사 학생들 하나하나가 모두 훌륭한 사람이라 할지라도, 그 중에 어느 한 사람이 바로 지금의 생각을 지켜내지 못하고 물든 습성을 버리지 못해 "손 가는 대로 양을 끌고 왔다면" 그럴 마음이 있어서 일부러 훔친 것이 아니라도 얼마든지 그럴 수 있습니다. 그러므로 사람은 바로 지금의 마음을 지키기가 어려우며, 이 또한 "조금 재주가 있고 군자의 대도를 듣지 못하였다"라는 것입니다. 군자의 대도는 늘 자신의 바로 지금의 생각에 주의하는 것이며 이는 대단히 중요합니다.

계속해서 아래를 보면 자연스럽게 연결되어 문장의 연관성을 볼 수 있습니다.

구멍을 뚫는 마음, 약삭빠른 마음

맹자께서 말씀하셨다. "사람은 모두 차마 못하는 마음을 지니고 있는데, 차마 하는 바에까지 도달한다면 인이요, 사람은 모두 하지 않는 바가 있는데, 하는 바에까지 도달한다면 의이다. 사람이 남을 해치려고 하지 않는 마음을 채울 수 있다면, 인을 이루 다 쓰지 못할 것이다. 사람이 구멍을 뚫지 않으려는 마음을 채울 수 있다면, 의를 이루 다 쓰지 못할 것이다. 사람이 너너를 받지 않는 사실을 확충시킬 수 있다면, 가는 곳마다 의를 행하지 않음이 없을 것이다. 선비가 말해서는 안 될 때에 말한다면 이는 말로써 원하는 바를 얻음이요, 말을 해야 할 때에 말하지 않는다면 이는 말하지 않음으로써 원하는 바를 얻음이니, 이는 모두 구멍을 뚫는 종류이다."

孟子曰: "人皆有所不忍, 達之於其所忍, 仁也; 人皆有所不爲, 達之於其所爲, 義也. 人能充無欲害人之心, 而仁不可勝用也. 人能充無穿窬之心, 而義不可勝用也. 人能充無受爾汝之實, 無所往而不爲義也. 士未可以言而言, 是以言餂之也; 可以言而不言, 是以不言餂之也; 是皆穿窬之類也."

맹자는 이어서 심리 작용을 이야기합니다. 그는 "사람은 모두 차마 못하는 마음을 지니고 있다[人皆有所不忍]"라고 말했습니다. 예를 들어 집에서 맛있는 음식을 먹는다고 합시다. 부모님과 가족이 집에 없다면 차마 다 먹어 버리지 못합니다. 그것이 바로 차마 못 하는 마음입니다. 그런데 다 먹어 가도록 부모님과 가족이 돌아오지 않고, 또 음식이 너무 맛있다면 마음을 바꾸어 일단 먹고 봅니다. 만약 그런 차마 못하는 마음을 확대시켜서 "차마 하는 바에까지 도달한다면[達之於其所忍]" 즉 마음을 모질게 먹고 수시로 차마 못 하는 마음을 확대시켜서 모든 사람을 사랑하고 진실한 인자(仁慈)로 바꾼다면, 우리는 그것을 '인(仁)'이라고 부를 것입니다.

그다음은 '의(義)'입니다. 맹자는 '인의(仁義)' 두 글자를 교육의 중심 사상으로 삼았습니다. 그가 말했습니다. "사람은 모두 하지 않는 바가 있다[人皆有所爲]." 모든 사람은 마음속으로 자기 나름의 표준이 있어서 어떤 일은 해야 하고 어떤 일은 해서는 안 된다고 생각합니다. 예를 들어 눈

앞에 주인 없는 돈이 떨어져 있는 것을 보았다고 합시다. 마음속으로 저것은 내 것이 아니니 마음대로 가져가서는 안 된다고 생각할 것입니다. 기본적으로 인성은 모두 그런 선량한 심리를 지니고 있습니다. 하지만 "꿰뚫어 볼 수는 있지만 견뎌 내지 못하고, 생각할 수는 있지만 해내지는 못합니다[看得破, 忍不過, 想得到, 做不來]." 그런 선량한 심리도 어느 시기에 이르면 환경적으로 "다른 것과 서로 연결되어 일어나는[依他起]" 즉 외부 물질과 외부 환경의 영향이나 유혹을 받아 스스로를 지켜내지 못하고 방어선을 거두고 맙니다. 사람은 실행하고 지키는 바가 있어야 합니다. 하지 않는 바가 있는 그런 심리를 확충시켜서 "그 하는 바에까지 도달"할 수 있다면, 즉 해서는 안 될 것은 절대 하지 않고 해야 할 것은 바로 하는 사람으로 변해서 죽을 때까지 변치 않을 것입니다. 아래에서 맹자는 그 이유를 설명했습니다.

그가 말했습니다. 모든 사람의 기본 심리는 처음에는 다른 사람을 해치고 싶어 하지 않는데, 왜 나중에는 사람을 해치게 될까요? 이해관계 때문이고 감정의 원인 때문입니다. 그렇게 하나하나의 원인이 더해져서 결국에는 사람을 해치고 싶어 하지 않던 처음의 그 선량한 마음을 덮어 버리기 때문에 오히려 사람을 해치는 일을 하게 되는 것입니다. "사람이 남을 해치려고 하지 않는 마음을 채울 수 있다면[人能充無欲害人之心]", 즉 만약 천리(天理) 양심의 한 점 양지(良知)를 보존하고 스스로 남을 해치고 싶어 하지 않는 마음을 확충하며, 다른 사람을 방해하고 원망하고 혐오하도록 만드는 심리 상태를 없애 버린다면 "인을 이루 다 쓰지 못할 것이니", 그렇다면 인심(仁心)의 본위로 되돌아가게 될 것입니다. 자기 자신을 살펴보면 평소에 일이 없을 때에는 아주 평온하며 사람을 해치거나 원망하거나 싫어하는 등의 생각이 조금도 없습니다. 하지만 일단 일이 생기면 외부 환경의 영향을 받아 부정적인 심리 작용이 일어납니다. 그러면 싫어하는 감정이 커져서 원한이 되고 그것이 또다시 커져서 살인의 충동을 일으키기도 합니다. 그러므로 사람은 자기가 가진 최초의 청정한 일면, 선량한 일면을 분명하게 인식하고 나아가서 그것을 확충시켜야 합니다. 그러면 자연스럽게 인자한 마음이 됩니다.

또 사람은 구멍을 뚫지 않으려는 마음을 확충시켜야 합니다. 이른바 '천유(穿踰)'란 구멍을 뚫는 것을 형용하는 말인데, "구멍을 뚫는 마음[穿踰之心]"이란 요령을 부리는 약삭빠른 마음이기도 합니다. 사람이 도를 배우고 마음을 수양하는 심리가 또한 그렇습니다. 사람의 마음에는 약간의 호기심이 있어서 신통력을 얻고 싶어 하기 때문입니다. 만약 그런 생각을 일으킨 원인을 스스로 반성해 보면 각종 괴이한 속임수가 많을 것입니다. 그런 "구멍을 뚫는 마음"은 우리 모두 가지고 있습니다. 가령 두 사람이 앞에서 이야기를 하고 있다고 합시다. 본래는 그냥 지나가면 될 일인데, 때로는 그들 옆을 지나가면서 발걸음을 느릿느릿하게 해서 그들이 무슨 이야기를 하고 있는지 엿듣습니다. 이 또한 "구멍을 뚫는 마음"입니다. 심지어 다른 사람의 책상에 가서 서랍을 열어 문건을 보고 책을 들춰 보기까지 합니다. 모두 "구멍을 뚫는 마음"이 그렇게 만든 '악한 장면'이요 나쁜 행동입니다. 그렇기 때문에 타고난 영성의 양지(良知)를 잘 보존하여 "구멍을 뚫지 않으려는 마음[無穿踰之心]"으로 확충시키고 약삭빠른 마음을 없애 버릴 수 있다면 "의를 이루 다 쓰지 못할 것이다[而義不可勝用也]"라고 말한 것입니다. 자연스럽게 마음속의 도덕과 겉으로 드러나는 행동이 모두 대의(大義)에 합치됩니다.

세 번째는 "사람이 너 너를 받지 않는 사실을 확충시킬 수 있다면, 가는 곳마다 의를 행하지 않음이 없을 것이다[人能充無受爾汝之實, 無所往而不爲義也]"라는 구절입니다. 이 말을 글자 그대로 해석하면 '수(受)'는 '받아들이다'는 뜻이고, '이(爾)'는 '너'이며 '여(汝)' 역시 '너'입니다. 그렇다면

'너 너'는 무엇입니까? 해석하기 어렵지만 설명하자면 당신이 되었든 그 사람이 되었든 다른 사람의 영향을 받지 않는다는 말입니다. 즉 남과 나를 구분하지 않는 마음이니, 『금강경』에서 "아상도 없고 인상도 없다〔無我相, 無人相〕"라고 말한 것과 같습니다. 사람과 사람이 함께 하는데 남과 나를 구분하지 않는 것은 그래도 소극적입니다. 더 적극적인 것은 당신이 바로 나라는 관념이니, "한몸으로 여기는 자비, 인연에 얽매이지 않는 사랑〔同 體之慈, 無緣之悲〕"이라고 할 수 있습니다. 사람이 너와 나를 구분하지 않 는 마음을 확충시켜서 다른 사람을 자기 자신처럼 사랑할 수 있다면, 그것 이 바로 대인(大仁)이고 대의(大義)이니 어디를 가든 이롭습니다.

심리 행위를 확충시킨 것이 인의에 도달한다면 그것이 바로 불가에서 말하는 무인아상(無人我相)입니다. 한 걸음 더 나아가 다른 사람을 자기 자신처럼 사랑하고 세상 사람들을 자기 자신처럼 사랑한다면 무중생상(無 衆生相)이 될 것입니다. 그러나 조금 재주가 있는 사람은 이런 "군자의 대 도"를 알지 못합니다.

앞에서 "구멍을 뚫는 마음"은 요령을 부리는 약삭빠른 심리이니 바로 도둑놈 심보라고 말했는데, 여기에서 맹자는 또 "선비가 말해서는 안 될 때에 말한다면 이는 말로써 원하는 바를 얻음이다〔士未可以言而言, 是以言 餂之也〕"라고 말합니다. 예를 들어 어떤 사람이 배우기를 구하더라도 그 사람의 근기(根器)가 부족하면 가르쳐서는 안 됩니다. 그런데도 스스로 도덕이 있고 학문이 있음을 자랑하기 위해 굳이 그를 가르칩니다. 특히 종 교 방면에서 반드시 다른 사람을 귀의하게 하여 법문을 전수해 주려고 하 는데, 그 또한 "구멍을 뚫는 마음"입니다. 그 심리는 명예를 위해서가 아 니면 이익을 위해서이며, 그도 아니면 권력을 휘두르고 높아지기 좋아해 서입니다. 다른 사람이 자신을 숭배하는 것을 좋아해서 말로써 다른 사람 을 유혹합니다. 반대로 수준이 있고 도덕을 제대로 갖춘 사람이나 혹은 그런 교육을 받아야 할 사람에게는 마땅히 가르쳐 주어야 합니다. 그런데 인색해서 가르쳐 주지 않고 자신의 높음만 과시한다면 그 또한 "구멍을 뚫는 마음"입니다.

여기에서 보더라도 유가의 도덕은 불가나 도가와 똑같습니다. 설사 다른 사람을 유혹하는 것과 같은 심리상의 약간의 잘못은 범했을지라도 그것이 자만으로 변해서는 안 됩니다.

맹자께서 말씀하셨다. "말이 가까우면서도 뜻이 먼 것이 선한 말이요, 지킴이 간략하면서도 베풂이 넓은 것이 선한 도이다. 군자의 말은 허리띠를 내려가지 않으면서 도가 거기에 있고, 군자의 지킴은 그 몸을 닦으면 천하가 태평해진다. 사람들의 병통은 자기 밭을 버려두고 남의 밭을 김매는 데에 있으니, 남에게 요구하는 것은 무겁고 스스로 책임지는 것은 가볍다."

孟子曰: "言近而指遠者, 善言也; 守約而施博者, 善道也. 君子之言也, 不下帶而道存焉; 君子之守, 修其身而天下平. 人病舍其田而芸人之田; 所求於人者重, 而所以自任者輕."

맹자가 말한 "군자의 대도"가 나왔습니다. 이는 대단히 중요한데 우리는 절대로 '조금의 재주'를 부리거나 작은 총명을 부려서는 안 됩니다. 그것은 옳지 않습니다.

맹자가 말했습니다. "말이 가까우면서도 뜻이 먼 것〔言近而指遠者〕", 말이 대단히 단순해서 처음 들었을 때는 별다른 의미가 없는 것 같은 평범한 말인데, 자세히 생각해 보면 그 속에 너무나 많은 뜻을 포함하고 있어서 심오한 도리이기까지 한 그것이 바로 "선한 말〔善言也〕"입니다. 일반인들이 말을 하면서 만약 다른 사람이 알아듣지 못하게 하는 것이 바로 자신의 훌륭함이라고 할 것 같으면 주문을 외우는 편이 좋을 것입니다. 입으로 중 얼거리면 아무도 알아듣지 못합니다. 그러므로 진정한 학문가는 말을 함 에 있어서 심오한 내용을 알기 쉽게 표현해야 합니다. 높고 깊은 학문을 간단명료한 언어로 말해 공부한 적이 없는 사람이라도 알아들을 수 있게 해야지 자신의 학문을 과시해서는 안 됩니다. 다른 사람이 알아듣게 하는 것이 그의 책임입니다. 학생들로 하여금 자신을 숭고하게 여기도록 일부 러 알아듣지 못하게 말해서는 안 됩니다.

"지킴이 간략하면서도 베풂이 넓은 것이 선한 도이다〔守約而施博者, 善 道也〕"라고 했습니다. '약(約)'은 절약하고 거두어들인다는 의미인데, 지 킴이 간략하면서도 베풂이 넓다는 말은 다른 사람에게 하나의 원칙을 말 해 주고 그것만 지키게 하면서도 그 원칙을 사용해 베풀면 그 영향력이 대 단하다는 뜻입니다. 중국인들은 '천리양심(天理良心)'이라는 네 글자를 중 시합니다. 아주 간단하고 '간략(約)'한데, 이 원칙을 지키고 위반해서는 안 됩니다. 사람됨이나 일 처리에서 언제 어디서나 '천리양심'을 중요하게 생각하니 바로 "베풂이 넓다〔施博〕"라는 것입니다. 훗날 불교가 중국에 들 어오자 '아미타불(阿彌陀佛)'이라는 네 글자가 생겼습니다. 무슨 좋은 일 을 봐도 '아미타불'을 외우고, 무슨 나쁜 일을 봐도 '아미타불'이라고 했습 니다. 때로는 남을 욕할 때도 '아미타불'이라는 한마디를 내뱉기도 했습니 다. 이른바 '아미타불'은 무량수(無量壽) 무량광(無量光)이니, '아미타불' 한마디의 오묘한 쓰임이 끝이 없습니다.

맹자는 "군자의 말은 허리띠를 내려가지 않으면서 도가 거기에 있다〔君 子之言也, 不下帶而道存焉〕"라고 말했습니다. 군자가 말한 것은 "허리띠를 내려가지 않는다〔不下帶〕"의 이치가 바로 거기에 있습니다. 이 '대(帶)' 자 가 들어가는 것이 맞는지 아닌지는 고증학자들이 고증해야 할 문제이지 만, 옛사람의 해석에 따르면 당시 사람들은 모두 허리에 허리띠를 매었기 때문에 "허리띠를 내려가지 않는다"라는 말은 말하는 것이 아주 소박하다는 의미라고 했습니다. 하지만 그러한 해석은 여전히 모호하고 분명치 않습니다. 제 생각은 이렇습니다. "허리띠를 내려간다(下帶)"는 말은, 군자는 말을 하면 다른 사람이 알아듣도록 분명하게 말해야지 질질 끌면서 간결하지 못해서는 안 된다는 뜻입니다. 간단한 한마디로 도의 정신이 모두 표현되어야 합니다.

맹자는 또 말했습니다. "군자의 지킴은 그 몸을 닦으면 천하가 태평해진다(君子之守, 修其身而天下平)." 군자는 자신의 인격과 품행을 지켜야 하는데, 유가에서는 품행을 중시하며 불가에서는 그것을 계율이라고 부릅니다. 진정으로 도덕을 지니고 있다면 말로 가르칠 필요 없이 본인의 수양 행위만 훌륭하면 자연히 다른 사람의 본보기가 될 수 있습니다. "사람들의 병통은 자기 밭을 버려두고 남의 밭을 김매는 데에 있다(人病舍其田而芸人之田)." 이 구절의 의미는 이러합니다. 사람들은 자신의 마음 밭은 갈지 않고 죽어라 다른 사람의 마음 밭만 갈고 있습니다. 다시 말해 자신은 수신양성(修身養性) 하지 않으면서 한사코 다른 사람을 말로 가르치려고 합니다. 그뿐 아니라 다른 사람에게는 아주 엄격하게 요구하면서 자기 수양은 대충대충 합니다. 세상에는 이런 사람들이 아주 많습니다. 이것이 바로 "조금 재주가 있고 군자의 대도는 듣지 못한" 사람입니다.

군자는 법을 행하여 명을 기다릴 뿐이다

맹자께서 말씀하셨다. "요순은 본성 그대로 하셨고, 탕무는 그것을 회복하셨다. 태도와 교제가 예에 맞음은 지극한 성덕이다. 죽은 자를 곡하여 슬퍼함은 산 자를 위해서가 아니다. 덕을 지키고 간사하지 않음은 녹을 구해서

가 아니다. 언어를 반드시 미덥게 하는 것이 행실을 바르게 하려고 해서가
아니다. 군자는 법을 행하여 명을 기다릴 뿐이다."

孟子曰: "堯·舜, 性者也; 湯·武, 反之也. 動容周旋中禮者, 盛德之至也.
哭死而哀, 非爲生者也. 經德不回, 非以干祿也. 言語必信, 非以正行也. 君子
行法以俟命而已矣."

여기에서는 문자의 해석이 중요한 문제가 되는데, 맹자는 또 다른 관념
을 하나 제기했습니다. "堯·舜, 性者也; 湯·武, 反之也." 이것이 무슨 의
미일까요? 정호(程顥)나 주희(朱熹) 같은 송유들은 이 문자들 때문에 방
법을 고민하다가 성인의 말을 대단히 '신령〔神〕'스럽게 빚어냈습니다. 그
래서 이 부분에 주석을 붙일 때 아주 힘들게 글을 썼습니다. 이 두 구절을
문자 그대로 해석하면 "요순은 본성 그대로 하셨다〔堯·舜, 性者也〕" 즉 요
순의 인자함과 인의는 그들의 타고난 선량함과 천성이 자연스럽게 흘러
나온 것이라는 말입니다. 다음은 그와 상반된 말인데, "탕무반지야(湯·
武, 反之也)"에서 이른바 "반지야(反之也)"의 의미는 탕무가 인성의 나쁜 일
면을 반대로 뒤집어서 사람들이 선량한 본성을 회복하게 만들었다는 말
일 것입니다. 악을 제거하고 선을 보존한다〔去惡存善〕, 잘못을 고쳐서 선
으로 옮긴다〔改過遷善〕가 모두 '반(反)'의 의미입니다. 그런데 송유들이 붙
인 주를 보면 마치 잠꼬대를 하는 것처럼 몽롱하고 모호하며 탕무와 요순
이 서로 상반되는 것으로 여겼습니다. 사실은 결코 그렇지가 않습니다.

지금의 우리는 그 주석이 타당하지 않음을 의심하고 비평하고 지적할
수 있습니다. 하지만 시간을 백 년 전으로 되돌린다면, 이렇게 비평하는
말은 공명을 일으키지 못할 뿐 아니라 생명을 잃는 재앙을 불러올 수도 있
었습니다. 특히 송명 이후로 과거 시험은 모두 주희의 주석을 표준으로 삼

았기에, 그를 비평했다가는 공자의 사당에 들어갈 수 없을 뿐 아니라 지식인들 무리에서 배척당할 수도 있었습니다.

실제로 송유의 이런 주석들은 모두 헛수고였으니, 다른 사람들은 읽어도 마치 잠꼬대를 들은 것 같아서 무슨 말을 하는지 알 수 없습니다. 이 두 구절은 본래는 아주 간단한 것으로 원래 의미를 개괄하면 이러합니다. 요순은 물론 도덕이 훌륭했습니다. 하지만 그들의 시대는 물질문명이 아직 발달하지 않았고 사회도 보수적이어서 인류의 천성이 자연스럽고 선량한 부분이 많았습니다. 그것은 노자나 장자가 말했던 "도는 자연을 본받는다〔道法自然〕"라는 표현이었으며, 사람들은 자연스럽게 선량한 천성을 지니고 있었습니다. 그것이 바로 "본성 그대로 하셨다〔性者也〕"입니다.

훗날 상탕과 주 무왕의 시대가 되자 물질문명의 진보로 인해 성색(聲色)과 물질의 유혹을 받는 일이 많아졌습니다. 이는 사람의 정신 사상에 영향을 미쳤고 이로 인해 인성(人性)이 변하고 말았습니다. 당시에 탕무가 순수한 도덕적 정치 제도를 다시 실시했지만 이미 사회를 안정시킬 수 없었습니다. 그리하여 법제(法制)를 건립하고 법률로 대중의 일을 관리하며 인성이 원래의 선량한 일면으로 되돌아가기를 바랐습니다.

이는 하나의 현상을 설명해 주는 것이기도 합니다. 인류 사회는 물질문명이 진보할수록 도덕이 쇠퇴하므로 오직 정치적 방법으로 관리하고 법률로 규범화해야만 순박하고 선량한 본성으로 되돌아갈 수 있습니다. 이것은 아주 간단한 이치입니다. 그러므로 "반지야(反之也)"를 "탕무는 요순과 상반되었다"라는 뜻으로 해석할 필요가 없습니다. 물론 그냥 봐서는 탕무가 반역을 했습니다. 그들 두 사람은 혁명을 일으켰고 걸(桀)과 주(紂) 두 폭군을 쫓아냈습니다. 말하자면 "넌 안 되겠어, 내려가! 내가 할 테니" 하는 식이었습니다. 반면에 요순은 "나는 안 되겠으니, 당신이 하시오"라는 것이었습니다. 이 두 상황은 완전히 다릅니다. 하지만 그저 정권

교체의 형태가 다를 뿐입니다.

맹자는 계속 설명합니다. 요순시대의 상고 사회는 인성이 덜 오염되었기 때문에 자연히 모든 사람이 도덕을 지니고 있었습니다. 지도자만 그러했던 것이 아니라 사회의 일반인도 마찬가지로 "태도와 교제가 예에 맞았습니다〔動容周旋中禮〕."

'동용(動容)'은 바로 태도입니다. 만약 어떤 사람이 작은 실수를 하면, 옆에 있는 사람의 안색이 약간 변하거나 혹은 고개를 옆으로 돌리고 그를 보려고 하지 않습니다. 그렇게 되면 그 사람은 마음이 괴로워집니다. 그런데 시대가 흐를수록 다른 사람에게 무시당한 사람은 괴로워하지도 않고 오히려 이렇게 생각합니다. "네가 나를 무시해! 누가 너더러 무시하래! 네가 뭔데?" 심지어 당신이 '표정을 지으며〔動容〕' 그를 오래 쳐다봤다가는 바로 칼을 뽑을 것입니다. 이 사회에는 오래 쳐다봤다는 이유로 칼을 휘둘러 살인하는 일이 자주 일어납니다.

'주선(周旋)'은 응대하고 교제한다는 의미이니, 사회에서 사람을 대하는 태도나 사람과 사람이 함께 지내는 것을 말합니다. "태도와 교제가 예에 맞음"이란 한 사람의 태도, 말, 동작, 행위 모두가 매사 합리적이고 꼭 알맞다는 말이니 그것이 바로 덕입니다. 도덕이라는 두 글자가 나와서 하는 말인데 도는 도이고 덕은 덕입니다. 도는 명심견성(明心見性)의 본체를 가리키고, 덕은 명심견성 이후 세상에 들어와 쓰임이 있는 것을 가리킵니다. 바로 "지극한 성덕〔盛德之至〕"이기도 합니다. 불가의 용어로 표현하면 공덕이 원만함이니, 도를 배워 성취가 있으면 지혜가 원만합니다.

"죽은 자를 곡하여 슬퍼함은 산 자를 위해서가 아니다〔哭死而哀, 非爲生者也〕"라고 했습니다. 친구가 죽으면 그 때문에 울면서 상심하는데, 그 울음은 결코 살아 있는 사람에게 보여 주기 위한 것이 아닙니다. 얼마 전에 한 청년이 글을 쓰기를, 부친이 돌아가시자 같은 연배의 어른들이 문상을 왔는데 어떤 사람은 아주 격하게 울었다고 합니다. 그의 말이, 그 사람들은 자기 부친을 곡한 것이 아니라 자기 자신을 곡한 것이라고 했습니다. 왜냐하면 그 친구들은 자기 부친이 돌아가신 것을 보고 자신도 곧 죽을 것이라는 생각에 곡을 했다는 것입니다. 그 글은 비난을 불러일으키기도 했지만 이전에는 없었던 관점입니다. "죽은 자를 곡함〔哭死〕"의 또 다른 일면을 이야기한 그 견해는 아주 신선했습니다.

맹자가 말했습니다. "죽은 친구를 곡하는 것은 진정한 비애이지 결코 다른 사람에게 보여 주기 위한 것이 아니다." 좋은 친구가 죽었으니 진정한 상심입니다. 때로 상심이 극에 달하면 울음도 나오지 않고 눈물도 없습니다. 사람이 마치 나무토막 같습니다. 그런 모습을 보면 특별히 조심해야 하는데, 앞으로 다가가서 가볍게 한번 밀어주어 기맥 운행을 도와야 합니다. 그렇게 하지 않으면 위험한 일이 일어날지도 모릅니다. 그가 울음을 터트려야 비로소 위험이 지나갔다고 하겠습니다.

"덕을 지키고 간사하지 않음은 녹을 구해서가 아니다〔經德不回, 非以干祿也〕"라고 했는데, '경(經)'은 곧은 도〔直道〕입니다. 어떤 사람들은 곧으면서도 굳센 도로 자신의 도덕 표준을 지키고 조금도 굽히지 않습니다. 하지만 결코 명리(名利)를 위해서가 아닙니다. 훌륭한 사람 훌륭한 일을 기리는 대회에서 이름을 날리는 것이 목적이 아니라 자기가 늘 준수하는 곧은 도를 위해서입니다.

"언어를 반드시 미덥게 하는 것이 행실을 바르게 하려고 해서가 아니다〔言語必信, 非以正行也〕"라고 했습니다. 말을 했으면 반드시 실행해야 한다는 것이 단지 돈을 빌렸으면 반드시 갚아야 하고 발행한 수표는 반드시 지불해야 함을 가리키는 것만은 아닙니다. 그것은 그저 작은 신의〔小信〕일 뿐입니다. 큰 신의〔大信〕는 자신이 할 수 있는 것이라야 말하고 할 수 없는 것은 말하지 않는, 즉 빈말을 하지 않는 것입니다. 예를 들어 어떤 사람이 여러분에게 고기를 먹는지 채소를 먹는지 물었다고 합시다. 만약 마음속으로 조금이라도 고기를 먹고 싶다면 채소를 먹는다고 말해서는 안 됩니다. 그랬다가는 언행이 서로 맞지 않게 됩니다. 입으로는 채소를 먹는다고 하지만 마음속으로는 여전히 고기를 먹고 싶기 때문입니다. 간단히 말해서 입 밖으로 낸 말이 자기 마음속 생각과 완전히 일치해야 비로소 진정한 큰 신의라 할 수 있습니다. 생각하는 것과 말하는 것이 일치하는 도덕이기도 합니다. 말하는 것은 옳지만 생각하는 것은 그른 것도 아니며, 아무렇게나 말해 놓고 다른 사람의 눈을 의식해서 마지못해 자신의 말과 부합되게 행동하는 것은 더더욱 아닙니다.

"죽은 자를 곡하여 슬퍼하다" "덕을 지키고 간사하지 않다" "언어를 반드시 미덥게 하다"라는 세 구절은 제각기 이중적인 의미를 지닙니다. '성덕(盛德)'을 들어 말한다면, 요순 이전의 옛사람들은 자연스럽게 모든 사람이 도덕을 지니고 있어서 별도로 도덕이라는 구호를 표방할 필요가 없었습니다. 일찍이 노자와 장자가 이런 이치를 언급한 적이 있습니다. 나중에 물질문명이 진보하고 인류의 도덕이 타락하기 시작했기 때문에 '인의(仁義)'라는 명사가 나오고 인류에게 인의를 지닐 것을 요구하게 되었습니다. 시간이 더 흘러 사람들이 인의도 잃어버리자 '수법(守法)'이라는 명사가 생겨나서 사람들에게 법률의 규범을 지킬 것을 요구하게 되었습니다. 오늘날 인류의 행위는 법률도 거의 어쩌지 못하는 지경에 이르러 달리 방법이 없으니 형법을 사용하는 수밖에 없습니다.

따라서 각 구절이 이중의 의미를 지니면서 지정(至情), 도덕, 언어의 참된 의미를 설명하고 있습니다. 이것은 모두 자신의 내재적 천성이 자연스럽게 바깥으로 흘러나온 것이지 외재적인 사람, 사물, 일에 적응하기 위해서가 아님을 설명해 줍니다. 이른바 "군자가 법을 행함(君子行法)"은 그 도리를 본받아 "명을 기다림(以俟命)"이니, 그것이 바로 수명(修命)입니다.

이를 통해 우리는 유가에서 말하는 '명(命)'은 바로 사람이 살아 있을 때의 생명 가치임을 알 수 있습니다. "명을 기다림"이란 사람은 살면서 마땅히 위에서 말한 세 구절처럼 행해야 한다는 것이니, 바로 정명(正命)이기도 합니다. 그것이 생명의 의의와 가치입니다.

맹자는 공자와 마찬가지로 일생의 언어와 행위가 그 자체로 바로 모범이었고 교육의 표준이었습니다. 아래의 말은 맹자 자신을 이야기한 것인데, 역시 학생을 교육하는 내용입니다.

욕심을 적게 하는 것보다 더 좋은 것은 없다

맹자께서 말씀하셨다. "대인에게 유세할 때에는 하찮게 여기고 그 드높음을 보지 말아야 한다. 당의 높이가 몇 길이 되고 서까래 머리가 몇 자나 되는 것은, 나는 뜻을 얻더라도 하지 않을 것이다. 밥상 앞에 음식이 한 길이 되고 시첩이 수백 명이 되는 것은, 나는 뜻을 얻더라도 하지 않을 것이다. 음악을 즐기고 술을 마시며 말을 달리고 사냥하며 뒤따르는 수레가 천 대인 것은, 나는 뜻을 얻더라도 하지 않을 것이다. 저에게 있는 것은 모두 내가 하지 않는 바요, 나에게 있는 것은 모두 옛 법이니, 내 어찌 저들을 두려워하겠는가."

맹자께서 말씀하셨다. "마음을 수양함은 욕심을 적게 하는 것보다 더 좋은 것이 없다. 그 사람됨이 욕심이 적으면 비록 보존되지 못함이 있더라도 적을 것이고, 그 사람됨이 욕심이 많으면 비록 보존됨이 있더라도 적을 것이다."

孟子曰: "說大人, 則藐之, 勿視其巍巍然. 堂高數仞, 榱題數尺, 我得志弗爲也; 食前方丈, 侍妾數百人, 我得志弗爲也; 般樂飮酒, 驅騁田獵, 後車千乘, 我得志弗爲也. 在彼者, 皆我所不爲也; 在我者, 皆古之制也; 吾何畏彼哉!"

孟子曰: "養心莫善於寡欲. 其爲人也寡欲, 雖有不存焉者, 寡矣; 其爲人也多欲, 雖有存焉者, 寡矣."

맹자는 자주 '대인(大人)'과 만났는데, 여기에서 말하는 '대인'은 지위가 높고 연령이 많으며 권력과 세력을 가진 사람을 가리킵니다. 이십 세기 홍콩의 백성들은 경찰을 대인이라고 불렀습니다. 왜냐하면 영국인이 홍콩을 99년이나 통치했지만 사용한 법률은 대부분 청조의 '대청율례(大淸律例)'였기 때문입니다. 청조의 관리 사회에서는 관리를 대인이라고 했기 때문에 홍콩 사람들은 옛 관습대로 그렇게 불렀던 것입니다. 또 홍콩의 어떤 공원은 영국 장군의 이름을 붙였는데, 홍콩의 백성들은 그 공원을 '병두(兵頭)' 공원이라고 불렀습니다. 이른바 '병두'는 중국 송 왕조 때 원수(元帥)를 일컫던 호칭이었습니다.

맹자가 만나본 제 선왕이나 양 혜왕 같은 제후들은 태어날 때부터 왕이 될 사람들이었습니다. 그처럼 어려서부터 제후 왕이 될 교육을 받은 사람들은 말이나 행동거지에서 일반 사람들과는 다릅니다. 예전에 청의 종실 귀족이었거나 대신이었던 사람들을 만난 적이 있는데, 비록 군주제가 무너졌어도 그들 집안에는 여전히 남녀 고용인을 여럿 두고 거들먹거리며 마음대로 부렸습니다. 마님과 아가씨들은 바로 앞에 있는 물건도 자기 손으로 집지 않고 시녀를 불러 멀리서 달려와 두 손으로 바치게 합니다. 현대의 청년들은 볼 수도 없는 광경입니다. 당시 신사상을 지닌 청년이 그런 모습을 보고 큰 반감을 가졌습니다. 너무 부패해서 혁명을 하지 않으면 안 된다고 생각했지요. 하지만 혁명이 일어나기도 전에 일본이 침략했고, 전쟁의 고난이 그들을 모두 도태시켰습니다. 그 사람들은 난을 피하러 대문을 나섰지만 쌀이 어느 '나무'에서 자라는지조차 모르고 있었으니 피난길에서 적을 만나기도 전에 비바람에 쓰러져 일어나지 못했습니다. 그런 부류도 이른바 '대인'이었습니다.

맹자가 학생들에게 말했습니다. 너희들은 '대인'을 보면 "하찮게 여기고 그 드높음을 보지 말아야 한다[則藐之, 勿視其巍巍然]." 즉 말하고 행동하는 그의 기세에 겁먹어서는 안 된다는 말입니다. 요즘 같은 민주 시대에는 이미 대인들의 그런 위세를 볼 수 없게 되었습니다. 전제군주 시대에는 지위가 조금이라도 높은 사람을 보면 심지어 일개 현장(縣長)에 지나지 않을지라도 백성들은 감히 고개도 들지 못했습니다.

맹자는 "하찮게 여기라[藐之]"고 말합니다. '막(藐)'은 작다는 의미만은 아닙니다. 지금의 '깔보다[藐視]'는 단어가 여기에서 나왔는데, 평범하게 본다는 뜻이지 완전히 무시한다는 말은 아닙니다. 그의 "드높음[巍巍然]" 즉 높은 곳에 있는 모습에 겁먹지 말아야 합니다. 고대에는 지위가 높을수록 자리도 높은 곳에 있었습니다. 예전에 황제가 조회할 때면 조정을 가득 메운 문무백관들이 일제히 무릎을 꿇었습니다. 하지만 그들은 황제가 어떻게 생겼는지 분명히 볼 수도 없었습니다. 가까운 곳에 있는 사람만 겨우 어렴풋한 영상을 볼 수 있을 뿐이었지요.

솔직히 말해서 그런 "드높은" 모습은 일부러 연출한 것만이 아니었습니다. 고대의 제도 아래에서는 사람이 높은 자리에 오래 앉아 있다 보면 자연히 그런 모습을 지니게 됩니다. 이른바 습관이 천성처럼 되었다는 것이지요. 가령 오랫동안 교직에 있었던 사람은 다른 사람에게 말을 할 때 입만 열면 "알겠습니까?" 혹은 "알아들었습니까?" 같은 말을 합니다. 듣는 사람은 얼마나 거북한지 모릅니다. 또 지휘관을 지낸 사람은 다른 사람을 지휘하는 습관이 있어서 자기 아내에게도 병사에게 하듯 그렇게 지시합니다. 특히 부대 열병이 습관이 된 사람들은 차에서 내리기만 하면 발걸음은 무겁게, 고개를 들고, 턱은 내리고, 가슴을 펴고, 머리를 움직이는 데에는 왼쪽에서 오른쪽으로 쓱 훑어보고 다시 오른쪽에서 왼쪽으로 쓱 훑어보는 모습이 의기양양합니다. 어떤 장사꾼이 군벌 내의 한 소대장에게 업신여김을 당했는데, 화가 난 나머지 장사를 때려치우고 병사를 모집하여 중대장이 되었습니다. 한번은 소대장 하나가 말을 듣지 않자 그 소대장을 파면시키려고 특무장(민국 시대에 군대의 재무를 관리하던 직위의 명칭)을 불러 명령을 내렸습니다. "얼른 소대장을 결산하라." 이 모두 습관이 천성처럼 되어 버린 것이니 고치려고 해도 쉽지 않습니다. 그러므로 맹자가 앞에서 말했던 "태도와 교제가 예에 맞기"란 대단히 어렵습니다. 어떤 위치에 처하든 반드시 그에 걸맞은 태도를 취하고 걸맞은 말을 해야 합니다. 손님이 되었을 때에는 손님 노릇을 하고 주인이 되었을 때에는 주인 노릇을 해야 합니다. 장관을 집에 초대했다면 친구를 초대한 것과는 달라야 합니다. 모든 일은 양면에서 보아야 합니다.

'대인'을 만나더라도 그의 '드높음'에 주눅이 들어서 말도 제대로 못하고 심리적으로 안정이 무너져서는 안 됩니다. 맹자는 학생들에게 대인을 그렇게 높게 보지 말라고 가르칩니다. 그도 사람이고 자신도 사람이므로, 정신적으로든 인격적으로든 심리적으로든 모두 평등하기 때문입니다.

그런 후에 맹자는 학생에게 격앙된 어조로 이렇게 했습니다.

"당의 높이가 몇 길이 되고 서까래 머리가 몇 자나 되는 것은, 나는 뜻을 얻더라도 하지 않을 것이다〔堂高數仞, 榱題數尺, 我得志弗爲也〕." 고대 농업 사회에서 어떤 집은 그 높이가 열 길〔丈〕에 달하고 대들보 기둥이 몇 자〔尺〕에 달했습니다. 맹자가 말하기를 자신은 뜻을 얻었다 할지라도 절대 그런 집에 살지 않을 것이라고 했습니다. 평범한 초가집에 살면 되지 지위가 있고 돈이 있다고 해서 주거에 사치를 누리려고 해서는 안 됩니다.

"밥상 앞에 음식이 한 길이 되고 시첩이 수백 명이 되는 것은, 나는 뜻을 얻더라도 하지 않을 것이다〔食前方丈, 侍妾數百人, 我得志弗爲也〕." 예를 들어 청조의 커다란 팔선탁(八仙卓)은 여덟 명이 앉는 네모난 탁자였는데 한 면의 길이가 거의 한 길〔丈〕에 달했습니다. 한 끼 식사의 요리가 수십 종류에 달했고 옆에서 시중드는 사람도 수십 명에서 백 명을 넘기도 했습니다. 술 따르는 사람, 요리 나르는 사람, 밥 담는 사람 등 제각기 다른 일을 맡았습니다. 그런 사치 역시 맹자는 원하지 않았습니다. 뜻을 얻더라도 절대 그런 겉치레를 하지 않을 것이라고 했습니다.

"음악을 즐기고 술을 마시며 말을 달리고 사냥하며 뒤따르는 수레가 천 대인 것은, 나는 뜻을 얻더라도 하지 않을 것이다〔般樂飮酒, 驅騁田獵, 後車千乘, 我得志弗爲也〕." "음악을 즐기고 술을 마시다〔般樂飮酒〕"란 먹고 마시고 즐기는 것을 말합니다. "말을 달리고 사냥하다〔驅騁田獵〕"란 현대로 말하면 교외로 나가 골프를 치면서 뒤로 수행원을 한 무리 거느리는 것에 해당합니다. 그런 겉치레도 맹자는 원하지 않았습니다.

이런 것들은 모두 전국 시대에 높은 지위에 있던 이른바 대인의 사치스러움을 반영합니다. 그러나 당시에는 밥도 먹지 못하는 가난한 사람도 아주 많았지요.

"저에게 있는 것은 모두 내가 하지 않는 바이다〔在彼者, 皆我所不爲也〕." 맹자는 학생들에게 이렇게 말했습니다. "대인들이 높고 큰 집에 살면서 겉치레를 하고 잘 먹고 잘 입고 음악을 즐기는 것을 보더라도 마음이 움직여서는 안 된다. 솔직히 말해서 자신을 속이고 남을 속이는 그런 허영은 일고의 가치도 없다." "나에게 있는 것은 모두 옛 법이다〔在我者, 皆古之制也〕." 즉 우리 각자는 모두 스스로 평범하고 정중한 생활 습관을 지니고 있으며, 위로는 천문에 통하고 아래로는 지리에 통하며 그 중간에 있는 인사(人事)도 모두 알고 있다는 말입니다. 우리는 자신의 인격을 지니고 있으며 옛것을 해석하여 오늘에 전하고 자신의 정신문화를 지니고 있다는 것이지요. "내 어찌 저들을 두려워하겠는가〔吾何畏彼哉〕." 우리는 스스로 낮추거나 두려워할 것이 없습니다. 사람들은 물질, 재산이나 지위, 명성 등을 남에게 과시하기 좋아하지만 사실 그것은 저속한 심리입니다.

맹자는 아주 호기롭게 이런 말을 했지만 아마도 공자였다면 그렇게 말하지 않았을 것입니다. 이른바 연단(煉丹) 하는 화로의 불이 맹자의 경우에는 크고 가득 타올랐지만 공자의 경우에는 이미 순수한 푸른색이 되었습니다. 맹자의 말은 자로(子路)의 말투와 약간 비슷해서 아직은 진일보한 수양이 필요합니다. 부귀한 사람을 보더라도 마음속에 부귀의 관념이 전혀 없어서 자기 자신과 똑같이 여기고 자신과 남을 구분하지 않는 그런 수양에 도달할 수 있다면 더 아름다울 것입니다. 물론 나중에는 맹자도 "충실함을 미라고 하게〔充實之謂美〕" 되었습니다.

아래에서 맹자는 이 단락의 결론을 내리면서 수양을 언급했습니다. 맹자가 이야기한 수양에 대해 여러분은 특별히 유의해야 하는데, 그의 이야기가 대단히 실제적이기 때문입니다. 공자가 이야기한 것은 형이상학에 속하고 더 높지만 그럼에도 불구하고 더 평담합니다.

맹자가 말했습니다. "마음을 수양함〔養心〕"은 바로 수행이니 먼저 "욕심을 적게 함〔寡欲〕"을 해내야 합니다. '과(寡)'는 적다는 의미인데 일체의 욕망을 적게, 그것도 최대한 적게 해야 합니다. 유가와 도가의 수양은 다만 "욕심을 적게 함"을 강조하며, 오직 불가에서만 욕심을 완전히 끊을 수 있습니다. 그러나 주의할 것이 있습니다. 불가의 소승에서만 욕심을 끊는〔絶欲〕 수행을 합니다. 대승은 욕심을 끊는〔絶欲〕 것이 아니라 욕심을 따릅니다〔化欲〕. 최고의 경지〔化境〕에 이르면 적음과 적지 않음, 끊음과 끊지 않음이 아무런 문제가 되지 않습니다. 그런 까닭에 유가와 도가는 수천 년 이래 이런 문제를 논쟁해 왔습니다.

불가는 처음부터 망상을 없애고 망념을 제거하고 욕심을 완전히 없애라고 했습니다. 유가는 그것이 불가능하다고 여겼기에 그런 수련을 포기했습니다. 원래 그렇게 된 것이었는데, 불학을 배우는 사람들이 그 말에 의거해서 해내지 못했던 것입니다. 유가와 도가는 비교적 고명(高明)해서 먼저 "욕심을 적게 함"에서 시작해서 천천히 욕망을 감소시켰습니다. 실제로 불가에도 그런 법문이 있습니다. 일체의 습관이 먼저 '박지(薄地)'[79]에 도달해야 하니, 망념과 욕망의 힘은 본래 아주 강한데 천천히 그것을 약하게 만듭니다. 그런 다음 '박지'에서 다시 '연지(軟地)'로 바뀌게 하여 부드럽게 만들면 그 힘이 없어집니다. 예를 들어 도를 닦는 사람은 성내는 생각[瞋念]을 제거하고 스스로를 억제하여 화를 내지 말아야 합니다. 하지만 해낼 수가 없기 때문에 반드시 먼저 욕심을 따라야[化欲] 비로소 서서히 줄어듭니다. 본래 강한 것이 얇게 변하고 다시 부드럽게 변해야만 자제할 수 있습니다. 그 단계에 도달해야 비로소 "욕심을 적게 함"이니, 마음을 수양하는 도는 "욕심을 적게 하는 것보다 더 좋은 것이 없습니다[莫善於寡欲]." 절대 무욕의 이론은 너무 높아서 해낼 수가 없습니다. 오히려 말을 잘못한 죄를 짓게 되고 허풍 대왕이 되어 망어계(妄語戒)를 범하고 맙니다. 수행하는 사람은 망어를 내뱉어서는 안 됩니다.

맹자가 말했습니다. 망념을 줄일 수 있으면 서서히 헛된 일은 적게 생각하고 공상과 환상을 줄여 절실하고 요긴한 일 몇 가지만 생각합니다. 그렇게 자신을 훈련하고 수양하면 자연스럽게 환상과 망념이 갈수록 엷어지고 약해져서 마침내 선종 조사가 말했던 "마음을 쉬어서 망상을 없애는 것이 아니라, 오직 생각할 만한 일이 없는 것이다[不是息心除妄想, 只緣無

---

79 성문·연각·보살의 삼승이 공통으로 닦는 열 가지 수행[十地] 가운데 하나로, 욕계의 번뇌를 끊음으로써 번뇌가 점점 엷어진 경지를 말한다.

思事可思量)"라는 경계에 도달하게 됩니다. 그것은 억지로 생각을 눌러 버리라고 하는 것이 아니라 자연스럽게 생각할 일이 없어지는 것입니다. 다른 사람이 고기가 맛있다고 말해도 자신은 도무지 먹고 싶은 생각이 들지 않습니다. 다른 사람이 좋은 옷을 입고 싶다고 해도 자신은 그런 생각이 없습니다. 그저 추위에 얼지 않고 몸을 가릴 수 있으면 됩니다. 이것이 참된 공(空)이니 이미 간파해 버린 것입니다. 이른바 "간파홍진(看破紅塵)"이 바로 그런 모습인데, 참으로 마음이 물처럼 평평한 경지에 도달하면 그 오묘함은 말로 할 수 없습니다.

그와는 반대로 어떤 사람은 욕망이 큽니다. 불법을 배우기 시작할 때부터 마음속으로 "얼른 수행해서 성불하고 중생을 제도해야지"라고 생각하는데, 이런 욕망이 지나칩니다. 듣기 좋게 말하면 원력(願力)이지만 그것은 수행에 성공한 사람에게 하는 말입니다. 성공하지 못한 사람에게 그런 생각은 욕망입니다. 똑같은 사람이지만 나이가 어린 사람은 아이라고 부르고 장년이 되면 대인이라고 부르고 늙으면 노인이라고 부르는 것과 마찬가지입니다.

이제 진시황과 한 무제 두 사람을 생각해 보겠습니다. 황제 된 자의 위풍당당한 명성과 위엄, 이른바 "사내대장부의 명성과 위엄"을 국가와 민족의 입장에서 보면 확실히 훌륭했습니다. 하지만 나이가 많아져서 죽음이 다가오자 그들은 불로장생을 추구하고 신선이 되어 영원히 살기를 원했습니다. 그 욕망이 참으로 컸습니다.

오직 한 무제의 대신이던 급암(汲黯), 그 익살꾼만이 멍청하게 한 무제에게 말했습니다. "폐하께서는 안으로 욕망이 많으면서도 겉으로는 인의를 표방하셨는데, 신선이 될 수 있겠습니까?" 한 무제는 그의 말을 듣고서도 아무런 대꾸를 할 수 없었습니다. 비단 한 무제만이 그런 잘못이 있었던 것은 아닙니다. 솔직히 말해서 도를 배우는 수많은 사람들이 모두 그런 상황이지만 그렇게 해서는 제대로 수양할 수 없습니다. 먼저 "욕심을 적게" 해야 합니다.

이 결론은 동시에 "요순은 본성 그대로 하셨다〔堯舜性者也〕"라는 구절에 대한 해설이기도 합니다. 상고 시대의 사람들은 천성이 과욕(寡慾)하여 외물(外物)에 대한 추구가 아주 적었기 때문입니다. 자연스럽게 생겨난 성인의 도였습니다.

증석이 양조를 좋아했는데, 증자께서 차마 양조를 먹지 못하셨다.

공손추가 물었다. "회자와 양조는 어느 것이 더 맛있습니까?"

맹자께서 말씀하셨다. "회자일 것이다"

공손추가 말했다. "그렇다면 증자는 어찌하여 회자는 먹으면서 양조는 먹지 않았습니까?"

"회자는 누구나 똑같은 것이요, 양조는 독특한 것이다. 이름은 피하고 성은 피하지 않는 것은, 성은 똑같은 것이고 이름은 독특한 것이기 때문이다."

曾晳嗜羊棗, 而曾子不忍食羊棗.

公孫丑問曰: "膾炙與羊棗孰美?"

孟子曰: "膾炙哉!"

公孫丑曰: "然則曾子何爲食膾炙而不食羊棗?"

曰: "膾炙, 所同也; 羊棗, 所獨也. 諱名不諱姓, 姓所同也, 名所獨也."

'양조(羊棗)'라는 명사는 『이아(爾雅)』 「석목(釋木)」 편에 가장 먼저 나왔습니다. 후인의 주석을 보면, 어떤 사람은 열매가 작고 둥글며 흑자색으로 양시조(羊矢棗)라고 불린다고 했습니다. 또 어떤 사람은 흑자색의 양시조는 본래 감의 종류인데 대추의 이름을 도용한 것이라고 했습니다. 하지

만 양조의 열매가 작고 둥글다고 했습니다. 또 어떤 사람은 '양조'는 식물이 아니며 일종의 양의 내장이라고 말했습니다. 『맹자』 본문으로 짐작해 보면 양조는 과일이 아니라 반찬이기 때문입니다. 따라서 옛사람의 주석은 여전히 문제가 있습니다. '양조'가 도대체 어떤 음식인지는 고증을 거쳐야 하지만, 본문의 의미에는 그리 큰 영향을 주지 않습니다.

증석은 증자의 아버지로 평소 '양조'를 즐겨 먹었는데, 증자는 아버지가 돌아가신 후에는 두 번 다시 '양조'를 먹지 않았습니다. 그것은 역사적 고사입니다.

한번은 공손추가 맹자에게 물었습니다. "'회자(膾炙)' 즉 굽거나 슬쩍 익힌 부드러운 고기와 '양조'를 비교하면 어느 쪽이 맛있습니까?" 맹자가 말했습니다. "당연히 구운 부드러운 고기가 맛있지!"

그러자 공손추가 물었습니다. "그럼 증자는 왜 그 맛있는 요리들은 꺼리지 않고 먹으면서 '양조'는 먹지 않았습니까?" 공손추가 이렇게 질문한 것은 말 속에 가시가 있습니다. 의미인즉 이렇습니다. "증석이 '양조'만 먹고 '회자'는 안 먹었을 리가 없습니다. 그런데 사람들이 말하기를 증자가 '양조'를 먹지 않은 것은 효도 때문이라고 합니다. 그렇다면 왜 '양조'를 먹지 않는 것이어야 합니까? '회자'를 먹지 않을 수도 있지 않습니까?" 이렇게 말했다면 아마도 문제가 되었겠지요? 공손추는 어차피 성인의 학생이었고 도덕의 가르침을 받았기에 그런 말을 입 밖으로 내지 않았습니다. 그저 "증자는 왜 '회자'는 먹고 '양조'는 먹지 않았느냐"고 가볍게 지적했을 뿐입니다.

맹자는 곧바로 공손추에게 말했습니다. "왜냐하면 '양조'는 만들기 어려운 데다가 증석만이 좋아했던 음식이지 다른 사람들이 다 좋아한 음식은 아니었기 때문이다. 그래서 증자는 '양조'를 보면 부친이 생각나서 먹지 않았던 것이다." 불고기 같은 음식은 맛있고 평범한 것이라서 모든 사람이 즐겨 먹으며 그다지 특이하지 않으니 자기 아버지만의 기호를 대변할 수 없었습니다. 맹자는 더 나아가 고대의 '휘(諱)'라는 제도의 이치를 설명했습니다. 그 제도는 『예기』 가운데 「곡례」 상편에 상세하게 설명해 놓았으므로 여기에서는 서술하지 않겠습니다. 맹자는 여기에서 원칙 하나를 이야기했습니다.

당대의 한유(韓愈)는 일찍이 그 제도에 관해 전문적인 글을 한 편 쓰고 제목을 『휘변(諱辯)』이라 했습니다. 한유가 그 글을 쓰게 된 데에는 다음과 같은 이유가 있었습니다. 이하(李賀)가 한유의 권고를 듣고 과거 시험에 참가해서 진사에 합격하고 명망이 높아졌습니다. 그런데 이하와 명성을 다투던 한 사람이 이하를 지목하면서, 이하의 부친 이름이 진숙(晉肅)이며 진(晉)과 진(進) 두 글자는 음과 뜻이 같으니 이하가 진사가 되는 것은 휘를 범하는 것으로 마땅치 않다고 했습니다. 게다가 한유 역시 이하에게 진사 시험에 참가하라고 권해서는 안 되는 일이었다고 했습니다. 그리하여 한유가 말했습니다. "만약 어떤 사람의 아버지 이름이 '인(仁)'이라면 그의 아들은 사람 노릇을 하지 말아야 하는가?" 그는 많은 사례와 이유를 들어 '휘'의 정당한 도리를 풀이해 주었습니다.

'휘(諱)'는 '꺼리다, 피하다'는 의미이며 고대에는 아주 중요하게 여겼습니다. 예를 들어 당 명황의 시호가 현종(玄宗)이어서 그 글자를 피하려고 '현(玄)' 자를 쓰거나 말할 때에는 '원(元)'으로 고쳤습니다. 당 명황 이후의 책에서 '원' 자가 '현' 자 대신 쓰인 것이 대단히 많았습니다. 바로 황제의 휘를 피하는 것입니다. 가정에서는 자식이 아버지의 휘를 피합니다. 가령 아버지 이름에 '회(懷)' 자가 있으면 자식들은 절대로 '회' 자를 말하지 않습니다. 그저 '그리워하다, 염려하다, 생각하다'는 말로 그 의미를 표현합니다. 이 제도는 민국 초년까지 이어졌는데 아직도 지키는 사람이 있지만 많이 없어졌지요. 대북의 '중산로(中山路)'니 '중정로(中正路)'니 하는 도로명은 고대에는 있을 수 없는 일입니다. 손중산과 장중정의 이름을 사용했기 때문입니다.

맹자는 여기에서 고대의 원칙을 하나 말했는데, 이름은 피하고 성은 피하지 않는 것입니다. 예를 들어 장(張)씨 성을 가진 사람이 가게를 열면서 '개장(開張)'[80]이라는 두 글자를 사용하는 것을 금하지 않았습니다. '성(姓)'은 모두가 공유하는 것이라서 피해야 할 필요가 없고, '이름(名)'은 특정 사람만이 소유한 것이라서 피해야 하기 때문이지요.

고대의 휘(諱)는 군주를 향한 충과 부모에 대한 효를 표시하는 데 그 뜻이 있었으니, 일종의 공경의 표현이었습니다. 그러므로 증자가 부친이 즐겨 먹던 음식을 먹지 않으려고 한 것은 그가 큰 효자여서 깊은 정과 큰 효심을 지니고 있었기 때문입니다. 이것이 인성의 진실한 정입니다.

제멋대로이고 고집스러움을 표현하다

만장이 물었다. "공자께서 진나라에 계시면서 말씀하시기를 '어찌 돌아가지 않겠는가! 우리 당의 선비는 제멋대로이고 단순하나 진취적이며 그 처음을 잊지 않는다' 하셨습니다. 공자께서는 진나라에 계시면서 어찌하여 노나라의 제멋대로인 선비들을 생각하셨습니까?"

맹자께서 말씀하셨다. "공자는 도에 합하는 인물을 얻어 그와 함께 하지 못할진댄 반드시 제멋대로이고 고집스러울 것을 생각하셨다. 제멋대로인 자는 진취적이고 고집스러운 자는 하지 않는 바가 있는 것이다. 공자께서 어찌 도에 합하는 인물을 원하지 않았겠는가? 반드시 얻을 수는 없기 때문에

---

80 개업하다는 뜻이다.

그 다음의 인물을 생각하신 것이다."

"감히 묻겠습니다. 어떠하여야 제멋대로라고 말할 수 있습니까?"

"장금, 증석, 목피와 같은 자가 공자의 이른바 제멋대로라는 것이다."

"어찌하여 제멋대로라고 말합니까?"

"그 뜻이 높고 크다." 만장이 말하였다. "옛사람입니다! 옛사람입니다!"

"평소에 그 행실을 살펴보면 가리지 못하는 자이다.[81] 제멋대로인 자를 또 얻지 못하면 불결한 것을 달가워하지 않는 선비를 얻어서 그와 함께 하고자 했으니, 그것이 고집스러움이며 또 그 다음인 것이다."

萬章問曰: "孔子在陳曰: '盍歸乎來! 吾黨之士狂簡, 進取不忘其初.' 孔子在陳, 何思魯之狂士?"

孟子曰: "孔子不得中道而與之, 必也狂獧乎! 狂者進取, 獧者有所不爲也. 孔子豈不欲中道哉? 不可必得, 故思其次也."

"敢問何如斯可謂狂矣?"

曰: "如琴張 · 曾晳 · 牧皮者, 孔子之所謂狂矣."

"何以謂之狂也?"

曰: "其志嘐嘐然, 曰: '古之人! 古之人!' 夷考其行, 而不掩焉者也. 狂者又不可得; 欲得不屑不潔之士而與之, 是獧也, 是又其次也."

맹자는 열국을 주유하고 이제 그만 집으로 돌아가려고 합니다. 이 대목을 여기에 넣은 것은 의미가 있었습니다. 맹자가 돌아가려는 뜻을 보이자 그의 학생인 만장이 질문을 했습니다.

공자의 이 고사는 『논어』 「공야장(公冶長)」에 기록되어 있는데, 여기에서는 만장이 언급하면서 맹자에게 물었습니다. 공자는 열국을 주유하였을 때에 그 도가 실행되지 못할 것을 알고서 노나라로 돌아가 학문을 강의

할 준비를 했습니다. 그 당시 이렇게 말했습니다. "돌아가리라! 돌아가리라! 우리 당(堂)의 소자(小子)들은 제멋대로이고 단순하지만 훌륭한 성취를 거두었으니 판단할 바를 알지 못하겠다." 공자는 그 학생들을 염려했는데 학생들이 두 가지 태도를 지니고 있다고 말했습니다. 하나는 '제멋대로임[狂]'이었는데 아마도 요즘 유행하는 청소년 문제와 비슷하였을 것입니다. 청소년들은 대부분 오만하고 제멋대로 하려고 합니다. 두 번째는 '단순함[簡]'이었는데 세상일을 너무 쉽게 보고 자신이 나서면 방법이 있다고 생각했습니다. 젊은 사람들의 심리는 태반이 그러하여 '제멋대로'가 아니면 '단순'합니다. 하지만 공자는 이어서 "훌륭한 성취를 거두었다"고 말했습니다. 바로 그 학생들을 가리키는 말인데, 비록 제멋대로이고 단순하지만 모두가 성취를 거두어서 제각기 하나의 전형(典型)이 되었습니다. 자공, 자로, 안회 등을 말합니다. 그리하여 공자는 고향으로 돌아간 후 『시(詩)』『서(書)』를 정리하고 『예(禮)』『악(樂)』을 제정하였으며 『춘추』를 저술하고 『십익(十翼)』을 지었습니다. 중국 문화를 정리하여 '오경(五經)'의 저작을 우리에게 남긴 것입니다. 실제로 공자가 중국 문화를 정리한 대전(大典)은 주로 『예기』에 남아 있기 때문에, 중국 문화를 이해하려면 먼저 『예기』를 알아야 합니다.

『예기』는 사람들에게 예를 행하라고 가르치는 것이 결코 아닙니다. 우리는 『주례(周禮)』『의례(儀禮)』『예기』를 아울러서 '삼례(三禮)'라고 합니다. 『주례』는 중국의 정치 제도와 정치 철학을 기록해 놓은 원시 자료입니다. 『의례』는 인생의 의식, 예의, 생활의 규범을 기록해 놓았습니다. 『예

---

81 저자는 "기지교교연, 왈, '고지인! 고지인!' 이고기행, 이불엄자야(其志嘐嘐然, 曰: '古之人! 古之人!' 夷考其行, 而不掩焉者也)"를 "'그 뜻이 높고 크다.' 만장이 말하였다. '옛사람입니다! 옛사람입니다!' 평소에 그 행실을 살펴보면 가리지 못하는 자이다"라고 해석하였다. 이 구절은 일반적으로 "그 뜻이 높고 커서 말하기를 '옛사람이여! 옛사람이여!' 하되, 평소에 그 행실을 살펴보면 행실이 말을 가리지 못하는 자이기 때문이다"라고 해석한다.

기』는 훨씬 더 많은 것을 포함합니다. 철학, 정치, 군사, 교육, 사회, 경제, 예술, 문학, 천문, 지리 등 포함하지 않은 것이 없으니 중국 문화의 연원(淵源)을 기록해 놓은 진귀한 책이라고 할 수 있습니다. 중국의 수천 년 이래 형이상의 헌장(憲章)이기도 합니다. 그러므로 중국 문화를 진정으로 이해하고자 한다면 먼저 『예기』를 알아야 합니다.

공자는 『춘추』라는 사서를 써놓고 대단히 의기양양해했으며 또 대단히 고통스러워하고 슬퍼했습니다. 그는 이 책을 다 쓴 후 마지막으로 이렇게 말했습니다. "나를 알아줄 것도 오직 『춘추』뿐이고 나를 벌할 것도 오직 『춘추』일 것이다." 역사 철학을 공부한 사람은 사람됨과 일 처리의 도리에 깊이 통달해서 생활하면서 국가와 민족에 대해 죄를 짓지 않고 바른 길을 걸어갈 수 있습니다. 어떤 사람이 만약 역사 철학을 제대로 배우지 못하면 그저 인성과 역사의 배후에 있는 어두운 면만 잘 알게 되는데, 그러면 나쁜 면을 배우기 쉽습니다. 사람이 나쁜 것을 배우면 진조(晉朝)의 환온(桓溫)이 "천고에 향기를 남기지 못한다면 만년에 악취라도 남기리라〔縱不留芳千古, 也要遺臭萬年〕"라고 말했던 것처럼, 향기가 되었든 악취가 되었든 상관하지 않고 오로지 업적과 명성만 추구합니다. 사실 옛날부터 지금까지 환온보다 더한 사람도 있지 않습니까! 그것은 모두 다 아는 사실입니다. 역사의 반면(反面)을 알고 난 후에 수양에 오류가 있으면 그런 상황이 생기게 됩니다. 그래서 공자는 "나를 알아줄 것도 오직 『춘추』뿐이고 나를 벌할 것도 오직 『춘추』일 것이다"라고 말했습니다. 그 의미인즉, "만약 천추만대 이후에 어떤 사람이 역사를 읽고 『춘추』의 함의를 이해하지 못해 나쁜 면만을 배운다면 나의 죄과가 끝이 없을 것이다"라는 말입니다.

그 밖에도 학술 방면에서 공자는 『역경』을 연구했습니다. 공자의 형이상적 철학 사상은 『논어』에서는 크게 찾아볼 수 없으며, 그가 쓴 『역경』 가운데에서 『계사전(繫辭傳)』『문언(文言)』 등의 『십익(十翼)』을 깊이 이해해야 비로소 알 수 있습니다.

공자가 『시』와 『서』를 정리하여 감정 방면의 문화를 보존한 것은 『시경』 삼백 편에 집중되어 있습니다. 당시는 각지의 언어가 통일되지 않고 제후국의 민속과 정서가 제각기 다르고 풍속이 같지 않아서 공자는 각 지역의 민가(民歌), 정가(情歌)를 모두 수집하여 좋지 않은 것은 제외하고 『시경』이라는 책을 편집했습니다. 물론 현대의 시가(詩歌)와 비교하면 차이가 아주 많습니다. 『시경』의 시편은 매 수(首) 매 자(字)가 많은 관념과 의미를 나타냅니다. 만약 『시경』을 읽고 이해한다면 옛사람들의 사상과 감정이 현대인과 조금도 차이가 없음을 알 것입니다.

그 밖에 『악경(樂經)』이라는 책은 그 내용이 음악의 법전과 국민의 안락한 생활을 모두 포함하는데, 이 경전은 나중에 실전되었습니다. 진시황은 그저 일부의 책만 불태웠을 뿐이고 죄과가 더 큰 사람은 항우였습니다. 한 차례의 불에 함양이 삼 개월이나 불탔으니 고대의 모든 전적이 거의 불타 버렸습니다. 하지만 후인들은 그 죄과를 모두 진시황에게 돌려 그가 모조리 뒤집어썼습니다. 사실 진시황은 중국 문화의 전적을 모두 함양궁에 모아두었을 뿐입니다. 그런데 항우라는 스물 몇 살의 오만한 젊은이가 함양에 들어와서 홧김에 궁에 불을 질렀고, 그 불이 삼 개월이나 타오르면서 천하의 풍부한 문화 재산이 그렇게 훼손되어 버렸습니다. 그래서 민국 이래로 유명했던 재자(才子) 역실보(易實甫)는 시에서 항우를 이렇게 노래했습니다.

스물에 재능 있어 천하를 다투니	二十有才能逐鹿
팔천 용사가 목숨 내놓고 용을 따랐건만	八千無命欲從龍
함양의 궁궐 순식간에 불태우고	咸陽宮闕須臾火
천하의 제후왕 제멋대로 봉했네	天下侯王一手封

공자의 『악경』이 실전된 후 어떤 사람은 『예기』에 들어 있는 『악기(樂記)』가 바로 『악경』이 아닐까 추측했지만, 그것은 단지 일부분에 지니지 않으며 『악경』은 그리 간단하지가 않습니다. 또 어떤 사람은 훗날 도가에서 수도하는 방법이 모두 공자의 『악경』에 나와 있었다고 말하는데, 안타깝게도 실전되어 버렸습니다.

요약하면 공자는 『시』 『서』를 정리하고 『예』 『악』을 제정하고 『춘추』를 저술하고 『십익』을 지어 우리 후손에게 문화 재산을 남겨 주었습니다.

공자는 『춘추』를 '획린(獲麟)' 때까지 썼는데, 바로 공자가 죽기 일 년 전이었습니다. 그는 꿈에 사당에서 제사 지내는 것을 보았는데, 자기 자신도 신좌(神座)에서 다른 사람의 절을 받고 있었습니다. 꿈에서 깬 후 공자는 문하생에게 자신이 곧 인간 세상을 떠나게 될 것이라고 말했습니다. 이는 석가모니 부처님이 곧 열반에 들려 할 때 선정 가운데 쇠북의 모습을 본 것과 비슷합니다. 쇠북은 두들겨 맞아서 다섯 조각으로 쪼개졌는데, 선정 후 부처님은 제자들에게 자신이 곧 열반할 것이며 또 장래에 불법이 사분오열해 많은 계파가 생겨날 것이라고 말했습니다. 공자와 석가모니 부처님의 모습이 서로 비슷합니다. 바로 그해에 노나라에 기린이 출현했습니다. 옛사람의 관념에서 기린이나 봉황은 상서로운 영물이며 천하가 잘 다스려지는 태평시대에나 나오는 희귀한 동물이었습니다. 공자는 출현한 동물이 기린이라는 것을 인정한 후 크게 한탄하며 말했습니다. "이 난세에 왜 왔느냐?"라는 이 말은 "너는 나타나지 말아야 할 때에 출현했다. 나는 이제 가야 하니 정말 살아서 때를 만나지 못하는구나"라는 뜻입니다. 공자는 이미 이 난세를 되돌릴 방법이 없다는 것을 깊이 절감했습니다.

공자 만년의 사적을 이해하고서 이 내용을 읽어 보면, 맹자가 이 말을 할 때의 상황을 알 수가 있습니다. 맹자 역시 열국을 주유한 후 시대가 이미 돌이킬 수 없음을 보고 자리를 말아 고향으로 돌아갈 준비를 했습니다.

더 오묘한 것은 여기에서 그 문제를 분명하게 말하지 않았는데 만장이 질문을 해서 끄집어 냈다는 사실입니다.

만장이 말했습니다. "공자께서 진나라에 계실 때 일찍이 말씀하시기를 '어찌 돌아가지 않겠는가〔盍歸乎來〕'라고 했습니다." 이 '합(盍)' 자는 허자이며 말을 꺼내기 전에 사용하는 어조사이므로 발어사(發語詞)라고 부르는데 탄식 소리 같은 것입니다. 마치 오늘날 말을 할 때 먼저 '그렇다면' '저' '아' '음' 같은 소리를 내며 약간 주저하는 듯한 태도를 취하는 것과 비슷합니다. 이 글자는 '어찌 아니〔何不〕'라는 뜻으로 해석할 수도 있습니다. 우리는 이 몇 글자를 통해 옛사람들도 여기저기서 글을 베껴 왔음을 알 수 있습니다. 후세의 도연명(陶淵明)이 "돌아가자〔歸去來兮〕"라고 쓴 것이 바로 여기에서 베껴 온 것입니다.

공자의 뜻은 이러했습니다. "아! 우리 돌아가자!" 혹은 이런 뜻입니다. "우리가 어찌 돌아가지 않으리!"

고향으로 돌아가자고 생각한 것은 그의 학생들을 생각했다는 뜻이기도 합니다. 앞에서 이미 간략하게 풀이했지만, 『논어』에는 기록되어 있지 않고 오로지 여기에만 만장이 말한 것이 있으니 바로 공자가 말했다는 "진취적이며 그 처음을 잊지 않는다〔進取不忘其初〕"라는 구절입니다. 한 사람이 공부를 해서 대학을 졸업하고 계속해서 박사 학위를 받고 사회에 첫 발을 디뎠다면 뭔가를 할 준비를 했다는 것입니다. 그것이 '나아가서〔進〕' '취함〔取〕'이니, 인생에서 어떤 길을 걸어가고 어떤 사업을 할지 준비하는 것을 합쳐서 '진취'라고 합니다. 지식인이라면 마땅히 "진취적이며 그 처음을 잊지 않아야 합니다." 마음을 움직여 생각을 하기 시작하면 어린아이 때의 순결함을 잃어서도 안 되고 원래 지녔던 최초의 본심을 잊어서도 안 됩니다.

우리 모두 알다시피 젊은이들은 포부가 아주 커서 천하 국가의 대사를 아주 간단하게 생각합니다. 그것이 바로 "제멋대로이고 단순함〔狂簡〕"입니다. 물론 "제멋대로이고 단순한" 것이 결코 잘못된 것은 아닙니다. "제멋대로이고 단순한" 심리는 비교적 순결한 것이기 때문입니다. 시간이 지나면 많이 오염되어서 초심이 가려지고 변형됩니다. 학문은 지식이 아닙니다. 지식이 오히려 가장 심하게 오염되기 때문에 지식이 많을수록 마음속 오염이 더 큽니다. 학문은 스스로 사람 노릇 하고 일 처리 할 때의 마음입니다. 그것은 순결한 천연의 동심이니 어린아이의 솔직하고 순결하고 사랑스러운 마음입니다. 그것이 바로 초심입니다.

공자가 말하기를 자기 학생들은 "진취적이며 그 처음을 잊지 않는다"라고 했는데, 이것은 일반 사람들이 가장 이르기 어려운 수양입니다. 한 사람의 인생 노정에서 자신의 공적과 성취가 많아지면 "진취적이며 그 처음을 잊지 않기"란 대단히 어렵습니다. 예를 들어 명의 개국 황제 주원장은 일개 승려의 신분에서 황제 지위에 이르렀습니다. 송의 개국 황제 조광윤 역시 낮은 군관(軍官)이었다가 마침내 황제가 되었습니다. 청의 순치제는 일찍이 이런 말을 했습니다. "초심을 잊지 말라." 그 의미인즉 황제 역시 사람이고 다른 사람들과 아무런 차이가 없으니 황제를 너무 높이 받들 필요가 없다는 말입니다. 이 역시 그들이 황제가 되고 나서는 아무래도 그 기개가 일반 사람들과는 달랐기 때문입니다. 하지만 그들의 심리에는 "그 처음을 잊지 않고" 평범하고 수수하고자 했으며 오염되지 않으려 했습니다.

그래서 중국 고대에 벼슬 했던 사람이 은퇴한 후에 지은 시문에는 종종 "예전처럼 초심으로 돌아가네〔依然還吾是初心〕" 같은 구절과 사상이 보입니다. 수십 년 벼슬을 하거나 수십 년 사업을 하다가 이제 고향으로 돌아가 꽃을 심고 풀을 매고 늙은 부모를 봉양하노라니, 그 마음은 아직도 어린 시절 공부하던 때와 똑같습니다. 또 이런 구절도 있습니다. "처음 입었던 옷으로 되돌아가네〔還我初服〕." 본래 시골의 어린아이였기에 그해 고향을 떠날 때에는 낡고 찢어진 학생복을 입고 있었습니다. 수십 년간 다양한 관직을 맡다가 마침내 일인지하 만인지상의 지위에까지 이르렀으니 자색 관복, 붉은색 관복, 푸른색 관복, 녹색 관복 등 온갖 관복을 다 입어 보았습니다. 이제 나이 많아져 사직하고 그 비단 관복과 옥대를 벗어 버리고 고향으로 돌아갑니다. 집에 돌아온 후 예전에 입었던 베옷을 입으니, 관리 티는 어느새 싹 사라지고 마치 벼슬을 한 적도 없고 큰 공적을 세운 적도 없는 것 같습니다. 한가로이 지내며 어린 시절 친구와 왕래하는데, 솔직하고 진실하여 거리낌이 없으니 즐겁기 한이 없습니다.

여기에서 이 구절을 특별히 언급하는 것은 오늘날의 청년들이 이 도리를 깨달아서 학업을 완성하고 사회에 발을 내딛을 때 "진취적이며 그 처음을 잊지 않기"를 바라기 때문입니다.

만장이 지금 맹자에게 공자의 말을 언급한 것은 당시 그들이 처했던 시대를 탄식해서 일부러 말을 꺼내어 맹자에게 질문한 것입니다. 그의 말에 숨은 뜻은 이러합니다. "스승님, 우리도 돌아가서 농사나 짓지요! 이 시대는 이미 되돌릴 방법이 없습니다." 그런데 만장은 맹자에게 질문을 하나 던졌습니다. "공자께서는 그해 진나라에 계실 때 왜 자신의 노나라의 그 학생들을 생각했습니까?"

맹자가 말했습니다. "공자는 도에 합하는 인물을 얻어 그와 함께 하지 못하였다〔孔子不得中道而與之〕." 당시 공자는 이미 그 시대를 되돌릴 방법이 없다고 생각했습니다. 인심을 되돌릴 방법이 없었기 때문이지요. 시대가 특정 추세에 이르면 사회 전체가 동일한 사상으로 흘러가서, 그 중에 한두 명 훌륭한 사람이 있더라도 시대의 조류를 막아 내지 못합니다. 말하자면 절에서 새벽에는 종을 치고 저녁에는 북을 울리며 경쇠와 목탁을 두드려서 깨우지만, 사실 경쇠가 깨지도록 두드리고 목어(木魚)가 납작해지도록 두드려도 아무런 소용이 없고 깨우지 못합니다. 공자는 "도에 합하는 인물을 얻어 그와 함께 하지 못함" 즉 도덕과 도리에 부합되게 행하지 못할 것을 느꼈기 때문에 자신의 그 학생들이 생각났던 것입니다. 그 삼천 명의 제자들은 정말로 정겨웠으며 적어도 두 가지 전형(典型)은 지니고 있었습니다. 하나는 '제멋대로(狂)'이고 또 하나는 '고집스러움(獧)'이었습니다.

『논어』에서는 '제멋대로(狂)'를 '강직함(狷)'과 함께 이야기했습니다. 이른바 광견(狂狷)에서 '견(狷)'은 강직함이니, 성격이 대단히 반듯하고 내향적이면서 약간의 괴팍함을 지니고 있습니다. 네 것은 네 것이라고 하면서 절대로 남의 덕을 보려고 하지 않습니다. 어떤 사람이 그 사람에게 대단히 훌륭하다고 칭찬하면 그는 이렇게 대답합니다. "내가 뭐가 훌륭해요? 그런 말 하지 마시오." '제멋대로'인 사람은 바로 자로(子路) 같은 유형입니다. 공자가 그의 희망을 묻자 자로는 이렇게 말했습니다. "수레와 가벼운 가죽옷을 친구와 함께 쓰다가 낡아 헤지더라도 유감이 없습니다." 요즘 생활로 말하자면 가장 호화로운 자동차를 타고 가장 아름답고 귀한 옷을 입는 것인데, 자기 친구도 그런 생활을 누리도록 자신이 책임질 것이며 입고 쓰다가 망가지면 그것으로 그만이고 조금도 개의치 않겠다고 했습니다. 이것이 바로 자로의 '제멋대로'의 맛이었으니 그 기백이 넘쳤습니다. 그렇기 때문에 자로는 인의를 위하고 충정을 위하여 죽으면 죽을 수 있었고 나라를 지키기 위해 싸우다 죽을 수 있었습니다. 죽음을 맞이하게 되었을 때 비록 온몸에 상처를 입고 피가 옷깃을 흠뻑 적셨지만, 공자의 가르침을 생각해 내고는 단정하게 앉아 투구를 바르게 고쳐 쓰고 전투복을 정리한 후 장엄하고 엄숙하게 죽어갔습니다.

맹자가 여기에서 언급한 '고집스러움(獧)'이 바로 강직함(狷)입니다. 강직한 사람은 초연하고 독립적인 품격을 지니고 있습니다. 하지만 이 품격의 표준은 이렇습니다. "나는 자유로워야 하며 너 역시 자유로워야 한다.

네 물건은 내가 건드리지 않으며 너의 범위는 내가 침범하지 않겠다."

맹자가 말했습니다. "공자는 그 시대를 되돌릴 방법이 없다는 것을 알고서 차라리 돌아가서 '제멋대로이고 고집스러운〔狂獧〕' 학생을 찾으려고 했다."

"제멋대로인 자는 진취적이다〔狂者進取〕." 제멋대로라는 것은 노력해서 앞으로 나아갈 수 있음이니, 어떤 어려움과 고난이 있더라도 돌파하고 실망하지 않습니다. 성실하기는 매우 성실하고 과제도 아주 잘 하지만 근시안적이고 길을 갈 때에도 벽에 딱 붙어서 걸어가며 위축되어 있는 현대의 청년들과는 전혀 다릅니다. '제멋대로'인 사람은 기백을 지니고 있어서 고개를 숙이지도 않고 실망하지도 않으며 영원히 앞으로 나아가고 영원히 노력합니다.

"고집스러운 자는 하지 않는 바가 있는 것이다〔獧者有所不爲也〕." 강직한 사람은 하는 바가 있고 하지 않는 바가 있습니다. 해서는 안 되는 일이라고 생각하면 차라리 죽더라도 하지 않습니다. 문천상(文天祥) 같은 사람은 투항하지 않겠다고 하면 절대로 투항하지 않았습니다. 인격에 위배되는 일은 절대로 하지 않았습니다. 하지 않으면 죽이겠다고 말하자 그는 이렇게 말했습니다. "상관없다. 엿 근(斤) 넉 냥(兩)에 불과한 머리, 가져가고 싶으면 가져가거라."

맹자가 말했습니다. "설마하니 당시 공자가 '도에 합하는〔中道〕' 청년을 얻고 싶지 않았겠느냐?" 하지만 "반드시 얻을 수는 없다〔不可必得〕." 맹자의 이 말은 "공자는 한평생 찾았지만 찾지 못했다. 그래서 생각해 봤더니 그래도 자신의 그 학생들은 그런대로 괜찮은 편이라 마침내 돌아가기로 결심한 것이다." 그들을 교육하러 가는 편이 더 좋겠다고 생각한 것입니다.

마침내 만장이 아주 공손하고 예의바르게 질문했습니다. "감히 묻겠습니다. 어떠하여야 제멋대로라고 말할 수 있습니까?〔敢問何如斯可謂狂矣〕"

이런 말입니다. "저의 대담함을 용서해 주십시오. 감히 선생님의 말을 끊고 질문을 하겠습니다. 무엇이 '제멋대로'의 표준입니까?"

맹자가 말했습니다. "공자의 학생인 금장, 증석 및 목피 같은 사람들, 그들의 태도가 바로 '제멋대로'라고 말할 수 있다."

금장(琴張)의 가장 좋은 친구인 자상호(子桑戶)가 죽었는데, 문상 간 사람들이 모두 슬퍼하고 어떤 사람은 눈물을 흘렸습니다. 금장도 문상을 갔는데 그는 오히려 이렇게 말했습니다. "자네 갔군 그래. 좋네! 내가 노래 한 자락 불러서 자네를 보내 주지." 금장은 문에 기대어 노래를 하더니 다 부르자 곧바로 가 버렸습니다.

증석(曾晳)도 마찬가지였습니다. 계무자(季武子)가 죽자 그도 가서 노래를 불렀습니다. 왜냐하면 그들은 이미 "요생사(了生死)" 즉 생사를 간파했기 때문입니다. 생사는 일종의 형태에 지나지 않으며 그 친구의 도덕, 학문, 수양은 여전히 존재하고 있음을 그들은 알았습니다. 이른바 '영혼불멸(靈魂不滅)'이니 정신은 결코 죽지 않습니다. 그렇기 때문에 증석은 다른 사람들처럼 울면서 친구를 보내지 않고 노래를 불러 친구를 보냈습니다. 그의 기백이 그처럼 컸습니다. 인생에서 가장 고통스럽고 가장 견디기 힘든 것이 생사의 이별인데, 그 순간에 태연하게 있을 수 있기란 보통 사람은 해낼 수 있는 일이 아닙니다.

공자와 맹자는 그것을 '제멋대로[狂]'라고 말했는데, 선종의 대사들 가운데에는 그런 경우가 아주 많았습니다. 예를 들어 남송의 대혜종고(大慧宗杲) 선사가 열반에 들려고 할 때 제자가 그에게 말했습니다. "스승님께서는 아직 돌아가시면 안 됩니다." 대혜종고 선사가 물었습니다. "왜 안 되느냐?" 제자가 말했습니다. "옛날부터 선사들이 열반에 들 때에는 모두 게송을 남겼는데, 스승님께서는 아직 게송을 남기지 않으셨습니다." 그러자 그는 붓을 집어 들고 큰 소리로 꾸짖으며 말했습니다. "게송을 남기지 않으면 죽을 수도 없다는 게냐?" 이것이 바로 "제멋대로라는 것〔狂者〕"입니다.

맹자가 만장에게 금장·증석·목피 같은 사람이 바로 '제멋대로인 자'라고 말해 주었는데도 만장은 여전히 이해하지 못하고 또 물었습니다. "그렇다면 왜 '제멋대로'라고 말합니까?"

맹자가 말했습니다. "이른바 '제멋대로'인 사람은 도량이 커서 천지와 똑같으며, 뜻이 '높고 커서〔嘐嘐然〕' 그 사상의 경계가 마치 우주처럼 확장되어 있으므로 삼라만상을 포괄한다."

도량이 크다는 것은 아주 어려운 일입니다. 폐활량이 크다는 말이 아니며 가슴둘레가 넓다는 말도 아닙니다. 사상에 있어서 도량이 커서 어떤 것에 대해서도 걸릴 것이 없다는 말입니다. 예전에 어떤 사람이 사고로 손바닥이 기계에 눌려서 부상을 입었습니다. 곧바로 병원으로 보냈지만 그때가 수십 년 전이라 의료 기술, 설비, 의약품이 모두 낙후했습니다. 의사가 진단한 후 그에게 팔을 절단해야 한다고 말했습니다. 그러자 절단하지 않으면 어떻게 되냐고 물었고, 의사는 절단하지 않으면 생명이 위험할 것이라고 말했습니다. 그는 의사에게 절단해 달라고 했습니다. 작은 병원이라 마취약을 구할 수 없었는데, 그는 의사에게 마취할 필요 없이 바로 수술해 달라고 했습니다. 그는 앉아서 의사에게 팔을 내밀고 절단 수술을 받았는데, 아파서 온 몸에 땀이 쏟아졌지만 꼼짝도 하지 않았습니다. 나중에 "좀 빨리 잘라 주세요"라는 한 마디만 했습니다. 그것도 너무 심하게 고통스러웠을 때 한 말입니다. 끝난 후 어떤 사람이 물었습니다. "한쪽 팔을 잃었는데 상심하지 않았습니까?" 그러자 그가 말했습니다. "상심할 게 뭐가 있나요. 어차피 상심해도 잘라야 하고 상심하지 않아도 잘라야 하는데, 이미 자르는 것만으로도 충분히 고통스러운데 거기에다 상심하기까지 하면 너무 수지가 안 맞잖아요."

그것이 바로 "높고 큰〔嘐嘐然〕" 것입니다. 비록 작은 일이기는 했지만 넓고 큰 도량과 배포가 있어야 가능합니다. 어떤 여성들은 벌레 한 마리만 봐도 비명을 지르며 눈물까지 흘리는데, 놀라서 그러는 모습이 '제멋대로'와는 완전히 상반됩니다.

만장은 듣자마자 이렇게 말했습니다. "그들은 고대 사람들이잖아요." 요즘 사람들은 갈수록 마음이 좁아져서 작은 일에도 마음을 놓지 못하고 다른 사람이 좀 쳐다보기만 해도 화가 나서 살인을 하니 도량이라고 할 만한 것이 없습니다.

수십 년 전 어떤 선배가 이런 말을 했습니다. "사람의 마음은 예전 같지 않고 강물은 날마다 아래로 흘러간다〔人心不古, 江河日下〕."[82] 우리는 마음속으로 대단히 반감을 느꼈습니다. 그런데 일이십 년 지난 지금 우리 연배도 마찬가지로 그렇게 말합니다. "사람의 마음은 예전 같지 않고 강물은 날마다 아래로 흘러간다." 사실 사람 마음이 예전 같으니 예전 같지 않으니, 또 이 시대가 괜찮으니 괜찮지 않으니 말할 것도 없습니다. 이 시대는 안 되겠다고 말하는 사람이나 이 시대는 정말 안 되겠다고 말하는 사람이나 똑같이 살아갈 뿐입니다. 태양은 변함없이 동쪽에서 떠오르고 인류는 그냥 그렇게 살아갈 뿐입니다.

맹자는 또다시 만장에게 말했습니다. "그런 이들의 도량은 사람들이 동경하는 바로서 조금도 사사로움이 없다. 그의 감정과 사상은 태양과 똑같이 빛나서 가릴 수가 없으니 그것이 '제멋대로인 자'이다."

공자의 학생 가운데 '제멋대로'인 사람은 몇 사람 되지 않았습니다. 그가 가장 사랑한 학생이라면 당연히 안회, 자로, 자공, 증자 등 소수에 지나지 않았습니다. 자로는 비록 '제멋대로'이기는 했지만 그렇게 훌륭하다고는 할 수 없었습니다. '제멋대로'라는 말에 걸맞은 첫 번째 인물은 자공이지만, 그는 때때로 공자의 말에 전적으로 따르지 않았습니다. 당시의 관념에서는 상업을 경시했는데 자공은 자신의 사업을 발전시켜서 한편으로는 상업의 길을 걸으면서 한편으로는 자신의 학문을 했습니다. 공자는 완전히 찬성한 것은 아니었지만 그렇다고 막지도 않았습니다. 『논어』의 기록에 따르면 공자가 한번은 이렇게 말했습니다. "사는 천명을 받지 않았는데도 재산이 많다. 예측하면 맞아떨어졌기 때문이다〔賜不受命而貨殖焉, 億則屢中〕." 이런 말입니다. "자공은 가끔 내 말을 듣지 않아서 나조차 그를 어떻게 할 방법이 없었다. 그런데 그는 장사를 했고 그가 맞다고 예측하기만 하면 틀림없이 맞았다." 그래서 저는 공자 말년의 생활을 대부분 자공이 공양했으리라 생각합니다. 자공은 돈이 많았지만 아무런 벼슬도 하지 않았습니다. 아무것도 하지 않고 재물만 모았습니다. 공자가 죽은 후 삼천의 제자들은 삼 년의 심상(心喪)[83]을 지냈지만 자공만은 묘 옆에 움막을 짓고 삼 년간 시묘살이를 더 했습니다. 풍수가의 말에 따르면 공자의 곡부묘 역시 자공이 풍수를 본 것이라 합니다. 맨 처음에 골라준 자리는 후세에 한 고조를 장사 지낸 왕릉이었는데, 자공이 가서 본 후에 말했습니다. "이 자리는 기껏해야 일대의 제왕을 장사 지낼 자리이니 우리 스승님께는 맞지 않다. 스승님은 만세의 스승이며 정신 왕국에서 영원한 왕이시다." 그러고는 곡부의 그 자리를 골랐다고 합니다. 그런데 자공은 이런 말도 했습니다. "곡부의 땅은 어느 시대가 되었든 공문에 여화(女禍)가 생길 것이므로 조심해야 한다. 하지만 결코 선생님의 성덕에 누가 되지는 않을 것이다." 그리하여 동학들은 공자를 곡부에 장사 지내기로 했습니다.

공자가 살아 있을 때에 한번은 제나라가 노나라를 쳤습니다. 공자는 자신의 나라가 침략을 받았기에 직접 나가서 나라를 구하려고 마음먹었습

---

82 상황이 갈수록 나빠진다는 의미이다.

83 상복은 입지 않지만 상제와 같은 마음으로 말과 행동을 삼가고 조심하는 것을 말한다.

니다. 자공은 스승의 나이가 이미 많으므로 몸소 나가는 것이 마땅하지 않다고 생각해 공자에게 말했습니다. "스승님, 제가 나가겠습니다." 그 말을 들은 공자는 대단히 기뻐했습니다. 자공이 나가면 틀림없이 노나라를 곤경에서 구해 줄 것을 알았기 때문입니다. 그리하여 자공이 나가서 외교를 펼쳤습니다. 먼저 오(吳), 월(越), 진(晋) 등의 제후국에 가서 형세를 살펴본 후 그들과 제나라와의 갈등을 찾아내고, 그것을 통해 노나라의 위급함을 해결했습니다. 그러고는 아무 일 없었다는 듯이 노나라로 돌아왔습니다. 사실 그에게는 밑천이 많았습니다. 첫째로 국제 사회에 친구가 많았고 둘째로 오고가는 길에 외교를 벌이는 한편 국제 무역을 해서 돈도 벌었습니다. 그의 외교 책략과 수단을 어찌 훗날의 소진이나 장의 부류와 비교하겠습니까! 이것이 자공의 '제멋대로〔狂〕'입니다. 비교하자면 자로의 '제멋대로'는 오히려 작다고 하겠습니다.

두 번째 제멋대로인 자는 원헌(原憲)이니, 그는 일찍이 공자를 위해 총무를 맡은 적도 있었습니다. 공자 사후에 그는 초야에 은거했는데 한 무리의 사람들이 그를 따라다녀서 마치 초야 영웅들의 우두머리 같았습니다. 하지만 그는 낡고 구멍 난 옷을 입으면서 어떠한 물질적 호강도 누리지 않았습니다. 자공도 이 동학을 제일 좋아하여 도처에서 그를 찾다가 마침내 사는 곳을 알아냈습니다. 자공은 수행원들을 거느리고 빈민촌에 가서 집집마다 찾아다녔는데 마침내 원헌이 나지막한 오두막집에서 나왔습니다. 자공은 그의 얼굴이 굶주림에 누렇게 뜬 데다가 입은 것이나 사는 곳이 그처럼 낡아빠진 것을 보고 말했습니다. "사형, 제가 보기에 당신은 아주 가난하군요!" 하지만 원헌은 이렇게 말했습니다. "나는 가난하지 않네. 다만 병이 있을 뿐이지." 자공이 무슨 병이 났느냐고 물었습니다. 그가 말했습니다. "시대병이네." 그러고는 한바탕 자공을 혼냈습니다. "스승님께서 돌아가신 후 세상이 이런 꼴이 되었는데도 우리는 사회, 국가, 세계에 대해 아무런 공헌도 못하고 스승님의 도를 행하지 못하고 있네. 그런데 자네는 무슨 마음으로 '뒤따르는 수레가 천 대요 밥상 앞에 음식이 한 길이나 되는' 장면을 연출하면서 나를 만나러 왔는가? 돌아가시게!" 자공은 원래 그에게 생활비라도 보내줄 생각이었는데 뜻밖에 한바탕 훈계를 들었습니다. 그런 일은 자공으로서는 한평생 겪어 보지 못했던 일이었던지라 얼굴이 뻘개졌습니다. 하지만 원헌의 그 강직한 기세에 탄복했습니다.

맹자가 말했습니다. "'제멋대로인 자'를 구해도 얻지 못하면 '불결한 것을 달가워하지 않는 선비〔不屑不潔之士〕' 즉 '고집스러운〔獧〕'자를 구한다." 이른바 강직한 선비는 깨끗하지 못한 재물은 절대 취하지 않으며 깨끗하지 못한 일은 절대로 하지 않으려는 사람입니다. 그런 사람들이 좋기는 하지만 그들은 "홀로 자기 자신을 선하게 하려는〔獨善其身〕" 즉 뜻을 품고 자기 자신만 깨끗하게 하고 다른 것은 전혀 상관하지 않기 때문에 '제멋대로'인 사람에 비한다면 한 단계 아래에 속합니다. 하지만 '제멋대로'라는 이쪽 극단을 걷든 혹은 '고집스러움'이라는 저쪽 극단을 걷든 두 부류의 사람은 모두 소중합니다. 그 나머지 일반 사람들은 "하지 않는 바가 없는〔無所不爲〕" 이들로, 즉 어떤 길을 걷든 다 괜찮다고 하니 그런 사람들은 더 말할 필요가 없습니다.

향원을 표현하다

"공자께서 말씀하시기를 '내 문 앞을 지나면서 내 집에 들어오지 않더라도 내가 유감스러워하지 않을 자는 오직 향원일 것이다. 향원은 덕의 적이다' 하셨습니다."
"어떠하여야 향원이라 말할 수 있습니까?"

"'어찌하여 이처럼 뜻이 높고 큰가? 말은 행실을 돌아보지 않으며 행실은 말을 돌아보지 않고 말하기를 "옛 사람이여! 옛 사람이여!" 하는구나. 행실을 어찌하여 이처럼 외롭고 쓸쓸하게 하는가? 이 세상에 태어났으면 이 세상을 위하여 남들이 선하다고 하면 가하다' 하면서 남몰래 세상에 아첨하는 자가 향원이다."

만장이 말하였다. "한 마을이 모두 원인이라고 부른다면 가는 곳마다 원인이 되지 않음이 없거늘, 공자께서 덕의 적이라고 하심은 어째서입니까?"

"비난하려 하여도 들먹일 것이 없고, 찌르려 하여도 찌를 것이 없으며, 풍속에 동화하고 더러운 세상에 영합하며, 거함에 충성스럽고 신의가 있는 것 같고, 행함에 청렴하고 결백한 것 같아서, 여러 사람들이 모두 좋아하니, 스스로는 옳다 여기지만 더불어 요순의 도에 들어갈 수 없다. 그러므로 덕의 적이라고 하신 것이다. 공자께서 말씀하시기를 '같으면서 아닌 것을 미워하노니, 가라지를 미워함은 싹을 어지럽힐까 두려워해서이고, 아첨을 미워함은 의를 어지럽힐까 두려워해서이고, 말 잘하는 입을 가진 자를 미워함은 신의를 어지럽힐까 두려워해서이고, 정나라 음악을 미워함은 음악을 어지럽힐까 두려워해서이고, 자주색을 미워함은 붉은색을 어지럽힐까 두려워해서이고, 향원을 미워함은 덕을 어지럽힐까 두려워해서이다' 하셨다. 군자는 바른 도를 회복할 따름이다. 도가 바르면 서민이 흥기하고, 서민이 흥기하면 사특함이 없어질 것이다."

"孔子曰: '過我門而不入我室, 我不憾焉者, 其惟鄕原乎! 鄕原, 德之賊也.'"
曰: "何如斯可謂之鄕原矣?"
曰: "'何以是嘐嘐也? 言不顧行, 行不顧言, 則曰: "古之人! 古之人!" 行何爲踽踽涼涼? 生斯世也, 爲斯世也, 善斯可矣.' 閹然媚於世也者, 是鄕原也."
萬章曰: "一鄕皆稱原人焉, 無所往而不爲原人; 孔子以爲德之賊, 何哉?"

曰: "非之無擧也, 刺之無刺也; 同乎流俗, 合乎汚世; 居之似忠信, 行之似廉
潔; 衆皆悅之, 自以爲是, 而不可與入堯舜之道, 故曰德之賊也. 孔子曰: '惡
似而非者; 惡莠, 恐其亂苗也; 惡佞, 恐其亂義也; 惡利口, 恐其亂信也; 惡
鄭聲, 恐其亂樂也; 惡紫, 恐其亂朱也; 惡鄕原, 恐其亂德也.' 君子反經而已
矣. 經正, 則庶民興; 庶民興, 斯無邪慝矣."

이 대목은 위에서 제멋대로임과 고집스러움의 문제를 토론한 맹자와 만
장 사이의 대화에 이어지는 것으로, 만장은 바로 중국 문화의 기본 정신
문제를 또다시 언급했습니다.

만장은 먼저 공자가 했던 '향원(鄕原)'에 관한 말을 인용한 다음 맹자에
게 물었습니다. "어떤 모습이라야 비로소 '향원'입니까?" '향원'은 중국
문화 가운데 특유의 명칭으로서 현재 우리도 자주 거론합니다.

만장이 말했습니다. "공자께서 일찍이 말씀하시기를 '내 문 앞을 지나
면서 내 집에 들어오지 않는〔過我門而不入我室〕' 즉 내 집 앞을 지나가면서
들어오지 않는 사람들을 당연히 유감스럽게 생각하지만, 오직 '향원'이라
는 부류의 사람들에 대해서는 유감스러워하지 않는다. 왜냐하면 '향원은
덕의 적〔鄕原, 德之賊也〕'이기 때문이라고 하셨습니다. 어떠해야 비로소 향
원이라고 부릅니까?"

맹자가 말했습니다. "'향원'이라는 부류의 사람은 지식이 있고 교육도
받아서 마치 학문과 인품도 훌륭한 것 같지만, 인생관을 세우지 않았고 인
격도 없고 평소 입에서 나오는 대로 성인을 비평한다." 그런 부류의 사람
들은 "말은 행실을 돌아보지 않으며 행실은 말을 돌아보지 않는다〔言不顧
行, 行不顧言〕"라고 말했습니다. 입으로는 요순의 도를 말하지만 실제로
실행하지도 못합니다. 그들의 행위는 제멋대로가 아니면 고집스러우니,

자기 입으로 들먹거리는 요순처럼 행하지도 못합니다. 향원은 고인을 들먹거리면서 이렇다 저렇다 말하지만 자신은 요순처럼 하지 못합니다. 그러면서 다른 사람에게는 요순이 되라고 합니다. "그 뜻이 높고 커서〔其志嘐嘐然〕" 입으로 큰소리는 많이 칩니다. 한평생 세상을 구하고 사람들을 교화하겠다고 하지만 결과는 아무도 함께 하지 않고 아무도 그를 진짜로 믿지 않습니다. 이런 부류의 사람들은 사람이 이 세상에서 살려면 현실을 고려해야 하며 자기나 한평생 잘 살면 된다고 생각합니다.

맹자가 말했습니다. "이런 부류의 사람들은 현실에 고개를 숙일 뿐 아니라 '세상에 아첨하고〔閹然媚於世〕' 현실에 영합한다." 후세 사람들은 이를 일러 "세상에 아첨한다〔阿世〕"라고 했는데 그 태도가 '남몰래〔閹然〕' 슬쩍 하는 식이니 남자도 아니고 여자도 아닌 것이[84] 자신의 인격과 정신을 지니고 있지 못합니다. 마치 바람이 불면 이쪽으로도 저쪽으로도 쓰러지는 담장 위의 풀과 같아서 중심의 인품이 없습니다. 현대의 회의 자리에서 논쟁이 벌어지면 이런 사람은 양측의 의견이 다 괜찮으니 종합하면 좋겠다고 말할 것입니다. 그런 것이 바로 '향원'입니다. 그에게는 옳으면 옳다고 말하고 옳지 않으면 옳지 않다고 말하는 기백이 없습니다. 아무튼 그는 남의 기분을 상하게 하지 않으며 남의 기분을 상하게 할까 봐 두려워합니다. 만약 그에게 욕을 하면 그는 이렇게 말할 것입니다. "아마도 당신이 오해를 한 것 같은데, 우리는 모두 좋은 친구니 욕을 해도 상관없습니다."

만장이 말했습니다. "선생님, 그렇게 말씀하시니 좀 이상합니다. '원인(原人)'은 좋은 사람인데, 온 마을 사람들이 모두 그를 '원인'이라고 말합니다. 어떤 사람이 그 마을에서 약방감초에다 중재인으로 인정받으면서

---

84 엄(閹)은 내시, 환관이라는 뜻이다. 따라서 엄연(閹然)을 남자도 아니고 여자도 아닌 식이라고 말한 듯하다.

다른 사람의 의견에 반대하지 않고 다른 사람의 의견을 자신의 의견으로 삼아 남이 그렇다고 하면 자신도 그렇다고 하니 그 모습은 선량한 듯한데, 공자께서는 왜 그가 도덕의 적이라고 말씀하셨습니까?"

맹자가 말했습니다. 그런 사람은 "들먹일 것이 없으니〔無擧也〕" 다른 사람들이 그를 적이라고 욕하고 모두가 반대해도 그는 얼굴을 붉히거나 괴로워하지도 않습니다. "찌르려 하여도 찌를 것이 없으며〔刺之無刺也〕", 그는 흐물흐물한 것이 마치 선종 조사가 "피부 아래에 피 한 방울도 없다"라고 욕한 것 같으며, 냉혈 동물이라 온기라고는 없어서 찔러도 아프거나 가렵지 않습니다. "풍속에 동화하고 더러운 세상에 영합하며〔同乎流俗, 合乎汚世〕", 다른 사람들이 어떤 것이 좋다고 하면 자기도 그것이 좋다고 합니다. 다른 사람이 두루마기를 입으면 안 된다고 말하면 내일 당장 벗어 버립니다. "거함에 충성스럽고 신의가 있는 것 같고〔居之似忠信〕", 겉으로 보기에는 마치 충성스럽고 신의가 있는 것 같아서 그에게 부탁하면 뭐든지 좋다고 하지만 며칠이 지나도 아무런 소식이 없습니다. 다시 가서 물어보면 그는 이렇게 말합니다. "천천히 방법을 생각해 봅시다." 그에게 소개서를 써 달라고 부탁하면 역시나 좋다고 합니다. 효과가 있든지 없든지 상관하지 않고 아무튼 좋은 사람인 체하면서 써 주고 그만입니다. "행함에 청렴하고 결백한 것 같아서〔行之似廉潔〕", 그의 행위가 겉으로 보기에는 깨끗한 것 같아서 그에게 물건을 보내면 이렇게 말합니다. "받기 난처하니 받지 않겠습니다." 하지만 작은 것은 받지 않고 큰 액수는 받습니다.

수십 년 전에는 그런 부류의 사람을 '탕원(湯圓)'[85]이라고 불렀습니다. 항전 시기 사천에서는 그런 부류의 사람을 '수정원숭이〔水晶猴子〕'라고 부

---

[85] 찹쌀가루로 경단을 만들어 속을 넣고 뜨거운 물에 삶아서 만든 중국 요리이다. 정월 보름 명절 행사인 원소절에 먹는 전통 음식이다.

르는 것을 들었습니다. 일이 생기면 생각나는 사람이 '탕원'이니, 탕원만 찾아오면 일이 잘 해결된다고 말합니다. 탕원은 둥글고 말랑말랑해서 아무나 옮길 수 있습니다. 그런 태도를 스스로는 옳다고 여기고 사람됨에서 성공했다고 생각하지만 그에게 인생의 도리는 중요하지 않습니다. 한마디로 말하면 그런 부류의 사람들은 보기에는 학문이 있고 지식이 있으나, 다른 사람의 기분을 상하게 하지 않는 것을 원칙으로 삼아 매사에 비위를 맞추니 시비 관념이라는 게 없습니다. 물론 마음속으로는 시비를 잘 알고 있지만 그의 행위는 결코 시비 관념이 없습니다. 민남(閩南) 사람들은 "탕원을 빚다"라고 말하고 상해 사람들은 "죽과 진흙을 섞다"라고 말합니다.

이종오(李宗吾)의 『후흑학(厚黑學)』에서도 마지막에 이런 부류의 사람을 언급했습니다. 공맹의 도는 이런 부류의 사람을 미워하지만 시대가 일정 단계에 이르면 이런 사람이 대단히 많아집니다. 그렇기 때문에 인생의 도(道)가 유가에서는 도덕이고 불가로 말하면 바로 계율입니다. 계율의 이치는 시비를 명백히 분별하고 선악을 명백히 분별함이니, 어떤 사상이나 행위가 되었든 아무렇게나 대충해서는 안 됩니다. 유가에서는 인격과 도덕에 반드시 자기 표준이 있어서 적당히 하거나 홀시해서는 안 된다고 말합니다. 그러지 않는 것이 바로 '향원'입니다.

'향원'이 '도덕의 적'인 까닭은 '향원'의 태도가 겉으로 보기에는 도덕적 행위와 별 차이가 없이 비슷하기 때문입니다. 『서유기』를 보면 손오공이 소뢰음사(小雷音寺)에서 향원불(鄕原佛)을 만나 속아 넘어가는 것이 그러합니다. 손오공이라는 이 수정원숭이는 너무도 총명해서 어떤 요괴를 만나더라도 손해를 보지 않았는데, 오직 진짜 부처님과 비슷한 가짜 부처님인 향원불과 만나자 그만 속아 넘어가 손해를 보았습니다.

맹자가 말했습니다. 공자께서 일찍이 말씀하시기를, 한 시대에서 문화, 학설, 사회, 정치는 물론이고 장사에 이르기까지 가장 싫고 가장 두려운 것은 '아마도, 마치, 대략' 등과 같이 긍정인지 부정인지 구분할 수 없는 말이니, 실제로 그런 것이 큰 간사함이요 큰 악이라고 했습니다. "가라지를 미워함은 싹을 어지럽힐까 두려워해서이다〔惡莠, 恐其亂苗也〕." 농사를 짓는 사람은 가라지와 피를 뽑아 버림으로써 그것들이 진짜 벼와 뒤섞이는 것을 막습니다. "아첨을 미워함은 의를 어지럽힐까 두려워해서이다〔惡佞, 恐其亂義也〕." 아첨 하는 사람은 기회주의적 태도를 취하는데, 언뜻 보기에는 친구도 많고 일도 잘 처리하지만 다른 사람의 악을 도와주는 경우가 많습니다. "말 잘하는 입을 가진 자를 미워함은 신의를 어지럽힐까 두려워해서이다〔惡利口, 恐其亂信也〕." 말을 잘하고 변론에 뛰어나서 입을 열어 말만 하면 구구절절 이치를 왜곡하니, 그런 사람은 한 마디 말로 국가를 멸망의 길로 이끌고 갈 수 있습니다. "정나라 음악을 미워함은 음악을 어지럽힐까 두려워해서이다〔惡鄭聲, 恐其亂樂也〕." 아름다운 음악은 듣기에는 아주 감미롭지만 전체 사회 분위기에는 대단히 큰 영향을 미칩니다. "자주색을 미워함은 붉은색을 어지럽힐까 두려워해서이다〔惡紫, 恐其亂朱也〕." 고대에는 붉은색을 정색(正色)으로 여겼습니다. 지금 우리가 말하는 원색(原色)은, 사실 중국에서는 수천 년 전에 이미 색깔 분류가 생겼으며 원색과 변색(變色)의 원리를 확립했습니다. 자주색은 변색이지만 아름답기 때문에 붉은색이라는 정색의 광채를 시각적으로 가려 버립니다.

훗날 청조 사람들은 글을 쓰거나 말을 할 때 "자주색을 미워함은 붉은색을 어지럽힐까 두려워해서이다"라는 구절을 감히 인용하지 못했습니다. 왜냐하면 청대의 어떤 사람이 자주색 모란을 감상하는 시를 지으면서 이 구절을 인용해서 "붉은색을 빼앗으니 정색이 아니건만, 다른 종자가 또한 왕이라 칭하는구나〔奪朱非正色, 異種亦稱王〕"라고 했기 때문입니다. 이치대로 말하면 앞 구는 『맹자』의 이 구절을 인용하여 꽃의 색깔을 읊은 것이고, 뒤의 구는 모란이 평소 화왕(花王)이라는 칭호를 지니고 있어서 그렇게 읊은 것입니다. 그러므로 이 시는 『맹자』의 구절을 사용하여 자주 색 모란을 읊은, 전고를 가장 적절하게 사용한 경우였습니다. 하지만 청의 군사가 관문을 넘어와서 명조(明朝)를 뒤엎었고 때마침 명조 황제의 성이 주(朱)씨였기에, 어떤 사람이 그 시가 청 조정을 풍자한 것이라고 지적했습니다. 그 보고가 조정의 황제에게까지 들어가서 구족을 멸하는 문자옥(文字獄)을 일으키게 되었지요. 그 밖에 또 어떤 사람의 시에 "맑은 바람은 글자를 모르거늘, 무슨 일로 책을 마구 뒤적이는가[淸風不識字, 何事亂翻書]"라는 구가 있었는데, 마찬가지로 반청(反淸) 사상을 지녔다 하여 문자옥을 일으켰습니다. 이것은 그냥 생각나는 고사를 이야기한 것으로 당연히 『맹자』 본문과는 아무런 연관이 없습니다.

『맹자』이 단락에서 "같으면서 아닌 것을 미워한다[惡似而非者]"라는 공자의 말을 인용하면서 끝으로 따온 것이 바로 "향원을 미워함은 덕을 어지럽힐까 두려워해서이다[惡鄕原, 恐其亂德也]"라는 구절입니다. 중국 문화는 절대적으로 '향원'에 반대하는데, 교육의 목적은 인격을 세우는 데 있고 지식은 단지 생계를 위한 기능을 양성할 뿐이므로 절대로 '향원'으로 변해서는 안 됩니다. 자고이래로 지식이 많아지면 '향원'의 길을 걷기 쉽습니다.

따라서 군자의 도는 "바른 도를 회복할 따름[反經而已矣]"인데, '반경(反經)'은 경에 반대한다는 말이 아니라 정상으로 되돌아간다는 말입니다. 한유의 학생인 이고(李翶)는 선종을 공부한 후 인성과 본성의 도리를 깨닫고 『복성(復性)』이라는 제목의 문장을 썼는데, 복성이 바로 '반경'입니다. '경(經)'은 상(常)이고 정(正)입니다. 사회가 혼란에 이르렀을 때 지식인의 각성은 문화, 사상, 기풍으로 하여금 혼란에서 정상으로 되돌아가게 할 수 있습니다. 그것이 바로 '반경'입니다. 모든 지식인은 '반경'할 수 있습니다. "도가 바르면[經正]" 즉 인생의 상도(常道)가 바르게 되면, "서민이 흥기하고〔庶民興〕" 다시 말해 모든 인류 사회가 바른 길을 따라 걸어가게 되니, 치우친 견해는 자연히 없어지고 아첨하는 사람도 사라질 것입니다.

이 단락은 『맹자』 전체의 결론이었습니다. 다음의 마지막 단락은 맹자의 한탄입니다. 앞의 「공손추」 장에서 맹자가 일찍이 "오백 년에 반드시 왕자가 일어나는데, 그 사이에 반드시 세상에 유명한 자가 있다"라고 말했는데, 여기에서는 맹자의 말이 더욱 구체적입니다.

맹자께서 말씀하셨다. "요·순으로부터 탕왕에 이르기까지가 오백여 년이니, 우 임금과 고요는 직접 보고 알았고 탕왕은 들어서 아셨다. 탕왕으로부터 문왕에 이르기까지가 오백여 년이니, 이윤과 내주는 직접 보고서 알았고 문왕은 들어서 아셨다. 문왕으로부터 공자에 이르기까지가 오백여 년이니, 태공망과 산의생은 직접 보고서 알았고 공자는 들어서 아셨다. 공자로부터 오늘에 이르기까지가 백여 년이니, 성인의 세대와의 거리가 이와 같이 멀지 않으며, 성인의 거처와 가까움이 이와 같이 심하되, 그런데도 아무 것도 없도다! 그렇다면 또한 아무것도 없겠구나!"

孟子曰: "由堯·舜至於湯, 五百有餘歲, 若禹·皐陶則見而知之, 若湯則聞而知之. 由湯至於文王, 五百有餘世, 若伊尹·萊朱則見而知之, 若文王則聞而知之. 由文王至於孔子, 五百有餘歲, 若太公望·散宜生則見而知之, 若孔子則聞而知之. 由孔子而來至於今, 百有餘歲, 去聖人之世若此其未遠也, 近聖人之居若此其甚也, 然而無有乎爾! 則亦無有乎爾!"

맹자의 한탄

맹자가 말했습니다. 요 임금에서 탕왕에 이르기까지 오백여 년 동안, 그 사이에 있는 우 임금과 중국 법치의 시조인 고요가 도를 성취한 것은 "직접 보고 알았으니〔見而知之〕" 즉 수양에서 온 것입니다. 인생의 경험이 많아지고 학식이 풍부해져서 이 도를 찾게 되었던 것입니다. 탕왕은 그보다는 조금 못하니 그는 "들어서 알았습니다〔聞而知之〕." 상고 시대로부터 전해져 내려온 문화 교육으로 말미암아 본성으로 되돌아갈 수 있었던 것입니다. 훗날 불학에서 자주 언급하는 명사 가운데 '성문중(聲聞衆)'이라는 것이 있는데, 불법을 듣고 불법을 배운다는 뜻입니다. 즉 어떻게 불법을 배울 것인지를 불경이 우리에게 말해 주고 있으며 심지어 수도하고 성불하는 것도 모두 '성문(聲聞)'에서 오는 것이지 스스로 깨닫는 것이 아닙니다. 스승 없이 스스로 통달하는 것이 아니라는 말입니다. 요순 같은 이가 바로 스승 없이 스스로 통달한 경우입니다.

탕왕에서 문왕에 이르기까지 오백여 년이 또 하나의 역사적 대전환기인데, 그 사이에 있는 이윤(伊尹)과 내주(萊朱) 같은 명재상 역시 "직접 보고 알았습니다." 문왕은 "들어서 알았습니다." 문왕에서 공자에 이르기까지 또 오백 년이 지났고 그 사이에 강태공과 산의생(散宜生)은 "직접 보고 알았습니다." 공자는 "들어서 알았으니" 전통문화의 계시를 계승했던 것입니다.

맹자는 또 말했습니다. "공자로부터 지금까지는 단지 백여 년에 불과하여 공자의 시대로부터 그다지 멀다고 할 수 없고, 특히 나는 추나라 사람이라 공자의 고향과도 아주 가깝다. '그런데도 아무것도 없도다! 그렇다면 또한 아무것도 없겠구나!〔然而無有乎爾! 則亦無有乎爾!〕' 나의 일생에 오히려 이루어 놓은 것이 하나도 없으니, 생각건대 미래의 날에도 많지 않을 것이고 장래 아무것도 없겠구나."

이 단락은 맹자가 대단히 크게 탄식하는 내용으로, 마치 평생을 헛살았고 인류 사회에 아무런 공헌도 하지 못한 것처럼 탄식하고 있습니다.

그가 「공손추」 장에서 "오백 년에 반드시 왕자가 일어나는데, 그 사이에 반드시 세상에 유명한 자가 있다"라고 말했을 때를 돌이켜 생각해 보면, 그는 마지막에 이렇게 말했습니다. "만일 천하를 태평하게 다스리고자 한다면 지금의 세상을 당하여 나를 버리고 그 누구이겠는가?" 그의 말은 당시 스스로를 격려한 것이었는데 그것은 중년 시절이었고, 이번에 "아무것도 없도다[無有乎爾]"는 만년에 말한 것입니다.

"오백 년에 반드시 왕자가 일어난다"라는 이 말은 맹자가 명확하게 제기한 것입니다. 그런데 중국 문화에서 오백 년은 역사 문화 운명의 큰 관건입니다. 삼십 년이 한 세대[世]이고 그 한 세대에 하나의 변화가 일어납니다. 육십 년이 한 화갑(花甲)이니 두 화갑은 백이십 년이고 또다시 하나의 변화가 일어납니다. 그리고 한 화갑에는 다섯 기(紀)가 있어서 십이 년이 한 기인데, '세(世)'와 '기(紀)'의 중간에 또다시 작은 변화가 있습니다. 육십 년에 작은 변화가 있고 백이십 년에 큰 변화가 있으며 오백 년에 더 큰 변화가 있습니다.

어느 해 제가 공맹학회에서 "오백 년 후에 왕자가 일어난다[五百年而後王者興]"라는 문제를 이야기했습니다. 상고사는 자료가 완전하지 않으므로 거론하지 않겠습니다. 주 문왕에서 공자에 이르기까지가 오백 년인데 제1기(第一期)입니다. 지금이 1979년이니 이미 20세기 말인데, 21세기부터 마침 여섯 번째 오백 년이 시작됩니다. 공자 이후의 오백 년 중간에 한 왕조가 통일을 했고 한 무제가 동중서와 함께 문화를 정리했는데, 이것이 두 번째 오백 년입니다. 한 무제에서부터 달마 조사가 중국에 와서 선종을 전하기까지가 세 번째 오백 년입니다. 그런 후에 달마 조사에서부터 송유(宋儒)가 흥기하기까지가 네 번째 오백 년입니다. 이학가(理學家)가 흥기하여 왕양명의 학설이 전 동양 민족에 영향을 미치기까지가 다섯 번째 오백 년입니다. 왕양명에서 오늘까지가 사백 년이니 지금 이 시기는 역사의 대운명에서 하나의 관건인 셈입니다. 그러므로 운수를 점쳐 볼 것 같으면 중국 민족은 운명이 교차하는 사이에서 아주 고달픕니다. 이 시기가 지나면 청년 세대가 노력해야 합니다. 미래 오백 년의 운명이 여러분의 손에 달려 있습니다. 하지만 여러분이 그 임무를 짊어질 수 있을지, 오백 년의 운명에 가교가 되어 그 사이를 이을 수 있을지가 문제입니다. 만약 여러분이 가교가 되지 못한다면, 그래서 앞뒤를 연결해 주지 못한다면 중국 문화는 끊어질 것입니다. 그러므로 청년들이 스스로를 충실히 해서 진정으로 그 임무를 짊어질 수 있어야 비로소 선대를 계승하여 발전시킬 수 있습니다. 『맹자』의 마지막 단락에서 오백 년을 이야기하자니 이런 감상이 없을 수 없군요.

　오늘로써 『맹자』를 끝마치면 이번 『맹자』 강연의 프로젝트가 완성되는 셈입니다.